구루, 젊은이, **파이시오스 수도사**

Αθανάσιος Ρακοβαλής
ΟΙ ΓΚΟΥΡΟΥ Ο ΝΕΟΣ ΚΑΙ Ο ΓΕΡΟΝΤΑΣ ΠΑΪΣΙΟΣ

Copyright © 2001 ΘΕΣΣΑΛΟΝΙΚΗ, GREECE
All right reserved

Translated by Angeliki Park
Korean Translation Copyright © 2016 Korean Orthodox Editions

구루, 젊은이, 파이시오스 수도사

초판 1쇄 인쇄 2016년 3월 25일
초판 1쇄 발행 2016년 3월 25일

지 은 이	아타나시오스 라코발리스
옮 긴 이	앙겔리키 박
펴 낸 이	암브로시오스 조성암 대주교
펴 낸 곳	정교회출판사
출판등록	제313-2010-5호
주 소	서울특별시 마포구 마포대로18길 43 (아현동)
전 화	02-364-7020
팩 스	02-6354-0092
홈페이지	www.philokalia.co.kr
이 메 일	editions@orthodox.or.kr

*잘못된 책은 바꿔드립니다.
정가 20,000원

ISBN 978-89-92941-41-9 03230

ⓒ정교회출판사, 2016

The publication of this book was made possible through the generous donation of Mr. Michael Psaros (Rye, NY, USA) in loving memory of his grandparents Harilaos and Evyenia Loufakis, Xios, Greece.

이 책의 한국어판 저작권은 정교회출판사에 있습니다.
저작권법에 의해 한국 내에서 보호를 받는 저작물이므로 무단 전재 및 무단 복제를 금합니다.

구루, 젊은이, **파이시오스 수도사**

정교회출판사

머리말

이 책은 하나의 자서전과 같습니다. 어디로 튈지 모르는 불안정 속에서도 진지함을 잃지 않았던 청년기를 지낸 작가는 믿음 없는 삶에서 믿음의 삶으로 변화되어간 자신의 인생 여정을 흥미롭게 소개하고 있습니다. 그는 역동적이고 영특하고 자아가 강한 젊은이였고, 그래서 쉽게 다른 사람들과 갈등하고 충돌하곤 했습니다. 이런 성격은 종종 그를 큰 어려움에 빠뜨리곤 했습니다. 그를 이런 파국으로 이끈 것은, 작가 스스로 고백하듯, 무엇보다도 그의 에고이즘, 자기 중심주의였습니다. 에고이즘은 도리어 자신에게 다가오는 위험조차도 무시하게 만드는 만용의 원인이었고, 그래서 몇 번이나 심각한 위기와 위험에 빠지기도 했습니다.

외줄을 타는 곡예사처럼, 작가는 두 개의 다른 세상을 번갈아 경험해가며, 다시 말해 정교회와 힌두교라는 두 개의 다른 종교 전통 사이에서 방황하며 오랜 세월 동안 필사적으로 진리를 찾아 헤맸습니다. 하지만 하느님과 하느님을 믿는 사람들의 도움으로 마침내 그는 진리를 발견했습니다. 두 전통에 속한 경전들과 영성 서적들을 탐독했을 뿐만 아니라, 정교회 수도원의 중심인 그리스의 아토스 성산과 힌두교 명상 센터인 인도의 아쉬람에 들어가 실제로 이 두 전통을 몸소 살아봄으로써 그 진리를 발견한 것입니다. 그는 어떤 편견이나 고정관념 없이 이 두 전통의 가르침을 있는 그대로 체험해 보기 위해, 한편으로는 정교회의 유명한 영적 아버지로부터 다른 한편으로는

는 힌두교에서 이름난 구루들로부터 배움의 시간을 가졌습니다.

독자들에게 전하는 메시지에서도 언급하고 있듯이, 작가는 자신처럼 의문을 품고 참된 진리를 찾으려고 노력하는 이들에게 도움을 주고자 이 책을 집필했습니다. 그는 이 책에서 자신의 실제적인 경험과 그 경험을 통해 얻은 깨달음을 가감 없이 기록하고 있습니다.

이 책은 그리스도교와 동양의 종교들 사이에서 방황하고 있는 이들에게 하나의 유익한 나침반이 되어 줄 것입니다. 특별히 예수기도와 영적 수련 등 정교회의 영성 생활과 동양 종교의 요가나 명상 등을 명확히 구분하는 데 어려움을 겪는 이들에게 도움이 될 것입니다. 또 모든 종교는 다 동일하다고 생각하는 이들을 비롯하여, 악마가 얼마나 많은 사람들을 높은 지식으로 포장된 이론과 실천을 통해 교활하게 속이고 있는지를 잘 분별하지 못하는 이들, 깊이 생각해보지도 않고 그리스도교 신앙의 보물을 값싼 "인간의 명령과 가르침"(골로사이 2:22)으로 맞바꿔버리려는 이들로 하여금 참 진리의 길을 발견하도록 도움을 줄 것입니다.

정교회출판사는 이 책의 출판이, 참된 진리와 영성을 찾는 현대인들, 특별히 허망한 것들에 인생의 의미와 희망을 두기 쉬운 젊은이들이, 저자의 체험과 깨달음을 거울삼아, 우리를 해방시키는 진리, "우리를 구원하시는 오직 한 분이신 하느님"(유다 1:25)을 만나는 데 작은 밑거름이 될 수 있기를 희망하고 기원합니다.

정교회 한국대교구

✝ 조성암 대주교

✝ 암브로시오스 조성암 대주교

차례

머리말　4

독자들에게　10

파이시오스 수도사에 대하여　18

1장　아토스 성산 방문 전

나의 어린 시절　25
최면사 아리스(5년 후 대학시절)　28
알렉산드라　38
보이지 않는 그 무엇이 나를 때리다　40
이상한 꿈　42
프리메이슨 단원 디모스테니스　46

2장　거룩한 도움
파이시오스 수도사님이 내 삶에 들어오시다

나의 첫 아토스 성산 방문　53
파이시오스 수도사님과의 만남　58

무슨 자격으로 내 삶에 간섭하는가?   65

십자가가 향기를 뿜다   66

미래의 꿈   69

나의 첫 번째 영적 시험들   71

파이시오스 수도사님의 작은 은총들   79

파이시오스 수도사님의 가르침 방식 – 성령   87

큰 축복   91

수호천사   94

하느님의 사랑   96

3장 두 영적 전통 사이

요가 수행자 요가무가나다와의 만남   107

'마인드 컨트롤(Mind Control)'   117

누군가의 잡아당김으로 아토스 성산에 가다   127

이비론 수도원의 포르타이티사 성모님 성화   129

영적인 방어   138

부연 설명   143

4장 인도에서의 삶

바라나시에서의 만남   147

"화신" 바바지를 향한 여행   157

히말라야 : 스승 중의 스승의 아쉬람에서   165

뉴델리 : 스리 아우로빈도 아쉬람에서　　　181
몽기르 : 사티아난다의 아쉬람에서　　　182
아쉬람의 사람들　　　189
알라함반 : 바바지와 두 번째로 만나다　　　204
기이한 영적 현상들　　　221
가브리엘라 수녀님의 증언　　　234
아쉬람의 도서실에서 나는 무엇을 발견했는가　　　239
스리 아우롬빈도 아쉬람으로 다시 가기　　　243

5장 인도 여행 후 다시 그리스로

인도 여행 후 아토스 성산으로　　　251
빛 또는 어둠　　　256
악령, 천사 그리고 성모 마리아　　　264
영적인 수술　　　275
일리아스 아저씨　　　284
일리아스 아저씨가 빛나다　　　288
"주님이신 너의 하느님을 떠보지 말라."　　　289
덤불　　　294
파이시오스 수도사님이 빛나다　　　296
머리의 치료　　　302
군대에서　　　305
뽀르피리오스 수도사님　　　314
기도와 만트라　　　323
신성한 감사의 성사 - 성찬　　　334
그리스도교의 신비성사와 마법 행위의 차이　　　338
하느님에 대한 경험　　　339

6장 나는 생각한다 그러므로 나는 존재한다

기본적인 무지(無知)   353
조화로운 삶 혹은 교만의 기술   358
요가가 몸과 정신에 끼치는 영향   363
그리스도 교인이 된 마법사 이야기   374
믿음   378

이 책을 마치며   385

독자들에게

내 인생 여정에서 파이시오스 수도사님과 같은 중요한 분들을 알게 된 것은 행운이었다고 생각한다. 그분들은 내가 인생을 살아가는 데 있어 아주 많은 도움을 주었다. 나에게 기적적인 경험들을 선사하였고, 이 방법을 통해 나는 오랫동안 마음속으로 고심하고 있던 어려운 문제들에 대한 답을 얻을 수 있었다.

그런 질문들이란 예를 들면 "왜 세상이 있는 것일까?" "하느님이 과연 존재할까?" "어떻게 살아야 할까?" "나는 누구인가?" "나의 본성은 무엇인가?" "사후의 삶이 있을까?"와 같은 것들이었다.

나는 이러한 신비 속에 쌓여 살면서 돌아다녔다. 이 세상과 삶은 하나의 커다란 신비이다. 나에게 가장 가까운 신비는 바로 내 자신이었다. 내 자신, 이것은 알 수 없는 미지였다.

아무튼 나는 고심하던 문제들에 대해 답을 얻지 못한 채로는 살 수가 없었다. 이것은 내게 불가능한 일이었다. 하지만 내 주위의 사람들과 사회는 이런 문제들에 관심을 두지 않은 채 살아가고 있었다. 이 사회의 삶은 경제적인 가치를 기본으로 하여 만들어졌고, 사람의 삶이란 사회가 구성된 대로 나아가고 있다. 내 삶도 이미 이 구성에 따라 나아가고 있었고 사회라는 틀에 박혀있었다. 어떤 이들은 나보다 먼저 나의 인생의 행로를 정해놓기도 했었다.

나는 대학을 졸업한 뒤 군대를 가고, 제대한 후에 취직하여 직장에 다니고, 결혼을 하여 아이를 낳고, 때로 여행을 다니며 살아갈 것이다. 그 후 나이가 들면 퇴직을 하고 언젠가는 이 세상을 떠날 것이다. 이것들은 이미 정해진 것들이다. 그래 그렇다고 하자. 그런데 왜 내가 이 모든 것들을 해야 한단 말인가? 인생의 의미는 대체 무엇이고 인생의 목적은 또 무엇이란 말인가?

정말이지 인생의 의미는 무엇일까? 이 모든 것들이 얼마나 바보 같은 짓인지! 새벽같이 일어나 직장에 간다. 여덟 시간 동안 모든 힘을 빼앗아가는 달갑지 않은 일을 하고 집에 돌아가 밥을 먹는다. 시간을 때우면서 좀 쉬려고 텔레비전에서 스포츠나 시답잖은 프로그램들을 본다. 뉴스는, 우리가 어떤 것에 흥미를 두어야 하는지, 하찮은 주제들에 대해 우리가 어떤 의견을 가져야 하는지 알려주기 위해 존재하는 듯하다. 그렇게 시간을 대충 때우다 보면 어느새 잘 시간이다. 다음 날 아침 같은 일을 계속한다. 가끔씩 친구들을 만나 밖에서 식사를 하고 대화를 나눈다. 중요한 문제들에 대하여 대화를 나눌 의욕이 없고 정신도 없다. 그럼에도 '좀 재미있는 대화로 오늘 하루도 잘 보낼 거야.'라고 생각하며 삶을 강요한다. 이런 식으로 살고 있는 사람이 현대 서양 사람이다.

나는 이런 방식의 삶을 견디지 못했다. 견딜 수 없었다. 나에게 무슨 일이 일어나고 있는지 알지도 못한 채 이런 방식으로 살아가야 한다는 생각이 나를 괴롭게 했다. 나의 마음을 갈기갈기 찢어놓았다. 이런 방식으로 살아간 사람들과 그들이 속한 사회의 체계는 내가 고심하던 문제들을 잊고 이미 주어진 사회에 적응하도록, 답을 얻으려는 노력이 물거품이 되도록 나를 몰아붙였다. 내가 고심하던 문제에는 답이 없으며, 이 모든 문제들에는 단지 어리석음만이 있을 뿐이라고 외치는 것 같았다.

그리스 신화에서 둥근 바위를 산의 정상까지 굴려 올라갔으나 바위가 둥글기 때문에 밑으로 굴러 떨어져 같은 일을 계속해야 했던 시시포스. 나는 마치 시시포스가 된 것 같았다. 노력에 노력을 거듭했지만 소용이 없었다.

내가 가진 힘이란 미약하였고, 나는 좌절에 이르렀다. 그때 나는 아주 각별한 사람들을 알게 되었다. 파이시오스 수도사님도 바로 그때 알게 되었고, 기적적인 경험들과 영적인 선물들도 그때 나에게 왔다. 나는 무지에서 벗어나게 되었으며 그렇게 고심하던 문제들에 대해서도 답을 얻게 되었다.

그 후 몇 년간 나는 고독 속에서 기쁜 마음으로 그리고 행복에 충만하여 살았다. 이 영적인 선물들을 나는 내 영혼 속에 간직하였다. 이 보물들과 즐거웠던 일들에 대해 가끔씩 떠올리며 놀라워하곤 하였다. 하느님께서 나에게도 그렇게 큰 것을 주셨다. 나는 서서히 다른 사람들도 생각하기 시작했다.

내가 겪은 이 모든 일들을 책으로 써야 하는지 고민이 되었다. 그리스도께서는 "거룩한 것을 개에게 주지 말고 진주를 돼지에게 던지지 마라. 그것들이 발로 그것을 짓밟고 돌아서서 너희를 물어뜯을지도 모른다."(마태오 7:6)라고 말씀하셨다. 즉, '설득되기를 원치 않는 사람들을 설득하지 마라. 깨닫기를 원치 않는 사람을 깨닫게 하려고 노력하지 마라. 그것은 헛된 일이다. 나중에 그들은 당신의 반대편에 있을 수 있다.'는 의미이다. 나는 이것을 경험을 통하여 알고 있다. 또 사람들의 반발도 알고 있다. 이에 대해 몇몇 사람들에게 말해보았기 때문이다. 진리에 대해 말할 때 적을 만들 위험성이 있다. 우리 시대는 거짓을 사랑한다.

나는 기록해야 했고, 증언해야 했다. 침묵하는 것은 나에게 죄이자 이기심이었을 것이다. 모든 기적적인 사건들은 망각이라는 어둠의 샘 속으로 사라져서는 안 되었다. 이들은 특별히 가치가 있었기 때문이다. 비방으로 가득한 신문들, 악담을 게재하는 간행물들, 음란 잡지, 유행물만 잔뜩 실린 잡지 등 중요하지 않은 것들에 그렇게도 많은 종이와 잉크가 소비되는데, 이 모든 것들은 사람들의 정신을 파괴한다. 하지만 내가 쓰는 이야기가 인쇄되어 사람들에게 알려지는 것은 가치가 있다고 생각한다.

나는 책을 쓰고 싶다는 바람을 파이시오스 수도사님께 말씀드렸다. 내가 쓰고자 하는 주제가 그분의 관심사와도 연관되었기에 수도사님은 내가 책을 쓸 수 있도록 축복해주셨다. 우리는 몇 번을 이 주제에 대해 대화를 나누었다. 한번은 나에게 쓰는 것을 잠깐 멈추라고 하셨다가 몇 달 뒤 다시 쓸 수 있도록 허락해주시기도 했다.

내가 책을 쓰는 것은 나 자신을 위함이기도 하다. 즉 내가 겪은 것들을 잘 기억하고 더 잘 이해하기 위해서이다. 이 사건들은 내게 있어 끝이 없는 인식의 원천이다. 이외에도 내가 애정을 가지고 있는 사람들에게 내가 가진 것들을 전해주고 싶다. 내 경험에 대해 어떻게 생각하는지 의견을 얘기해주면 좋겠고 그들로부터 도움을 청하고도 싶다. 나는 나를 잘 알고 나 역시 그들을 깊게 잘 아는 삶의 동반자들을 갖고 싶다.

혈연적으로 남인 사람들과 영적으로 형제자매가 될 수는 없을까? 개인적으로 알지는 못하지만 뭔가 통하는 사람들! 내가 생각하고 있는 것과 같은 의문을 가지고 같은 걱정거리를 가진 사람들이 태어나지 않으리라는 것을 누가 알랴? 이 책이 본질적인 도움이 되지 못할 수도 있다. 하지만 이것은 하나의 증거, 증언이 될 수 있다. 누군가가 이렇게 말한다. "이러한 놀라운 것들이 있고, 이렇게 엄청난 것들이 있어. 동화가 아니고 전설도 아니야. 상상도 물론 아니지…." 정말이지 나는 그것들을 살아내었고 들었으며, 내 눈으로 직접 보았고 내 피부로 직접 느꼈다. 그러하니 이 책이 사람들에게 진리의 길을 추구해 나갈 수 있는 용기를 주지 않겠는가? "찾으세요, 그러면 찾을 것입니다."라고 말하듯 나는 그것을 찾아 돌아다녔고, 결국 찾았다!

내게 특별한 무언가가 있었던 것도 아니고 지금도 그러한 것을 가지고 있지 않다. 그저 찾아서 알고 싶었다. 나는 누구인가? 나는 어디에 있는가? 이 세상에 어떤 일이 일어나고 있는가? 나는 어디로 갈 것인가? 죽음 후에는 어떻게 될 것인가? 어떻게 살아야 하는가? 무엇이 중요하고 무엇이 중요치 않은가? 그렇다, 나는 찾았다! 그렇다, 답을 구했다! 보다 정확히 말하자면, 대답들이 나에게 주어졌다. 이 대답들은 아주 귀중한 선물로 주어졌다. 그리하여 가치 없는 나에게 삶을 부여하고 나를 깨닫게 하여, 나는 나를 사랑해준 사람들에게 감사하는 마음을 가지고 오늘날의 삶을 이어 가고 있다.

아이들을 생각했던 것도 사실이다. 이 책은 나의 아이들에게 아주 중요한 선물이 될 것이다. 내 미흡한 책이 아담으로부터 전해 내려오는 거대한 가족, 즉 모든 사람들에게 작은 도움이 되길 바란다. 이 책에 담긴 내용이 그들의 기억과 영혼 속에 남아 이것을 사랑하거나 잊어버리기를 바란다.

나는 개인적인 것을 모두 드러내려고 한다. 이것은 내 영혼에서 나오는 아주 값비싼 부분이다. 불만족이나 부주의, 무지로부터 상처받지 않을까 걱정이 되는 것도 사실이다. 주의할 것이고 거리를 유지할 것이다. 그러나 전투를 벌일 것이다. 즉 소통의 투쟁을 벌일 것이다. 내가 할 수 있는 것들은 무엇이든 할 것이다. 결과의 책임은 나에게만 있는 것이 아니라, 여러분들의 선택에도 있는 것이다….

이 모든 사건들, 모든 경험들은 나를 바꿔놓았다. "우리들 중에 네가 가장 많이 변했어."라고 2년 만에 만난 한 친구가 내게 말했듯이 그 당시 나는 다른 사람이었다. 다른 삶의 방식, 다른 사고방식을 가진 젊은이였고, 나의 행동처신, 겉모습, 가치관에 있어서도 많이 달랐다.

나는 전업 작가도 아니고 문학적 소질이나 가능성을 가진 사람도 아니다. 그저 내가 겪은 일들을 서술할 뿐이다. 어떤 이론이나 새로운 아이디어에 대해서 이야기하는 것이 아니고, 어떤 흥미 있는 가능성들에 대해서 탐구하는 것도 아니다. 어떤 생각을 창출해 내는 것도 아니며, 어떤 견해들을 옹호하는 것도 아니다.

단지 내가 겪은 사건들을 이야기할 뿐이다. 그중 몇 가지는 오늘날의 사람들이 믿기 정말 힘들 것이다. 나의 서술에 대한 평가는 독자 여러분들의 몫이다. 이 책의 몇 가지 사건들은 그 일이 일어났던 당시에 기록해두었다. 그것들을 조리 있게 정리하려고 노력하였다. 나조차도 아직 다 소화하지 못했으니, 독자들이 이 놀랍고 기적적인 사건들을 받아들이는 것은 쉽지 않을 것이다. 초자연적인 것들, 이상한 것들, 기묘한 것들, 기적적인 사건들, 그리고 인식이 파고들어 내 존재의 감각에 소용돌이를 유발하였다. 그래서 나는 내 개인적인 감정도 묘사할 것이고, 내가 겪은 사건들의 결과도 서술할 것이다.

물론 이 사건들은 벽돌과 같아서, 각각의 사람들은 사전에 있는 설계도를 가지고 자신만의 해석이라는 건축물을 지을 수가 있다. 이 설계도란 바로 개인의 성격이며 세계관이다. 이 경우에 세계관은 지나가던 나그네를 붙잡아 나그네의 키가 침대보다 크면 발을 자르고, 키가 작으면 키를 늘렸던 그리스 신화의 프로크루스테스와 같게 된다. 다시 말해서 주관적으로 작용할 것이다.

프로크루스테스는 자신의 게으름을 방해받지 않고자, 모든 사람들이 자기에게 맞춰주기를 원했다. 그는 조롱할 것이고, 비방할 것이고, 왜곡할 것이고, 미워할 것이고, 공격할 것이고, 그를 능가하는 것들을 무시할 것이다. 그는 생각하고 싶어 하지 않는다. 텔레비전은 그가 생각하는 것을 미워하게 만들었다. 고민해보기를 원하지 않는다. 그것은 피곤한 일이기에. 현대 문명은 그를 나태하게 만들었다. 모든 것을 쉽게 얻으려고 한다. 이렇게 해서 그는 단지 물질적인 것에 갇혀 삶의 껍데기에서 방황하게 된다.

그는 영적으로 죽은 사람이다. 단지 생물학적으로, 몸을 가지고만 살아갈 뿐이다. 그의 모든 관심은 육체적인 작용과 관련된 것들에 쏠려있다. 이렇게 해서 그는 물질적인 것들에 더 많이 집착하게 된다. 그는 존재의 높은 부분들, 즉 그의 영원한 영혼을 멸시하였고, 몸에만 집착하였다. 육체적인 것에만 전념하였다. 이렇게 그는 자신을 품위 없는 삶에 집어넣었다.

"사람이 영예를 가지고 있고 높은 삶을 위해 정해져 있음에도 불구하고 이를 깨닫지 못했다. 자기 자신을 어리석은 짐승과 같게 보아 그 짐승과 닮게 되었다."(시편 49:12 참조)[1]

자신의 불행을 알지 못하는 정신적으로 가난한 사람들, 고생하는 사람

---

1 역자주) 한국어 공동번역과 차이가 있어, 그리스어 칠십인역을 사역하였다.

들, 불행한 사람들이 있다. 언젠가 나도 도움을 받은 것처럼 그들 또한 도움을 받기를 원한다.

그러나 현대의 물질중심적인 삶의 매혹으로부터 정신과 영혼을 자유롭게 할 수 있는 사람들이 있다. 그들은 영적인 메시지들과 접촉을 하고 받아들일 수 있다. 그들은 좋은 쪽으로 향하는 데 있어 필요한 것을 바꿔 나갈 힘과 의욕을 가지고 있다. 그들을 커다란 진보를 할 수 있는 용기를 가지고 있다. 그들은 세상의 영적인 샘, 생명의 원천, 성령 그리고 하느님께 닿기를 겸손하게 열망한다.

이러한 사람들이 이 시대의 저속함과 어리석음 속에서 인간의 위대함을 지켜나간다. 나는 그들 앞에서 자신을 낮추는 종처럼 고개를 숙인다. 나의 부족함과 미흡함에 대해 먼저 용서를 구한다.

이 책은 나의 자전경험담이다. 내가 10여 년간 겪은 사건들이 간략하게 묘사되어 있다. 이것은 중요한 사건들의 사진을 찍는 일과 같다. 나는 이 사건들을 시간 순으로 정렬하고 그 사이를 엮어 여러분들에게 보이고자 한다. 이렇게 해서 이야기에 대한 전체적인 시각을 얻을 수 있으며, 이야기를 심화시킬 수 있을 것이다. 이 책의 마지막 부분에는 현세기에 종교적인 영역에서 일어나고 있는 여러 가지 견해들에 대해 비평을 해보았다.

잘 알다시피, 우리는 상품의 질의 시대가 아닌 광고의 시대에 살고 있다. 나는 종교적인 것들에 대해 고민하는 사람으로 행동하려고 노력한다. 그렇지만 어떠한 경우에도 내가 겪은 경험을 토대로 생각하려고 한다.

이 책이 완성되도록 나에게 용기와 권고, 암시와 충고, 의견 심화와 원고 교정 등 모든 방면에서 도와준 분들께 깊은 감사를 드린다. 그들은 이름을 밝히기를 원치 않았다. 하느님께서 그들을 축복해 주시기를 바란다.

2001년 데살로니키에서
아타나시오스 라코발리스

파이시오스 수도사

파이시오스 수도사에 대하여

정교회 수도사가 되기 전 파이시오스 수도사의 이름은 아르세니오스 에즈네피디스였다. 그의 가족은 카파도키아의 파라사 출신이다. 1922년에 일어난 그리스 터키 간의 전쟁 후 소아시아에 살던 그리스인 200만 명가량이 약 2500년 동안 살던 고향을 등지고 새로운 보금자리를 찾아 떠나게 되었다. 수도사의 가족 역시 이때 이주하여 그리스 이피로스의 코니차에 정착했고, 파이시오스 수도사는 이곳에서 어린 시절을 보냈다.

고향을 떠나기 전 카파도키아인 아르세니오스 성인이 아기인 아르세니오스 에즈네피디스에게 세례를 주었는데, 이 아기는 자라서 수도사가 될 것이라 예견하였다. 카파도키아는 훌륭한 정교회 성인들이 아주 많이 배출된 곳이다. 파이시오스 수도사의 가족은 그런 카파도키아의 종교적 전통을 지켜왔고, 수도사는 이러한 분위기 속에서 성장하였다.

그는 어린 시절부터 수도 생활에 대해 열망해왔고, 마침내 30세경 아토스 성산에서 수도사가 되었다. 성모님과의 약속을 지키기 위해 아토스 성산을 떠나 코니차의 스토미오스 수도원에 머물렀고 그 후 이집트 시나이 산에서 1년 6개월 정도 수도를 하였다. 그 후로는 다시 아토스 성산으로 돌아왔고, 이곳에서 인생의 가장 많은 시간을 보냈다. 그의 수도사로서의 삶은 초기 고행자들의 삶과 견주어진다.

그는 숲 속의 켈리에서 혼자 살았다. 물질적으로는 궁핍하였지만, 사람들에게는 아주 소박하고 다정한 사람이었다. 그에게 꾸밈이란 없었다. 거드름을 피우는 자세도 표정도 없었다. 모든 사람들에 대해 가슴에서 우러나오는 사랑이 넘쳐흘렀다.

라디오, 텔레비전, 신문, 인쇄물, 그 밖의 어떤 매체를 통하지 않고서도 그는 생전에서부터 세계적으로 알려졌다. 그의 이름은 바로 입에서 입으로 전해졌다. 어떻게 파이시오스 수도사의 기적적인 힘으로부터 도움을 받았는지 글을 통해 증언하는 사람들이 수백 명이 된다. 그의 기적들을 묘사한 책들이 발간되기도 했다. 이렇게 그는 살아생전에서부터 이미 소문이 나 있었고, 영적인 조언을 구하기 위해 매일 많은 사람들이 그의 켈리를 방문하곤 하였다.

아토스 성산에서 내려올 때면, 수천 명의 사람들이 그를 보려고 모여들었다. 그들은 수도사의 축복을 받으려고, 단 1-2분만이라도 대화를 나눠보려고 새벽이 될 때까지 밤새 줄을 서서 기다리곤 하였다. 그러나 이 짧은 시간 동안에도 많은 이들이 문제의 해결을 얻곤 하였다. 그렇지 않은 경우엔 그 후 수도사의 기도를 통해서 해결이 되곤 하였다.

그는 많은 사람들, 어른들과 아이들, 중요한 인물들과 무명인들의 영적인 지도자였으며, 아주 많은 사람들의 영적인 진보를 도왔다. 여러 가지 방법으로 우리 시대의 사람들에게 유익함을 주었다.

그의 거룩한 삶, 기적적인 힘을 통해 많은 이들에게 그리스도의 빛과 하느님의 힘이 나타났다. 이렇게 사람들이 영적으로 진보할 수 있도록 용기를 북돋워 주었다. 그는 정말이지 대 수도사였다. 사람들은 "파이시오스 수도사님은 현 시대 사람들에게 주신 하느님의 선물입니다."라고 말하곤 했다.

그는 1994년 7월 12일에 안식하였으며, 데살로니키 수로티의 성 요한 복음사도 수도원에 무덤이 있다. 그의 무덤은 순례의 장소, 치료의 원천이 되었으며, 안식 후에도 그는 계속해서 기적을 일으키고 있다.

2015년 1월 13일, 파이시오스 수도사는 콘스탄티노플 세계 총대주교청에 의해 성인으로 시성되었다. 그분의 축일은 7월 12일이다.

선과 덕이 있는 영혼은 끊임없이 물이 솟는 샘과 같다. 이러한 영혼의 물은 깨끗하고, 잔잔하고, 마실 수 있고, 맛있고, 끊이지 않으며, 풍부하고, 악의가 없으며 해롭지 않다.

오른쪽) 시나이의 성 카테리나 수도원
550년경 비잔틴 황제 유스티니아노스가 건축하였다. 그때부터 지금까지 1500여 년간 정교회의 수도원으로 운영되고 있다. 수도원과 그 주변에서 파이시오스 수도사 1년 6개월 정도 수도하였다. 시나이 산의 정상이 바로 예언자 모세가 하느님으로부터 십계명을 받은 곳으로 전해지는 곳이다.

1

아토스 성산 방문 전

파이시오스 수도사를 만나기 전의 나의 모습과 경험들
많은 것에서 엉망이었던 젊은이

나의 어린 시절

언젠가 많은 의문을 가지고 파이시오스 수도사님께 질문했던 적이 있다.

- 수도사님, 이 모든 기적들이 제게 왜 일어났을까요?"

- 자네가 어렸을 때부터 도움을 받지 못했기 때문이네. 뿐만 아니라 계속 나쁜 것으로 빠져들기까지 했었지. 그래서 거룩한 도움을 받을 자격이 있었다네. 하느님께서 그 거룩한 도움을 자네에게 모두 주셨네.

수도사님은 이렇게 말하며 나를 쓰다듬어주셨다.

그러자 나는 더욱더 궁금해졌다. 수도사님은 대체 어디서 나의 어린 시절에 대해 들은 것일까? 어떻게 내 삶에 대해 아시고 결론을 내리셨을까?

그분을 더 잘 알게 되고 난 후에, 파이시오스 수도사님이 대체 어떤 인물인지 알게 되었을 때, 나는 내 인생을 인도해온 과거의 사건들을 찾아 나서기 시작했다.

* * *

나의 아버지는 책을 읽지 않더라도 언제나 책을 집에 가져오시곤 했다. 나는 어려서부터 책 읽는 것을 좋아했다. 중학교 1학년 때, 집에서 아무도 읽지 않은 책을 발견하였다. 라울 자코트(Raul Jackot)의 『집중력 - 기억력과 논리력을 개발시키는 방법』이란 책이었다.

나는 이 책이 내가 수학 공식들을 기억하는 데 도움을 줄 것이라 생각했다. 하지만 실제로는 전혀 도움이 되지 않았다. 아무튼 나는 그 책을 읽기 시작했다. 집안의 그 누구도 내가 무엇을 읽는지 신경 쓰거나 주의를 기울이지 않았다.

이 책에는 사람에 관한 철학, 사람의 생각 속에 숨어 있는 힘에 관한 철학 말고도 기억력의 개발이나 집중력의 향상, 사물에 대한 집중력 향상, 생각을 통제할 수 있는 방법에 대한 연습 문제들이 있었다. 정말로 인상적이었고, 나는 책에 나온 것들을 연습하기 시작했다.

여러 해 후에 대학을 다니면서 나는 요가에 깊은 관심을 갖게 되었다. 그리고 어린 시절에 내가 했던 훈련들이 대중적인 요가 훈련이었다는 것을 깨달았다. 책의 저자 라울 자코트는 분명 요가 수행자였을 것이라는 생각에 이르렀다.

사춘기 시절에 나는 내 주위를 둘러싸고 있는 사람들과 세상 그리고 나 자신에 대해 많은 의문들이 있었다. 열두 살 혹은 열세 살 되던 여름이었던 걸로 기억한다. 나는 깊은 생각에 잠겨 그 기간을 혼자 보냈다. 계속 축구만 하던 친구들로부터 피하곤 했다. 이들 중 한두 명과 가끔씩 얘기를 하곤 했다. 그들도 나와 비슷한 의문이나 생각을 가지고 있었지만, 그 누구도 나만큼 심도 있게 생각해보려 하지 않았다.

나는 한 가지 주제에 대해 조사해보고자 했다. 여기에는 특별한 방법이 있는데, 한 가지 질문 뒤엔 다른 질문이 숨어있었고, 첫 번째 질문에 대한 답을 해야 두 번째 질문을 얻을 수 있었다. 즉, 질문 하나에 답을 하면 계속해서 새로운 질문을 얻게 되는 것이었다. 이렇게 하여 나는 일련의 순서가 있는 질문들을 대처해야 했다. 이 질문들은 서로 사슬처럼 연결되어 있었다.

모든 질문과 답들의 시초가 되는 처음의 질문은 바로 '하느님은 존재하는가?'였다. 내가 고민하던 여러 가지 문제들에 대해 알아보려고 했을 때 항상 이 질문에서 끝이 나곤 했던 것이다. 세상과 사람들에 대한 나의 자세, 세상에서 일어나는 사건들에 대해 내가 대처했을 방법, 나의 인생 전부가 이 기본적이고 시초적인 질문에 달려있다는 것을 빨리 깨달았다.

나는 고민에 잠겼고, 책을 읽었고, 친구들과 대화를 나누곤 했으나, 아무런 답도 얻지 못했다. 다리 근처나 숲에서 혼자 산책을 하다가 친구를 만나면, "어떻게 됐어? 질문에 답은 구한 거야? 하느님이 존재하는지 아닌지?"라고 물으며 나를 놀리곤 했다. 친구들 몇 명만이 나의 고민을 이해하고 존중해주었다. 나머지는 그저 무관심했고 공이나 차러 다녔다. 내가 그들의 공부를 도와주는 아이가 아니었다면, 나는 그들의 짓궂은 장난을 견디기 어려웠을 것이다.

아버지는 나의 고민과 공부에 대한 관심을 눈여겨보셨다. 나는 집에 있는 책들을 모두 읽었다. 그러자 아버지는 "아버지 친구네 집에 가자. 아주 좋은 책들이 많이 있거든. 너에게 좀 주실 수 있을 것 같구나."라고 하셨다.

정말이지 어느 날 오후에 그분의 집에 갔고, 책을 몇 권 받았다. 나에게 영향을 준 책은 러셀의 책이었다. 그는 인간이라는 존재를 아주 신뢰했고, 사회민주당의 당원이었다. 『나는 무엇을 믿는가?』라는 이 책에서 60쪽쯤 되는 첫 장의 제목은 '나는 왜 그리스도인이 아닌가?'였다. 이 책은 내 삶의 방향을 바꿔놓았다.

러셀은 자신을 무신론자라고 밝혔다. 이 책은 하느님이 계시지 않다는 것에 대해 나를 설득할 순 없었지만, 그렇다고 하느님이 계시다, 라고 확신 있게 대답하지도 못하게 했다. 이 문제는 답을 얻지 못 한 채 붕 떠 있었다. 그러나 이 책은 내가 그리스도교 신앙과 계명을 저버리게 했다. 그때부터 나는 그리스도교에 다시 신경 쓰지 않았다. 그리하여 내가 최초의 질문을 다시 떠올리기까지는 10년이 걸렸다. 하느님의 존재 여부에 관한 그 질문 말이다.

그동안 많은 것들이 나의 영혼 속을 지나갔다. 이데올로기, 이론, 1968년 5월 프랑스 혁명과 같은 사회운동, 히피, 록 음악, 정당 활동, 노조, 수업 거부, 나이트클럽 등 여러 가지였다. 나는 진리가 주는 평온함을 찾아 열성적으로 돌아다녔다.

몇 년 후 파이시오스 수도사님을 처음 만났을 때, 내게 이렇게 말씀하셨다. "자네의 안 좋은 점은, 자네는 아주 좋은 머리를 갖고 있는데 브레이크가 없는 자동차와 같다는 거야. 그래서 여러 우여곡절을 겪었던 것 같네. 스스로를 괴롭히는 일을 멈추게나. 얼마나 더 버틸 수 있을 것 같은가? 그래, 머리는 견딜 수도 있겠지. 허나, 머리가 언제 박살날지 보려고 머리를 때리는 사람은 없지."

최면사 아리스(5년 후 대학시절)

불현듯 시작되고 불현듯 끝난 이상한 일이 있었다. 우리는 2, 3학년에 재학 중이던 남학생 여학생 무리였다. 부모님들의 보살핌으로 우리는 걱정 없이 태평히 보내고 있었다. 우리는 다른 이들의 시선을 끌 만한 생활 방식과 처신을 가진 채 여행을 다니고 사회 정치적인 주제들에 대해 대화를 나누었다. 이렇게 시간을 유용하게 보내려 노력하였다.

우리 모두의 공통의 관심거리는 대학을 마칠 때 즈음 시작되었다. 그 당시 나는 심리학 서적을 많이 읽었다. 라이히, 프롬, 융, 프로이트, 로널드 랭 그리고 쿠퍼의 저작들을 읽었다. 그리고 비베카난다, 크리슈나무르티의 신비서적이나 부처의 경, 파탄잘리의 수트라 등도 읽었다. 앨런 긴즈버그, 타고르, 칼릴 지브란의 시뿐만 아니라 헤르만 헤세, 잭 케루악, 버로스의 소설도 읽었다. 또한 아이작 아시모프, 카프라, 왓슨, 티모시 리어리 등의 학술 서적들도 읽었다. 이들은 서양의 학문과 동양의 신비주의를 결합시키거나 조응시키려고 노력했던 사람들이다. 학문이 서양의 것이라면 신비는 동양의 것이다. 다시 말하면, 그들은 이성과 통찰력의 통합을 시도했다.

마법과 신비주의는 학문이라는 허울 좋은 옷을 입고 매력적으로 보이려 한다. 그리하여 '학문적인'것을 선호하는 서양 사람들을 끌어당긴다. 이는 대다수 서양 사람이 학문과 어떤 관계를 갖고 있어서가 아니라, 모든 것을 학문적인 방법으로 설명하는 것을 좋아했기 때문이다. 특히 그 시대엔 그런 풍조가 강했다.

20년이 흐른 지금, 모든 것들이 바뀐 듯 보인다. 신비주의 쪽으로 기운 것 같다. 아니, 진정한 신비주의자들에게 누가 되지 않기 위해, 마법 쪽으로 기울었다고 말하는 것이 더 맞을 것 같다.

대학에서 우리는 단지 과목을 이수하기 위해 시험기간에만 공부에 신경을 썼다. 즉 1년에 3개월 정도만 공부한 것이다. 우리는 함께 공부하려고 친구들 집에 모이곤 했는데, 공부 시간보다 휴식 시간이 더 길었다. 수다를 떨거나 진지한 토론을 벌였다. 음악도 듣고 술도 마시고 담배도 피웠다.

60대인 아리스 아저씨가 20대 학생들과 어떻게 만나게 되었는지, 이건 정말 의문스러운 일이다. 그 이유는 아직까지도 밝혀내지 못했다. 그때는 시험 기간이었고, 우리는 공부를 핑계로 가툴리스의 집에 가 있었다. 거기에 아리스 아저씨가 있었다. 180센티미터의 큰 키에, 마른 체격, 귀 주위에 검은 머리가 있고, 머리가 벗겨진 인상적인 외모였다. 그는 평범한 집안 출신이었고 대학은 다니지 않았는데, 이것은 겉모습에서 드러났다. 하지만 그도 어릴 적부터, 우리가 관심 갖고 있던 주제에 미쳐있었다. 즉, 영혼에 관한 현상들에 관심이 있었다. 그는 이 주제들에 대해 잘 알고 있었고 우리는 오랜 시간 대화를 함께 나누었는데, 그는 물체들을 나타내 보이는 방법에 능숙하였다. 그리고 그는 최면술에 도달했다고 했다. 일반적으로 그는 모든 것을 받아들였는데, 최면술을 선호하였다.

그러면서 그는 우리에게 영적인 세계에 대해 얘기하기 시작했다. 그곳은 아주 아름답고, 그곳에 있으면 아주 아름다운 음악을 들을 수 있으며(아마도 그는 우리가 록 음악에 미쳤다는 것을 알아챘던 것 같다) 평온함과 안락함을 느끼게 된다느니, 데살로니키에서 갑자기 미국에 있을 수 있는 것과 같은 묘한 능력을 얻게 되고, 의식의 폭이 넓어진다느니 등을 얘기하였다. 이러한 기묘한 가능성들은 나를 부추겼다. 왜냐하면 사람이 한 사회에서만 중요한 역할을 하는 것이 아니라 이 세상 전체에서도 중요한 역할을 한다고 믿었기 때문이다.

그는 우리들에게 이렇게 말하곤 했다. "육체가 있듯이 영혼도 있어. 영혼은 육체보다 훨씬 얇아. 말하자면 영혼은 단순한 것이야. 영혼은 인간이 만든 법이나 무게, 시간에 구애되지 않기 때문에 최면술을 통해 육체로부터 분리되어 상상을 초월하는 속도로 우주를 여행할 수 있어. 그래서 우리들 중 누군가가 최면술에 걸리고 싶으면, 그러한 여행을 맛볼 수 있는 것이지. 영혼이 이 세상에서 떠나면 영계(靈界)에서 총알처럼 빠르게 이동하므로, 영계의 존재들과 만날 수도 있어."

이 모든 것은 동양의 이론일 뿐이다. 이것은 소비자의 입맛에 맞게 만들어진 장식품과 섞여 있는 이론이다. 아리스 아저씨는 우리들보다 더 적합한 '실험대상'을 발견할 수 없었을 것이다. 우리들은 이미 그의 말에 깊이 빠져있었다! 게다가 우리가 읽었던 책들은 아리스 아저씨가 말한 내용을 담고 있어 우리를 확신시키기에 더할 나위 없었다. 바로 행동으로 옮길 기회가 우리 앞에 와 있었다.

우리의 민감성이나 우리가 영매의 자질이 있는지를 알아보기 위해 아저씨는 여러 가지 실험을 했다. 우리는 모두 실험에 응했고, 모두가 평균 이상의 민감성을 가지고 있다는 결과가 나왔다. 특히 나와 한 친구는 민감성이 더 높았다. 첫 번째 단계는 이렇게 끝이 났다. 우리는 이미 실험에 참여하고 있었다. 그렇지만 아리스 아저씨에게는 내 맘에 들지 않는 무언가가 있었다. 정확하게 표현하기 힘든 느낌이지만, 아저씨의 행동과 처신에서 드러나는 그 무언가가 나를 거슬리게 했고, 그래서 나는 주저하게 되었다.

아저씨가 떠나고 난 후, 우리는 최면술에 걸렸던 친구에게 질문 폭탄을 던졌다. 그러나 그 친구의 대답은 일반적인 것들이었다. 자신의 형이 아리스 아저씨를 알고 있었고, 그는 형을 통해 아리스 아저씨를 알게 되었다고 했다. 아저씨는 이미 정년퇴직을 했는데, 과거에는 기술직 공무원쯤 되었다고 했다. 그러나 다음에 이어지는 말이 우리에게 굉장히 인상적이었다.

한번 그의 형은 최면술에 걸리는 것을 수락했고, 눈은 감은 채 최면의 상태에 있었지만, 아저씨가 손가락으로 그에게 가리킨 숫자를 볼 수 있었고, 어느 책의 제목을 읽을 수 있었다. 그러면서 내 친구가 하는 말이 자기도 최면에 걸린 적이 있는데, 그때 데살로니키에서 갑자기 100킬로미터 떨어진 아스프로발타에 있게 되었다는 것이다. 무려 도로 위에서 이동하는 것까지 보았다고 했다.

실제로 무슨 일이 일어났던 것일까? 정말로 그의 영혼이 여행을 한 것일까? 이것만이 유일한 설명일까? 내가 나중에 알게 된 것으로, 정교회에서는 이에 대해 다른 의견을 가지고 있다. 사람은 방 안에서 한 발자국도 움직이지 않았다. 모든 것들이 그의 머릿속에서 일어났다. 모든 것들이 상상이었던 것이다.

최면술은 악마의 행위이다. 최면사는 악령들과 함께 일하는 마법사에 지나지 않는다. 악령들은 사람들의 정신을 현혹시키기 위해 다양한 방법을 통해 최면사들을 돕는다. 악령들은 영적인 존재로서 사람의 정신적인 부분과 접촉하러 와서 사람의 정신에 혼란을 일으키고, 상상을 통해 여러 가지를 나타내 보이게 한다. 이렇게 해서 사람을 악령이 원하는 것으로 서서히 빠져 들게 만든다. 악령은 사람들이 자신의 손아귀에 들어오기까지 영계에 대한 여행과 같은 현혹을 끊임없이 유발한다.

그 당시에 나는 이러한 실상을 감추고 있던 커다란 위험을 알아채지 못했으며, 누구도 우리에게 이러한 것에 대해 경고해주지 않았다. 오히려 모든 것은 우리들에게 쉽고 낙관적으로 드러나 보였다. 나 역시 호기심에 의해 최면술에 걸려보고 싶어 했다.

우리는 이 집에 자주 가지 않았다. 20일 후에 처음으로 그때 모였던 친구들이 다시 모이게 되었다. 특별한 약속을 한 것도 아니었는데, 정말이지 아무런 사전 연락도 없이 이상한 우연에 의해 우리 모두는 다시 그 집에 모이게 되었다. 우리가 골몰했던 주제들에 대해 다시 대화를 나누었고, 아리스 아저씨께 질문을 했으며 아저씨는 답을 해주었다. 그리고 나는 최면에 걸려보기로 했다. 정말이지 나는 최면에 걸렸다. 나는 무엇인가가 나타나는 것을 느끼기 시작했다. 선명하지 않은 모습의 금빛 얼굴이 나와 아저씨 사이에 끼어들었다. 아저씨는 나에게 그것을 쫓아내라고 했다. 나는 그 말을 들었다. 그러나 그 얼굴은 떠났다가 다시 돌아오곤 하였다. 아저씨가 나를 깨웠다. 그러나 나는 그 방 안에서 그 얼굴이 계속해서 나타나는 것을 느끼곤 하였다. 대체 그것이 무엇인지 아저씨한테 물었지만, 아저씨는 나를 그저 안심시킬 뿐이었다. 우리는 다른 이야기, 다른 예시들에 대해 다시 이야기를 시작했다. 이번엔 내 친구 마놀리스가 최면에 걸리는 데 설득되었다.

마놀리스가 어떻게 긴장을 풀게 되고, 어떻게 빨려 들어가고, 어떻게 최면사에게 집중하게 되는지 우리 모두 흥미롭게 지켜보았다. 아저씨가 원하는 상태에 마놀리스가 다다르자 아저씨는 어딘가로 마놀리스를 유도하려고 했다. 그러나 이 순간 내가 먼젓번에 보았던 것이 마놀리스에게 다시 나타났다. 밝은 금색의 얼굴이 하나 들어오더니 방 안에서 계속 움직였다. 마놀리스는 그의 눈이 마치 고양이의 눈과 같다고 했다. 그것을 내쫓고 싶었지만 할 수 없었던 마놀리스는 대신에 그것이 방 안의 어디에 있는지 정확히 느낀다고 말했다.

이상한 것은 나 역시 똑같이 느꼈다는 것이다. 나의 직감은 마놀리스가 얘기하는 것과 똑같았다. 우리의 관심이 아주 높아져 있었지만 잠시 후 아저씨는 마놀리스를 깨어나게 했다. 이 출현은 무엇이었을까? 영혼이었을까? 그렇다면 어떤 영혼이었을까? 좋은 영혼? 나쁜 영혼? 헤어질 때까지 길에서 마놀리스와 얘기를 나누는 중에도 우리는 그것이 우리 사이에 나타나는 것을 계속해서 느꼈다. 이미 대화는 그쪽으로 쏠려 있었다.

늘어난 관심 속에서 우리는 영혼의 출현을 다루는 책들, 마법에 관련된 책들을 읽기 시작했다. 그 와중에도 항상 해를 끼치지 않는 마법에 대한 책을 읽었다. 왜냐하면 그 당시에는 사람에게 이로운 마법과 사람에게 해로운 마법 사이에 다른 점이 있다고 생각했기 때문이었다.

징후

대체적으로 나는 겁이 없다. 밤중에도 별로 겁을 먹지 않는다. 달이 밝은 한밤중에도 데살로니키의 숲 속으로 산책을 잘 가곤 했다. 밖에서 잔 적도 여러 번이다. 새벽 두세 시쯤 나 혼자 도시의 외진 골목길들을 따라 걷는 낭만적인 산책을 좋아했다. 특히 다른 시대의 분위기를 물씬 풍기는 오래된 건물들이 있는 곳에서의 산책은 딱 내 취향이었다.

그런데 최면술 이후에 나는 여러 가지 이상한 감각들을 느끼기 시작했다. 무언가 때리는 소리, 소음이 들렸으며 무언가 이상한 것이 나타나는 것이 느껴져서 소름이 끼치곤 했다. 도시에 있는 오래된 집들에 유령이 있다는 것을 들은 적 있었다. 최면술로 생긴 이상한 호기심과 내가 다른 사람들보다 더 영적인 기운이 많다는 아리스 아저씨의 말을 믿으면서 나는 이 비밀을 알아내보려고 밤중에 그 집들 주변을 어슬렁대곤 하였다. 이상한 소리와 소음은 나를 소름 끼치게 만들었다. 그런데 나를 소름 끼치게 하는 것은 그 소리가 아니었다. 문제는 자연스럽지 않은, 정상적이지 않은 그 무엇이 소리를 나게 한다는 나의 느낌이었다. 예를 들면, 나뭇잎이 흔들리지 않고 바람이 불지 않는데도 문의 경첩이 떨어질 정도로 엄청난 힘이 방문을 두드리는 것이었다. 어떤 경우엔 바로 내 눈 앞에서 무언가 터지는 소리가 들렸고 계속해서 여러 번 치는 소리가 들렸지만 돌아보면 아무것도 없었다. 정말이지 아무것도 보이지 않았다.

나는 내 스스로에게 신경질이 났다. 내가 그토록 의미를 두는 이 어리석은 것들은 대체 무엇이란 말인가? 그러나 이것은 계속해서 어느 곳에서나 어느 때나 일어났다. 나는 이것들을 무시하였다. 정확히 말하면, 무시하려고 노력하였다.

그 후로 약 한 달쯤 후에 마놀리스와 함께 산책을 하게 되었다. 우리는 한 대학 친구에게 갈 마음이 생겼다. 산책하려던 계획을 바꾸어 친구 집으로 가게 된 것이다. 아리스 아저씨가 거기 있었다. 그리고 잠시 후 모두 모이게 되었다. 그때 모였던 그 사람들이 다시 모인 것이다!

나는 다시 최면에 걸리기로 했다. 이번에 나는 내 몸 바깥을 떠나 방 안을 돌아다니는 내 자신을 보았다. 이렇게 눈을 감은 채로 최면사가 나에게 말하는 여러 가지 시험들을 했다. 그때 방에 같이 있던 친구들이 증명해주듯 많은 실험들이 성공했다. 그 뒤 다른 친구들이 최면에 들었.

그때 그 집의 주인이었던 가툴리스의 얘기에 따르면, 정말로 영혼의 여행이 있을 수 있는지, 정말로 영혼이 육체를 떠났던 것인지 단지 상상이었는지를 알아보기 위해 다음과 같은 실험을 하였다고 한다.

아리스 아저씨가 가툴리스에게 최면을 걸었고, 최면을 통해 가툴리스를 한 여자 친구 집에 보내 그 친구가 무엇을 하는지 보게 하였다. 그녀는 공부를 하고 있었다. 아저씨는 가툴리스에게 그녀의 겨드랑이 밑 부분을 세게 꼬집어 자국이 나게 하라고 했다. 이 특정 부위를 꼬집어 자국이 나게 한다는 것은 정말 불가능한 일이었다. 그러나 최면에 걸렸던 가툴리스는 이 일을 해냈다. 가툴리스는 최면에서 깨어났고 모두는 그 여자 친구의 집으로 갔다. 그녀는 공부를 하고 있었다. 그 부분을 보여달라고 했더니, 정말로 멍든 자국이 있었다. 모두 그 자국을 확인했다. 혹시 어디에 부딪히진 않았는지 물어보았다. 그녀는 의아하게 여기면서, 조금 전에 공부하던 도중 곤충이 무는 것 같은 통증을 느꼈지만 대수롭지 않게 여겼다고 했다. 그 후 그들은 그녀를 자신들의 관심사 안에 포함시켰다.

의심

꼬집은 사람이 가툴리스의 영혼이 아니라 최면사에 의해 보내진 어떤 영혼일 수는 없었을까? 이 최면사가 자신의 일을 하기 위해 어떤 악령을 데리고 있는 마법사일 수 있지는 않았을까? 우리가 최면사의 말에 따라 영혼의 존재와 영계를 받아들였는데, 그리스도가 말씀하신 나쁜 영혼의 존재, 악령들의 존재는 왜 받아들이지 말아야 한단 말인가? 우리가 최면사의 말은 믿으면서 교회에서 말하는 것들은 왜 믿지 말아야 한단 말인가? 그러나 그 당시 우리들 가운데 대체 누가 교회를 다녔고 교회가 말하는 것들을 믿었단 말인가? 이 같은 현상들에 대해 그리스도의 교회가 무엇을 가르치는지도 전혀 몰랐으니 말이다. 우리는 그저 교회에서 오는 것들, 그리스도교에 관한 것들을 모두 거부하곤 했었다. 교회에 대해 편견을 가지고 있었다.

그러나 우리는 좋은 것들을 향해 더 이상 깨어나지 않았고, 아리스 아저씨가 하는 일들에 열중하였다. 우리는 어떤 신비와 접촉하게 되었다. 그리고 우리를 섬뜩하게 하는 이상한 형체들이 나타나곤 했는데, 조금 지나자 이것들에 익숙해지게 되었다.

우리는 몇 번을 더 만났다. 아리스 아저씨가 아무런 연락도 없이 우리를 갑자기 모이게 한다는 것을, 우리가 다섯 번째 만나던 날, 마놀리스가 제일 먼저 알아차렸다. 어느 날 오후, 그러니까 우리는 아무런 이유도 없이 그 집에 들르고 싶다는 생각이 들게 되는 것이었다. 그러면 그곳에 아리스 아저씨가 있었다. 그 당시 우리는 집주인과 아무런 관계도 없었다. 그곳에 자주 가지도 않았었다.

- 무엇을 하시길래 우리를 모이게 하십니까?

나는 물었다.

- 뭐 딱히 더 좋은 할 일이 있는 게 아니라면, 여기 와서 일을 해보자고.

그는 이렇게 말했다.

나는 이것이 정말 맘에 들지 않았다. 그러니까 아저씨는 이미 어떤 힘을 얻었고, 우리들 위에 군림할 수 있는 권한을 가지고 있었다. 아무도 그를 신용할 거리가 없었는데 말이다. 아저씨가 우리의 생각이나 바람에 영향을 미칠 수 있었을까? 그렇다면 어느 정도로? 만약 아저씨에게 반항했다면 어떻게 되었을까? 그러나 그에게 반항하기 위해 우리는 어떤 자각이나 지식이 있어야 했다. 허나 그때 우리는 무지했었다.

그 사이 아저씨의 처신에서 서서히 영악함과 술책이 드러나기 시작했다. 나는 아저씨를 믿지 않기 시작했으며, 모임에 계속 다니면서 아저씨를 경계했다. 아저씨는 내게 집 주소를 알려주면서 한번 찾아오라고 했다. 아저씨는 자신이 그리스도인이라고 했지만 성직자들은 아무것도 모른다면서 성직자들을 낮게 취급했다. 그러니까 교회와 관계가 있긴 했지만, 자신이 원하는 방식으로 관계를 가진 것이다. 복음경도 자신이 원하는 대로, 자신에게 유리한 대로, 자신의 머릿속에 들어오는 대로 해석하였다. 자신에게 맞지 않는 여러 부분들은 무시하면서 말이다.

* * *

그 기간에 다음과 같은 일이 있었다. 어느 날 밤 나는 방에 누워있었고,

방문은 닫혀있었다. 방 전체가 길가의 가로등에 의해 환히 비추어져 있었다. 나는 잠에서 깨어 그것을 보고 있었다.

이상한 소리가 들리기 시작했다. 갑자기 책장과 유리창에서 크게 치는 소리가 들려왔다. 설명할 수 없는 일이었다. 때때로 한밤중에 모든 가구들이 흔들리기도 했다. 그 방에서 내가 산 것이 일이 년이 아니었기에 나는 그 방에서 나는 소리를 모두 알고 있었다. 그러나 갑자기 치는 이 소리는 뭔가 다른 것이었다. 소리가 그렇게도 세게 나는데 부모님이 그 소리를 못 들으셨다는 것, 그렇게 흔들리는데도 가구가 부서지지 않았다는 것은 정말 의심스러운 일이었다. 동시에 방 안에 나를 공포에 떨게 만드는 어떤 것이 나타났음을 느꼈다. 나는 가족들을 찾으려고 일어나 방문을 열었다. 그리고 내 스스로에게 신경질을 내고 방문을 다시 닫았다. 잠에 들려 하자마자 또 치는 소리가 들렸고, 다시금 겁에 질려 일어나 방문을 열었다. 밤새 이런 일이 세 차례 일어났다. 자려고 하면 무언가 치는 소리에 의해 깼다. 마침내 나는 화가 났다. 단호하게 문을 닫고, 나를 귀찮게 하던 것에 대해 속으로 욕을 했다. 내 손에 잡히기만 하면 아주 한 대 때리면서 욕을 해주겠다고 마음먹고 잠들었다. 이번엔 잠을 잘 잤다.

내가 들은 소리는 아주 거칠고 거셌다. 침대에서 갑자기 일어나 깨달았다. 방에 불이 켜져 있었는데도 불은 이상하게 비춰지지 않았고, 어떤 자연스럽지 않은 어둠이 방 전체를 채웠다는 것을 말이다. 이 어둠이 불을 방해하고 있었다. 그런데 이것은 어둠이 아니라 의식이 있는 어떤 존재인 것 같았다. 나를 놀라게 했던 것은 바로 소리가 아니라 이 형체였다. 나는 바로 "나의 그리스도여!"하고 소리쳤다.

외침 소리와 함께 곧바로 방의 한 쪽에서 한 사람의 환한 모습이 나타났다. 흰 투명한 빛. 그것은 좀 이상했지만 나를 진정시켰다. 다정함으로 나를 가득 채웠다. 내가 느끼던 모든 두려움을 쫓아냈고, 흔들리지 않는 확신을 주었다. 그것을 보자마자 나는 안심했고 잠들었다. 이 모든 장면은 불과 몇 초 만에 일어났을 것이다.

밤중에 일어났던 일이 생각나서 아침에 나는 당황을 감출 수가 없었다. 이 사건에 대해 내 나름의 해석을 내릴 수도 설명을 할 수도 없었다. 아마 누군가가 설명을 좀 해주었다면 있을 수 있는 일이라며 받아들였을지도 모른다. 하지만 나는 스스로 판단을 내릴 어떤 기준도, 다른 것과 비교할 만한 어떤 잣대도 없었다. 그래서 무척 혼란스러웠는데, 물론 지금은 그것이 그리스도로부터 받은 도움이었다고 믿는다.

그 후 최면사 아저씨를 만났을 때, 내게 일어났던 일에 대해 자세히 설명했다. 아저씨는 다음과 같이 말했다.

- 걱정하지마. 너에게 미리 경고하는 것을 잊었구나. 네가 영계로 들어가려는 지금, 너를 못 들어가게 하려고 그것들이 네게 겁을 주려고 해. 그러니 그때마다 내가 와서 도와줄게! 무슨 일이 있으면 나를 불러. 겁먹지 말고.

잊었다고? 잊었다니, 대체 무슨 말이야? 나는 아저씨를 믿지 않았다. 아저씨는 그저 우리에게 위험을 숨기고 있을 뿐이었다. 우리를 위험에 빠지게 할 뿐이었다. 우리를 이용한 것이다. 아저씨는 결코 최면에 걸린 적이 없었다. 아저씨 자식들조차 이런 것들에 휩쓸리지 않았다. 이러한 소름 끼치는 현상들은 내 친구들에게도 일어났다. 그런데 "그때마다 내가 와서 도와줄게! 무슨 일이 있으면 나를 불러."라고? 이 무슨 얼토당토않은 말인가? 그러니까 우리가 아저씨를 필요로 한다고? 기가 막힐 일이다. 우리가 아저씨에 의해 좌우되어야 한단 말인가? 내가 왜 그를 불러야 해? "나의 그리스도여!"라고 말하면서 그리스도께 도움을 요청하면 안 되나? 이게 부끄러운 일인가? 아저씨가 그리스도보다 더 훌륭한 사람이란 말이야?

우리가 겪었던 그런 소름 끼치는 사건들 이후, 모임에 참여했던 많은 이들이 그만두고 싶어 했다. 그러나 나는 이 일 뒤에 무엇이 숨겨져 있는지 밝혀보고 싶은 호기심이 생겼다. 진실을 밝히기 위해 계속 아저씨를 만났다. 하지만 선하신 하느님께서는 나를 그 최면사의 손아귀에서 구하도록 방법을 모색하셨다. 최면사가 나를 원하지 않도록 선처하셨는데, 그 방법은 다음과 같았다.

내가 아는 한 유학생이 외국에서 돌아왔다. 그녀는 마약에 중독되어 있었다. 마약 남용으로 몇 번이나 죽을 위험에 처했기에 사람들은 그녀가 마약을 끊도록 했다. 나는 그 친구를 도와주고 싶었다. 그래서 아리스 아저씨에게 데려가서 최면술을 통해 마약을 끊게 해야겠다고 생각했다. 아저씨는 최면술이 이런 친구들을 도울 수 있다고 주장하였기 때문이다.

그리하여 그 친구와 함께 아저씨의 집에 갔다. 나는 아저씨에게 그 친구의 상황에 대해 설명했다. 결국 그 친구는 최면에 걸렸으나 아무런 결과도 없었다. 최면술이 힘이 없다는 것이 밝혀진 것이었다. 그 친구는 그 후 오랫동안 마약에 계속 손을 대었다.

결과는 어떻게 됐을까? 최면사 아저씨는 경찰과 연관될까 두려웠다는 등의 변명을 했다. 이렇게 해서 다시는 이러한 우연한 모임이 일어나지 않았다. 그 후 몇 년이 지나, 내가 아토스 성산의 파이시오스 수도사님께 그녀를 위해 기도해달라고 요청하였을 때, 그제야 비로소 그 친구가 마약에서 벗어날 수 있었다. 죽음의 위협에서 벗어났고 지금은 정상적으로 일을 하고 있다.

내가 알고 있는 사람들 중 누구도 또 나조차도 그 친구가 마약에서 벗어날 수 있으리라는 것을 믿지 못했었다. 그런 방법이 있을 거라는 것에 회의적이었다. 오랜 기간 마약에 쩌들어 그녀의 상황이 말도 아니었으며 스스로를 보호할 만한 자기 방어 본능도 전혀 없었기 때문이었다. 물론 지금은? 완전히 바뀌어 다른 사람이 되었고 말이다.

알렉산드라

그 시절 나는 아주 이상한 방법으로 알렉산드라와 알게 되었다. 우리는 대학에서 알게 되었고 그녀는 내게 집 주소를 알려주었다. 며칠 후 나는 그녀의 집으로 찾아갔는데, 차에서 내려 자세히 찾아보려는 요량으로 근처 어느 좁은 골목에 차를 세웠다. 그런데 마침 내가 주차한 곳이 그녀의 집에서 불과 10미터 떨어진 곳이었다. 내가 차에서 채 나오기도 전에 문을 열고 있는 그녀를 보았다. 그녀는 길을 둘러보고 있었다. 내게 다가오더니 "나 마침 너를 기다리고 있었어."라고 했다. 우리 둘은 놀라움을 금치 못했고, 무엇인가 일어나고 있다는 느낌을 받았다.

그 후 우리가 만날 때, 종종 이상한 일이 일어나곤 했다. 나는 알렉산드라의 독특한 기운(아우라, 영기)을 알아보려고 애쓰기 시작했다. 즉, 요가 책에서 배운 방법을 써먹으려 했는데 알렉산드라가 나를 방해했다. 이상한 소리가 들려왔다. 알렉산드라는, 갑자기 방문을 크게 치는 소리가 들릴 때까지 무서워하지 않았다. 하지만 창문들은 모두 닫혀있었고 어떤 바람도 불지 않았다. 정말 이상한 일이었다. 우리는 너무 무서웠다. 알렉산드라는 울음이 터질 듯한 표정으로 내 품에 안겼다. 그때부터 우리는 친구가 되었다. 그때부터 그녀는 나를 방해하지 않았다.

알렉산드라의 비밀은 무엇이었을까? 내가 최면술과 요가, 마법에 대해 얘기를 꺼내자 그녀도 다음과 같은 얘기를 털어놓았다.

"나는 잡귀를 쫓아내는 한 할머니를 알고 있었어. 잡귀를 쫓아내는 방법은 단 한 사람에게만 전수할 수 있었는데, 할머니는 이 세상을 떠나기 전에 나를 선택하셨고 나에게 그 방법을 알려주셨어. 난 별로 대수롭지 않게 생각했지. 한번은 내 어린 사촌동생이 잡귀에 씌어 머리가 계속 아프고 잠에 취해서 바보처럼 되었어. 그때 내 인생에서 처음으로 잡귀를 쫓는 기도를 했지. 사촌동생은 금방 멀쩡해졌는데, 나는 24시간 동안 고통을 당했어.

한번은 아테네에 있는 우리 집에 밤중에 혼자 있게 되었어. 그때 이상한 게 나타나는 것이 느껴졌어. 형광등들이 깜빡거렸는데, 우리 집 것만 그랬어. 나는 너무 놀라서 발코니로 나왔지. 다시 안으로 들어가려고 했는데 커튼이 공중에 떠서 천장과 평행을 이루고 있는 게 아냐? 정말 이상해서 숨이 넘어갈 것만 같았어. 안으로 들어갈 용기가 없어서 그렇게 밤새도록 발코니에 앉아있었어. 담배 피우고 노래를 들으면서 말이야. 날이 밝았을 때 집을 나섰고, 며칠 후 여행 가셨던 부모님이 돌아온 후에야 나도 집으로 돌아왔어."

알렉산드라는 서서히 무서움을 덜 느끼게 되었지만, 잡귀 쫓는 일은 가끔씩 하곤 했다. 이것이 알렉산드라에 대한 사연이다. 우리는 여러 가지를 배운 상태였다. 아마도 알렉산드라는 앞으로 나아가는 것이 두려웠던 것 같다. 하지만 나는 그 진상을 알고 싶었다.

이상한 것은 우리가 유물론자였다는 것이다. 우리는 마르크시즘, 유물론에 관한 서적들을 읽었고 철학적인 기반 역시 유물론에 있었다. 악마를 믿지 않았다. 또 세상에 대한 영적인 분석도 믿지 않았다. 한편 마법에 관한 것들은 모두 믿었고 그리스도교에 관한 것들은 모두 속임수나 어리석은 것으로 생각했다. 이는 정말 모순적이었는데, 그 당시에 우리는 전혀 깨닫지 못했었다. 우리는 사물을 시간과 상황에 따라 다른 방법으로 판단하였다. 그 당시 나는 열아홉 살이었고, 어린 시절부터 종교와는 아무런 관련이 없었다. 오히려 마르크스주의자였던 것 같다.

보이지 않는 그 무엇이 나를 때리다

보이지 않는 그 무언가가 나를 때리는 일이 일어난 적이 있다. 대학 시절 때이다. 그 당시 알게 된 여자 친구 집에 갔는데, 그 친구 역시 요가에 빠져있었다. 그녀의 전 남자 친구가 요가를 했었고 그녀는 인도를 여행한 적이 몇 번 있었다.

우리는 함께 음식도 만들어 먹었다. 밥을 먹으면서 나눈 얘기는 신비술, 요가, 마법, 초자연적인 이상한 힘들에 관한 것이었다. 그런데 갑자기 이상한 소리가 또 나기 시작했다. 우리는 주위를 둘러보았다.

- 전 남자 친구가 질투하나?

그녀가 웃으면서 말했다.

- 에이, 말도 안 되는 소리.

나는 웃어 넘겼다.

우리는 계속 대화를 이어갔는데, 30분쯤 후에 발로 문을 차는 것 같은 '쿵' 소리가 들렸다. 문의 안쪽 부분 전체가 심하게 덜컹거렸다. 나는 문이 부서진 줄 알았다. 정말 이상한 일이었다. 그녀는 겁에 질렸다.

나는 벌떡 일어났다.

- 누구야? 난 네가 하나도 안 무섭거든?

나는 문을 열었다 닫으면서 비웃었다.

- 네가 그렇게 잘났으면 이리와 한번 싸워보자!

나는 약 올리듯 말했으나 아무 일도 없었다.

- 아마 내 전 남자 친구일 거야.

그녀가 말했다.

- 뭐라고! 우리 둘이 얘기도 못한다고? 누구한테 허락이라도 받아야 해? 그런 권한은 아무한테도 없거든? 아니다, 됐다. 잊어버리고 하던 얘기나 다시 하자.

내가 다시 웃음을 되찾자 그녀도 곧 용기를 얻었다. 우리는 이 일을 잊어버렸다. 시간은 금방 지났는데 유쾌했다. 공통의 관심사가 있었고, 대화를 통해 서로에 대해 더 깊이 이해할 수 있게 되었다. 시간이 꽤 흘렀음에도, 대화에 빠져 시간이 흐르는지도 몰랐다. 우리는 서로가 서로에게 빠져들어 있었다.

그때 갑자기 나는 누군가 내 등을 때리는 느낌을 받았다. 누군가 길고 굵은 나무로 나를 세게 때리는 그런 느낌이었다. 나는 아파서 소리쳤다. 용수철처럼 튀어 오르면서 내 등을 만졌다.

- 무슨 일이야?

당황한 그녀가 놀라 물었다.

- 누군가 내 등을 때렸어.

나는 대답했다. 그녀는 이상하다는 듯이 쳐다봤다. 우리가 있던 방뿐만 아니라 그 집 전체에 우리 둘밖에 없었기 때문이다.

- 다시는 이런 일을 일으키지마.

그녀가 말했다.

- 에이, 그냥 질투하도록 내버려두자.

나는 이렇게 말하고 그녀 옆에 앉았다. 그런 일이 있은 후 나는 삼일 동안 등이 아팠다. 지금 생각으로는 그 당시 내가 왜 그렇게 가볍게 지나쳤는지 모르겠다. 어떻게 그런 일이 그렇게 빨리 지나갔을까? 우리가 그런 일을 대처하기엔 너무 어렸던 것일까? 아니면 우리가 신중하지 못했던 것일까?

이상한 꿈

그 시절 나는 마인드 컨트롤과는 전혀 관계가 없었고, 아쉬람(요가 명상 센터)에 있는 수행자들과 접촉이 많았던 것도 아니다. 최면사와 관계를 끊은 지도 몇 년이 흐른 상태였다.

어느 날 밤 이러한 꿈을 꾸게 되었다. 나는 흙으로 덮인 길을 걷고 있었는데, 길가에 사람의 모습을 한 이상한 것이 앉아있었다. 키는 중간보다 좀 더 컸고, 몸은 건장했고, 팔은 굵었고, 튼튼하고 긴 꼬리가 있었다. 머리는 동물과 사람 사이의 모습이었고, 털은 전혀 없었다. 귀는 길고 뾰족했다. 머리 위에 작은 뿔 두 개가 있었고, 피부 전체는 청동색이었다. 이러한 것이 길 가장자리에 앉아서 나를 쳐다보고 있었다. 서로의 눈이 마주쳤을 때, 나는 정말 놀라서 겁을 먹었다. 이렇게 용기가 가득한 나이에 겁을 먹다니, 좀 부끄러웠다. 그래서 주저하지 않고 계속 걸어가기로 했다. '저게 대체 나랑 무슨 상관이람? 나랑은 아무 관련도 없고 알지도 못해. 그냥 무시해야지. 없는 척 지나가야지.'라고 생각했다.

그런데 그 근처에 닿자마자, 그것이 순식간에 뛰어오르더니 나를 덮쳤다. 쉽게 쓰러진 나를 한 대 때려 나는 더러움과 악취로 엉망진창이 되었다. 순간 나는 무서워졌다. 내가 그 물체에 반항할 만한 힘이 전혀 없다는 것을 깨달았기 때문이다. 나는 온몸이 마비되어 아무런 방어도 할 수가 없었다.

손 하나 까딱할 수 없었고, 말 한마디 할 수 없었다. 나는 완전히 무방비 상태로 항복했고 무기력해졌다. 그것은 나를 때려 더럽혀놓고는 사라졌다. 그때서야 마비됐던 내 몸이 천천히 풀려 움직이기 시작했다.

다음 날 아침 나는 맞은 곳들이 아팠다. 잠에서 깼을 때 매 맞은 듯이 아팠다. 나는 의문스러웠다. '그래 그냥 꿈일 뿐이야. 그런데 왜 이렇게 몸이 아픈 거지?' 의아해하면서도 몸이 느끼는 아픔이나 꿈에서 본 이상한 것에 대해서는 아무런 설명도 할 수가 없었다.

이상한 일이 더 생기지 않았더라면 나는 이 사건을 완전히 잊어버렸을 것이다. 며칠 후 내 여자 친구가 와서 이렇게 말했다. "너에 관한 이상한 꿈을 꿔서 무서웠어. 나쁜 일 생기지 않게 조심해. 무슨 동물인지 사람인지 이상한 것이 허리에서 나온 방망이로 너를 쓰러뜨리고는 때리는 거 있지 뭐야." 나는 그녀에게 다른 것들에 대해서도 물었고, 이를 통해 우리는 같은 것을 보았음을 깨달았다. 우리는 이상하게 생각했다. 하지만 때때로 서로의 마음을 아프게 했던 둘 사이의 사랑에 관한 얘기에 파묻혀, 그 이상한 일에 대해서는 곧 잊어버리게 되었다.

이 꿈은 무엇이었을까? 하나의 경고였을까? 보이지 않는 전쟁의 선포였을까? 아니면 나를 지배하는 한 힘의 확인이었을까?

그 시절 내 여자 친구의 한 친구는 어떤 목적을 달성하기 위해 내 주위를 맴돌고 있었다. 우리는 그녀를 알게 된 지 얼마 안 됐는데 곧 자주 어울리게 되었다. 초기에는 내가 더 많이 그 친구와 어울려, 내 여자 친구가 질투하고 불평하기도 했다. 그 친구는 내게 뭔가를 제안하는 법이 없었다. 그러나 무슨 일이 생길 뻔한 상황이 여러 번 발생하곤 했다. 몇 번을 그녀의 집의 같은 침대에서 자곤 하였다. 그러나 나는 더 이상의 깊은 관계를 원하지 않았기 때문에, 선을 넘지 않았다. 그녀를 이성으로서 좋아한 것은 아니었다. 그저 친구로 지내고 싶었다.

언젠가 우리 둘은 아주 이상한 대화를 나눴는데, 이 대화는 그녀가 먼저 시작하였다. 우리는 아무런 이름도 언급하지 않고 그저 빗대는 방법을 써서 모든 것들에 대해 이야기했다. 비유로 말한 것이 너무 명확해서 나는 우리의 재간에 대해 감탄할 정도였다. 아주 암시적인 대화였다. 거기서 나는 그녀를 좋아하지 않는다고 분명히 표현했고 그녀는 얼마나 모욕감을 느꼈는지 보여주었다. 차마 생각하지 못했던 부분이었다. 그때 그녀는 위협이 숨겨 있는 듯한 이상한 말을 했다. "좋아, 9월에 있을 내 차례를 기다릴 거야." 그때는 6월이었다.

이 대화 이후에도 우리는 처음처럼 계속 만났다. 그녀는 서서히 내 여자 친구와 단짝이 되었고, 그래서 나는 걱정이 되기 시작했다. 그 두 사람은 다양한 젊은이들을 호색적인 시선으로 쳐다보곤 했다. 질투가 났지만, 내 스스로의 문제들로 정신이 없어 뭔가를 할 수 있는 처지도 아니었다. 그녀는 내가 의심할 정도로 내 여자 친구에게 많은 영향을 미쳤다.

그녀는 신비주의나 그런 비슷한 것들에 관심을 갖고 있었고, 해롭지 않은 마법사들, 아이반 호프, 수피, 카스타네다, 그루지예프 등에 대하여 읽었다. 마법과 신비주의에 관한 책들도 읽었다. 뿐만 아니라 실행으로 옮기기도 했다. 우리에게 카드 점을 쳐주곤 했다. 쉽게 볼 수 있는 카드가 아니었는데, 무언가 마법에 관련된 것이었고 자연스럽지 않은 것이었다. 이것이 무엇이었는지 정확히 설명할 수가 없다. 그녀는 또 타로에도 발을 들여놓았다. 타로 카드를 어느 프리메이슨 책방에서 샀다고 했는데, 그녀는 이미 타로 전문가가 되어있었다. 뿐만 아니라 카드 점을 기가 막히게 잘 치고 미래를 예측하기까지 하는 어떤 아주머니도 알고 있었다. 카드 점치는 것 말고도 다른 능력이 있다고 했다. 이 친구는 그 아주머니에 대해 감탄을 하며 칭찬하였고, 꽤 긴밀한 관계를 가졌다. 그러면서 내 여자 친구까지 그 모임에 데려가기 시작했다.

거기서 무슨 일이 있었는지 나는 모른다. 어떤 사건들로 인한 징후만을 알고 있을 뿐이다. 아무튼 9월이 왔다. 자신의 차례를 기다리겠다던 그녀의 말이 생각났다. 실제로 9월부터 여자 친구와의 관계에서 많은 우연과 오해가 있었고 우여곡절 끝에 우리는 헤어졌다. 그러나 이게 다가 아니었다. 모든 일이 뒤집어져서 나는 심리적으로 너무 괴로웠고 미칠 지경에 달했다. 급기야는 자살 충동까지 느꼈다. 하늘이 무너진 듯하였다. 대체 무슨 일이 생겼단 말인가? 마치 누군가 나와 몰래 싸우고 있는 것 같이 느껴졌다. 누군가 내 인생을 망치려고 작정한 것 같았다.

내 여자 친구의 친구, 즉 내가 육체적 관계를 거부했던 그녀는 커피 잔으로 점을 치고 타로 카드로 점을 치는 그녀의 스승과 만나서 나에 대한 얘기를 자주 하였다. 그러면서 나를 영적인 목표물로 만들어 전념하였다는 것을 나중에 누군가로부터 듣게 되었다.

우연, 오해, 정신적 아픔 그리고 마음의 격동 등 믿을 수 없는 일들이 이 시기에 일어났다. 이것이 과연 그녀들이 하는 마귀의 힘에서 나오는 것이라고 볼 수 있을까? 내가 그리스도인으로서 살았다면, 그녀들이 나에 대해 어떤 힘을 가질 수 있었을까? 아무런 힘도 가질 수 없었다는 것은 불 보듯 뻔하다. 내가 조심해서 살지 않았기에 내 삶이 그녀들을 지배했던 악마에게 권한을 주게 된 것이었다. 나를 좋아해주었던 어떤 경험이 많은 한 할아버지가 "그녀들이 자네에게 마법을 썼어."라며 경고한 적이 있었다. 그때 나는 그런 것 따위를 믿지 않았기에 그저 웃어 넘겼었다.

나쁜 일은 이미 벌어졌다. 그러나 그것을 묵묵히 지켜보신 하느님께서는 그 좋지 않은 일로부터 아주 좋은 일이 생기도록 허락하셨다. 얼마 후 나는 파이시오스 수도사님을 알게 되었다. 수도사님은 어미 닭이 병아리들을 품에 모으듯이 나를 영적인 날개로 덮어주시면서 어려운 상황에서 건져내 주셨다. 한편 내게 좋지 않은 이 모든 일들을 유발한 그 친구는 나보다 더 안 좋은 상태에 있게 되었다. 하느님께서 나를 도와주셨던 것처럼 그녀를 도와주시기를 바란다.

우리는 스무 살 무렵이었고 이미 이러한 어리석은 일들을 저질렀다. 무슨 할 말이 더 있겠는가!

프리메이슨 단원 디모스테니스

내 친구 마놀리스는 아테네 출신의 치대생 코스타스와 한 집에서 살고 있었다. 한편 아테네에서 코스타스의 사촌 디모스테니스가 일 년에 두세 번 코스타스를 방문하여 그들과 며칠 간 함께 머무르다 가곤 했다. 디모스테니스는 대학생이 아니었다. 우리보다 두세 살가량 나이가 많았고 당시 여행사에서 일을 했다. 또한 프리메이슨 단원이었다. 그가 오면 우리는 사람, 세상, 하느님, 마법의 기법 등에 대해 대화를 나누곤 했다. 마놀리스는 나처럼 그와 대화를 나누는 데 흥미를 느꼈다. 그만의 독특한 견해가 있었고 아는 것이 많았기 때문이다. 그렇지만 우리는 분명히 선을 그었다. 마놀리스는 그를 신뢰하지 않았고 프리메이슨 단원들을 곱게 보지 않았다. 마놀리스는 디모스테니스의 행동을 좋아하지 않았다.

한번은 마법 실습에 대하여 대화를 나누고 있었는데, 마놀리스가 디모스테니스를 비웃었다. 그러자 디모스테니스는 화를 냈다. 마놀리스 방의 창문으로 가더니 창문에 입김을 불어 손가락으로 이상한 모양을 그리고 혼자 중얼중얼거렸다. 그의 혼잣말에 대해선 아무도 이해할 수 없었다. 그러고 나서 우리는 이야기를 계속하였다. 밤이 깊었고, 새벽 두세 시쯤 코스타스와 디모스테니스는 같은 방으로 자러 갔고, 마놀리스는 자기 방으로 갔다. 그리고 그날 밤, 마놀리스에게 이상한 일이 일어났다. 마놀리스는 이렇게 회상했다.

"잠이 들자마자 '탁'하고 창문을 치는 소리가 들려서 벌떡 일어났어. 스스로 '진정해.'라고 말하면서 다시 잠을 잤지. 그런데 잠시 후 '탁'하고 치는 소리가 더 크게 들리지 뭐야. 벌떡 일어났어. 무서움에 화가 나더라고. 담배 한두 대를 피우면서 저녁에 나눴던 대화에 대해 생각해봤어. 그때 나눈 대화로부터 영향을 받았다고 확신을 한 나는 진정하고 다시 잠을 잤지. 혹시 몰라서 잠들기 전에 창문을 열어 놓았어. 이번엔 잠을 잘 자고 있었어. 그런데 다시 강하고 거칠게 치는 소리가 들렸어. 눈을 떴을 때 처음 목격한 것은 디모스테니스가 창문에 그려 놓았던 모양과 이상한 글자들이었어. 가로등 불빛에 빛나고 있었어.

정확히 이 모양이 있던 부분의 유리가 깨져 금이 가 있었어. 나는 무서워서 침대에서 벌떡 일어났어. 옆방으로 달려가서 디모스테니스를 깨웠고, 그는 코스타스와 함께 내 방에 왔어. 깨진 창문을 보자마자 겁에 질려 얼굴의 안색이 바뀌더군. 그러더니 창문에 난 모양을 최대한 지우려고 하더라. 인상적이었던 것은 디모스테니스가 우리보다 더 겁에 질렸다는 거야. 그러고 나서 우리는 방에 불을 켠 채 담배를 피우면서 밤을 지새웠어. 차마 용기가 안 나서 다시 잠들지 못한 거지."

디모스테니스는 직장을 자주 옮겼고, 한동안은 직장을 구하기 힘든 적도 있었다. 나는 그가 영국의 프리메이슨 단체 소속이라고 생각했다. 디모스테니스는 코스타스와 함께 돌아다니며 여러 대학생들을 만났고, 주목을 끌기 위해 열광적으로 얘기하곤 했다. 그렇게 해서 순진한 학생들 몇 명을 꼬여내기도 했다. 디모스테니스는 우리에게도 프리메이슨 주의에 대해 여러 가지를 얘기했다. 이때는 계속해서 그 추종자들이 늘어나고, 관계자들 또한 강연이나 대담을 설득력 있게 한다는 것을 알게 되었을 때이다. 우리는 아주 의아해했다. 또한 이 시기는 우리가 최면사 아리스 아저씨를 알게 되었을 무렵이다. 거의 비슷한 시기였다.

이제부터 하는 얘기는 짧지만 중요한 것이다. 그로부터 일 년쯤 후에 나는 코스타스의 집에 갔다. 코스타스는 의대에 다니는 여자 친구와 함께 살고 있었다. 그 둘은 마법에 관한 책을 읽고 있었다. 거기엔 악령들의 이름과 그들이 하는 일, 그리고 그들을 불러내는 방법에 대해 나와 있었다. 둘은 약간 겁에 질려 있었지만 마법에 관한 그 책을 버리지 않았다.

일 년도 채 지나지 않아 그들 관계에 문제가 생기기 시작했다. 많이 힘들어했고, 여자 친구는 정신과 상담을 받기 시작했다. 그녀는 논리적인 생각이 불가능했고, 삶이 아주 방탕해져 있었다. 아는 사람들이든 모르는 사람들이든 그들 앞에서 아주 상스러운 말을 하는 것을 종종 들었다. 그녀는 미쳐버린 것일까? 아니면 어떤 혼이나 악령에게 지배당한 것일까? 치료를 위해 부모님이 그녀를 수도원으로 데리고 다니면서 기도를 요청한다는 소식이 내가 들은 마지막 소식이었다. 의사들도 아무것도 할 수 없었기 때문이었을 것이다. 코스타스도 아주 괴로워했다.

나는 이렇게 안 좋은 일이 일어난 것이 그들이 마법에 빠져있었기 때문이었다고 믿는다. "애초부터 악마는 살인마이며 거짓말의 아버지"(요한 8:44)이고 또 사람들을 증오하고 사람들의 좋은 점을 싫어하기 때문이다. 그들은 책을 읽는 것에 그치지 않고 악령을 불러내는 주문도 했을 것이다. 이렇게 악마와 악령들을 허락했고, 그것들이 그 둘의 삶에서 권력을 행사하였다. 그러한 책이 집에 있었다는 자체만으로도 악마의 힘 때문에 영적인 위험에 처했을 것인데, 그런데다 그 책을 탐독하기까지 했으니 더 많은 영향을 받은 것은 너무도 분명한 일이다.

우리에게 이러한 길을 보여준 디모스테니스는 그가 알고 있었던 이론이나 수법을 가지고도 물론 도와줄 수 없었다.

디모스테니스를 다시 만나다

몇 년이 지난 후 나는 디모스테니스와 다시 만나게 되었다. 우리는 이미 성숙해 있었고 각자의 길을 향해 나아가고 있던 상태였다.

나는 넥타리오스 성인께 경배 드리러 에기나 섬에 갔다. 그때는 이집트에서 돌아온 직후였는데, 아테네에서 며칠 간 머물 계획이었기에 이때다 싶어 예전부터 품어왔던 바람을 이루고자 했다.

성인의 성해 중 머리 부분에 입을 맞추었을 때 성인께서는 나의 마음을 가득 채워주셨다. 그분의 은총이 나를 휘감아 나는 영적으로 취하게 되었다. 뜰, 성인께서 머무셨던 방을 돌아다니면서 영적인 기쁨으로 충만해졌다. 나는 성인과 정신적으로 닿고 있음을 느꼈고, 성인과 이미 알고 지내던 것처럼 느꼈다. 그날부터 우리의 관계는 긴밀히 연결되어 단단해졌다. 나는 영적인 즐거움 속에 살았으며 기쁨과 평화가 함께 했다. 성인에 대한 느낌, 은총의 느낌, 성인들이 함께하신다는 확신이 주는 용감한 상태에 있었다. 아테네로 돌아오기 위해 쾌속정에 올랐을 때도 이 같은 상황에 있었다. 나는 이 선물에 대해 의아해했다. 이것은 무엇을 뜻했을까? 그때 갑판 위 한 곳에서 동떨어진 채 책을 읽던 디모스테니스를 보았다. 그에게 꼭 말을 걸어야겠다고 생각했다. 성인의 선물을 그와 연결해보았다. 즉 넥타리오스 성인께서 나에게 디모스테니스를 보내주셨다고 생각했다.

나는 그에게 다가갔고, 5년 전에 나누던 얘기를 다시 이어갔다. 디모스테니스는 고대 그리스의 한 신전에 경배를 드리러 에기나에 갔다고 했다. 나 역시 인도 여행에 대해 얘기했는데, 이 경험은 특히 강조하여 얘기했다.

- 어떻게 지내? 아직도 그 책들을 읽어? 실행으로 옮기지는 않았어?
나는 물었다.
- 물론이지. 실행하고 있고 마법 실습도 규칙적으로 자주 하고 있어.
그가 대답했다.

물론 나는 이미 알고 있었다. 하지만 그의 명백한 고백이 인상적이었다. 그는 자신과 같은 상황에 있는 사람과 이야기를 나누고 있다는 느낌을 받는 듯했다. 디모스테니스는 예전에 하던 일을 그만두고 프리메이슨 파의 영리에 도움이 되는 일을 하고 있었다. 그곳에 흥미가 있으므로 그의 영혼도 그쪽에 머물렀다.

- 나는 성 넥타리오스 수도원에 다녀오는 길이야. 거기엔 거룩한 힘이 있더라. 너도 가서 한번 느껴보지 그래.
내가 말했다.
- 아, 나는 안 가. 나랑은 안 어울려. 나는 정신적으로 그런 것과는 다르거든. 맘에 들지도 않고, 나를 밀어내거든.
그가 대답했다.

아, 이런 가엾은 친구, 나는 너무도 당황스러웠다. 어떻게 이런 사람들이 존재한단 말인가. 하느님을 좋아하지 않는다는 것이 가능하단 말인가? 그는 자신의 생각에 대해 아주 확고했다. 그러나 나는 성인이 주신 기쁨과 평화를 느끼고 있었다. 사람들이 알지 못하기 때문에 이렇게 말한다고 생각할 수밖에 없었다. 나는 디모스테니스에게 내가 수도원에서 느낀 것, 또 아직까지도 느끼고 있던 것들에 대해 자세히 얘기해주었다. 우리는 논쟁에 빠져들었는데, 나는 예전의 내가 아니며 이제는 그리스도인이라고 말했다. 그러자 그는 "철학으로서 그리스도교는 아주 발달했지만, 종교로서는 아무런 의미도 없어."라고 했다.

나는 그런 부류의 사람들이 그리스도에 대해 적용하는 수작들을 물론 알고 있었고, 그것이 다 무지의 산물이라고 여겼다. 우리는 긴 대화를 나누게 되었고 나는 그리스도교 믿음에 대해 말할 기회를 얻기도 했다. 우리 의견은 여러 번 대립하였는데, 정확히 어떤 문제에 관해서였는지는 기억이 잘 나지 않는다. 단지 어떤 한 구절이 기억나는데, 이 구절은 그를 설득하려던 내 의욕을 모두 꺾어버렸다. 그는 정말 괴이하고 상상을 초월하는 고집이 있었다. "네가 말하는 것을 받아들이느니 차라리 나는 악마와 함께 지옥에 있을래."라고 했다. 이렇게 말하는데 무슨 더 할 말이 있겠는가? 사람이 영악함, 술책, 악, 교활, 증오, 자멸 속에서 무슨 병적인 만족을 얻을 수 있겠는가?

2

거룩한 도움

파이시오스 수도사님이 내 삶에 들어오시다

나의 첫 아토스 성산 방문

나의 대학 시절은 오락, 여행, 사랑, 신념이 함께한 모험이었다. 우리는 책을 많이 읽고 철학적으로 사색하고, 깊이 탐구하고, 많은 대화를 나누었다. 이런 것들은 끊이지 않고 계속되었다.

여름이 끝나고 돈도 다 떨어졌다. 그렇지만 계속해서 놀고 바다에 가고 여행하고 싶었다. 그때 어떤 친구가 아토스 성산에 가자는 제안을 했다.

- 거기서 무엇을 하자는 거야?

나는 물었다.

- 수도원들을 돌아다니는 거지. 거기선 숙식이 무료[2]거든. 그리고 뭐 바다도 좀 갈 수 있지 않겠어?

친구가 대답했다.

- 좋아, 가자.

친구가 그렇게 강요하지 않았다면 우리는 새벽 5시에 일어나지 못했을 것이다. 세 시간밖에 잠을 자지 못했다.

데살로니키에서 우라누폴리스까지는 버스로 세 시간 걸렸다. 그 뒤 배에 올라 한 시간 반을 더 갔다. 나는 내면의 기쁨을 느꼈다. 아토스 성산의 수도원들은 인상적이었다. 바다 옆 자연 속에 묻혀 있는 작은 켈리들은 조용한 삶의 모습을 보여주었고 속세의 덧없음으로부터 멀어져 있음이 보였다. 나는 내 꿈이 이루어지는 것을 목격했다. 우리는 지루하고 틀에 박힌 일상과 그런 사회에서 멀리 벗어나 우리만의 규칙으로 이루어진 곳에서 소박하게 살아보자고 말하곤 했던 것이다. 어떤 사람들은 이미 그런 방법을 택하여 살고 있었다. 나는 기뻤다.

데살로니키에서 우라누폴리스로 떠난 우리의 여정은 아토스 성산의 다프니(항구), 카리에스(성산의 수도), 쿠틀루무시오스 수도원, 이비론 수도원, 스

---

2 역자주) 수도원에서는 보통 방문객들에게 무료로 숙식을 제공한다.

타브로니키타 수도원, 그리고 그레고리오스 수도원을 방문하고 데살로니키로 돌아오는 것이었다.

아토스 성산에서 우리는 수도사들을 만났고, 그분들과 많은 대화를 나누었다. 얼마나 흥미로운 분들이었는지! 정말 놀라웠다. 그분들은 똑똑했고, 사물을 폭 넓게 볼 줄 알았다. 또한 많은 분들이 배운 분들이었다. 그분들은 사회, 신념, 정치, 철학, 사람이 어디에서 와서 어디로 가는가 등 그 당시 내가 고민하고 있던 문제들에 대해 아주 잘 알고 있었다. 의미심장한 말들을 했고, 암시적이었다. 나는 만족스러웠다. 나는 난생 처음 들었던 그분들의 생각을 받아들이지는 않았다. 차마 스스로 생각하고 소화할 여유가 없었기 때문이었다. 그렇지만 그분들의 생각은 정말 의미심장해서 아무도 쉽게 부인할 수 없었다.

그분들의 공동체 생활양식도 정말 인상적이었다. 수도원에는 개인 사유라는 것이 없었다. 모든 것이 모든 사람들에게 속했다. 이것은 공동 정신이었다. 모두 함께 먹었다. 방문객들과도 함께 똑같은 음식을 한 식탁에서 먹었다. 해마다 열리는 총회의에서는 개인이 맡은 일과 책임들을 바꾸었다. 이렇게 해서 모든 수도사들이 수도원에서 하는 일들을 모두 거치게 된다. 예를 들어 어느 해에는 정원을 가꾸고 다음 해에는 목수 일을 하고, 그다음 해에는 주방 일 등을 하게 된다. 수도원장은 수도원 내에서 투표로 선출되며 임기는 본인이 사임을 원하는 경우를 제외하고, 이 세상을 떠날 때까지이다. 선출되는 간부들은 수도원장과 함께 수도원의 운영을 책임진다.

수도원의 수도사들은 그들 사이에 어떤 관계, 원칙을 갖고 있었는데, 이는 도시 사람들의 그것과는 다른 것이었다. 그들은 서로 다른 사람들을 도우려고 신경 썼다. 이것은 형제사랑이며 자기희생 정신이다. 그들은 도울 수 있을 때 기뻐하고 만족하였다. 대도시에 사는 현대인들의 까다롭고 정 없는 개인주의와는 완전히 반대되는 모습이다.

그리스도교 초기 시절에 있었던 생생한 그리스도교 정신이 이곳에 살아있었다. 그 당시엔 식사를 같이 하였고, <사랑>을 같이 나눴고, 모든 것들이 공동의 소유였다. 초기 그리스도 교회엔 가난한 이들이 없었고 무언가가 부족한 사람도 없었다. 왜냐하면 부자든 가난한 사람이든 그리스도인들은 재산을 교회에 기증하여 그들의 재산은 모든 사람의 재산이 되었기 때문이었다. 이것이 모든 것이 모든 사람들에게 속한다는 정신이다. 강제로 기증하거나 착취 또는 다른 좋지 않은 방법에 의해 기증한 것이 아니라 자신들의 의사에 의해 기증한 것이다. 모든 것이 모든 사람에게 속한다는 정신은 강요에 의해서가 아니라 자유의사에 의해서, 사람들에 대한 진심 어린 사랑에 의해서 이루어진다. 그리스도께서는 이렇게 가르치셨다. 이 길을 보여주셨다. 사랑이라는 길을 보여주셨다.

수도사들과 함께 지내면서 목격한 것들은 그동안 내가 그리스도교와 그리스도인들에 대해 머릿속으로 가지고 있던 인상과 반대로 나타나고 있음을 깨달았다. 나는 그리스도인들이 머리가 나쁘고, 정신적 문제가 있고, 영악하고 가련한 사람들이라고 믿었었다. 교회, 그리스도교는 무언가 쓸모없는 것이고 낡은 전통이라고, 그리스도교는 수준 낮은 사람들과 영악한 사기꾼, 좀도둑들에게나 어울리는 것이라고 믿었었다. 그러나 가까이서 수도사들의 삶을 살펴보고 그 밖의 여러 가지를 보면서 나는 놀라움을 감추지 못했다.

얼른 자문해보았다. '어떻게 내 머릿속에는 그리스도인과 그리스도 교회에 대해 이렇게 부정적이고 거짓된 생각이 들어있었을까?' 이 주제에 대해 내 의견을 가질 수가 없었다. 왜냐하면 가까이서 어떤 수도사나 신부님도 알지 못했으며 신실한 그리스도인도 알 기회가 없었기 때문이다. 이 모든 부정적인 요소들은 신문과 텔레비전을 통해 내 머릿속에 박혀 있었다. 또 나는 다른 사람들의 의견에 익숙해져 있었다. 결과적으로 나는 세뇌 교육을 당했던 것이다. 이것은 영적인 복종, 영적인 노예를 의미한다. 방송과 인쇄 매체를 통해 나의 사고방식이 굳어져 있었던 것이다. 그러니 나는 얼마나 많은 다른 주제에 대하여 세뇌 교육을 당해 왔을까?

나에겐 이 일들과 생각들 말고 다른 곳에서 오는 다른 일들과 생각들이 있었는데, 이것들은 더 중요하고 신비에 싸여 있었다. 아토스 성산을 방문한 기간 동안 내 마음속엔 기쁨과 평온함이 있었다. 다시 말해서 축복이 나를 감싸는 것처럼, 누군가가 나의 길을 인도하는 것처럼, 누군가 내 인생 여정에 적합한 사람들을 보내 그들이 나에게 얘기하고 가르쳐주는 것처럼 느꼈다. 하느님의 거룩한 보살핌이었을까?

배를 타고 아토스 성산에서 나오면서, 나는 내 경험을 정리해보려고 애썼다. 당시에 썼던 것은 다음과 같다.

"지금 나는 아토스 성산에서 떠날 수 있음을 느낀다. 아토스 성산의 방문 목적이 끝났음을, 교육이 끝났음을 느낀다. 지금 나는 인생의 다른 길이 있다는 것을 깨닫고 있다. 다른 길이 있다는 것을 그동안 깨닫지 못했다는 것을 나는 지금 깨닫고 있다."

나는 세 가지에 대해 배웠고, 이 세 가지를 다 배우기 전까진 떠날 수 없었다. 내 영혼이 계속 생각에 잠겨있는 동안 내 마음속의 무언가가 나를 붙들고 있었다. 아주 고민하면서 느꼈던 순간들이었다. 내 영혼의 톱니바퀴들은 재빠르게 일을 하고 있었다.

스타브로니키타 수도원에서 수도원장님은 공동묘지 앞에서 우리 셋에게 말씀하셨다. 이것이 첫 번째 대화였다. 수도원의 자체 분위기, 움직임, 소리, 모습은 우리에게 많은 영향을 미쳤다. 수도원장님이 말씀을 시작했을 때, 그분의 육신은 그곳에 있었지만 정신은 그곳에 있는 것 같지가 않았다. 다른 세계, 즉 영적인 세계로 옮겨진 것 같았다. 눈을 반쯤 감고서 머리를 천천히 흔들면서 영적인 상태로 들어가기 시작하셨다. 처음에는 그분의 말씀이 정리되지 않아 이해할 수가 없었다. 하지만 차차 이해할 수 있게 되었다. 그분으로부터 나는 교회의 존재의 신비에 대해 깨닫게 되었다. 교회란 무엇인가? "교회는 오랜 세월 계속해서 흐르는 생명을 주는 강이다."

나는 서서히 하느님을 "무한에서 유한을 창조하신 분이며, 무에서 유를 창조하신 분이다."라고 생각하게 되었다. 수도원장님으로부터 눈을 뗄 수가 없었다. 그분에게는 무언가 색다른 것이 있었다. 성령이 그분의 말씀이 내 마음 깊은 곳에서 메아리치게 했고, 내 마음속에 가지고 있던 깊은 의미들을 깨닫게 했다.

나는 이곳에서 무언가가 일어나고 있다는 것을 느꼈다. 이것은 대화의 영역을 벗어난 그 무엇이었다. 말을 하는 사람은 내가 알고 있던 사람, 즉 수도원장님이 아니었다. 다른 사람, 더 높은 사람, 보이지 않는 사람, 즉 성령, 그리스도였다.

쿠틀루무시오스 수도원에선 다른 상황이 벌어졌다. 여기서 나는 때때로 겁에 질리곤 하였다. 내적인 압박을 느꼈고, 떠나고 싶은 마음이 생겼다. 두려움이 있었다. 왜냐하면 내가 고민하고 있던 생각들을 수도사님이 건드렸기 때문이다. 수도원 사람들은 존재론적 문제에 대해 알고 있다는 것을 그때 깨달았다. 내 나이 또래였던 아타나시오스 수도사님은 자신의 삶에 대해 그리고 악령들의 공격에 대해 얘기했다. 하늘이 있고 땅이 있고 사람이 있는 것처럼 우리들 곁에 늘 존재하는 사탄에 대해 나는 난생 처음으로 들었다. 나는 이것을 머릿속에 잘 담아두려 노력했다. 단지 생각하는 정도가 아니었다. 내 영혼은 악령과 악마의 존재에 대한 감각을 갖게 되었다. 나는 두려웠다.

나는 여기까지만 소화할 수 있었고 내가 더 이상 소화할 수 있을지는 잘 몰랐다. 저녁에 나는 친구 타소스와 대화를 나누게 되었다.

- 이게 뭘까? 환상일까 아니면 사실일까?"

내가 말했다.

- 나를 두렵게 하는 것은 환상이 아니라 사실이라고 느껴지는 것이야.

친구가 대답했다. 정말이지 우리 둘은 새로운 경험, 그렇게도 큰 경험에 대해 두려움을 느꼈다.

그레고리오스 수도원에는 오후경에 나 혼자 도착했다. 수도원으로 가는 도중에 나는 이미, 저녁에 만남이 있고 다음 날 아침에 떠나리라는 것을 예감하였다. 어떤 신비로운 방법에 의해 빈틈없이 하나의 사슬이 다른 하나와 연결되는 것처럼, 여러 가지 일들이 자연스레 차례대로 다가왔다. 모든 순례자들과 수도사들은 나에게 모두 초면이었고, 그 가운데 나는 우연하게 한 사람을 만났다. 내가 원했던 그 순간에 사바스 수도사님이 내 앞을 지나게 되어 우리는 인사하게 되었다. 나는 그분께 내가 생각하는 수준으로 자연스럽게 말할 수 있겠다는 것을 느꼈다. 그분은 젊은 시절 여행 경험이 많았다. 또 록 음악과 같은 대중문화와 최신 유행들을 따라다녔었다. 그래서 대화 분위기는 좋았고 나는 너무 편안했다. 그분과의 대화를 통해서 이 세상에서의 내 여정과 내 책임감에 대한 인식을 되찾게 되었다.

"사건들은 우연히 벌어지는 것이 아닙니다. 우리가 개인적으로 선택하는 방법은 그 문제들에 대처하기 위해서 의미가 있습니다."

나의 첫 번째 아토스 성산 방문은 삼사일의 여정이었다. 가슴이 터질 것만 같았다. 새로운 인상적인 것들로 내 머리는 꽉 차있었다. 생각해야 하는 것들이 아주 많았고 그것들을 머릿속에 잘 정리해야 했다. 새롭고 인상적인 것들을 소화시키기 위해서, 나는 아토스 성산을 떠나야 했다.

파이시오스 수도사님과의 만남

아토스 성산을 방문한 뒤 나는 고민에 잠기게 되었다. 내가 골몰해 있던 주제들에 대해 주어진 답들이 나를 부추겼다. 그 주제에 더욱 전념하고자 나는 곧 다시 아토스 성산으로 갔다.

쿠틀루무시오스 수도원으로 갔다. 아타나시오스 수도사님과 얘기하고 싶었다. 수도사님이 맡은 일이 다 끝나는 저녁 즈음에 우리는 발코니에 앉아 대화를 나누었다. 그분은 똑똑하고 좋은 사람이었고, 다른 종교들에 대해서도 잘 알고 있었다. 나는 그분을 존경하였다.

- 아타나시오스 수도사님, 사람의 영혼 속에 있는 성격상의 나쁜 점에 대해서는 수긍할 수 있어요. 그런데 악마에 대해, 하나의 존재로서 말한다는 것은 시기상조인 것 같아요.

- 사실이 그런데 다른 무슨 말을 할 수 있겠어요?

- 어떻게 아세요? 악마를 직접 보신 적이 있으세요?

웃으셨다.

- 한 번만 봤겠어요? 또 나만 봤겠어요? 수도원의 다른 수도사님들도 악마와 싸움을 했는걸요.

- 그러니까 어떻게 보셨단 말이에요?

- 한번은 악마가 밭에 가서 농작물을 망쳐놓았어요.

- 그러니까, 어떻게요?

- 다 망쳐놓았지요. 나무들을 꺾어 놓고 식물들 뿌리를 뽑아내고, 다 엉망으로 만들었어요.

나는 믿을 수 없다는 표정으로 그분을 쳐다보았다. 그분은 나를 보고 빙그레 웃으면서 계속 말씀하셨다.

- 믿을 수 없겠지만, 사실이랍니다.

- 수도사님이 개인적으로 만난 적도 있으세요?

- 한번은 내 켈리에 와서 나를 때렸어요. 다음 날 온몸이 아프더군요.

나는 과거에 내 등을 때렸던 설명할 수 없었던 매를 기억하였다. 그래서 더욱 흥미가 생겨서 수도사님께 물어보았다.

- 수도사님 눈으로 악마를 직접 보셨어요?

- 어떤 때는 직접 보기도 하고 어떤 때는 보지 못하기도 해요. 언젠가는 악령 셋이 왔는데, 나는 그것들을 바라보았고 그것들은 내게 농담을 했지요.

- 수도사님은 무엇을 하셨어요?

- 그저 웃었지요. 내가 뭘 할 수 있었겠어요. 날 겁 먹이려고 어리석은 짓을 했는데….

나는 믿지 못하겠다는 듯이 하지만 한편으론 계속 흥미를 가지고 그분

거룩한 도움   59

을 쳐다보았다. 내가 겪은 일들을 생각하였다. 내가 겪었던 일들, 즉 무언가 치는 소리, 문 두드리던 소리, 나를 때리던 매에 대해서도 이렇게 설명할 수 있을까?

- 악령들은 소리도 냅니까?

나는 물었다.

- 아이고! 소리만 내겠어요? 작년 이맘때 수도원에 수도사 서원식이 있을 예정이었어요. 한 예비 수도사가 정식 수도사가 되는 날이었지요. 우리는 날이 밝기 전 새벽 3시에 교회에 모일 예정이었어요. 그런데 그날 밤 악마가 모든 켈리들을 들렀어요. 문과 창문을 두드리고, 고함치고, 개처럼 짖고…. 아주 난리가 났었죠. 우리는 모두 함께 있으려고 자정에 교회에 모였어요. 우리 젊은 수도사들은 겁을 먹었었죠.

나는 내가 들은 것에 대해 놀라면서도 불신을 떨칠 수 없었다.

- 들어보세요. 악마는 사람들 앞에 나타나려고 하지 않아요. 그래야 사람들과 싸우기가 더 쉽기 때문이죠. 숨어서 말이에요. 적을 모를 때는 스스로를 방어할 수 없잖아요? 하지만 정체가 밝혀지면 악마는 더 이상 숨을 필요가 없기 때문에 모습을 드러낸 채 싸움을 거는 거죠.

수도사님은 나에게 다른 이야기도 들려주었다. 우리는 요가, 사람 안에 숨겨진 힘에 대해서도 대화를 나누었다. 혹시 이 모든 것들이 자기 암시나 정신 분석을 바탕으로 설명될 수 있을까? 혹시 상상과 관계된 것은 아닐까? 요가에서 말하듯, 무의식이 우리에게 장난치는 것은 아닐까? 혹시 이 모든 것들이 우리 생각에서 나오는 것은 아닐까? 우리는 이 모든 주제에 대해 이야기를 나누었다.

다음 날 오후 우리가 대화를 나누던 곳에서 아타나시오스 수도사님은, 나에게 당신의 영기(아우라)를 보려고 노력해보라고 말씀하셨다. 동시에 수도사님은 꼼보스끼니(기도매듭)³를 갖고 기도를 하고 계셨다. 나는 언젠가 사람

---

3 꼼보스끼니(κομποσκοίνι 기도매듭)의 어원을 살펴보면, 꼼보스(κόμπος)는 '매듭', '꼬임'을 의미하며 스끼니(σκοίνι)는 '끈', '줄'을 의미한다. 즉 '매듭으로 된 끈'을 의미한다. 검은 털

의 영기를 볼 수 있던 적이 있었다고 말씀드렸었다. 정말 나는 그분의 영기를 보려고 했지만 볼 수가 없었다. 그때 나에게 파이시오스 수도사님에 대해 말씀해주셨다.

- 여기서 좀 아래로 가면 기적을 일으키는 수도사님이 계세요. 파이시오스 수도사님이라고..

나는 이것을 듣고도 그다지 인상적이지 않았다. 별다른 의미를 부여하지 않았다. '그래서 어떻게 되었다는 것인지. 요가 수행자들도 그런 힘이 있는 걸. 나도 그러한 작은 경험이 있고.'라고 속으로 생각했다.

수도사님은 내가 했던 요가 수련 가운데 뭐라도 좀 보여달라고 하셨다. 나는 수도사님의 영기를 분명하고 뚜렷하게 보려고 정신을 집중하여 명상을 하려고 애썼다. 그때 갑자기 나는 격렬하고 기분 나쁜 변화를 느꼈다.

- 수도사님, 알아채셨어요? 느끼셨나요?

나는 물었다. 나는 내게 일어난 강렬한 정신적이고 심리적인 변화가 걱정이 돼서 정신 집중하는 것을 멈췄다. 수도사님은 아주 불안해하셨다. 이상했다. 나는 그림을 그리려고 충동적으로 볼펜을 손에 쥐었다. 그때 아주 이상한 일이 일어났다. 나는 아주 편안하고 빠르게 어떤 얼굴 같은 것을 그리기 시작했다. 내 손은 저절로 왔다 갔다 했다. 내가 그린 얼굴들은 아주 못생기고 역겨웠다. 큰 코, 큰 귀, 큰 이, 불쾌하고 반감을 일으키는 표정. 생생한 묘사였다. 당황한 나는 수도사님을 쳐다보았다.

"보세요."라고 말하며 그분께 보여드렸다. 내가 그린 얼굴들은 지옥을 묘사하는 벽화 속의 악령들 얼굴 같았다. 내가 그리고도 스스로 의심스러웠다. 내게 그런 그림을 그릴 만한 능력이 없다는 걸 알고 있었다. 내 손이 저절로 움직이고 있음을 느꼈다. 종이 위에 무엇이 그려질지 몰랐다. 그러니까 내가 무엇을 표현하려고 하는지 머릿속엔 아무런 생각이 없었지만, 내 의지

실 등으로 십자형을 묶으면서 매듭처럼 만든 것이다. 꼼보스끼니의 길이에 따라 33개, 50개, 100개 또는 300개의 매듭으로 만들어진다. 이것을 하나 하나 세어가며 '주 예수 그리스도 하느님의 아들이시여, 죄인인 나를 불쌍히 여기소서.'라는 예수기도를 한다.

거룩한 도움

와는 상관없이 이상한 일이 생긴 것이었다. 아타나시오스 수도사님은 내 그림을 보자마자, 악마의 짓이었다는 것을 깨닫고 기도하려고 하셨다. 일어나시더니 "먼저 갈게요. 내일 다시 얘기해요." 하시고는 서둘러 나가셨다.

나는 혼자 남았다. 내게 일어난 이 사건에 대해 신경질이 났다. 마치 내 의지와는 상관없이 다른 누군가가 나를 이용한 것처럼 느껴졌다. 내게 남아 있는 영향력을 쫓아내려고 애썼다. 내 손을 통제하려고 애썼다. 그리고 '이제 작은 교회를 하나 그려봐야지.'하고 생각했다. 교회를 그리려 애썼지만 불가능했다. 다시 그 못난 얼굴들을 또 그리고 말았다. 이번엔 '더 쉬운 것을 해야지. 교회의 둥근 돔 하나를 그리고 그 위에 십자가를 그려 넣어야지.'하고 생각했다. 그러나 나는 돔을 그린 것이 아니라 여자의 가슴을 그리고 말았다. 내 손을 통제할 수 없었다. 화가 나서 종이를 던져버렸다. 두려웠다. '대체 내게 무슨 일이 일어나는 거야?' 아직도 내게 일어나고 있는 그 변화를 느끼고 있었다. 나는 동요했고 당황했고 걱정했다. 잠을 자면 좀 평온해지겠지, 생각하며 신경질이 난 상태에서 침대에 누웠다.

다음 날 아침 아타나시오스 수도사님께서 나를 찾아오셨다. 나에게 파이시오스 수도사님께 가보라고 권하셨다. 좋은 생각 같았다. 내게 그곳을 어떻게 찾아가야 하는지 길을 일러주셨고 나는 출발했다.

마침내 파이시오스 수도사님의 칼리비[4] 밖에 도착하였다. 벨 대용으로 사용하는 철사로 된 줄을 잡아당겼다. 잠시 후 창문을 통해 얼굴을 내미시더니, 소리치셨다.

- 젊은이! 왜 왔는가?

---

4 역자주) 아토스 성산의 수도원은 매우 독특한 구조로 이루어져 있다. 칼리비, 스키티, 수도원이 유기적인 집합체를 이루는데, 칼리비들은 스키티에 속하고, 스키티는 수도원에 속한다. 칼리비는 가장 작은 단위로, 수도사 각자의 방과 아주 작은 성당을 뜻한다. 하지만 구분이 엄격히 적용되는 것은 아니고, 실제로는 켈리와 칼리비를 구분하지 않고 사용하고 있다. 켈리는 그 다음 단위로, 규모가 칼리비보다 크다. 켈리는 수도사가 거처하는 작은 방을 의미하기도 하지만 수도사가 자신의 방과 함께 매우 작은 성당을 가지고 있는 곳을 의미하기도 한다. 때로는 스승과 그 제자 수도사들이 함께 사는 곳을 의미할 때도 있다.

- 수도사님 문 좀 열어주세요.

수도사님은 열쇠가 미끄러져 내려오도록 열쇠를 철사 줄 위에 놓으셨다.

- 다시 잠가!

나는 뜰로 들어가서 문을 잠그고 켈리로 올라갔다. 발코니가 나 있는 켈리 앞쪽에 도착했을 때, 수도사님은 아래 떨어져있던 스웨터 좀 주워달라고 하셨다. 나는 스웨터를 주워 올리면서 고개를 들었고, 발코니에 계시던 수도사님은 스웨터를 받으려 고개를 숙이셨다. 그때 처음으로 우리의 눈이 마주쳤다. 대체 무슨 눈빛이었던지! 그것은 다정함이 깃든 커다란 눈, 빛나는 눈동자, 사람의 영혼을 뚫어보는 예리한 눈동자였다. 그분의 눈에서 섬광이 비쳤다. 대체 무슨 힘이었던지! 그 눈빛, 그 시선엔 거룩한 무엇이 있었다. 그때까지 내가 알던 것과는 다른, 인간의 본성을 초월한 그 무엇이 있었다.

나는 번개처럼 고개를 숙였다. 눈앞에서 일어난 영적인 영광을 견딜 수 없었고, 눈이 부셔 더 이상 그분을 쳐다볼 수 없었다. 그 당시 나는 철부지였다. 마음속에 경외가 가득 찼다.

30미터 정도 되는 켈리의 주변을 돌아보면서, 인간 본성의 가능성에 대한 깊은 비밀이 막 밝혀진 것 같은 느낌을 받았다. 잠시 후에 그분을 다시 만났을 때, 나는 아주 좋은 수도사님을 보았다. 그분의 눈은 정상적이었다. 방금 전에 내가 본 영적인 거룩함은 보이지 않았다. 보통 사람들과 똑같았다. 우리는 한쪽에 앉아서 이야기를 나누었다.

- 수도사님, 저는 수도사님들의 손에 입을 맞추지 않아요. 교회를 믿지 않거든요.

- 믿지 않는다니, 그래. 그럼 하지 않아도 좋아.

우리는 여러 가지에 대해 얘기했다. 수도사님은 정말 좋고 다정한 분이셨다. 곧 우리는 정신적으로 아주 가까워졌다. 나는 큰 기쁨을 느꼈고, 친근감, 신뢰를 느꼈다. 당연히 우리 사이의 좋은 분위기는 수도사님의 덕과 분별력이 만들어낸 것이었다. 수도사님은 기쁘게 웃으시며 내게 영적인 도움을 주어도 되겠냐고 물어보셨다.

- 내가 자네 마음속에 들어가도 되겠나?

수도사님이 물으셨다.

- 네, 수도사님!

나는 전적인 신뢰를 가지고 대답했다.

- 내 발에서도 냄새가 나.

수도사님은 당신도 영적인 약점이 있음을 이렇게 표현하셨다. 나는 환하게 웃었다. 그분은 수정처럼 투명하고 그리스도처럼 좋은 분이셨다.

- 괜찮아요, 수도사님. 제 마음속에 들어와 주세요.

나는 대답했다. 그때 수도사님은 내 영혼 속에 들어오셨다. 나는 섬세하고 겸손한 그 무엇, 치료하는 그 무엇, 빛나는 그 무엇, 조심스런 그 무엇, 강한 그 무엇이 내게 다가와 내 영혼과 연결되는 것을 느꼈다. 내 영혼에 빛이 수혈되는 것을 느꼈다. 그 빛은 환희를 자아내었다.

수도사님은 내 마음속에 기쁨에 찬 평화를 가져다주셨다. 이것은 오랜 기간의 힘든 추방 생활에서 집으로 돌아왔을 때 느끼는 그러한 기쁨이었다. 내가 하느님 품 안에 안겨 있는 것처럼, 평화로움과 다시 태어남을 느끼게 했다. 내가 보고 느낀 진실이었다. 이런 일이 세상에 존재한다니! 사람이 이렇게 되는 것이 가능하다니! 엄청난 일이야! 경탄과 의아함을 불러 일으켰고 기쁨을 자아내었다.

수도사님은 나와 함께 기뻐하셨다. 나를 쓰다듬어주셨다. 나는 기뻐하면서 그분을 포옹했다. 하지만 바로 내 행동에 대해 부끄러움을 느꼈다. 어떻게 해야 할지를 몰랐다. 내가 너무 건방졌나? 아니면 내 열망이 그토록 컸던 것일까? 하지만 수도사님은 내게 허락을 해주셨다. 내 머리를 쓰다듬어 주셨다. 내게 연결되었던 무언가가 더 밝게 빛나고 더 강렬해졌다. 나는 내 자신 밖으로 나와 있었다. 영적으로 취해있었다. 하지만 내 태도는 예의 바르고 침착하고 점잖고 차분했다. 이것이 바로 내가 처음으로 맛본 '차분한 취함'이었다.

나는 심리적으로, 관념적으로, 감각적으로 완전히 바뀌어 수도원으로 돌아갔다. 나는 다른 사람이 되어 있었다. 나와 마주친 수도사님들은 기쁘게 웃으시며 나에게 물으셨다. 정확히 말해 파이시오스 수도사님의 칼리비가 있는 쪽을 고개로 가리키며 물으셨다.

- 파이시오스 수도사님께 다녀오는 길인가?

파이시오스 수도사님이 내게 주신 선물이었음에 틀림없다. 그분들은 그것을 보았고, 나 역시 스스로가 성령의 빛에 흠뻑 젖어 있음을 느꼈다.

- 네, 맞아요.

나는 기뻐하면서 대답했다. 마치 갓 수도사가 된 사람이 이미 수도사가 된 사람들에게 대답하는 것 같았다. 그렇다. 정말 더할 나위 없는 이것, 신비로운 것, 거룩한 것이 내게도 일어났다.

무슨 자격으로 내 삶에 간섭하는가?

나는 다시 내가 살고 있는 도시로 돌아왔다. 도시로 돌아오자 나는 다시 이전과 같은 방법으로 시간을 보내고 있었다. 하지만 나는 계속 생각을 멈추지 않았고, 아타나시오스 수도사님이 권해준 『실루아노스 수도사』라는 아주 좋은 책을 한 권 샀다. 물론 내 삶은 실제적으로는 변한 것이 아무것도 없었다.

아토스 성산 방문 후에 나는 보이지 않는 힘, 이해할 수 없는 힘을 느꼈다. 이 힘은 내 삶의 사건들에 작용하였다. 나는 이전의 삶의 양식으로 재빨리 돌아왔다. 그때 당시 내 모든 친구들이 이런 식으로 살았었다.

나는 한 가지 불행에 대해 생각했다. 예를 들면 여자관계에 있어서 여러 종류의 영악한 내 행동들에 관련된 것들이었다. 내가 그리스도교에서 말하는 '죄'를 짓게 될 때면, 마치 난생 처음 하는 것처럼 익숙하지 않은 어려움들에 마주치곤 했다. 이런 일들은 꽤 오랜 기간 동안 많이 일어났다.

이 책임이 파이시오스 수도사님께 있다고 생각하는 것이 더 타당할 것이었음에도 불구하고 나는 이 책임이 내 또래인 아타나시오스 수도사님께도 있다고 느꼈다. 그분께 편지를 썼다. "수도사님이 무엇을 하시는지는 모르겠지만, 하시는 것을 멈춰주세요. 수도사님은 제 삶에 간섭하실 자격이 없으십니다." 이와 비슷한 내용의 편지들을 몇 번 더 썼다.

무슨 일이 일어났을까? 후에 아타나시오스 수도사님이 내게 설명하셨다. "그 당시 나는 사제 서품을 받은 직후였어요. 성직의 은총이 나를 감싸고 있었지요. 예배 때마다 당신을 위해 기도를 했어요." 웃으면서 계속 이어가셨다. "다른 사람들은 우리에게 기도를 부탁하는데, 당신은 우리를 때리려고 했어요."

그때 나는 이 일들 뒤에 그리스도께서 계시지 않았을까 어렴풋이 생각해보게 되었다. 그러면서 파이시오스 수도사님도 그 자신의 힘이 아니라, 그리스도로부터 은총을 받아 그리스도의 힘으로 그런 일을 하였음을 깨닫게 되었다. 이와 관련하여 언젠가 나는 파이시오스 수도사님께 여쭈었고, 수도사님은 이렇게 대답하셨다. "나는 평범한 사람이야. 나는 그리스도께 기도할 뿐이고 모든 것은 그리스도께서 행하시지. 하느님의 은총이 나를 떠났다면, 나는 아마 건달이 되었을걸?"

그렇지 않아도 복음경에 나와 있듯이 그리스도께서는 이렇게 말씀하셨다. "정말 잘 들어두어라. 나를 믿는 사람은 내가 하는 일을 할 뿐만 아니라 그보다 더 큰 일도 하게 될 것이다."(요한 14:12) 또 이렇게 말씀하셨다. "나를 떠나서는 너희가 아무것도 할 수 없다."(요한 15:5)

십자가가 향기를 뿜다

'그리스도께서는 십자가를 수난과 죽음의 상징에서 인류를
영생으로 인도하는 자기희생의 상징으로 변화시키셨다.'

어느 여름날, 아토스 성산에 처음 갈 때 동행했던 한 친구가 우리 집에 왔다. 친구는 정교회 수도주의에 대해 나보다 거리를 두고는 있었지만 좋은 인상을 가지고 있었고 긍정적 영향을 받고 있었다.

그날 오후 친구는 깊은 생각에 잠기더니 심한 딜레마에 빠졌다. 우리는 대화를 나누었고 나는 나에게 어떤 일에 동참해주고 관련된 충고를 해줄 것을 부탁했다. 여기에는 두 가지 방법이 있었다. 하나는 돈을 많이 벌 수 있지만 영적으로 우리와 다른 사람을 해치는 것이고, 다른 하나는 돈을 벌지는 못하지만 아무에게도 해를 끼치지 않는 것이었다. 정말이지 우리는 선과 악이라는 두 갈래 길에 서 있었고, 어떤 길을 따라야 할지 고민하고 있었다. 그 순간 나는 파이시오스 수도사님을 생각했고, 정신적인 도움을 요청했다.

- 야, 먼저 기도를 하고 결정하자.

나는 이렇게 제안했다. 친구는 의아하고 놀라운 표정으로 쳐다보았다. 순간 '친구가 나를 놀리겠지.'라고 생각하였으나 친구는 놀랍게도, "그래, 기도하자."라고 말했다.

아토스 성산에서는 매일 오후에 '석후소과'라는 기도를 한다. 우연히도 나는 소기도문을 갖게 되었다. 물론 한 번도 읽어본 적이 없었다. 우리 집에 아무런 성화나 십자가가 없었기 때문에 나는 내가 목에 걸고 있던 나무 십자가를 꺼냈다. 파이시오스 수도사님이 직접 손으로 만들어 나에게 선물해주신 십자가였다. 십자가를 벽 한 곳에 걸고, 우리는 기도문을 읽기 시작했다. 나는 교회 언어에 친숙하지 않았기에 간신히 이어갔고 실수도 많이 했다.

15분 후쯤 기도가 끝났다. 나는 성호를 긋고 십자가에 입을 맞추려고 머리를 숙였다. 그런데 갑자기 향기가 났다. 아주 아름다운 향기가 십자가로부터 진하게 퍼져 나오고 있었다. 나는 너무 기쁜 나머지 친구에게도 십자가에 입을 맞추라고 얘기했다. 친구는 머리를 숙이더니 의아한 표정으로 가만히 서 있었다. 그러더니 다시 머리를 숙여 십자가에 입을 맞추었고 향기를 맡기 시작했다.

놀란 친구는 등을 돌리더니 "향기가 나는 걸."이라고 말했다. 그리고는 십자가를 손에 쥐고 계속 향기를 맡았다. 그때부터 우리는 계속 십자가에만 파묻혀 번갈아 가면서 십자가에 입을 맞추고 향기를 맡았다. 향기는 방 전체에 퍼졌다. 우리는 놀라고 기뻐하며 서로를 쳐다보았다.

하늘나라의 이 향기는 우리에게 이상한 영향을 주었다. 우리에게 정신적인 변화를 가져다준 것이다. 우리 영혼은 기쁨에 충만해 있었고 마음은 날개를 단 듯 가벼워졌다. 영적인 도취를 맛보았다. 이것은 그 옛날의 그리스도교 고행자들이 말했던 '차분한 취함'이었다.

우리는 아무런 말없이 결정을 내렸다. 옳은 길을 확실하게 알고 있었다. 잃을 돈에 대해서는 더 이상 신경 쓰지 않았다. 우리가 물질적인 손해를 보고 원하던 비싼 오토바이를 사지 못한다 하더라도, 옳은 일을 할 것이라는 생각에 마음이 아주 들떠 있었다. 우리는 바로 자리에서 일어나 일을 올바르게 처리하러 갔다. 이 일에 관해 결말을 맺었고, 스스로의 선택에 흐뭇해했다.

차후에 나는, 우리가 파이시오스 수도사님께 드린 짧은 간청을 통해 수도사님이 우리에게 주신 큰 도움을 깨닫게 되었다. 그것은 바로, 우리를 좋지 않은 것에 뒤얽히는 것에서 구해주신 것뿐만 아니라 우리의 일상생활에 하느님께서 일을 행하신다는 것에 대한 영적인 확신과 신뢰를 주신 것이었다.

우리의 일상적인 문제에 대해서까지도 우리를 도와주시려는 성인들의 관심과 참여와 힘에 대한 생생한 증거를 우리는 맛본 것이다. 이제 나는 아토스 성산을 규칙적으로 방문하게 되었다. 때때로 한두 달가량을 계속 지내기도 했다. 그곳의 삶이 좋았다. 단순하게, 평온하게, 깊은 생각을 하며 지냈다.

내가 위에서 열거한 사건들은 사건들 간에 시간의 차이가 있다. 그 사건들에 자연적이지 않은 일은 없었다. 나는 기간을 함축하여 표현했고, 비상한 사건들에 대해 주로 언급했다. 내가 다음에 언급하는 일은 바로 그 당시에 기록했던 것이다. 나는 나의 지난 일을 기억하고자 제목을 '미래의 꿈'이라고 했었다. 그 당시엔 책을 쓸 것이라는 생각을 하지 못했었다.

미래의 꿈

데살로니키, 1987년 12월 6일

"하느님께서는 사람들을 하느님으로 만드시기 위해 사람이
되셨다."

신학자 성 그레고리오스

파이시오스 수도사님의 기도와 하느님의 은총으로 가련한 내게 이런 일이 일어나게 되었다. 그때는 아마도 1982년 가을, 수도사님과 막 알게 됐을 무렵이었다. 나는 25살의 청청한 나이로 아직 대학을 다니고 있었고 그 시대의 대학 생활의 분위기 속에서 그리스도교와 관련된 것들에 대해 거의 알지 못했다. 물론 파이시오스 수도사님과 관련해서도 아는 것이 하나도 없었다. 물론 그리스도인도 아니었고 말이다. 나는 그리스 독재 정치의 후폭풍 속에서 데살로니키 대학을 다니던 한 대학생으로 정치적인 견해를 갖고 있었다. 그 당시 데살로니키 대학엔 1968년 5월 프랑스 혁명의 분위기가 아직까지 영향을 미치고 있었다. 한편으론 부모 세대의 보살핌에 힘입어 미래에 무관심한 한량한 생활을 이어가고 있었다.

어느 땐가 당연하게 파이시오스 수도사님께 육체관계에 대해 물었다. 이것은 사람들에게 있어 아주 아름다운 그 무엇이었다. 그러면서 나는 교회에서는 왜 이 주제에 대해 제한하고 있는지 의문이 들었다. 수도사님은 여러 가지를 들려주셨고 이렇게 끝을 맺으셨다. "이것은 포도송이와 같아서 덩굴에서 떼어내면 상하고 썩게 돼버려. 더 자랄 수가 없지. 이처럼 육체관계도 하느님의 은총으로 양육되는 결혼성사라는 것에서 떨어져 나오면 곧 파괴되는 것이지. 이런 저런 방법으로 왜곡될 거야."

나는 그곳을 떠나 내가 머물고 있던 수도원으로 갔다. 방에는 나 혼자 있었다. 의문이 가득했다. 나는 이런 주제와 관련된 경험이 있었다. 교회에서 얘기하는 것에 반대되는 삶을 살았었다.

나는 생각했다. '자, 어떤 나쁜 것을 밝혀낼 수 있는지 보자. 처음에 두 사람이 어떻게 시작하지? 또 어떻게 쳐다보고, 어떻게 호감을 가지고, 어떻게 다가가고, 어떤 말을 하고, 어떤 동작을 하고, 어떻게 느끼고, 어떻게 어루만지고, 어떻게 한 자리에 눕게 되어 육체관계를 시작하지?' 나는 내 경험을 바탕으로 만들어낸 이 재현 속에서 무엇이 나쁜 것인지를 찾아내려고 애썼다.

그렇게 침대에서 누워 생각하고 있었는데, 갑자기 무슨 일이 일어났다. 나는 편히 쉬고 있었는데, 갑자기 이상한 광경이 전개되는 것이었다.

두 개의 몸, 즉 두 사람이 있었는데, 마치 두 개의 하얀 공처럼 보였다. 그들은 투명하였고 어떤 활력으로 가득 차 있었고, 어떤 본질로 구성되어 있었다. 둘이 육체관계를 시작했을 때, 둘을 둘러싸고 있던 껍질이 사라지면서 결합되었다. 하나의 큰 공이 되어 결합되었다. 새로운 존재가 되었다. 두 개는 큰 하나가 되었다. 전에 갖고 있던 구성이나 본질, 활력에 있어서 다른 점이 없었다. 정확히 같은 본질로 구성되었다. 새 요소는 결합이었다. 둘이 하나가 되었다.

그리고 난 다음 나는 결혼하지 않고 살았던 어떤 고행 수도사의 누워있는 몸을 보게 되었다. 그것은 마치 성해 같았다. 무언가 다른 점이 있었다. 사람의 구성요소, 질에 있어서 변화가 있었다. 그 변화는 더 짙고 강했다. 말하자면 불멸이라고나 할까? 몸은 질적으로 변해 있었다. 본질에 있어 변화가 있었다. 무엇인가 새로운 것, 외부적인 것, 이상한 것, 강한 것, 불멸하는 것이었다. 이것은 보통 사람들의 존재를 뛰어넘은 그 무엇이었다.

내가 어떻게 서서히 원래 상태로 돌아오게 되었는지는 깨닫지 못했다. 나는 무엇인가를 배웠다. 내 영혼은 깊이 깨달았고 평온해졌고 답을 얻었다. 내 머리는 영혼보다 뒤처져 있다가 늦게 이해하기 시작했다. 내 머리는 영혼이 본 신비로운 것들을 표현할 적당한 말을 찾으려고 애썼다.

몇 년 후, 내가 복음경을 공부하기 시작한 후 이러한 신비에 대해 밝혀낸 말과 의미들을 찾아냈다. 꿈의 두 번째 부분과 관련해서 이 구절을 찾았다. "주님과 합하는 사람은 주님과 영적으로 하나가 됩니다."(I 고린토 6:17) 고행 수도사의 경우 사람은, 영혼에 있어서는 하느님의 은총과 결합되고 육신에 있어서는 하느님과 사람으로 결합된다. 인간의 본성이 바뀌어 어떤 새로운 것, 불멸하는 어떤 것을 갖게 되고, 성령의 특성도 갖게 된다. 성령 안에서 신화하게 된다. "사람은 하느님의 은총에 의해 신화하게 된다." 이처럼, 성경에 이 실제를 표현하고 있는 부분이 있다.

인간 본성의 진정한 가능성은 하느님의 은총을 깨닫고 하느님과 닮고 결합되는 것에 있다. 사람은 신화하는 것에 목적을 두어야 하며, 이 땅의 것들에 목적을 두어서는 안 된다. 목적이 없는 행위는 가치가 없다. 이 얼마나 엄청난 계시인가?

이러한 신화, 이러한 삶, 이러한 불멸을 부부도 전유할 수 있으며, 이러한 결합, 이러한 새로운 큰 공도 영적인 존재가 될 수 있다. 그러나 이것은 부부가 거룩한 은총의 매개체와 연결될 때, 즉 의식적이고 자발적으로 교회의 성사들(결혼성사, 고백성사, 성체성혈성사)에 참여할 때, 또 주님께 달라붙어 주님과 영적으로 하나가 되려고 노력할 때 성공하게 된다.

나의 첫 번째 영적 시험들

1. 치는 소리

나는 파이시오스 수도사님이 카파도키아인 아르세니오스 성인의 생애에 관한 책을 쓰셨다는 것을 알게 되었다. 수도사님에 대해 좋은 인상을 받았기 때문에, 그 책 또한 읽어보고 싶다는 열망이 가득해졌다.

쿠틀루무시오스 수도원은 아토스의 수도원 가운데 파이시오스 수도사님의 켈리와 가장 가까이에 있는 곳이다. 나는 이 수도원의 한 켈리에 앉아 책을 읽기 시작했다. 내 온 정신과 온 마음이 책에 쏠렸다.

책을 읽으면서 나는 깊은 감명을 받았다. 그러면서 '이 바보야, 요가 수행자들만 능력이 있는 게 아녔어. 여기 나오는 성인은 대 요가 수행자야.'라고 생각했다. 그 이전에 나는 대 요가 수행자들의 생애에 관한 힌두교의 책들을 읽었었다. 그리고 처음으로 그리스도교의 성인에 관한 책을 읽은 것이다. 그리스에도 또 그리스도교에도 영적으로 이렇게 훌륭한 사람들이 있다는 것이 놀라웠다. (그 당시 나는 정교회 성인과 힌두교 스승 사이에 커다란 차이가 있다는 것을 구별할 수 있는 처지가 아니었다. 나에겐 모두 같은 분들로 보였다.)

계속해서 책을 읽어 나가면서 아르세니오스 성인의 거룩한 삶에 대해 감명이 더욱 깊어져 갔다. 그런데 갑자기 방에서 무언가 치는 소리가 들렸다. 마치 작은 다이너마이트들이 터지는 소리 같았다. 나는 화들짝 놀라 일어나서 주변을 둘러보았다. 하지만 의심 갈 만한 것은 아무것도 없었다. 소리는 이유 없이 공중에서 들렸고, 내 얼굴, 귀 가까이에서 사방으로부터 터지는 것처럼 계속 났다. 한낮에 이런 일이 있다니, 참 이상했다. 나는 넋을 놓고 주변을 둘러보았다. 걱정스럽고 무서워져서 방을 나와 수도사님의 켈리로 향했다. 걱정스런 얼굴로 수도사님께 자초지종을 설명하자 웃으셨다.

- 겁내지마. 악마의 짓이야. 네가 책을 읽을 때 영혼에 유익을 얻는 것을 보고서 그만 읽게 하려 방해한 거야. 걱정지마. 아무것도 아니야.

그러시면서 나를 품 안에 안으시고 십자가를 그어주셨다. 나는 마음의 안정을 얻었다. 켈리를 떠나 돌아오면서 '수도사님 말씀대로 정말 악마가 있는 걸까?'라고 자문해 보게 되었다. 물론 수도사님 설명에 수긍할 수는 없었다. 악마라니! 20세기에! 내 머리는 악마의 존재를 받아들이지 않았다. 나를 둘러싼 이 문화, 나의 학식, 세계관, 사상을 바탕으로 하면 악마의 존재를 받아들이기 힘들었다. 너무 지나쳐 보였다. 하지만 한편으론 '대체 이것은 무슨 일이었을까?'라는 생각을 멈출 수도 없었다. 경험한 것을 무시할 수 없었기에 당황스러웠고 의심스러웠다. 그러면서 '그래, 무슨 일이 일어날지 좀더 두고 보자.'라고 생각했다.

2. 비명

한번은 쿠틀루무시오스 수도원에 있었다. 방에서 혼자 그리스도교에 관한 책을 읽고 있었다. 갑자기 나는 기도를 하고 싶어졌다. '그리스도교에서 하는 기도도 한번 해보자. 명상 수행과 무슨 차이가 있는지 봐야겠어. 직접 해보면 알겠지.'라고 생각했다. 물론 사람들이 어떻게 기도를 하는지 몰랐다. 명상 수행에 대해선 어느 정도 알고 있었지만, 기도에 대해선 전혀 몰랐다. 나는 '일단 무릎을 꿇고, 그리스도께 말씀을 드릴 거야. 그리스도께서는 좋은 분이시니깐. 요가의 대 수행자이시든 그 어떤 다른 것이든, 확실한 건 좋은 분이시라는 거야. 그분에 대해 무서워할 게 전혀 없어.'라고 생각했다.

침대에서 일어나 무릎을 꿇었다. 바닥에 무릎을 꿇자마자 창문 밖에서 거친 비명 소리가 들려왔다. 두려움에 일어나 곧바로 창문 밖을 쳐다보았다. 더운 한낮, 아무것도 보이지 않았고 아무도 돌아다니지 않았다. 하지만 그 비명소리는 계속 들려왔다. 나는 멍해졌다. 무서웠다! 신경 끄고 말려들지 않기로 했지만 기도는 중단되었다. 사실 기도할 마음이 싹 사라진 것이다. 아주 거칠고 성난 무언가로부터 위협을 받은 직후였으니 말이다.

'무슨 일이 벌어지고 있는지 모르겠어.' 어둠 속에서 장님이 되어 알지 못하는 무언가와 싸우는 기분이었다. 나는 영적인 곳으로 나아가려 했지만 누군가 몰인정하게 문을 닫아버린 것처럼 느꼈다. 나는 환대받지 못했다. 그러나 나는 생각에 잠겼다. '이것은 또 뭐란 말이야?' 무시할 수 없었다. 이미 일어난 뒤였다.

며칠 후 다시 파이시오스 수도사님께 갔다. 이런 일이 있었다고 말씀드렸다. 수도사님은 나를 사랑 가득한 눈으로 바라보셨다. 내 손을 잡고 내 눈을 뚫어지게 쳐다보셨다. 부끄러웠지만 나 역시 그분을 그렇게 보았다. 나는 정말 기뻤다. 그분의 큰 사랑을 느꼈고, 내게 개인적으로 쏟아주시는 큰 관심도 느꼈다.

- 걱정 마! 악마의 짓이야. 네가 좋은 길에 들어서지 못하게 겁주려고 하는 짓이야. 하지만 하느님께서 가만히 있진 않으시지. 악마들 손발을 꽁꽁 묶어 놓으셨어. 그래서 그저 개처럼 짖을 뿐이야. 그러니 겁먹지 말라고!

수도사님 곁에서 나는 무섭지 않았다. 보통 나는 무서움을 타지 않는 편이

거룩한 도움

었다. 이것은 아마도 위험에 대한 무지와 경솔함 때문이었는지도 모르겠다.

　이 사건은 이렇게 끝이 났다. 결론을 내리지 못했다. 수도사님을 무척 좋아했지만 그분의 말씀을 다 믿은 것은 아니었다. 그 말씀들을 다 소화할 수가 없었다. 공중에 떠 있는 듯 갈피를 잡을 수 없었다. 무엇을 믿어야 할지, 이 사건을 어떻게 해석해야 할지 몰랐다.

3. 밤 손님

　스타브로니키타 수도원에 있을 때였다. 나는 한동안 그곳에 머물렀는데, 어느 날 오후 존경받는 한 수도사님을 만나 이야기할 기회가 있었다. 손님 접대실 안 도서관에 우리 둘만 있었다.

　- 수도사님, 기도를 어떻게 해야 하는지 좀 가르쳐주세요.

　- 기도를 한다고?

　의아해하시며 물으셨다. 그 당시 나는 힌두교의 영향을 받은 상태였기 때문에, 명상과 같은 특별한 방법이나 기법이 있을 것이라 생각하였다.

　- 네, 수도사님. 기도를 하려면 무엇을 해야 하나요? 또 어떻게 앉아야 하죠?

　그분은 나의 무지함을 아셨지만 아무것도 드러내 보이지 않으셨다.

　- 자 봐, 꾸밈없이 하는 거야. 스스로 솔직해져야 해. 한 구석에 조용히 앉아서, 그리스도께서 자네 앞에서 자네 말을 들으시는 것처럼, 그리스도께 말씀을 드리는 거야. 친구에게 얘기하듯 말이야.

　수도사님이 계속 말씀하고 계셨는데, 나는 이상한 무언가가 내게 달라붙어 나를 정신적으로 변화시키는 것을 느꼈다. 수도사님의 말씀을 잠시 끊었다.

　- 수도사님, 말씀하시는 것처럼 제게 지금 이상한 일이 일어나고 있어요. 무언가가 저를 방해하고 있고 제 생각이 바뀌고 있어요. 수도사님이 다르게 보여요.

　수도사님은 이상하다는 눈빛으로 걱정스럽게 나를 쳐다보셨다.

- 그래, 알겠어. 내일 다시 얘기하자. 가서 좀 쉬렴.

수도사님은 일어나서 걱정스러운 표정으로 서둘러 떠나셨다. 날이 저물고 나는 방으로 돌아왔다. 작은 방에 나 혼자 있게 되었다. 자려고 누웠다. 하지만, 불안해서 몇 시간 못 자고 깼다. 무언가가 내 가슴을 누르고 있었다. 누군가 내 방에 들어와 가슴을 누르고 있는 것 같았다. 나는 두려움에 떨며 눈을 떴다. 가구를 제외하곤 아무것도 없었다. 그러나 참을 수 없을 만큼 나를 세게 누르는 강력한 무언가를 느꼈다.

'그리스도여, 더 이상 견딜 수가 없어요. 이것 좀 밖으로 쫓아주세요!'라고 마음속으로 되뇌었다. 그랬더니 곧바로 이 무거운 것이 떠나, 방 전체가 가벼워진 것을 느꼈다. 그것은 방문 밖에 가서 위협적인 자세로 서 있었다. 잠잘 용기가 나지 않았다. 계속 긴장 상태로 밤을 보냈다. 누군가가 방문 밖에 계속 있었던 것이다! 날이 밝았을 때야 잠을 좀 잘 수 있었다.

잠에서 깨자마자 수도원의 뜰로 내려갔다. 그 전날 기도에 대해 대화를 나누었던 그 수도사님을 만났다. 아주 피곤해 보이셨고, 잠은 전혀 못 주무신 듯 보였다.

- 오늘은 좀 어떤가? 좀 괜찮은가?

수도사님이 내게 물으셨다. 아주 큰 사랑과 관심이 느껴졌다.

- 네, 수도사님! 떠난 것 같아요. 지금은 아무것도 없어요. 저는 괜찮아요. 감사합니다.

나는 그분이 밤새 나를 위해 기도하시느라 힘이 다 빠지셨음을 알아챘다. 그분의 기도 덕분에 나의 '밤 손님'이 나를 건드릴 수 없었다. 지금까지 나는 그분께 빚지고 있음을 느낀다. 나는 게으르고 영적으로 가난하여 이 많은 빚을 갚을 길이 없다. 하느님께서 그분을 보호하시고 그분이 내게 해주신 일에 대해 보상해 주시기를 기원한다.

다음 날 나는 파이시오스 수도사님을 뵈러 갔다. 두 시간 반을 걸어가서 수도사님께 내게 있었던 일을 말씀드렸다.

- 잠깐만, 권총 하나 가져다 주지.

거룩한 도움   75

수도사님은 웃으면서 말씀하셨다. 그리고는 켈리로 들어가 33개의 매듭이 있는 작은 꼼보스끼니를 가져오셨다. 그리스도께서 이 세상에서 33년을 사신 만큼 꼼보스끼니에도 33개의 매듭이 있었다.

- 이 꼼보스끼니가 영적인 총알들을 쏟아낸단다. 기도할 때마다 '주 예수 그리스도여, 나를 불쌍히 여기소서.'라고 하렴. 마치 악마에게 총을 쏘는 것과 같아서 네 근처로 오지를 않아. 호신용으로 가지고 있어!

나는 수도사님의 물건을 갖게 되었다는 생각에 기분이 좋았다. 우리는 다른 것에 대해서도 얘기를 나눴다. 이렇게 수도사님을 만나고 갈 때면, 항상 가벼운 마음으로 돌아오게 되었다. 문제가 해결되고, 질문이 사라지고, 정신적으로뿐만 아니라 육체적으로도 강해져서 편안한 마음을 갖게 되고 낙관적이 되었다. 수도사님은 내 머리를 살짝 때리곤 하셨는데, 그럴 때마다 나는 천국의 평화와 기쁨을 느끼곤 했다. 이런 충만함은 여러 시간 지속되었다. 한번은 며칠 동안 아주 강하게 느꼈다. 그 어떤 문제도, 그 어떤 두려움도, 그 어떤 어려움도 없었다. 단지 신성한 확실함과 행복만이 있었다. 신성한 기쁨이었다.

내가 묵고 있던 스타브로니키타 수도원으로 다시 돌아왔다. 어느 날 저녁, '밤 손님'이 다시 나타났다. 그러나 이번에는 파이시오스 수도사의 권총, 즉 꼼보스끼니를 가지고 있었다. 잠을 자면서도 '밤 손님'의 출현을 느끼게 되면, 꼼보스끼니를 갖고 "주 예수 그리스도여, 나를 불쌍히 여기소서."라고 기도했다. 그것은 곧 내게서 멀어졌다. 나는 기도를 계속했다. 용기가 생겨 그것을 추적하기 시작했다. 그것을 향해 나갔는데, 그 근처에 닿자마자 이상한 힘을 느껴 멈춰 섰다. 나보다 훨씬 힘이 셌다. 나에게 덤벼들었다. 하지만 내가 "주 예수 그리스도여, 나를 불쌍히 여기소서."라고 계속 기도하였더니 그것은 겁을 먹고 물러갔다. 기도가 그것을 태워버린 것일까? 기도, 그리스도의 이름은 힘이 있었다. 내 힘으로 된 것이 아니었다.

악마는 나를 손에 넣고 모기를 잡듯 문질러버릴 수 있었다. 그것은 갑자기 모습을 바꾸더니 우스꽝스럽고 키가 작고 뚱뚱한 난쟁이처럼 되어 머리에 터번을 쓰고 농담하면서 내게 다가오기 시작했다. 장난치는 것 같았다. 황당해서 웃음이 나왔다. 하지만 내게 더욱 가까워졌을 때 내 영혼은 위협과 그의 악함을 느꼈다. 나는 기도를 다시 시작했고 그것은 줄행랑을 쳤다. 이렇게 악마와 나 사이에는 나의 안전을 위한 예수기도가 있었다.

예전에는 악마가 나를 때리고 괴롭혀 마치 마비된 사람처럼 스스로를 방어할 수 없었다. 하지만 이제 악마는 내게 아무것도 할 수 없게 되었다. 그 날 저녁 그리스도의 힘으로 악마를 쫓아내어 내게서 멀어졌다. 나는 한 전투에서 이긴 것이다.

전쟁은 끝나지 않았다. 계속된다. 하지만 그리스도께서는 전능하시다. 그분께서는 우리를 위해 십자가에 못 박히셨다. 우리는 그저 불신의 눈으로 보지 않는 것으로 충분하고, 어리석거나 배은망덕한 행동을 하지 않는 것으로 충분하다.

4. 그리스도의 선물

어느 날 나는 스타브로니키타 수도원에서 복음경을 읽고 있었다. 어떤 부분이었는지 기억한다. 루가복음 10장의 17절부터 21절까지였다.

"일흔두 제자가 기쁨에 넘쳐 돌아와 "주님, 저희가 주님의 이름으로 마귀들까지도 복종시켰습니다." 하고 아뢰었다. 예수께서 "나는 사탄이 하늘에서 번갯불처럼 떨어지는 것을 보았다. 내가 너희에게 뱀이나 전갈을 짓밟는 능력과 원수의 모든 힘을 꺾는 권세를 주었으니 이 세상에서 너희를 해칠 자는 하나도 없다. 그러나 악령들이 복종한다고 기뻐하기보다는 너희의 이름이 하늘에 기록된 것을 기뻐하여라." 하고 말씀하셨다."

내가 그 모든 일을 겪고 난 후 이 구절은 나에 대한 개인적인 메시지가 되었다. 아주 오래전에 쓰였음에도 불구하고 그리스도께서 내게 이 말씀을 하신다는 것을 느꼈다. '정말 이런 식일까? 감탄하며 읽었던 작가들, 유명한 모든 사람들, 그토록 학식이 높았던 철학자들은 이런 것을 하나도 몰랐단 말이야?'

나는 망설이고 의심하며 주저하였다. 한때 나는 그들의 책을 탐구하면서 그 사람들과 사상에 빠져들었었다. 그런데 지금, 나이도 어린 내가 그들이 밝혀내지 못한 진실에 접근하여 밝혀냈다는 것이 이상하게만 보였다.

주저하였다. 그때 무언가 아주 아름답고 이상한 일이 생겼다. 다이아몬드처럼 부드럽고 깨끗하고 청명하고 아름답고 명확하고 섬세하고 순수하고 평화롭고 전능한 무언가가 나를 감싸는 것을 느꼈다. 나를 기쁨에 충만하게 했다. 나의 정신은 심연 속으로 열렸다. 이 심연은, 내 영혼과 하나가 되었던 그 무언가가 나에게 절대적이고 깊은 평온을 주지 않았다면, 나를 두렵게 했을 것이다. 그것은 영적인 빛이었다.

내가 성경의 한 구절 "바로 그때 예수께서 성령을 받아 기쁨에 넘쳐서 이렇게 말씀하셨다. "하늘과 땅의 주님이신 아버지, 지혜롭다는 사람들과 똑똑하다는 사람들에게는 이 모든 것을 감추시고 오히려 철부지 어린이들에게 나타내 보이시니 감사합니다. 그렇습니다. 아버지! 이것이 아버지께서 원하신 뜻이었습니다."(루가 10:21)를 읽고 있는 동안 이런 일이 생겼다. 나 역시 철부지 어린이였다.

이 땅 위 도처에서 적용되고 있는 이 영적인 법을 한 순간 느끼고 본 것이다. 힘이 있다 하는 사람들, 영악한 사람들, 요령 피우는 사람들, 교묘한 사람들, 부자들, 거룩함이나 영적인 삶 없이 오직 세속적인 지식만 쌓은 사람들이 아니라 소박한 사람들, 솔직한 사람들, 겸손한 사람들, 마음이 깨끗한 사람들, 온화한 사람들, 호의적인 사람들, 어린아이처럼 천진한 사람들, 순결한 사람들이 가장 깊은 신비, 즉 이 세상의 깊은 본질을 깨닫고 그 속에서 살 것이다.[5]

이 사람들이 진정한 삶, 세상 삶의 원천을 만날 것이다. 그들은 진정하고

---

5   야고보서 3:14-17 참조 : "여러분은 마음속에 고약한 시기심과 이기적인 야심을 품고 있으니 공연히 잘난 체하지 마십시오. 진리를 거슬러 거짓말을 해서는 안 되겠습니다. 이런 지혜는 위에서 내려오는 것이 아니라 세속적이며 동물적이며 악마적인 것입니다. 시기심과 이기적인 야심이 있는 곳에는 분란과 온갖 더러운 행실이 생기게 마련입니다. 그러나 위에서 내려오는 지혜는 첫째 순결하고 다음은 평화롭고 점잖고 고분고분하고 자비와 착한 행실로 가득 차 있으며 편견과 위선이 없습니다."

실제적인 삶을 살 것이다. 다른 이들은 단지 물질, 즉 껍질에 의지할 뿐이다. 그들은 상자를 열고 속으로 들어가 진정한 삶의 수정처럼 맑은 물속에 자신들 존재를 담글 수 없을 것이다. 오직 정신적인 자세와 생각, 의욕을 바꿀 때만이 물질세계에서 빠져나와 더 깊게 전진할 것이다.

교만한 이들은 삶의 진리로부터 멀어져 시간을 허비한다. 그들은 자신들의 생각과 세계관으로 그들만의 상상 속에서 또 존재하지 않는 세계 속에서 행동하고 움직인다. 교만한 사람들이며 이기주의자들이다. 자신들 머릿속에서 만들어지는 산물을 믿는다. 다른 모든 것들이 만드는 것보다 더 훌륭하고 높은 것으로 믿는다. 그것들을 믿고 우상화하고 그 속에서 살고 있다. 이기주의는 그들이 정신을 신격화하게 만들었다.

당연히 며칠 후 파이시오스 수도사님께 가서 내게 일어난 일들을 말씀드렸다. 수도사님은 기뻐하며 웃으셨다.

- 그리스도께서 네게 선물을 주셨구나!

그리고 나서 내 눈을 쳐다보셨다.

- 더 큰 종류의 선물도 있단다.

이렇게 말씀하시며 흐뭇해하셨다.

하지만 나는 내게 일어난 모든 일들이 수도사님의 기도를 통해 일어났다는 것을 느꼈다. 그분은 나를 위해 계속 기도하셨다. 그분의 기도로 이 영적인 선물들이 내게 오게 된 것이었다.

파이시오스 수도사님의 작은 은총들

"은총의 선물은 여러 가지이지만 그것을 주시는 분은 같은 성령이십니다. 주님을 섬기는 일의 결과는 여러 가지이지만 모든 사람 안에서 모든 일을 이루어주시는 분은 같은 하느님이십니다." (I 고린토 12:4, 12:6)

파이시오스 수도사님에겐 영적인 은총이 많았다. 이 은총들 가운데 영적으로 아주 높은 것들은 사람들이 깨닫기 쉽지 않았다. 그러나 그리스도를 따르는 길에서 영적으로 높은 상태에 달한 사람들은 그것들을 깨달았으며 영적으로 활용하였다. 그들은 우리의 개인적인 가능성보다 훨씬 높은 곳에 있었다. 우리가 이해할 수 없었기에 그것들은 알려지지 않은 채 남게 되었다.

그러나 많은 사람들이 이해할 수 있는 다른 신성한 은총들도 있었다. 파이시오스 수도사님은 기적적인 방법으로, 그를 찾아오는 방문자들이 누구이며 무슨 생각을 하고, 무슨 문제를 갖고 있으며, 문제에 대한 해결방법은 무엇인지를 알고 있었다.

처음에 나는 이 은총들로부터 감명을 많이 받았다. 그 후로는 날마다 그런 은총들을 보았기에 우리 삶의 자연스런 요소로 받아들이게 되었다. 한번은 내가 수도사님을 피곤하게 한다는 생각에 괴로워한 적이 있었다. 그러자 수도사님은 이렇게 말씀하셨다.

- 걱정하지 마. 나는 누가 올지, 이름은 무엇인지, 무슨 일을 하는지, 무슨 문제가 있는지, 무슨 생각을 하는지 등을 다 알아. 하지만 그들 스스로가 얘기하도록 내버려두지. 그러면서 마음을 좀 안정시킬 수 있을 테니까.

마침내 내게는 내 문제에 대해 전혀 얘기하지 않는 습관이 생겼다. 가서 바로 답만 듣곤 했다. 파이시오스 수도사님을 찾아왔던 사람들의 사연은 아주 다양하고 많다. 그중에서 내게 일어났던 두 가지와 다른 사람들에게 있었던 몇 가지를 소개해보겠다.

1. 사탕과자 '칸다이피'

그때는 부활절 전 사순절 금식기간이었다. 나는 숲 속에 있는 한 켈리에서 혼자 지내고 있었다. 수도사님의 켈리에서 걸어서 두 시간 걸리는 거리였다. 나는 기도를 계속하며 지내고 있었다.

사 주간의 금식과 기도 후 어느 날, 기도를 하고 있던 도중 나는 영적인 공격을 받았다. 그 유혹은 다른 것들보다 훨씬 더 강해서, 내가 영적으로 상처를 받을까 두렵게 만들었다. '혹시 수도사님은 이것을 알고 계실까?'라고 자문했다. 그리고 나서 '수도사님은 확실히 아실 거야.'라고 자답했다. 한편으로는 겁이 났고 다른 한편으로는 그분을 보고 싶다는 열망이 강했기에 그분께 가기로 결정했다. 가서 모든 것을 말씀드리고 마음을 놓고 싶었다.

수도사님을 뵙기 위해 아토스 산의 오솔길을 걷고 있었다. 엄격한 금식을 하고 있었기에 그 며칠 전부터 나는 '칸다이피'라고 불리는 사탕과자가 먹고 싶어졌었다. '여기 아토스 산에 무슨 사탕과자가 있단 말이야? 수도원에 있었거나 사순절이 아니었다면 뭔가 있었겠지만, 지금 이 숲 속에 뭐가 있겠어? 잊자, 잊어!'라고 생각하며 체념하려 했다.

하지만 한번 생각한 것은 멈출 수 없는 법, 먹고 싶다는 욕망이 나를 사로잡았다. 다른 것은 아무것도 생각할 수도 없게 온 정신이 그것에 쏠렸다. '칸다이피 하나 있었다면 얼마나 좋았을까?' 계속 같은 생각만 했다. 내 정신이 예수기도에만 전념하도록 노력했지만 일 이 분 이상을 기도할 수 없었다. 남들이 보기엔 우스운 상황이었지만 내겐 힘겨운 투쟁이었다. 이런 생각을 가지고 두 시간을 걷다가 수도사님의 켈리를 보았다. 나는 진지해졌다. 수도사님을 피곤하지 않게 하려면 질문할 것들을 미리 정리해놔야겠다고 생각했다. 그러면서 칸다이피 생각을 잊었고 우리의 만남에 대한 기대로 내 마음은 기쁨에 충만해 있었다.

뜰의 뒷문에 도착하여 다른 방문자는 아무도 없다는 것을 알았을 때 마음이 더 기뻐졌다. 수도사님은 내 독차지가 될 것이기 때문이었다. 우리 둘뿐이라니! 이런 행운이! 벨 대신 만들어놓은 굵은 철사를 흔들고, 수도사님이 나를 알아보시도록 기다렸다. 수도사님은 당신이 안에 있다는 걸 나타내려고 인기척을 내셨다. 좀 늦게 나오셨다. 갑자기 문을 조금 여시더니 장난치듯이 머리만 천천히 밖으로 내미셨다. 나를 슬그머니 보시더니 웃으면서 문을 닫으셨다.

나는 수도사님이 나오시길 기다렸다. 이번엔 진지한 표정으로 나오셨다. 그분을 본 지 며칠이 되었기에 간절한 마음으로 그분 얼굴을 쳐다보았다. 그분의 두 팔은 펼쳐져 있었다. 두 팔을 벌리고 위 아래로 흔들기 시작하셨다. 갑자기 웃으시더니 멈추셨다. 그리고 진지한 태도와 표정으로 천천히 걷기 시작하셨다. 내 주의를 끌기 위해 두 손을 위 아래로 흔드셨다. 손에는 무언가를 들고 계셨다. 나는 그분보다 더 아래에 있었기에 손에 든 것을 잘 볼 수 없었다.

이윽고 수도사님이 내 가까이 오셨다. 어렵게 웃음을 참으셨다. 조금씩 천천히 두 손을 내리기 시작하셨다. 내가 그분 손안에 무엇이 있는지 보려고 하자, 그분은 얼른 당신 손을 내 머리보다 더 높게 쳐드셨다. 나는 웃음이 터졌다. 장난이 시작된 것이다. 나는 손안에 든 것이 무엇인지 보려고 애썼고, 수도사님은 손을 올렸다 내렸다 하셨다. 재미있었다. 수도사님이 갑자기 손을 내리셨다. 내가 무엇을 보았을까? 작은 접시 위에 내가 그렇게도 먹고 싶어 했던 칸다이피가, 그득한 설탕 즙에 버무려져 있었다! 나는 어안이 벙벙해졌다.

- 얼른 먹어! 남들이 보고 뭐라고 하기 전에!

수도사님은 웃으면서 말씀하셨다.

나는 뜰 안으로 들어가 칸다이피를 받았고, 그분의 거룩함에 대해 배우게 되었다. '이 어리석은 것아, 수도사님께서는 너의 하찮은 바람까지도 알고 계신다. 네게 영적으로 무슨 일이 생긴다면, 어떤 영적인 위험이 생긴다면, 수도사님께서 그것을 모르실까? 칸다이피에 대한 네 욕망까지 알고 계셨는데, 네 영적인 번민을 느끼지 못하셨을 거라고 생각해?'라고 스스로 물으며 창피함을 느꼈다. '네가 어떻게 악령들의 공격에서 빠져 나온 줄 알아? 네가 무서워서 그것들이 갑자기 도망갔을까? 바로 수도사님께서 영적인 방법으로 손을 쓰셨던 거지. 이 바보야! 당시에 너는 몰랐겠지만 수도사님께서 기도로 너를 보호하신 거야.' 나는 칸다이피를 먹으며 이런 생각들을 하였다.

수도사님은 나를 애정 어린 눈빛으로 쳐다보셨다. 그리고 내 머리를 살짝 때리셨다. 이것은 내가 아주 좋아하는 '영적인' 것들 중에 하나였다. 그런 시기에 어떻게 켈리에 칸다이피가 있었는지 여쭙는 것이 부끄러웠다. 내가 들었을 답이 좀 두렵기도 했다.

이렇게 수도사님은 이러한 농담을 통해 나에게 아주 진중하고 영적인 것을 가르쳐주셨다. 내 영혼 속에 수도사님에 대한 신뢰가 깊숙이 뿌리 내렸다. 그분은 영적인 인도자, 확고한 인도자셨다. 그분의 큰 사랑은 영적 자녀들에 대해 보이시는 큰 관심을 통해 나타났다. 수도사님께서는 하느님의 은총에 의해 지리상의 거리가 없어져, 영적 자녀가 아무리 멀리 있더라도 그의 영혼에 무슨 일이 일어나는지 알고 계셨다.

2. 지프차와 자전거

한때는 게으름에 빠져, 아토스 성산을 떠나 세속으로 돌아와 물질적 풍요로움을 맛보고 싶다는 생각을 하게 되었다. '자전거를 구해서 해변가에서 산책을 해야지. 또 지프차를 구해서 산으로 여행을 다녀야지.'라고 생각했다. 이 생각들이 나를 괴롭혔고 또 다른 문제들이 있었기에 수도사님을 좀 봬야겠다고 생각했다.

수도사님 켈리로 갔는데 그곳에 안 계셨다. 그래서 수도사님이 다니시는 또 다른 켈리로 발걸음을 옮겼다. 사람들이 멀리서 보였다. 수도사님은 뜰에 있는 나무토막에 앉아 무언가를 읽고 계셨고, 다른 사람들은 서서 주의 깊게 듣고 있었다. 모두 집중해 있었다. 나는 그들 근처로 다가가서 방해가 안 되게 3-4미터가량 떨어져 서 있었다. 어느 순간, 수도사님이 읽던 것을 멈추시더니 고개를 들어 나를 쳐다보시며 말씀하셨다.

- 어서 와! 어떻게 왔어? 지프차 타고? 아니면 자전거?

다른 수도사들은 파이시오스 수도사님이 농담하시는 줄 알고 막 웃었지만 나는 수도사님이 내 생각을 꿰뚫어보고 계시다는 것을 깨닫고 부끄러워졌다. '나는 왜 좀 더 참지 못했을까?'하고 생각했다.

그리고 나서 수도사님은 계속 읽으셨다. 내게 가까이 와서 들으라고 손짓 하셨다. 수도사님이 읽고 계시던 것은, 전에 '여호와의 증인'에 몸담았던 사람이 '여호와의 증인'의 신문 조직에 대한 영악함을 밝힌 것이었다. 수도사님은 빙그레 웃으시며 내게 말씀하셨다.

- 왜 좀 더 참지 못했어?

계속해서 읽으셨다.

- 다 읽기 전에 빨리 도착하려고 지프차랑 자전거를 타고 온 거야?

나는 수도사님이 내 생각을 계속 읽고 계시다는 것을 깨달았다. 부끄러웠다. 우리는 모두 웃고 있었다. 물론 각자 다른 이유에서였다. 다른 사람들은 나와 수도사님 사이에 있었던 일을 하나도 짐작하지 못했다.

3. 내 지인들의 이야기

1.

내 친구 녀석 하나가 미국에 있었다. 거기서 아주 중대한 문제들에 대처하고 있었다. 그는 오래전부터 파이시오스 수도사님과 알고 지내는 사이였다. 그는 아토스 성산에 있는 한 수도사에게 급히 편지를 보내, 파이시오스 수도사님께 가서 몇 가지에 대해 자기 대신 물어봐주고 전화로 답을 전해달라고 부탁했다. 이 수도사는 곧바로 파이시오스 수도사님의 켈리로 갔다. 파이시오스 수도사님은 문을 바로 여시고는 시간을 지체하지 않고 말씀하셨다.

- 내가 말하는 것을 자네가 잊어버릴 수도 있으니 종이에 받아 적게나.

그러면서 수도사가 내 친구의 사연을 전하기도 전에 답을 하기 시작하셨다. 그가 파이시오스 수도사님에게 간 이유도, 누가 편지를 보냈는지도, 편지 내용과 질문도 듣지 않은 상태였다. 뿐만 아니라 수도사님의 얼굴엔 근심이 아주 가득했다. 친구의 질문에 대답하기 전에 이렇게 말씀하셨다.

- 가장 빠른 비행기로 빨리 돌아오라고 전해. 프리메이슨 주의자들이 그를 죽이려고 해. 이미 결정이 났어. 그를 죽일 기회만 노리고 있어.

미국에 있었던 내 친구는 프리메이슨 주의자들에 대해 공개적으로 말하고 다녔고 많은 이들이 그를 따랐었다. 미국에서 그리스로 돌아왔을 때, 그는 나에게 이 중요한 사건에 대해 아주 자세하게 얘기해주었다.

이렇게 파이시오스 수도사님은 세계 곳곳에서 편지를 받곤 하셨다. 매일 많은 편지가 쌓여있었다. 당연히 답장을 보내는 것은 불가능했다. 그럴 정도로 많았다! 하지만 수도사님은 사람들이 무엇을 썼는지 알고 계셨으며, 기도를 통해 모든 사람들에게 기적적으로 답을 주셨다.

2.

파이시오스 수도사님의 켈리에서 만나게 된 어떤 사람은 이단과 얽혀있었다. 그는 나중에 큰 어려움을 겪게 되었고 수도사님께 편지를 통해 도움을 요청하였다. 그의 어려움은 기적적으로 해결되었다. 그 후에 그는 "그것은 파이시오스 수도사님으로부터 받은 큰 선물이었어."라고 고백하였다.

3.

대학에서 알게 된 한 페미니스트 여학생이 있었다. 그녀는 그리스도와 교회로부터 완전히 멀어져 있었다. 또 그녀와 가족들은 사회적, 경제적으로 심각한 문제를 겪고 있었다. 그녀는 마침내 자살하기로 마음먹었다.

그녀는 내게 이렇게 고백했다. "어디선가 파이시오스 수도사님에 대해 듣고 그분께 편지를 써봤어. 주소를 몰라서 그냥 '아토스 성산의 파이시오스 수도사님 귀하'라고만 써서 보냈어. '뭐 도착하면 다행이고, 안 되면 어쩔 수 없지.'라고 생각하면서 말이야. 시간이 얼마 지나지 않아 집안의 다툼이 멈췄고, 우리 가족은 평온을 찾았어. 그것을 깨달았을 때, 나는 놀라지 않을 수 없었어! 나는 그때부터 교회에 관심을 갖게 되었어. 그리스도와 교회에 대해서 알아보기 시작했지."

4.

어떤 사람이 포르노 제작하는 일로 돈을 많이 벌고 있었다. 그가 자신의 사연을 얘기해주었다.

"나는 파이시오스 수도사님에 대해 들은 적이 있었는데, '그분의 정체를 밝혀 망신을 주어야겠다.'라고 생각했어. 그러니까 그분이 하는 모든 것들이 어리석다는 걸 밝히려 했던 거지. 그렇게 해서 두 친구와 함께 처음으로 아토스 성산에 갔어. 수도사님은 뜰에서 우리 셋을 환영해주셨어.

- 앉게들. 잠시 대접할 것을 가져오겠네.

나는 그분의 정체를 밝히고, 그분이 하는 것이 어리석은 것임을 보여주려 호시탐탐 기회를 노리고 있었어. 그분은 먼저 내 친구들에게 먹을 것을 주시고, 내 앞에 오시더니 접시를 거꾸로 돌려 설탕과자를 흙으로 던지셨어.

- 아이고 떨어졌네. 그렇지만 괜찮아. 집어서 먹게나.

이렇게 말씀하셔서 나는 자존심이 상했지.

- 흙 묻은 것을 먹으라고요?

- 자네는 어찌하여 사람들에게 흙을 먹이고 있는가?

엄한 표정으로 이렇게 말씀하셨어. 나는 어안이 벙벙하고 정신이 아찔해졌지. 자리에서 일어나서 그곳을 떠났어. 그리고 다음 날 다시 갔어. 이번에는 내게 더 자세하게 말씀하셨지. 다리가 후들후들 떨렸어. 그래서 "제가 무얼 해야 하죠?"라고 여쭀어. 그분은 "먼저 하는 일을 그만두게나. 그러고 나서 다시 와서 얘기를 나누도록 하지."라고 하셨어.

나는 데살로니키로 돌아와서 가게 문을 닫고 다른 일을 찾으러 돌아다녔어. 한 달쯤 후에 다시 아토스에 가서 수도사님을 만났어. 그분은 나에게 고백성사를 권하셨고 나를 영적인 길로 이끄셨어."

그는 많이 변했다. 그리하여 지금은 분별력 있고 행복한 그리스도인으로 살아가고 있다.

이 같은 일들이 헤아릴 수 없을 정도로 많다. 내가 파이시오스 수도사님을 방문할 때면 누군가 거기 있었고, 우리는 차례를 기다려야 했다. 나와 같이 차례를 기다리던 사람들은 자신들의 개인적 경험을 얘기해주곤 했다. 이런 이야기들을 다 모아 정리한다면, 굉장히 두꺼운 책이 될 것이다.

파이시오스 수도사님의 가르침 방식 - 성령

우리가 알게 된 초기에 수도사님은 내게 많은 것을 말씀하지 않으셨다. 그분의 말은 내 영혼 속에 자리를 잡을 수 없었다. 즉, 내가 그분의 말씀을 소화할 능력이 없었다. 그분의 말씀을 이해할 수 있었다면, 그것은 내 영혼을 새롭게 만들었을 것이다. 그래서 초기에는 내 영혼 속에 이 절대적인 장소를 마련하는 데 주력하셨다. 어떻게 하셨을까? 기도로 하셨다. 그분의 수정과 같은 맑은 마음에서 나오는 아주 질 높은 기도였다. 그리하여 이것은 기적들을 낳았다.

그분의 기도 덕분에 나는 영적인 경험들을 맛보았다. 아토스 성산, 데살로니키, 인도 그 어디에 있든 그분의 기도를 느끼곤 했으며, 이 기도는 내게 부드럽고 평화롭게 와 닿았다. 때때로 잠자고 있을 때도 이런 일이 있곤 했다. 그분의 기도의 힘은 그리도 강해서 나를 깨울 때도 있었다.

그것은 때로는 부드럽고 향기 나는 산들 바람을 닮았다. 때로는 짧았고, 때로는 길었다. 그분의 기도의 힘을 여러 가지 방법을 통해 느끼곤 하였다. 내 영혼은 그것을 깨닫고 있었는데, 내 머리는 그것을 깨닫지 못했다. 먼저 영적인 사건들이 생기곤 하였다. 영혼은 배우고, 깊은 의미를 깨달았다. 내 머리는 영혼의 좋은 하인처럼, 영혼이 겪은 이 신비들을 생각과 말로 정리하고, 분석하고, 표현하려고 노력하곤 했다.

수도사님의 기도가 나를 가르쳤다는 것은 무엇을 의미할까? 우리가 말하는 그분의 기도는 무엇이었을까? 나에게 향했던 그분의 생각이었을까? 그분의 영혼이 내게 와서 내 영혼에 포개어진 것일까? 혹시 무언가가 더 있었던 것일까? 다른 존재가 있었던 것일까? 다른 사람? 다른 힘? 이 더할 나위 없는 순간들에 정확히 무슨 일이 생긴 것일까?

그 누가 이 질문들과 그 깊이와 넓이에 답을 할 수 있겠는가? 이것은 수도사님의 영적인 영역의 품 안에 있어야 한다. 나는 내가 경험한 곳까지만 그리고 내가 깨닫도록 허락되었던 사건들까지만 얘기할 것이다.

파이시오스 수도사님의 영혼은 우리가 주위에서 볼 수 있는 보통 사람의 본성을 뛰어넘었다. 그분의 영혼은 성령과, 그리스도와, 그리고 하느님과 하나가 되어 결합되어 있었다. 그분은 영적인 더러움, 영적인 어둠, 영적인 연약함 다시 말해 교만, 이기심, 권력욕, 돈에 대한 탐욕, 육체적 욕망, 허영, 나태, 탐식 등으로부터 완전히 깨끗해져 있었다. 그분은 숙고하면서 경외심과 열망을 가지고 정교회의 성사들에, 성체성혈성사에 참여하였다. 그래서 예수 그리스도께서 모든 제자들에게 또 이 세상의 모든 사람들에게 주셨던 약속, 즉 "나의 몸과 피를 마시는 사람은 내 안에 있게 될 것이며, 나 또한 그의 안에 머물게 될 것이다."는 수도사님께는 매일 있는 일이었다. 모든 정교인들이 가지고 있는 이 가능성을 파이시오스 수도사님은 실현해내셨다. 많은 노력을 통해 가능성을 실제로 바꾸셨다.

이렇게 해서 파이시오스 수도사님은 자신의 영혼 속에, 그리스도, 성령, 하느님께서 들어가시게 했다. 끊이지 않고 계속되는 일이었다. 그분은 하느님을 영혼 속에 모시고 있는 사람이었기에, 그분이 있는 곳이라면 어디든 성령과 하느님께서 계심이 드러나곤 했다.

수도사님이 바랐던 것, 그것을 성령께서 그의 영혼 속에 채워주셨다. 수도사님의 영혼이 있는 곳에 성령도 계셨다. 그분의 지식은 성령의 지식이었다. 성령이 그의 영혼 속에 충만해 있었다. 그분은 사람들에게 성령을 선사하고 전달했다. 그분 옆에 앉아 있으면, 성령으로 충만해져 마음이 움직임을 느낀다. 그분으로부터 멀리 떨어져 있을 때, 그분의 바람이 그분의 기도 속에서 표현되면서 거룩한 힘이 내 영혼에까지 와서 닿곤 했다. 그분의 힘은 그분의 영혼 속에 자리 잡았던 그리스도였던 것이다. 수도사님은 하느님과 함께 일을 했고, 하느님께서는 수도사님의 영혼 안에 계셨다. 그래서 그리스도의 은총, 진리의 성령이 파이시오스 수도사님의 기도를 통해 나를 가르쳤다고 믿는다.

복음경에서도 이것을 말하고 있다. 주 예수 그리스도께서 태어나시기 훨씬 이전 구약의 예언자들이, 하느님께서 그리스도 시대의 사람들에게 성령을 보내실 것이라고 예언하였다. 그리스도께서는 "예언서에 그들은 모두 하느님의 가르침을 받을 것이라고 기록되어 있다. 누구든지 아버지의 가르침을 듣고 배우는 사람은 나에게로 온다."(요한 6:45)라고 유다인들에게 상기시키셨다.

후에 그리스도께서는 제자들을 향하여 이렇게 말씀하셨다. "아직도 나는 할 말이 많지만 지금은 너희가 그 말을 알아들을 수 없을 것이다. 그러나 진리의 성령이 오시면 너희를 이끌어 진리를 온전히 깨닫게 하여주실 것이다." (요한 16:12-13)

인류의 구원을 위해 그리스도께서 십자가에 희생되시기 바로 전에, 슬픔에 잠겨있던 제자들을 향해서는 "내가 아버지께 구하면 다른 협조자를 보내주셔서 너희와 영원히 함께 계시도록 하실 것이다. 그분은 곧 진리의 성령이시다. 세상은 그분을 보지도 못하고 알지도 못하기 때문에 그분을 받아들일 수 없지만 너희는 그분을 알고 있다. 그분이 너희와 함께 사시며 너희 안에 계시기 때문이다."(요한 14:16-17)라고 말씀하셨다.

후에 베드로 사도는 그의 역량을 묘사하면서 다른 그리스도인들에게 말하였다. "내가 말을 시작하자 성령이 처음에 우리에게 내려오셨던 것과 같이 그들 위에도 내려오셨습니다. 그때 나는 요한은 물로 세례를 베풀었지만 여러분은 성령으로 세례를 받을 것이라고 하신 주님의 말씀이 생각났습니다. 이와 같이 하느님께서는 주 예수 그리스도를 믿은 우리에게 주신 것과 같은 선물을 그들에게도 주셨는데 내가 누구이기에 감히 그 하시는 일을 막을 수 있었겠습니까?" (사도행전 11:15-17)

결국 하느님이 당신께서 알고 계시는 방법으로 선처해 주시지 않는다면, 사람이 진리를 깨달아 인류의 유일한 구세주이신 예수 그리스도 곁에 가서 머문다는 것이 불가능하다. 우리는 하느님께서 우리를 선처해 주시도록 간구해야 한다.

거룩한 은총인 성령이 어느 한 순간을 통해 가르치는 것들은 아주 많고 심오하여 인간의 언어로 표현할 수 없으며, 언어를 만들어낸 인간의 머리로도 이해할 수가 없다. 표현될 수 있더라도 지극히 적은 부분만 표현될 수 있을 뿐이다.

우리가 알아야 할 가장 중요한 것은 바로 성령이 존재한다는 것이다. 우리가 성령을 경험하고, 성령 속에서 산다는 것이 바로 그 증거이다. 이것은 우리가 해를 봄으로써 햇빛의 존재를 아는 것과 같고, 우리가 불을 피부로 느낌으로써 불이 우리를 데워줌을 아는 것과 같다.

성령을 경험하고 맛보면, 수천 번 더 확신하게 된다. 누군가 사물을 볼 때, 즉 햇빛의 도움을 받아 사물을 볼 때, 이 빛에 대한 인식과 경험을 동시에 얻게 된다. 이처럼 성령을 통하여 영적인 세계의 신비를 알게 될 때, 성령에 대한 인식과 경험을 동시에 맛보게 되는 것이다.

앞이 보이지 않은 채 태어난 사람에게 '빛'이 무엇인지, '본다'는 게 무엇인지 설명하는 것은 어려운 일이다. 말 재주가 있는 사람이라 할지라도 앞이 보이지 않는 사람에게 전달할 수 있는 것은 아주 적다. 그렇지만 성공적인 수술을 통해 앞을 볼 수 있게 된다면, 더 이상 설명이 필요하지 않다. 이제 그는 스스로 모든 것을 알게 된다. 개인적인 경험을 갖게 된다. 불필요하고 피곤한 것이 되어버린 논리적인 설명 없이 그는 알게 된다.

성령에 있어서도 이런 일이 생긴다. 육체적 맹인은 그가 앞을 보지 못한다는 것을 알고 있다. 아주 많은 사람들로부터 빛, 색깔, 태양, 낮과 밤에 대해 듣기 때문이다. 이 모든 것들로부터 이 세상의 삶에 아주 중요한 무언가가 일어나고 있다는 것을 알게 된다. 그렇지만 그는 개인적으로는 그것들을 알 수 있는 처지가 못 된다.

영적으로 맹인인 우리는 더 어려운 처지에 있다. 우리가 영적인 맹인이라는 것을 모르고 있기에 치료를 위해 열심히 돌아다니지도 못한다. 결과적으로 그리스도께서 말씀하시는 영적인 세계와 영생에 대하여 많은 사람들이 귀를 막아버리고 영혼의 문을 닫아버린다. 이렇게 해서 우리는 결코 세상의 빛, 성령, 하느님을 알지 못한 채 영적인 어둠 속에서 살고 있으며 죽어가고 있다.

물론 '세상의 빛'에 참여하는 것엔 여러 종류의 단계가 있다. 그것들 사이엔 많은 차이가 있다. '창조되지 않은 빛'에 대한 이론은 영적인 정점으로 간주되고 있다. 언젠가 질문이 있어 파이시오스 수도사님께 여쭈었을 때 이런 경험을 얘기해주셨다.

"내가 카투나키아 위에 있는 켈리에 있을 때였어. '창조되지 않은 빛'을 보았을 때 나는 기도 중이었지. 이 빛이 멀어졌을 때 주위를 둘러봤는데 어둑어둑하더라고. 아마 해가 넘어가서 그런가 보다, 생각했지. 그런데 고개를 들었을 때 무엇을 봤는지 알아? 해가 중천에 떠 있었어! 그때는 7월 여름이었는데 내겐 주변이 어둑어둑하게 보였지. 내 눈이 '창조되지 않은 빛'에 적응되어 있었기 때문이었어. 그 빛이 그렇게도 강했던 거야."

나의 나쁜 의도는 수두룩한 죄를 야기했고, 이 죄들은 나와 하느님 사이에 커다란 공간을 만들었다. 하지만 수도사님의 기도는 하느님께서 나에게 자비를 베푸셔서, 나와 하느님 사이에 생긴 공간에 영적인 다리가 놓여 하느님께서 주시는 사랑의 선물들을 내가 받도록 만들었다.

큰 축복

영적이면 영적인 것일수록 그것에 대해 말하는 것이 더 어렵다. 표현할 수 있는 단어들이 없고, 인간의 언어로 그 의미를 묘사할 수가 없다. 우리가 살고 있는 이 물질적인 세상에는 그러한 영상들이 없고 그에 상응하는 경험들이 없다. 그래서 아주 미약하고 비슷하게만 표현할 수 있을 뿐이다.

사도 바울로는 이 주제에 대해 이렇게 말씀하신다. "그는 낙원으로 붙들려 올라가서 사람의 말로는 표현할 수 없는 이상한 말을 들었습니다."(Ⅱ고린토 12:4) 즉 여기서 언급되는 '그'는 그리스도의 힘으로 듣고 살고 깨달았다. 사람이 스스로의 말로 천상의 것들을 표현하는 것은 불가능하다.

어느 날 오후에 나는 수도사님의 칼리비 뒤편에 있는 뜰에 갔다. 거기서 공중에 떠도는 향기를 맡았다.

- 수도사님, 향 피우셨어요?

나는 묻고서, 향기가 나는 곳을 찾으려 이쪽저쪽 쳐다보았다. 그러나 아무것도 없었다. 나는 건물 안이 아니라 밖에 있었는데 말이다.

- 향기가 나?

수도사님이 조용히 물으셨다.

- 네, 수도사님. 향기가 많이 나요.

대답하면서 수도사님 곁에 가 앉았다. 나는 칼리비 주위와 수도사님 주위에서 벌어지는 범상하지 않고 설명할 수 없는 일에 습관이 된 터였기에 더 이상의 대화 없이 넘어갔다. 예전에 내게 말씀해주신 충고를 떠올렸다.

- 이러한 사건들에 의미를 부여해서는 안 돼. 또 그것들에 많이 신경 써서도 안 돼. 악마가 너를 유혹에 빠뜨릴 수 있거든! 어떤 한 사건이 하느님으로부터 오는 것인데도, 너는 그것이 너의 영적인 것에서 온다고 잘못 생각할 수 있어. 그때 선하신 하느님께서는 네게 말씀하시려고 더 확실한 방법을 찾으실 거야.

이렇게 나는 수도사님의 흥미로운 이야기로 그것을 빨리 잊을 수 있었다. 자리에서 일어났다. 전에도 말했듯이, 나는 수도사님께서 내 머리를 살짝 때리시는 걸 무척 좋아한다. 이번에도 나 좀 때려주시라고, 그래서 내 마음속에 기쁨과 평온이 가득 차기를 바라면서, 그분의 손에 입맞춤하려고 고개를 숙였다. 정말로 내가 바라는 대로 되었다. 뒷문에 도착할 때까지 우리 둘만 있었다. 수도사님은 웃으셨고, 행복해 보이셨다. 나는 이미 영적으로 취해있었다.

이윽고 철조망을 닫으셨다. 그분은 안에 계셨고 나는 밖에 더 낮은 곳에 있었다. "하느님의 선물"에 대하여 농담을 하셨고, 나는 기쁘면서도 부끄러웠다. 그분 곁을 떠나고 싶지 않았다. 옆에 꼭 달라붙어 있고 싶었다. 그분 곁에 있으면 그렇게도 마음이 편한데, 어디로 가란 말인가?

수도사님은 두 손을 내 머리 위에 얹으셨고 한 순간 당신 눈을 하늘로 향하셨다. 영적인 강이 내 마음을 흠뻑 적셨다. 쏟아지는 하느님의 은총으로 어안이 벙벙했다. 나는 가슴이 터질 것 같은 충만함을 느꼈다. 평온함! 빛! 기쁨! 그 자체였다! 말로는 형용할 수가 없었다. 언젠가 이렇게 느낀 적이 또 있었다. 그러나 이번에는 그 강도와 깊이, 힘에 있어서 비교가 되지 않았다. 예전에 느꼈던 것보다 백배는 더 큰 가슴 벅참이었다.

나는 부끄러워하며 고개를 들어 수도사님을 바라보았다. 그분은 기쁨에 충만해 계셨고 진지한 표정이셨다. 손을 뻗어 옆에 있던 덤불에서 가지를 하나 꺾으셨다. 그 가지로 내 머리를 쓰다듬어 주셨다. 은총이 파도처럼 내게 다가오기 시작했다. 그 은총은 점점 커지고 넓어져 강물이 내게 쏟아지듯 느껴졌다. 나는 더 이상 아무것에 대해서도 생각할 수 없었다. 내 자신과 주변을 둘러싼 것들에 대해선 의식이 멀쩡했으나, 동시에 성령에 의해 취해 있었다.

이러한 일들은 그리스도의 교회가 시작되고 이천 년이 흐르는 동안 항상 일어나고 있다. 지금 우리들 시대에도 말이다. 복음경에서 세례자 요한 성인은 뭐라고 말씀하시는가? "나는 너희를 회개시키려고 물로 세례를 베풀거니와 내 뒤에 오시는 분은 성령과 불로 세례를 베푸실 것이다."(마태오 3:11) 이렇게 말씀하신다. 그리스도께서는 그리스도를 믿었던 사람들을 진리로 인도하시기 위해 그들에게 성령, 즉 위로자를 주실 것이라고 여러 번 약속하셨다. 실제로 오순절 날 하느님께서는 성령으로 사람들과 결합되셨다. "혀 같은 것들이 나타나 불길처럼 갈라지며 각 사람 위에 내렸다. 그들의 마음은 성령으로 가득 차서 성령이 시키시는 대로 여러 가지 외국어로 말을 하기 시작하였다."(사도행전 2:3-4)

후에 사도들을 통해 무슨 일이 일어났는가? "베드로가 이렇게 말하고 있는 동안 성령이 모든 청중에게 내려오셨다."(사도행전 10:44) 다른 구절을 보자. "예루살렘에 있는 사도들은 사마리아 사람들이 하느님의 말씀을 받아들였다는 말을 듣고 베드로와 요한을 그리로 보냈다. 베드로와 요한은 그리로 내려가서 사마리아 사람들이 성령을 받도록 기도하였다. 그들은 주 예수의 이름으로 세례는 받았지만 아직 성령은 받지 못했던 것이다. 베드로와 요한이 그들에게 손을 얹자 그들도 성령을 받게 되었다."(사도행전 8:14-17)

오늘날 나는 파이시오스 수도사님의 기도 덕분에 나에게도 위와 비슷한 일(명확하게 표현할 수는 없다)이 생겼음을 느낀다.

수도사님의 켈리 문에서 내가 어떻게 떠났는지는 기억이 없다. 그러나 쿠틀루무시오스 수도원을 향해 오솔길을 단숨에 올라갔다는 것은 기억한다. 도중에 나는 스웨터를 벗고 러닝셔츠 바람으로 수도원에 들어갔다. 수도사들은 옷차림에 관해 엄격하지만 아무도 내게 뭐라 하지 않았다. 나를 이해한다는 표정으로 놀라운 듯 쳐다보았다. 그들은 내게 무슨 일이 일어났는지를 알고 있었다. 아타나시오스 수도사님은 한숨을 쉬며 말씀하셨다. "아이고! 고생하는 사람 따로 있고, 축복받는 사람 따로 있구나!" 그분의 호의적인 농담에 나는 환하게 웃었다.

이 은총은 여러 날 동안 내게 머물렀으며 아주 강했다. 나는 한 달가량 이런 상태에 있었다. 평화, 위로, 기쁨, 만족을 느꼈고, 나의 특징들과 처신, 대화 방법이 바뀌었다. 열흘 후에 나는 다른 수도원에 갔다. 한 수도신부님이 나를 보시자 마자, '아주 은총받은' 방문객이 왔다고 말씀하셨다.

수호천사

"천사는 정신적인 본질이다. 영원히 움직이는 존재이다. 독자적인 존재이다. 영적인 존재이다."
"천사들은 하느님께서 명하시는 모습으로서 사람들에게 나타난다."

다마스커스의 성 요한

많은 날이 지난 후, 나는 잊고 있었던 한 사건을 기억해냈다. 내가 성령에 취해 있던 날, 수도사님의 켈리에서 떠나 편백나무가 가득한 오솔길을 걸어가고 있었다. 그때 무슨 일이 일어났다.

내 앞에 열여섯이나 열일곱 살쯤 되어 보이는 잘생긴 청년이 하나 서 있었다. 그 청년은 아주 값진 옷을 입고 있었는데, 마치 보제 예복과 비슷했다. 그는 한 1미터 정도 떨어진 곳에 있었고, 아주 잘생기고 순결한 모습이었다. 한 송이 들꽃과 같았다. 사람의 아름다움에서 종종 유발되는 그런 육체적 유혹이 없었다.

우리가 얼마나 오래 이야기를 나누었는지는 기억이 안 난다. 딱 한 가지가 기억나는데, 그가 천사라는 것을, 우리가 이야기 나누고 있던 동안 내 영혼을 통해서 알게 되었다는 것이다. 그는 내 수호천사였다. 우리가 무슨 말을 했는지는 기억이 안 난다. 그를 만난 직후 바로 이 일을 잊었었다.

그 후 이 일이 기억났을 때, 파이시오스 수도사님께 가서 말씀드리자, 옷으며 말씀하셨다. "그때 너는 영적으로 어린 아이였어. 지금 네가 영적으로 성숙해 있는 걸 하느님께서 보시고는 그 일을 기억해내게 하셨구나."

그러나 불행히도 나는 어리석었다. 나의 어리석음은 이 영적인 선물들을 잽싸게 훔쳐갔다. 깨진 독에서 물이 새는 것처럼 내 영적인 선물들이 떠나갔다. 불행한 일이었다. 즉, 아토스 성산을 나와 속세로 돌아오곤 했을 때, 죄에 휩쓸려 내 아버지(하느님)가 주신 풍부한 영적 선물들을 낭비하였던 것이다. 내 자신을 애초보다도 더 가난하고 처량하게 만들었다.

하지만 그분은 나에 대해 화내지도 않으셨고 좌절하지도 않으셨다. 잘못을 뉘우치면서 아토스로 돌아올 때마다 나를 붙잡아 주셨고, 일으켜 주셨고, 깨끗하게 해주셨고, 마음을 치료해주셨고, 품위 있게 만들어 영적으로 다시 무장시켜 주셨다. 이렇게 나를 사람으로 만드신 뒤 다시 세속으로 돌려보내셨다.

이런 가슴 아픈 일이 얼마나 자주 있었던가? 얼마나 자주! 나는 어리석고 배은망덕한 행동을 너무 많이 저질렀다. 그러나 하느님은 결코 나에 대한 영적인 선물을 줄이거나 한정하지 않으셨다. 그분의 너그러움이란 그런 것이었다.

하느님의 사랑

> "하느님은 사랑이시다." (I요한 4:8)
> "우리가 받은 성령께서 우리의 마음속에 하느님의 사랑을 부어주셨기 때문입니다." (로마서 5:5)
> "완전한 사랑은 두려움을 몰아냅니다." (I요한 4:18)
> "인간의 모든 지식을 초월한 그리스도의 사랑을 알 수 있게 되기를 바랍니다." (에페소 3:19)
> "사랑은 하느님에 의해 만들어졌다. 왜냐하면 하느님께서 바로 사랑이시기 때문이다." (신 신학자 시메온 성인, 찬가 5:24)

사람들에게는 사랑이 없었다. 있는 그대로의 내 모습을 진심으로 사랑해 준 이는 아무도 없었다. 모두가 어떤 이유로 인해 나를 사랑했다. 여자들은 잘생긴 얼굴, 멋진 몸매, 아름다운 눈을 보고 남자들을 사랑했다. 만약 내가 사고를 당해서 다리가 잘리거나 얼굴이 기형이 되었더라도 나는 이전과 같은 사람이지 않았을까? 그러나 어떤 여성도 내 곁에 머물려고 하지 않았을 것이다. 어떤 여성도 나를 진심으로 사랑하지 않았다. 어떤 여성도 나라는 존재의 핵심, 내 영혼, 나 자신을 사랑하지 않았다. 내 영혼에 대해 전혀 생각하지 않았다. 눈에 보이는 외부적인 것, 즉 신체에 관해서만 마음을 기울였다.

내 친구들은 나를 왜 사랑했을까? 내 영리한 머리 때문에? 내 사상들? 내 지식? 내가 대학을 가지 않았더라도 나는 같은 사람이지 않았을까? 내가 머리를 다쳐 정신에 좀 이상이 생겼더라도 나의 깊은 핵심, 영혼은 같은 것이지 않았을까? 그때 누가 나를 사랑했을까? 아무도 없을 것이다. 나의 부모님의 사랑조차도 순수한 것이 아니었다. 어떤 기대들이 그 사랑을 덮었다. 그분들이 희망하는 것을 내가 이뤄드리라는 사실이 그 사랑을 덮었다. 본성적인 사랑 외에도, 어떤 이유들 때문에 나를 사랑하셨다. 다시 말해 부모님조차도 내가 성공하고 사회에서 인정받아, 받은 것들을 돌려드리길 기대하셨다.

내 자신 그 자체를 사랑해주는 사람은 없었을까? 사리사욕을 생각하지 않고, 아무런 대가도 기다리지 않고, 진지하게 사랑할 수 없을까? 내가 영리하든 멍청하든, 잘생겼든 못생겼든, 좋은 사람이든 나쁜 사람이든, 이것은 중요하지 않았다. 나 자신은 눈에 보이는 이 모든 것들 뒤에 있었다. 진정한 나 자신은 이 모든 것들 속에 감추어져 있었다. 단지 내가 존재한다는 이유만으로 누군가 나를 사랑해주길 바랐다. 내가 가진 물질과 사회적 성취물들이 아니라, 나라는 깊은 핵심, 내 영혼을 사랑하기를 바랐다.

그래서 나는 이 모든 장식품들, 내가 살면서 얻은 장점과 특징들, 물질적인 것들을 나로부터 떼어내기 시작했다. 먼저 옷차림부터 바꾸어 남루하게 입기 시작했다. 사람들은 곧 실망했고, 꽤 많은 사람들이 이러한 변화에 화를 내고 나로부터 멀어졌다. 이로써 내 주위 사람들과의 관계가 얼마나 위선적이고 형식적이었는지 확인할 수 있었다. 놀라움을 감출 수 없었다. 내 친한 친구들조차도 멀어지기 시작했다. 하지만 나는 끝까지 가보기로 결심했다. 내 위에 걸쳐진 모든 것들을 떼어낼 것이었다. 위선적이고 형식적인 모든 것으로부터 해방될 것이었다. 내 원래의 깨끗한 존재가 나올 때까지, 나는 내 자신 그 자체를 완전히 드러내 보일 것이었다. 그렇게 될 때만이 누가 진정으로 나를 깊게 이해하였는지 알게 될 것이었다. 단지 내 존재라는 이유로 내 곁에 있을 사람을 말이다.

아무도 내 곁에 남지 않았다. 나는 철저히 혼자였다. 실제로 혼자였다. 아무도 나를 이해하지 못했다. 나는 내 자신의 핵심인 영혼을 찾았으나 혼자였다. 눈에 보이는 것을 중시하는 삶인 이전의 삶으로 돌아가는 것은 어렵지 않았다. 어렸을 때부터 그런 역할을 알고 있었고 잘 해낼 수 있었다. 연인의 역할, 친구의 역할, 자식의 역할을 다시 해낼 수 있었다. 하지만 하고 싶지 않았다. 내 존재의 영혼을 찾은 지금으로선 내 자신에 대해서만 전념하고 싶었다. 내 자신에 대해 알고 싶었다. 내 자신에 대한 거짓 의식이 파괴되는 것은 나를 아프게 했다. 이 아픔은 내가 만들었던 나의 아름다운 모습, 즉 위선적이고 가식적인 모습을 파괴했다.

    이 아픔은 날카로운 수술용 칼이었다. 이 칼은 나를 깊숙이 베어 살과 뼈를 갈라놓았다. 즉 위선적인 것이 진정한 것으로부터 분리되었다. 나로부터 버려져야 했던 위선들이 많았다. 외과 의사는 결정했다. 수술을 해야 했다. 그렇지 않으면 구원이란 없었다. 진리에 대한 길이란 없었다. 아픔은 거짓을 태웠던 불이었다.

    그 시절 그 아픔은 내 마음을 갈기갈기 찢어놓았다. 살을 째는, 뼈가 꺾이는 아픔이었다. 내 영혼은 할 말을 잊었고 겁에 질려 있었다. 머리는 터지기 일보 직전이었다. 간신히 내 정신을 지탱했는데, 잠을 이룰 수 없었다. 잠에 들기가 무서웠다. 상처를 크게 입은 내 영혼은 슬픔을 자아내는 아픔이 되었다. 이 아픔은 내 존재를 완전히 파괴하려고 위협하였다. 쓰라린 아픔을 달래려 신경 쓰느라 잠도 제대로 이룰 수 없었다. 가느다란 실처럼 곧 끊어질 것 같은 내 이성이 내 정신을 보호하고 있었다. 스스로가 곧 미칠 것 같아서 두려웠다. 아픔을 참을 수가 없었다.

    이 아픔을 밝혀내려 안간힘을 썼다. 원인을 찾으려 했다. 사랑의 결핍 때문일까? 진리에 대한 부재 때문일까? 덧없는 삶 때문일까? 큰 열망과 걱정을 가지고 답을 찾으려 했다. 이 세상에 진정한 사랑이 있을까? 혹시 내가 불가능한 것을, 잡히지 않는 것을 요구하고 있는 것은 아닐까?

    나는 파이시오스 수도사님께 가서 마음을 털어놓았다. 걱정스런 마음으로 답을 기다렸고, 수도사님은 진지하게 말씀하셨다.

    - 사람은 단지 사람이라는 것만으로 사랑받을 가치가 있어. 왜냐하면 하

느님의 모습을 닮았기 때문이야. 그 사람이 좋은 사람이든 나쁜 사람이든, 덕망을 높이 쌓았든 죄를 지었든, 이런 건 의미가 없어. 사람은 사람이라는 것 자체로 사랑받을 가치가 있어. 그리스도께서는 죄를 지은 사람들, 잘못된 길에 들어선 사람들을 사랑하셨고 그들을 위해 희생되셨어. 그리스도께서는 '나는 의인을 위해 온 것이 아니라 죄인들을 위해 왔다.'고 말씀하셨어. 그래서 우리는 모든 사람들을 차별 없이 사랑해야 해. 태양이 모든 사람들, 영리한 사람들, 어리석은 사람들, 선한 사람들, 영악한 사람들, 잘생긴 사람들, 못생긴 사람들을 똑같이 비추는 것과 같지. 이처럼 우리의 사랑은 하느님의 사랑과 같아야만 해. 이 사랑은 해를 닮았고 차별 없이 하느님의 모든 피조물에게 가지.

나는 위로를 받았다. 적어도 누군가 한 사람이 내 의견에 동의하였다. 누군가가 나를 이해해주었다. 이 무슨 위로인가! 이 누군가는 바로 파이시오스 수도사님이었다.

집으로 돌아왔다. 그러나 이 아픔은 어찌 될 것인가? 아픔을 견딜 수 없어 한밤중에 흐느끼며 깨곤 했다. "나의 하느님, 나의 하느님!" 소리 없는 외침이 속으로부터 나오곤 했다. 오직 "나의 하느님, 나의 하느님!"밖에 할 수 없었다. 스스로 머리를 베개에 부딪곤 했다. 이는 마음에서 우러나오는 회개였다. 나는 너무도 많은 잘못을 저질렀고 너무도 엇나가 있었다. 이 무시무시한 밤에 내 삶 전부에 대해 실의에 젖어 투쟁을 하였다.

이러한 상황이 계속되던 어느 날 밤이었다. 혼자 집에서 기도를 하고 있었는데, 무언가가 나에게 다가오는 것을 느꼈다. 보이지 않지만 강한 존재감을 느끼게 했고, 형체가 없었지만 전능했다. 접근할 수 없고 만져지지 않는 것이었지만 아주 가까이에 있었다.

그것(은총)은 내게 와 닿았다. 외형적으로 나타난 것이 아니라 나의 마음속에 와 닿았다. 나의 존재가 끝나는 지점까지 와 닿았다. 나를 채워 넘쳐흐르게 했다. 그것은 나와 긴밀하게 결합되어 하나가 되었다. 그 어떤 것도 그것이 그러하듯 다른 무언가와 결합될 수 없었다. 나를 영적으로 취하게 했다. 나는 불처럼 되었고, 몸이 타는 것을 느꼈다. 나를 완전히 열어 보이고 싶었다. 내 영혼의 어떤 구석도 감추어지지 않기를 바랐다. 내 영혼이 아무리 못생기고 더러워도 그것을 다 내보이고 싶었다. 모든 것이 나타나 보이기를 원했다. 그래서 내 모든 잘못된 점, 더러운 점, 나쁜 점들을 고백하고 내보였다. 내 영혼의 구석구석에 은총이 방문하기를 갈망했다. 그러면서도 다른 한편으론 내가 너무도 가치 없다는 것을 느꼈다. 내가 하느님과 함께 존재한다는 것이 너무도 어울리지 않는다는 것을 느꼈다. 바닥에 엎드렸다. 바닥의 시멘트 속으로 들어가고 싶었다.

하느님의 은총은 그렇게도 크고 무한한 사랑이었다. 그 사랑은 모든 곳에서 왔다. 무한으로부터 왔다. 이 사랑이 우주를 채웠고 만물을 채웠다. 이 사랑이 세상과 만물을 조절하였다. 이 사랑은 세상과 밀착되어 있는 힘이었다. 만물은 이 사랑으로부터 존재의 힘을 얻곤 하였다. 만물은 이 사랑 덕분에 존재가 지속될 수 있었다.

나는 삶을 멈추고 싶었을 때가 있었다. 내 마음속은 악으로 가득 차 있었다. 존재하기에는, 그리하여 그 사랑과 결합되기에는 나는 하나도 가치가 없었다. 나는 제자리에 멈춰있었다. 그러나 이 사랑이 나에게 다가왔다. 그 사랑은 영원히 계시는 그분으로부터 나오는 사랑이었고, 만물을 향해 퍼져 나갔고 만물을 거쳐 갔다.

그 사랑은 단지 그것과 같은 사랑에만 답을 한다. 무엇으로도 바뀌지 않는다. 우리는 하느님께서 하시는 방법과 같은 방법으로 원하고, 용기를 내고, 사랑을 해야 한다. 착실한 방법으로 말이다. 이렇게 하는 것만이 그 사랑과 결합되는 데 가치가 있다.

하느님께서는 나를 사랑하셨기에 내가 그분께 다가가도록 하셨고 내 영혼을 정화하시어 나를 치료하셨다. 다시 말해 나의 모든 아픔, 모든 정신적인 상처를 완전하게 치료하셨다. 부드럽고 확고하고 확실하게 어둠으로부터 빛으로, 더러움으로부터 정결함으로, 무에서 유로 나를 잡아당기셨다. 하느님께서는 나에게 더 강한 존재, 더 진실한 존재, 더 생동감 있는 존재를 선물하셨다. 하느님께서 나를 필요로 하셨기 때문이 아니라, 하느님은 사랑이시기 때문이었다.

단지 나를 사랑하신 것만이 아니었다. 그분께서는 사랑 그 자체셨다. 이것엔 커다란 차이가 있다.

표현되지 않는 것들을 표현한다는 것에 대해 스스로의 나약함을 느낀다. 이 사건은 얼마나 지속되었는가? 모르겠다. 밤에 시작해서 밤에 끝났다. 내게 무슨 영향을 미쳤는가? 내 마음의 아픔을 치료하고, 내 정신을 확고하게 하고, 위험을 사라지게 하고, 내 의문에 답을 달아주었다. 내가 의문을 품었던 것을 해결했을 뿐만 아니라 그보다 더 많은 것들을 가르쳐주었다. 나는 아주 많이 배웠다. 경험적이고, 확실하고, 틀림없고, 안심할 수 있는 인식을 얻었다. 누구도 그것을 나로부터 빼앗아 갈 수 없다. 그 사랑의 영향은 오늘날까지 계속되고 있다.

사람의 인성은, 우리 각자가 하느님과 협력하여 일할 때 각자의 마음속에 그러한 사랑을 낳을 수 있는 가능성을 가지고 있다는 것을, 이제 나는 알게 되었다. 그렇게 한다면, 우리는 존재론적으로 변화되어 신화(神化)된다.

이런 사랑을 실천하는 사람은 적다. 모든 사람이 할 수 있지만 게으름에 빠지고 두려워하며 쓸데없는 것들에 신경을 쓴다. 이런 자세에 있어 우리는 죄인이다.

이 사랑은 성령이 사람의 영혼 속에 낳는 "영적인 사랑"이다. 이 영적인 사랑은 사람이 "하느님의 본성을 나누어 받게"(Ⅱ베드로 1:4) 했다.

이 사랑은 인간의 어떤 사랑보다도 더 높은 곳에, 아주 높은 곳에 있다. 모성애도 이 사랑에 비하면 아무것도 아니다. 파이시오스 수도사님은 이런 사랑을 가지고 계셨다. 그래서 주위에 사람들이 몰려들었다.

이 사랑은 전능하다. 아무것도 이 사랑에 저항할 수 없다. 이 사랑은 죽음을 초월하고, 자연법칙을 초월한다. 이 사랑은 하느님이시다. 하느님께서는 만물의 창조주이시며 우주의 법칙을 만드신 분이다. 이 사랑은 우주의 신비이다. "하느님께서는 사랑이시다."

파이시오스 수도사님은 모든 사람들에 대해, 만물에 대해, 모든 피조물에 대해 그러한 사랑을 가지고 계셨다. 나 또한 이렇게 사랑해주셨다. 그렇게 사랑해주길 바라셨고 실제로 그 사랑을 내게 보여주셨다. 그분의 사랑은 내 삶의 버팀목이 되었다. 인도에 있을 때 나는 이 사랑에 기대었다. 누군가가 이런 방법으로 나를 사랑한다는 것을 알고 있는데, 무엇이 무섭단 말인가?

수도사님은 가끔씩 "하느님께서 그분의 사랑으로 여러분들을 태우시길 바랍니다."라고 웃으면서 말씀하시곤 했다. 많은 사람들이 비유적으로 받아들였지만, 나는 그것이 글자 그대로의 의미라는 것을, 절대적으로 진실한 그 무엇이라는 것을 알고 있었다. 그분의 기도에 의해 내가 이런 경험을 하게 된 것도 알고 있고 말이다.

나를 위한 파이시오스 수도사님의 기도를 하느님께서 들어주셔서 내가 이런 경험을 하게 되었다. 그 경험은 내가 생명을 이어가기 위해서 꼭 필요했다. 개인적인 투쟁을 통해, 또 그 존재의 가치로 인해, 이러한 '꼭대기 중의 꼭대기'를 정복한 사람들이 예전에도 있었고 지금도 있고 앞으로도 있을 것이다.

신 신학자 시메온 성인(949-1022)이 바로 이러한 분이다. 그분은 수도사로 콘스탄티노플에서 살았다. 그리스도에 관한 경험에 대해 성인들이 그토록 분명하게 터놓고 말하는 것은 흔치 않다. 관심 있는 사람들에게 성인의 저서 <답변들>을 읽어보도록 권한다. 성인이 어떤 한 경험을 표현한 것을 간단히 살펴보자.

사랑이, 갑자기 다시 나타났다.
이해할 수 있는 방식으로, 내 영혼 속으로 사랑 전체가 들어왔다.
내 가슴속에, 인도하는 빛처럼
해의 둥근 원처럼 나타났다.

사랑은 피조물 밖에 있다.
그러나 모든 것과 함께 있다.
사랑은 불이며 빛이다.
빛으로 구성된 구름이 된다.

사랑은 내 정신을 발가벗겼고
보이지 않는 감각으로 나를 입혔다.
보이는 것으로부터 나를 갈라놓고
보이지 않는 것으로 연결하여
창조되지 않은 그분을 보고
기뻐하게 했다.

나는 창조되지 않은 분, 불멸하는 분, 시작이 없는 분,
모든 이들에게 보이지 않는 분과 하나가 되었다.

"사랑은 하느님에 의해 만들어졌다. 왜냐하면 하느님께서는
사랑이시기 때문이다."

3

두 영적 전통 사이

요가 수행자 요가무가나다와의 만남

그 기간에 내 삶은 여러 가지로부터 영향을 받고 있었다. 파이시오스 수도사님의 기도는 아주 큰 영향력을 갖고 있었다. 그것을 나는 밤에 잘 때나, 낮에 걸을 때, 그 밖에도 여러 순간들에 느끼곤 하였다. 그분의 기도는 나의 불안한 영혼을 평화로움으로 적셨고, 나의 아픈 마음에 기쁨의 오아시스와 청명함을 주었고, 나의 생각의 숲에 고요함을 선사했다. 위로를 받고, 지지받는 힘을 느끼고, 서서히 어떤 희망을 갖게 되었다. 이 희망은 막다른 골목과 자기 파괴로부터 나를 멀어지게 만들었다.

다른 한편으로 나는 나쁜 습관들을 버리지 못하고 있었다. 이 나쁜 습관은 시간이 흐르면서 내 약점이 되어 내 영혼에 깊이 뿌리내렸다. 약점은 나를 이리저리 끌고 다녔다.

나는 내 삶의 허무함을 물질과 철학으로 채우려고 노력하였다. 그러나 허무함은 점점 커져갔고 불안도 커져갔다. 머리는 답을 얻기 위해, 출구를 찾기 위해 열심히 일했다. 그래서 책을 많이 읽었고 생각을 많이 했다. 철학, 사상, 음악, 예술에 몰두했다. 하지만 아무런 결과도, 아무런 해결책도 없었고 아무런 출구도 찾지 못했다.

파이시오스 수도사님은 내게 영적인 것들을 가르쳐주셨다. 아주 크고 기적적인 것들이었다. 중요하고 훌륭한 것들이었다. 그분은 말로써가 아니라 경험으로써 가르쳐주셨다. 내 영혼이 그분의 영혼에 기댈 수 있게 하셨다. 그분의 극진한 사랑은 우리를 묶었다. 그분은 내가 '볼' 수 있도록 자신의 영적인 눈을, 내가 '느낄' 수 있도록 자신의 마음을 선물해주셨다.

이렇게 해서 나를 둘러싸고 있던 무지의 먹구름이 조금씩 흩어지게 되었다. 세상은 신비적인 깊이와 풍부함으로 구성되어 있었다. 생명은 의미를 얻었다. 향락은 사람의 마음에 상처를 주지만, 생명은 상처를 주지 않았다. 영적인 주제들에 관한 인식은 다른 종류의 향락이었다. 끝이 없는 진정한 향락, 계속해서 더 깊어지고 강해지는 진정한 향락, 그것이 떠난 자리에 슬픔이 아닌 기쁨이 남는 향락이었다. 다시 말해 그것은 영적인 향락이었다.

  나는 계속해서 신비의 감각에 젖어 있었다. 구름, 새, 해, 나무, 바위, 동물, 바다, 사람, 이 세상은 커다란 신비였다. 가장 크고 가까운 신비는 바로 나 자신이었다. 나 자신은 아주 감탄스럽고 알쏭달쏭해 보였다. 세상은 무엇을 감추고 있을까? 영혼은 무엇을 감추고 있을까? 신비이다! 나는 이것들의 중요성을 느꼈으며 이것들을 알고 싶어 했다.

  모든 것들이 통제 아래 있다고 느껴졌다. 보이지 않는 숨은 힘이 모든 것을 통치하는 것처럼 느껴졌다. 그때 나는 아나키스트적 신념을 갖고 있었기에 이 모든 통제와 힘으로부터 벗어나고 싶었다.

  나는 파이시오스 수도사님 말고도 다른 곳으로부터도 영향을 받고 있었다. 나의 방탕한 삶이 스스로를 이러한 영향으로 밀어붙였다. 그러니까 신비주의, 난해주의, 해를 끼치지 않는 마법, 젠 요가, 부처, 이런 것과 관련된 모든 것들에 대해 관심이 줄어들지 않았다. 그렇다고 확실한 입장이 있는 것도 아니었다. 내게 이런 것들은 중요한 것처럼, 희망을 안겨주는 것처럼 보였다. 내 인생을 도와줄 것처럼 보였다. 진정한 삶의 가능성들을 보여줄 것처럼 다가왔다. 약속은 많고 컸다. 나는 그것들을 믿었다. 물론 파이시오스 수도사님이 내게 사전 경고를 주셨었다.

  - 잘 들어봐. 세상엔 두 가지 힘이 있어. 하느님과 악마. 누구와 손을 잡고 일 하느냐에 따라 다르지. 나는 하느님, 그리스도 편이야. 그들은 누구 편이지? 사탄도 힘이 이어. 그래서 '거짓 기적' 같은 것을 일으키지. 한 때는 천사장이었고, 지금도 천사장으로서의 힘을 갖고 있어. 하느님의 선물은 번복되지 않아.

  하느님께서는 에오스포로스 천사장을 만들어 모든 덕과 힘으로 그를 무장시키셨다. 그러나 천사장은 스스로를 파괴했다. 교만했기에, 하느님께서 주신 자유를 나쁘게 사용했다. 그래서 하늘에 있던 자리로부터 떨어졌다. 그리스도께서 말씀하시는 것으로 복음경에 "나는 사탄이 하늘에서 번

갯불처럼 떨어지는 것을 보았다."(루가 10:18)라고 기록되어 있다. 에오스포로스 천사장은 떨어져 악마가 되었다. 빛으로부터 떨어져나가 어둠이 되었다. 악마는 악과 거짓말을 처음으로 만들었다. 그래서 그리스도께서 악마를 "거짓말의 아버지"(요한 8:44)라고 부르셨다. (악마 이전에 이 세상에 악이란 없었다. 하느님께서는 모든 것을 '아주 좋게' 만드셨다.) 악마가 사람들을 미워하는 또 다른 이유는 그는 모든 것에 대해 미움만 갖고 있기 때문이다.

지금 악마는 모든 방법, 즉 거짓말, 기만, 미끼, 생각, 행동을 동원하여 사람을 하느님으로부터 갈라놓으려고 안간힘을 쓰고 있다. 사람을 빛으로부터 멀어지게 하여 어둠, 즉 자신의 권한 아래로 데려가려 하고 있다. 악마의 권한 아래 들어간 사람들이 있는데, 악마는 그들을 통하여 여러 가지 거짓 기적들을 행한다.

이 모든 것들을 들은 적이 있었지만 믿지 않았었다. 부정하지도 받아들이지도 않았다. 이런 견해들이 이번에는 내가 의심할 수 없는 그렇게도 좋은 사람, 그렇게도 자애로운 사람으로부터 오는 것이었다. 그분으로부터 나는 아주 많은 기적, 많은 힘, 많은 통찰력과 거룩함을 보아왔다. 그분의 견해를 무시할 수 없었고 경솔히 취급할 수 없었다. 하지만 내 견해는 확실하지 않았다.

다른 한편으로, 다른 종교들에는 '우리 모두는 같다'는 견해가 있었다. 즉 모든 종교들은 같은 하느님께로 인도된다는 것이다. 모든 길이 하나의 끝으로 간다는 것이다. 물론 각자 자기가 믿는 종교를 더 많이 선전하였다. 요가 수행자들은 가장 높은 길은 요가라고 말하면서 다른 종교에서 약점들을 찾곤 했다. 프리메이슨 주의자들은 다른 종교, 다른 사람들에 대해서도 이러저러한 말을 했지만, 결국 다른 사람들보다 그들 자신이 더 지혜롭고 더 낫다는 것을 강조했다. 해를 끼치지 않는 마법을 다루는 사람들은, 요가는 동양 사람들을 위한 것이고 자신들이야말로 서양 사람들의 정서와 더 잘 맞는다고 하며 사람들을 끌어들였다. 어쨌든 그들 모두는 교회는 죽은 것, 어리석은 것, 아주 보수적인 것, 통찰력도 힘도 생명력도 없는 것이라고 여기는 듯했다. 그러나 대개 그들은 대화의 상황과 기회에 따라 견해를 바꾼다. 어떤 사상이 유행하는지 신경 쓰고 거기에 맞는 옷을 입는다. 나는 그들이 나를 개종시킬 목적으로 내게 영향을 주려 했다는 것을 일찍 깨닫지 못했다. 깨달아야 했는데 말이다. 이 모든 부패 속에서 나는 영리하지 못했다. 이상했지만, 이런 일이 생겼다.

아픈 마음을 좀 달래고 생각을 좀 정리해보려 숲 속을 걷다가 솔잎 위에 잠시 누웠다. 그때 갑자기 무엇인가가 재빠르게 오더니 나를 완전히 정복했다. 나는 주변에 무슨 일이 일어나고 있는지 아무것도 깨닫지 못했다. 아무것도 보지 못하고 듣지 못하고 느끼지 못했다. 눈을 뜨고 있었는지 감고 있었는지조차도 모른다.

나는 한 형체를 보았다. 내 앞에 있었는지 내 생각 속에 있었는지 그때는 알 수 없었다. 길고 검은 머리에 갈색 계통의 수수한 긴 옷을 입고 아름다운 얼굴을 가진 한 여인을 보았다. 그녀의 눈이 있어야 할 자리엔 안경 크기만 한 은색 물고기가 두 마리 있었다. 아주 인상적이고 아름다운 여인이었다. 갑자기 왔다 갑자기 떠났다.

나는 자리에 앉아서 계속 생각하였다. 소리도 내지 않은 채. 그리고 그것이 아쉬람(요가 명상 센터)으로부터 온 메시지였음을 깨달았다. 그 며칠 전 데살로니키의 시내를 걷고 있을 무렵, 내가 아쉬람에 가고 싶어지도록 누군가 내 영혼을 충동질하는 것을 느꼈기 때문이었다. 원인은 요가 수행자에게 있다고 생각했다. 그녀는 아쉬람을 운영했었다. 나는 이 도전에 복종하지 않았다. 내 스스로의 바람이 아닌 밖으로부터 오는 것임을 알았기에 짜증이 났다. 하지만 이 충동은 굉장히 강했고 결국 나는 가보기로 마음먹었다. 호기심에 의한 것일까? 이유를 알 수 없었다. 이유에 대해 많이 고민해보지 않았지만, 가서 보면 어떤 결론을 얻지 않을까 생각했다.

며칠 후 아쉬람으로 갔다. 차를 몰고, 그 당시 아쉬람이 있던 파노라마라는 마을의 저택 단지로 올라갔다. 햇볕은 쨍쨍했고 잔디는 바짝 말라 있었다. 뒤뜰에 스와미 요가 수행자가 또 다른 수행자인 어느 인도 여인과 앉아 있었다. 갈색 단발의 이 외국인 여인은 아름다웠다. 주변에 사는 이들은 좀 떨어져서 그들 주위를 빙빙 돌고 있었다. 영적으로 높은 위치에 있는 인도 요가 수행자와 이야기 나눌 기회를 찾고 있었다.

사회적인 교제가 많은 탓에 나는 의욕이 있으면 이런 일을 썩 잘 해내는 편이었다. 당시 내가 무슨 생각을 했는지는 모르겠는데 농담조로 이렇게 말했다.

- 당신을 찾으러 하늘을 돌아다녔는데, 이렇게 땅에서 뵙게 되는군요.

인도 여인은 머리를 숙였다. 그리고 시바무르티의 통역을 통해 내 말을 전해 들었다.

나는 시바무르티에게는 반감도 호감도 없었다. 그녀를 처음 본 순간부터 그녀의 실체, 신비성에 대해 알고 있었다. 거기 있던 모든 사람들은 그녀가 방에서 나오기를 초조하게 기다렸다. 대다수가 젊은이였는데 그들의 행동은 좀 어리석어 보였다. 그녀가 갑자기 방에서 나왔다. 휘황찬란했다. 마치 왕이 백성들의 환대를 받기 위해 밖으로 나오는 것 같았다. 그러면 왕은 선물을 주고 호의를 베풀 것이다. 단지 그녀는 추종자들의 열광을 더욱 필요로 했다. 이 광경은 마치 연기를 잘 못하는 배우들의 연극 같았다. 그녀는 나를 힐끗 쳐다보았다. 나는 주위 사람들이 열광하고 그녀가 원하는 것처럼 행동하지 않았다. 그들을 잠시 쳐다는 봤으나 내 할 일에 열중했다. 나와는 상관 없는 일이었다. 내가 볼 때 그들의 일은 미리 짜여진 것 같았다.

언젠가 그들은 나에게 시바무르트를 공항에 데려다 줄 수 있는지 물어왔다. 대 요가 수행자의 영적인 기운으로부터 도움을 받을 수 있는 큰 기회였다. 그러나 나는 구실거리를 찾아 제안을 거절했다. 권력 남용 치고 좋은 것 없는데, 그녀도 권력을 남용하였다. 제안을 받아들임으로써 권력 남용을 돕고 싶지 않았다. 그렇게 했으면 나에게도 책임이 있었을 것이다.

나는 꽤 자주 아쉬람에 갔었다. 그들의 몇 가지 견해를 알고 싶었기 때문이다. 이것이 아쉬람과 그 지도자에 대한 나의 태도였다.

추종자들과 그들의 관계, 즉 상하 위계질서가 있거나 속박과 종속이 있는 사제 관계가 아니었으므로 나는 그들 곁에 편안하게 앉았다. 시바무르티와 이야기 한 것이 아니라 이상하게도 인도 여인과 이야기를 나누었다. 시바무르티가 영어로 통역하는 데 어려움을 느끼자 의미를 표현하지 못하고 단순히 단어들을 통역할 뿐이었다. 아무튼 우리는 오랜 시간 대화를 나누었고, 우리 주위에 있던 사람들은 질투와 호기심의 눈빛으로 쳐다봤다.

인도 요가 수행자는 우리의 만남에 중요성을 부여했다. 우리는 많은 것들에 대해 대화를 나누었다. 나는 나에게 일어났던 사건들과 의문들에 대해 이야기했다. 즉 나는 누구인가에 대해, 내가 경험해온 세상사에 대해, 파이시오스 수도사님의 앞을 내다보는 능력들에 대해 이야기하였다.

- 당신이 힌두교 스승을 만나야 할 때인 것 같군요. 나 역시 다섯 살 때부터 그러한 의문들을 갖고 있었어요.

그녀는 이렇게 대답했다.

- 어린 아이가 이러한 의문들을 갖고 있다는 게 어떻게 가능합니까?

내가 물어보았다.

- 전생에 의해서요.

그녀가 대답했다. 그녀는 내 생각을 헷갈리게 했다. 나는 파이시오스 수도사님을 비롯한 수도사님들을 생각했다. 전생이 있다는 생각을 그분들은 잘못된 것이라 여길 거라고 생각했다. 전생이란 것은 없다. 정교회 가르침에 따르면, 사람에게 시작은 있지만 끝은 없다. 사람은 불멸한다. 그렇지만 시작이 있다. 태어나면서 영원히 있게 될 새로운 사람이 창조된다. 죽음으로 인해 몸은 없어지지만, 영혼은 살아서 '베로니카'로서, '안토니오스'로서 머물며 하느님 곁에서 죽은 자들의 부활을 기다린다. 그곳에서 우리 모두는 다시 우리의 몸을 갖게 될 것이다. 이 몸들은 부활하신 예수 그리스도의 몸과 닮게 될 것이다. 병과 갈증과 배고픔과 잠이 없는 영광의 몸, 영원의 몸, 불멸의 몸을 갖게 된다. 이 몸은 물질이 아니라 영혼이기에 자연의 법에 종속되지 않는다. 영적인 몸이다. 그리스도의 몸이, 잠겨있는 문을 지나가시고, 하늘로 올라가시고, 부활하신 것처럼, 우리의 몸도 영적인 몸이 될 것이고 그리스도의 몸처럼 될 것이다. '그리스도께서는 죽은 자들 가운데서 살아나신 최초의 분'(골로사이 1:18)이시다. 그 다음 인간의 원조 아담으로부터 마지막 사람까지 인류 전체가 뒤따를 것이다. 우리는 하느님의 은총에 의해 또 하느님의 힘과 우리의 의지로 인해 하느님을 닮게 될 것이다. 신화는 훔친다고 가질 수 있는 것도 아니고, 인간의 힘을 바탕으로 한 오만한 노력으로도 이루어지지 않는다. 신화는 하느님께서 주시는 선물이다. 하느님께서는 사람이 닫은 길을 우리에게 열어주시기 위해, 우리와 같은 모습을 취하는 것을 부끄러워하지 않으셨다. 그것은 신성과 인성을 갖추신 그리스도, 우리를 형제라 불러주신 그리스도의 선물이다. 그리스도께서는 "하늘에 계신 내 아버지의 뜻을 실천하는 사람이면 누구나 다 내 형제요 자매요 어머니이다."(마태오 12:50)라고 말씀하셨다.

에오스포로스 천사장은 신화를 열망했다. 그러나 이기적이고 영악한 방법으로 하느님이 되려고 하여 결국 악마가 되었다. 천국에서 아담은 신화를 원했다. 그러나 하느님의 법을 어기면서 하느님의 도움 없는 신화를 원했다. 그리하여 스스로를 망쳐놓았다. 불멸하는 사람에서 죽는 사람으로 바뀌었고, 인간의 본성을 죄로 유인하였다. 이렇게 하여 인간의 본성에 있던 영광과 힘을 잃게 되었다. 결국 악마에게 정복되어 악마의 충고에 복종하였다. 내 머릿속에 이러한 생각들이 빠르게 지나갔다. 그리고 인도 여인에게 물었다.

- 왜 수도사님들은 당신들이 악마의 편이라고 할까요?
- 그들은 잘 모르기 때문입니다. 더 낮은 수준에 있어요.
- 아니에요! 그분들은 더 낮은 수준에 있지 않아요. 많은 것들을 알고 계세요.

나는 파이시오스 수도사님을 염두에 두고 있었다. 그분은 불구로 태어난 어떤 이의 손을 잡고 켈리 주변을 함께 돌며 산책을 하셨다. 의사들이 폐를 사분의 삼가량 떼어내면서 이 주일 후에 사망할 것이라고 한 암환자가 있었는데, 수도사님은 그에게 성호를 그어 그를 병에서 완쾌시키셨다. 또 나조차도 까마득하게 잊고 있던 내 삶에서 일어났었던 일들을 얘기해주셨다. 그분이 예전에 말씀하셨던 것이 미래에 일어나기도 했다. 또 직접 손에 먹이를 들고 곰들을 먹이곤 하셨다. 자연도 그분께 순종하였다. 성인들과 천사들, 성모 마리아를 보시곤 하였고 그분들과 대화도 나누셨다. 여행을 하지 않고서도 멀리 있는 다른 곳에 있을 수 있었으며 동시에 자신의 켈리에 계시기도 했다. 내가 인도 여인에게 '아니에요!'라고 소리 지르게 된 것은 방금 언급한 사건들 때문이 아니었다. 그것은 다른 그 무엇, 더 깊은 그 무엇, 더 감추어진 그 무엇 때문이었다. 파이시오스 수도사님은 '하느님을 모시고 다니는 사람'이었다. 마음속에, 영혼 속에, 하느님을 모시고 다녔다. 그의 주위엔 하느님의 은총이 넘쳐흘렀다. 우리들 각자는 이것을 다른 깊이와 다른 정도로 느끼곤 하였다. 그분께 그리스도의 말씀이 적용되었다. "나를 사랑하는 사람은 내 말을 잘 지킬 것이다. 그러면 나의 아버지께서도 그를 사랑하시겠고 아버지와 나는 그를 찾아가 그와 함께 살 것이다."(요한 14:23) 하느님께서 파이시오스 수도사를 하느님의 성전으로 만드셨다. "누구든지 나에게서 떠나지 않고 내가 그와 함께 있으면 그는 많은 열매를 맺는다."(요한 15:5) 파이시오스 수도사의 열매는 그분을 방문하는 수많은 이들에게 넘쳐흘렀다. 사람들은 그분의 도움을 받고 나서 그분과 관련된 이야기를 나누곤 하였다.

그것들은 내 마음속에 새겨졌다. 그러나 내 정신 속에 확실하게 박혀있지 않았었다. 그 당시에는 내가 그것들을 잘 이해하지 못했었다. 어쨌든 이렇게나마 알고 있던 것이 내가 인도 여인에게 '아니에요!'라고 소리치게 했다.

- 악마와 하느님이라는 것은 없어요. 우리는 좋은 것과 나쁜 것으로부터 멀리 떨어져 있어요. 무엇이 나쁜 것이죠? 무엇이 죄인가요?

그녀는 고집을 부렸다.

- 남에게 해를 끼치고, 남의 마음을 아프게 하고, 남을 괴롭게 하고, 남을 죽이거나 자신을 죽이면, 이것이 바로 죄입니다.

내가 대답했다. 서로 의견이 달라서 대화가 끊겼기에 우리는 자리에서 일어나 각자 갈 곳으로 갔다. 시간이 지났는데도 나는 여전히 그곳 아쉬람에 있었다. 거기서 내가 알고 있는 사람들을 만났다. 인도 여인이 내게 다시 접근하였을 때 나는 혼자였다.

- 당신은 누구 편이에요?

그녀가 물었다.

- 저는 좋은 것과 나쁜 것 멀리에 있어요.

나는 농담조로 대답했다. 그녀는 심각한 표정을 지었다.

- 하느님과 악마가 있다면, 당신은 누구 편이 되었겠어요?

그녀는 나를 유심히 쳐다보면서 물었다.

- 수도사님들은 당신들이 악마와 한 편이라고 얘기합니다.

내가 말했다.

- 그래서 어쨌다는 거죠?

그녀가 대답했다. 언어적인 측면과 통사적인 측면에서 그녀의 말을 살펴본다면, 의미가 아주 모호하다. '수도사들이 말했다고 해서 그것이 무슨 상관이에요?'를 뜻할 수도 있고 '우리가 악마와 한편이 된들 그래서 어쨌다는 거예요?'를 뜻할 수도 있다. 그러나 그녀가 이렇게 말한 것은 단지 의문을 던진 것이 아니었다. 그것은 도전이자 초대였다. 하나의 고백이자 자기 쪽으로의 초대였다. 우리 사이에 육체적인 끌어당김이 있었다.

'우리는 악마의 편이 되어서 잘 지낼 거야! 우리는 능수능란하지! 너도 와! 무엇이 두려워?'라고 말하는 것 같았다. 이것이 내가 언어 외적인 측면에서 얻은 전체적인 메시지였다. 그녀가 서 있던 자세와 시선, 음색에 의해 영혼의 직관에 의해 내가 얻어낸 메시지인 것이다.

그녀가 어떠한 방법으로 동시에 내 영혼을 흥분시켰는지는 모르겠다. 갑자기 큰 열정이 나를 사로잡아 "나는 악마와 한 편이에요."라고 대답하도록 유발하고 자극시켰다. 나는 뜻밖의 공격에 놀랐고 어찌할 바를 몰랐다. 나를 사로잡으려는 열정의 큰 파도 속에서 이성이라는 발판 위에 서서 균형을 잡으려고 노력했다. 동시에 전에 없던 무언가를 접하게 되어 그것의 실체를 파악하려고, 내게 무슨 일이 일어나는지 알아내려고 애를 썼다. 그것은 또한 그녀의 힘이 표현된 것에 대한 놀라움이기도 했다. 나는 '그래, 그녀는 어떤 힘을 가지고 있어. 그녀와 있을 때 조심해야 했어.'라고 생각했다. 많은 일들이 동시에 갑자기 일어났다. 그녀는 내 앞에 앉아서 긴장 가득한 표정으로 쳐다보았다. 그녀는 자신의 모든 힘을 시선에 집중하였다. 그러나 나는 그녀의 힘에 복종하지 않고 내 생각 속에 있던 것을 말하려고 영혼을 진정시키는 데 성공했다.

- 저는 하느님 편이에요.

나는 이렇게 대답했다. 그리고 계속 말하고 싶었다. 그러나 그녀의 얼굴이 갑자기 일그러지기 시작했다. 노여움이었을까? 위협이었을까? 증오였을까? 그녀의 갑작스런 변화에 대한 이유를 내가 미처 알기도 전에 그녀는 아무 말도 하지 않고 떠나버렸다. 그 후로 나는 그녀를 다시는 보지 못했다.

내가 그녀에게 말하고 싶었던 것은 이것이다. "그렇지만 저는 반항아를 좋아합니다. 제 인생에 있어서 저는 늘 반항아였어요." 이 문장이 그 당시의 내 상황을 묘사한다고 생각한다. 계속 그러한 것들에 신경을 썼고 그리하여 인도까지 여행을 했기 때문이다.

나는 인도 여인과의 만남과 대화에 대해선 이상하게도 결론을 내리지 않았다. 내가 결론을 내릴 수 있었을 때는 이미 그것을 설명할 수 있는 상황에 있었을 때였다. 다시 말해 내가 답을 얻은 것은 그로부터 많은 세월이 지난 후였다. 내가 그 당시에 답을 얻었더라면, 많은 고생을 하지 않았을 것이다.

그 후에 나는 그녀에 대하여 다른 것들도 들었다. 그녀는 어려서부터 힌두교 스승의 제자였다. 여러 아쉬람을 돌아다니면서 요가에 대한 강연과 수업을 하면서 세계 여행을 하였다. 사람들은 그녀가 아주 앞서 있으며 요가에서 높은 경지에 이르렀다고 여겼다. 그녀는 사티아난다의 애제자 중 하나였다. 그로부터 몇 달이 지난 후 내가 인도에 갔을 때 확인한 것으로, 이 명성은 인도의 몽기르에 있는 아쉬람 본사에도 있었다.

'마인드 컨트롤(Mind Control)'

"빛난다고 해서 모두 금은 아니다."

파이시오스 수도사님을 알게 되기 몇 해 전, 나는 사촌동생이 준 『마인드 컨트롤』이란 책을 통해 '마인드 컨트롤'에 대해 알게 되었다. 호세 실바라는 가난한 멕시코인이 머릿속에 숨겨져 있는 힘을 이용할 수 있는 방법을 연구해냈다고 전해진다. 그는 스스로에게 이 방법을 적용해서 굉장한 부자가 되었고 한 세계적 단체의 설립자이자 지도자가 되었다. 단체의 목적은 이 방법을 세계 여러 나라에 전달하는 것이었다. 단체 회원들은 세미나가 있을 때마다 돈을 내며 참여한다. 모임을 조직하여 가능하면 많은 젊은이를 세미나로 끌어들이려 애를 쓴다.

마인드 컨트롤의 방법은 뇌가 전자파를 방출한다는 것으로, 학문적 관찰에 기초한다. 격한 상태에 있을 때, 깊은 잠에 들었을 때, 선잠을 잘 때, 가볍게 잠을 잘 때의 파장의 종류가 다르다고 주장한다. 가볍게 잠을 잘 때의 파장을 'A파장'이라고 부르고 선잠을 자는 경우에 뇌는 A등급에 있게 된다.

그들이 주장하는 것은 다음과 같다. 뇌가 A등급에 있을 때, 힘이 더 많거나 힘을 더 잘 활용할 수 있다. 숫자를 10에서부터 1까지 거꾸로 세면서 하는 방법을 가르친다. 이 방법으로 잠을 자지 않고서도, 원할 때면 언제든지 의식적으로 A등급으로 갈 수 있다. 이 등급에 있을 때 정신의 숨겨진 힘을 잘 이용할 수 있다.

이 모든 견해들은 학문적인 용어로 포장되어 있다. 그 어디에서도 요가나 동양의 신비설에 대해서 들을 수 없다. 반대로 학문, 심리학 등에 관한 서양적 사고방식이 이용되고 선전되고 있다. 그들이 감추고 있는 비밀스런 관계를 천천히 밝혀내기 위해선 이 단체 안에 들어가야 한다. 누군가 이 단체에 들어가 설득되었을 때, 그들 가운데 한 사람이 되었을 때, 그들의 사람이 되었을 때, 비로소 그들이 주장하는 것들이 요가와 동방의 신비설과 같다는 것을 깨닫도록 내버려둔다.

그러면 호세 실바의 새로운 발견은 고대 이집트인들, 힌두교인들, 불교인들 그리고 동양 신비주의의 선생들이 옛날에 사용했던 자동 최면, 그 이상의 아무것도 아니라는 것을 알게 될 것이다. 단지 그들이 겉으로 드러나는 방법에 있어 다를 뿐이다. 그 단체의 목적은 학문에 감탄하고 신뢰하는 사람들을 유인하는 것이다.

물론 그때 당시 나는 이 모두 것들을 알지 못했다. 그래서 호세 실바의 방법에 대해 데살로니키의 한 교육센터에서 소개 강연이 있다는 것을 들었을 때 흥미로운 마음으로 강연에 참석했다. 이 강연은 요가를 연상케 했는데, 동시에 뭔가가 아주 불분명했다. 내가 요가에 대해 알고 있었기 때문인데, 만약 요가에 대해 잘 모르는 사람이 들었다면 전혀 의문을 가지지 않았을 것이다. 나는 의문이 한 가지 생겨서 강연이 끝날 즈음 이런 질문을 던졌다.

- 사람의 정신은 천성적으로, 구조적 입장에서 볼 때, 그것이 작동하는 자연적인 방법이 있습니다. 그래서 사람이 잘 때와 24시간 안에서의 어떤 한정된 시간에도 A등급에 있게 됩니다. 당신들은 이 자발적이고 자연스러운 작동에 우리가 간섭하고, 변화와 대체를 시도해볼 것을 권하고 있습니다. 가능한 한 오랜 시간을 A등급에 머물도록 노력하라고 권하고 있습니다. 그런데 이것이 위험하지 않다는 것을 우리가 어떻게 알 수 있겠습니까? 자연 섭리에 대한 위반이 불균형, 즉 정신적이거나 육체적인 지장을 초래하지 않는다고 어떻게 확신할 수 있겠습니까? 예를 들어 신경 조직에 미칠 영향을 어떻게 알 수 있습니까? 지장이 바로 나타나지 않을 수도 있습니다. 뇌는 어느 정도까지는 견뎌낼 수 있으니까요. 하지만 신체 조직의 자연스러운 작동을 오랜 기간 체계적으로 방해한다면, 무슨 일이 생기겠습니까? 신체 조직이 이것을 견뎌낼 수 있다는 것을 어떻게 알 수 있습니까?

- 두려워하지 마세요. 우리는 알고 있습니다.

그들은 이렇게 대답하였다. 그뿐만이 아니라 내가 자신들의 말에 완전히 설복되기를 바랐다.

나는 구체적이고 학문적인 답을 얻지 못했다. 물리학자나 의사는 실험의 근거, 통계의 결과를 말한다. 이를테면 어떤 약이나 방법이 몇 년간 어느 팀에 적용되었고, 그 팀의 일원들을 검사하여 이러 저러한 것을 발견하였다고 결과를 말한다. 긍정적인 반응을 일으켰는지 부정적인 반응을 일으켰는지 등도 말한다.

그러나 호세 실바 단체의 사람들에겐 학문적인 요소들, 실험에 의한 근거들이 없는 것뿐만 아니라 학문적인 견해조차 없었다. 단지 마음을 진정시키는 몇 가지 확신만을 가지고 있었을 뿐이었다. 그것은 "두려워하지 마세요. 우리는 무엇을 하고 있는지 알고 있습니다. 우리를 신뢰하십시오."라는 답이었다.

잘 알지 못하는 사람을 얼마나 많이 신뢰할 수 있단 말인가? 이를테면 오토바이나 자동차는 믿을 수 있다. 집을 믿을 수 있고, 은행에 저축한 돈을 믿을 수 있다고 하자. 하지만 머리, 지적 작용, 정신적인 균형에 대하여 아무런 의심 없이 다른 사람의 손에 자신을 맡긴다는 것이 과연 신중한 행동인가?

그때 당시 꽤 많은 사람들이 그들을 따르며 모이는 것이 이상해 보였다. 그해에는 더 이상 세미나에 나가지 않았다. 그러나 2년 후에 다시 나가게 되었다. 내 이기심에 떠밀려 다른 사람들과 차별되길 바랐고 그들보다 월등하고 싶었던 것이었다. 세미나 담당자들은 내가 숨겨져 있는 힘을 갖는 것과 이를 통해 내 모든 정신이 활동하게 하는 것을 도울 수 있다고 약속했다. 이 방법으로 다른 사람들을 능가하고, 내 일상적인 문제들을 쉽게 해결하고, 다른 사람들을 도울 수 있게 된다는 것이다. 다시 말해 내가 다른 사람들보다 우월한 위치에 달할 것이라 약속했다.

이 모든 욕망, 즉 나는 다른 사람들과 다르다는 것, 영적으로 모든 사람들보다 더 높은 곳에 있다고 생각하는 것은, 실은 내 영혼의 더러움, 내 영혼 속에 숨겨져 있던 내 이기심이었다. "영적인 진보", "진리에 대한 추구", "인류에 대한 도움", "비밀스런 인식 구제" 등과 같이 아름답게 포장된 단어들 뒤로 나는 나의 실제 즉, 나의 이기심과 불안을 감추고 있었다. "비밀스런 인식 구제" 뒤엔 거룩한 인식이 숨어있었다. 그러나 본질적으로 나는 이 거룩한 인식을 발견하지 못했다. 잘못된 곳에서 추구했기 때문이다. 누군가 그리스도로부터 멀리 떨어져 다른 길을 걸을 때, 앞서 말한 모든 것들과, 일상생활에서 마주하는 허무함과 고독, 이성과의 접촉 등의 경우에 그것을 깨닫지 못한 채 잘못된 길로 들어선다. 그리하여 잘못된 선택과 잘못된 결정을 하게 된다.

그로부터 몇 년 후, 대학생들이 자주 다니는 해변가의 카페에 앉아있는데 아는 사람을 만나게 되었다. 그는 마인드 컨트롤에 대한 세미나를 들으러 간다고 했다. 그 자리에 나도 함께 가게 되었다. 세미나는 데살로니키에서 가장 좋은 호텔 중의 하나인 '일렉트라 팔라스'에서 열렸다. 4-5일간의 진행 일정이었고 참가비가 비쌌다. 나는 강연사를 만나서 참가비를 낼 여력이 안 된다고 했더니 그는 나를 무료로 받아주었다.

그 시기에 나는 '하얀 마법사' 아이반 호프의 책을 읽고 있었다. 세미나 첫날엔 아무런 일 없이 조용히 진행되었고 모두가 만족해했다. 세미나가 끝날 무렵 나는 개인적으로 직접 강연사를 만났다. 그는 40에서 45세 정도의 나이로, 정장 차림의 건장한 체격이었다. 폴 그리바스라는 이 사람은 키프로스 출신으로 뉴욕에 거주하는 그리스계 미국인 2세대였다. 우리는 서로에게 좋은 인상을 갖게 되었다. 그는 그리스어를 아주 잘했다.

- 선생님은 "전세계 '하얀 마법사'" 단체에 속하시는지요?

내가 물었다.

- 그렇게 되기를 희망합니다.

그는 대답했다. 우리는 이야기를 계속 나누었다. 내가 요가에 관해 잘 알고, 많은 책들을 섭렵했다는 것을 알았을 때, 그는 자신도 요가 수행자였다고 털어놓았다. 요가 수행자가 정장을 입는다는 것을 한 번도 상상해본 적이 없어서, 나는 좀 의아해했다.

- 나는 크리야 요가를 수행하고 있어요. 파라마한사 요가난다가 제 스승

이었지요. 지금은 돈을 벌기 위해 여기서 일하고 있습니다.

그는 이렇게 말했다. 파라마한사 요가난다라는 그의 스승은 나도 책을 통하여 알고 있었다. 대학교 1학년이었을 때, 그의 책을 읽으면서 언젠가 직접 만나고 싶다는 생각을 가졌었다. 아무튼 우리는 이야기를 계속 나누었고 나는 폴이 꽤 숙련된 요가 수행자임을 알게 되었다. 나는 이런 얘기들을 털어놓았다.

- 제가 하는 것들이 저를 바꾸는 것 같아요. 제 마음속 깊이 영향을 미쳐요. 제 행동, 제 말, 제 생각이 제 영혼에 영향을 미쳐요. 어떻게 살아야 할지 모르겠어요. 어느 방향으로 나아가야 하는지 모르겠습니다. 계획이나 기준 없이 날마다 되는 대로 사는 것 같아요. 계속 이렇게 하면 안 되는데, 어떻게 해야 할지 모르겠어요.

- 6개월 후 봄에 제가 다시 그리스에 올 거예요. 그때 하루 날 잡아서 얘기해봅시다. 이번엔 시간이 많지 않네요.

- 아, 그때는 제가 인도에 가는데요.

나는 스스로 대답하고도 놀라워했다. 우리의 대화가 아주 빠르게 진전된 것이었다. 폴이 내가 알 수 없는 어떤 방법으로 내게 영향을 미쳤다는 것을 깨달았다. 지금 생각하건대, 나한테 가벼운 최면을 걸었던 것 같다.

이때는 그 교육센터에서 있었던 첫 번째 강연, 즉 호세 실바의 마인드 컨트롤에 대한 강연 후 2년이 지난 시점이었다. 그 사이 나는 아토스 성산의 파이시오스 수도사님을 알게 되었다. 그리하여 정교회와 그리스도교에 대해 여러 가지를 듣고 경험한 상태였다.

세미나의 둘째 날 호텔의 홀에서 세미나가 시작되기를 기다렸다. 그날부터 교육과 실습(비법 전수)이 있을 예정이었다. 나는 과연 내가 하고자 하는 것이 옳을 것일까, 하고 자문하였다.

파이시오스 수도사님이 말씀해주신 것들을 생각하였다. 그러면서 '수도사님, 제가 하고자 하는 것이 나쁜 것이라면 못하도록 막아주세요. 일어나지 않도록 해주세요.'라고 마음속으로 요청하였다.

그 후 아는 사람들을 만나게 되어서, 수도사님께 부탁한 것을 까맣게 잊게 되었다. 이윽고 세미나가 시작되었다. 힌두교 가르침에 따라, 영적인 간섭으로부터 분위기를 정화하기 위해 단어 "OM(옴)"을 크게 소리쳐 부르면서 시작하였다.

세미나는 계속 진행되었는데, 예전부터 참가해오던 이들은 똑같은 내용이 반복되는 것에 대해 불만을 표하기 시작했다. 쉬는 시간에 수군거림과 불만이 커져갔다. 나는 무슨 일이 일어나고 있는지 이해할 수가 없었다. 폴이라는 사람에 대해 좋은 인상을 받았었기 때문에, 사람들이 그에 대해 불평하는 것이 영 못마땅했다.

하지만 나중에 밝혀진 것으로 폴은 어려움을 겪게 된 원인이 나에게 있다고 의심하기 시작했다. 쉬는 시간이 끝나고, 분위기 전환을 위해 몇 가지 농담을 하며 세미나를 시작하였다. 폴은 참가자 주위를 돌아다니며 농담을 했다. 그러면서 나에게는 정신적이고 신체적인 테스트를 하였다. 예를 들면, 내가 어떻게 반응하는지 보기 위해 갑자기 자신의 손을 내게 펼쳐보였다. 나는 미처 생각할 겨를도 없이, 자발적이고 긍정적으로 반응을 보이면서, 그의 손을 꽉 쥐었다. 이렇게 나에게 서너 가지 테스트를 하였는데, 마지막으로 한 테스트는 내가 심리학 책에서 읽어본 것이었다. 그때 나는 폴이 나를 의심하고 있고, 내가 폴과 세미나에 대해 어떻게 느끼는지 내 감정적 태도를 시험하고 있다는 것을 알아차렸다. 내가 긍정적으로 받아들였는데도 폴이 나를 왜 의심했는지 그 이유를 알 수가 없었다. 그렇지 않아도 나는 모든 테스트에서 긍정적으로 반응을 보인 터였다.

그는 비법 전수를 진행하기로 결정했다. 분위기가 아주 좋았다. 그는 좋은 강연사였고 분위기는 절정에 달했다. 우리는 실습으로 들어갔다. 30분간의 실습 후에 예전에 세미나에 참가했던 사람들은 또 불쾌감을 드러내기 시작했다. 서로 중얼거렸다. 이런 분위기가 고조되어 그들 가운데 두세 명이 일어나 불평을 털어놓기 시작했다.

- 이 세미나에 영적인 보호가 있습니까, 없습니까?

그들은 도발적으로 물었다.

세미나는 하루 중단되었다. 폴은 자신이 세미나를 계속할 수 없기 때문에 자신의 제자였던 마리아가 이어갈 것이라고 알렸다. 순간 내 머릿속에 '파이시오스 수도사님께 무엇을 요청했지? 이것이 나쁜 것이라면 막아달라고 하지 않았던가? 혹시 수도사님이 손을 쓰신 것은 아닐까? 수도사님이 나를 보호해주신 걸까?'하는 생각이 섬광처럼 지나갔다. 확신할 수는 없었다. 다른 이유에 의한 것일 수도 있었다.

나는 계속 세미나를 듣기로 결정했다. 동시에 '이 세미나가 나쁜 것이라면, 제가 확실하게 분별할 수 있게 해주세요.'라고 그리스도께 기도하였고 또 수도사님께 간청하였다.

세미나가 하루 중단된 이후 폴을 대신하여 세미나를 이어갈 마리아가 아테네에서 왔다. 호감 가는 인상을 가진 마리아는 밝은 갈색 머리에 30세 가량 되어 보였다. 비법 전수는 다른 사람들에게 있어 어떤 방해 없이 진행되었다. 하지만 나에게 예기치 않은 사건들이 일어나기 시작했다. 예를 들어 어떤 훈련을 통해 우리 모두는 눈을 감은 채 A등급으로 빠져 들어갔거나 자동 최면의 상태에 있으면서, 마리아가 우리에게 말하는 모습들을 생각 속에 그리고 있었다. 마리아는 이 모습들을 미리 선정했었고 영화를 보는 것처럼 한 모습에서 다른 모습으로 끊이지 않고 우리를 계속 유도했다. 이렇게 해서 마리아가 유도하는 모습들이 우리 머릿속에 그려지고 있었다.

나 역시 마리아가 말하는 대로 프로그램을 진행하고 있었는데, 갑자기 영화가 멈춘 것처럼 한 가지 간섭이 내게 일어났다. 마리아가 말하는 것들을 보는 대신, 나는 한 악마를 본 것이다. 영악하고 못생긴 얼굴, 꼬리와 뿔 달린 모습을 하고 어릿광대처럼 있는 것을 보았다. 악마는 내게 다정한 태도를 보였다. 위협적이지도 않았고 적대감도 없었다.

나는 깜짝 놀랐다. 이것이 대체 무엇이란 말인가? 나한테서 무엇을 원한

단 말인가? 이 간섭은 몇 초 동안 지속되었고 그 뒤 나는 정상적인 실습으로 되돌아왔다. 아무도 이것을 알아채지 못했다. 실습이 진행되는 동안, 나는 여러 번 악마를 보았는데, 그때마다 악마는 다른 모습으로 나타났다.

세미나가 끝날 무렵 나는 마리아에게 물어보기로 결심했다. 우리는 응접실 한 쪽에 앉았고 나는 실습 때 내게 일어났던 일들을 설명했다. 그러면서 그 사건의 의미와 마리아의 의견을 물었다.

마리아는 나의 말에 놀라지도 그렇다고 반대하지도 않으면서 내 말에 귀를 기울였다. 내가 말한 것들을 받아들였고, 이러한 현상은 영적인 영역에서 일어나는 것이라고 했다. 그러면서 프랑스에 살던 자신의 선생에 대해 얘기해주었다. 그 선생은 마리아를 많이 도와주었지만, 마리아는 돈을 많이 내야 했다. 마리아는 마인드 컨트롤 세미나 외에 적어도 하루 열두 시간 동안 일을 했다. 1년에 네다섯 번 선생을 만나 가지고 있는 돈을 거의 다 냈다. 마리아는 선생과의 만남이 그만큼 가치 있다고 생각했다. 대화를 통해 내가 알게 된 것으로 마리아의 선생은 '영악한 사람의 길'을 걷고 있는 그루지예프(신비주의 사상가)의 신봉자였다.

마리아는 영리한 사람이었다. 법대를 졸업했고 여행을 많이 다녔다. 나는 마리아와 그녀의 선생과의 관계를 이해할 수 없었다. 마리아는 일 년간 버는 돈을 선생에게 주었다. 선생은 마리아를 상업적으로 이용하였다. 그러나 파이시오스 수도사님은 정확히 반대로 하셨다. 그분은 어떻게 줄 것인가를 생각하셨지, 어떻게 받을 것인가를 생각하지 않으셨다. 영적인 선물들을 영적인 자녀들에게 선물하셨다. "거저 받아서 거저 주거라."라고 그리스도께서 제자들에게 말씀하신 것처럼, 수도사님은 그렇게 하셨다.

마리아는 요가를 자신이 하는 일보다 더 낮은 것으로 취급하였다. 요가에서 어떤 결점들을 발견하였다. 하지만 이따금 요가를 사용하기도 했다. 마인드 컨트롤에 대한 세미나는 초보자들에게는 입문에 불과했다. 누군가 마인드 컨트롤을 더 배우고 싶다면 개인적으로 선생을 찾아야 했다. 이러한 것들이 마리아의 생각이고 제안이었다.

- 왜 악마가 내게 나타났을까요?

나는 다시 물었다.

- 당신 세포 조직에 악마를 끌어당기는 성향이 있는 것 같아요.

마리아가 호의적인 웃음을 지으며 말했다.

그러니까 마리아는 내가 악마와 같은 내적인 세포 조직을 갖고 있다고 주장하는 것이었다. 나는 의심스런 눈초리로 말했다.

- 그러면 그리스도께 왜 악마가 나타나곤 했을까요?

마리아는 난처해했다.

- 어려운 질문들을 하시는군요.

이렇게 말하고 다른 곳으로 갔다.

나는 마리아가 두 가지에 대해 나를 설득하려고 했음을 느꼈다. 첫째는 나를 자신의 선생과 만나게 하는 것이고 둘째는 내가 악령과 관계가 있음을 믿게 하는 것, 악령을 긍정적으로 보게 하는 것이었다.

세미나는 거의 끝나 있었다. 나는 생각에 잠겼다. 마리아의 태도가 그러한 것과 악령이 출현한 이유가 내가 파이시오스 수도사님께 했던 요청의 결과였을까? '이 세미나가 나쁜 것이라면, 제가 확실하게 분별할 수 있게 해주세요.'라고 요청하지 않았던가.

몇 개월이 지나 나는 파이시오스 수도사님께 가서 그분이 나의 기도를 들으시고 내게 도움의 손길을 뻗치셨는지 여쭈었다. 수도사님은 온화한 미소를 지으시면서, 나를 사랑스럽게 쓰다듬어 주셨다. 그리고 이렇게 대답하셨다.

- 너를 도움 없이 그냥 내버려두었겠어?

세미나 이후 우리는 어떤 힘을 갖게 된 것 같았다. 예를 들어 누군가 앓고 있는 병을 멀리서 알아보고 진단할 수 있었다. 병을 치료할 수 있는 능력을 갖게 된 것으로 여겨졌다. 여기에 월트 디즈니의 미키 마우스에 나오는 마녀가 썼던 크리스털 공도 포함됐다. 우리는 크리스털 공을 통해 미래를 점치는 것도 배웠다. 그렇게 여겨졌다.

우리는 우리의 미래를 '계획'할 수 있는 가능성을 가지고 있는 것으로 여겨졌다. 이렇게 해서 이 방법을 연구해낸 호세 실바가 했던 것처럼 우리도 원하는 대로 사건을 전개시킬 수 있었다. 예를 들어 좋은 직장을 구한다거나, 부자가 된다거나, 좋지 않은 사건과 사고들을 피하는 것 등이었다.

강연사들과 함께 있었던 만큼 우리는 연습을 계속했고, 그중에는 성공한 것도 있었다. 그렇지만 우리가 하는 것들에 대해 확신 있게 규명하기가 쉽지 않았고, 의심의 여지가 충분히 있었다.

나는 배운 방법을 시험하기로 했다. 일어날 가능성이 거의 없는 것들을 해보기로 했다. 그것은 다음과 같았다. 나는 1년 전에 한 여자 친구와 헤어졌다. 그녀는 나에 대해 너무 부정적이어서 나와 만나는 것을 끈질기게 피해 다녔던 것이다. 내가 그동안 그녀를 만나려고 했던 노력들은 모두 수포로 돌아갔다. 그녀의 태도는 변하지 않았고 내가 그녀를 본 지도 일 년이 되었다. 나는 일어날 가능성이 희박한 일을 계획했다. 내가 배운 방법을 사용했는데, 그 계획은 손 하나 까딱 안 하고 그녀가 나를 찾게 만드는 것이었다. 1주일가량 두 가지를 시험하였다. 여자 친구에 관한 것과 아버지의 병에 관한 것이었다.

나는 열흘 뒤에, 놀랍게도, 나를 보기 싫어했던 그녀를 만나게 되었다. 그녀는 아는 사람들을 통해서 나에게 접근하려고 기회를 찾고 있었다. 나는 아무런 행동도 하지 않았는데 말이다. 오히려 그녀를 멀리 했다고 하는 것이 더 옳을지도 모르겠다.

그녀는 마침내 우리 둘을 다 알고 있는 한 친구를 통해 나를 자기 집으로 초대했다. 나는 답을 하지 않았다. 며칠 후 다시 나를 초대했고 나는 또 답을 하지 않았다. 나중에 그녀는 직접 내게 전화를 걸어, 나에게 무언가 줄 것이 있다는 것을 이유로 내 방문을 부탁했다.

놀라운 일이었다. 이게 다 무엇이란 말인가? 마법인가? 누가 나를 위해 이런 사건들을 사전에 준비한단 말인가? 혹시 악령들이 하는 짓은 아닐까?

혹시 수도사님들 말대로, 마리아와 같은 사람들이 악마와 손을 잡고 일하는 것은 아닐까? 왜 나에게 이런 힘을 주었을까? 나를 사랑해서? 믿지 않는다. 내게 이것들을 해주는 대가로 내가 해야 하는 것이 무엇인가? 대가 없이 준다고 생각하지는 않는다. 누가 누구를 섬긴단 말인가?

내가 했던 치료에 관련된 마인드 컨트롤로 나는 아버지의 병을 발견했다. 아버지에게 물었는데, 내가 예견했던 모든 것들이 들어맞았다.

이밖에도 많은 사건들이 있었고, 그 모든 것을 다 말할 수는 없다. 두려웠다. 그래서 나중에는 그 방법을 전혀 사용하지 않았다.

지금 나는 이러한 힘과 엮이고 싶지 않다. 사람이 이 방법과 수법을 사용하면 하는 만큼 어떤 의무를 갖게 되며, 그 뒤에 숨어 있는 악마의 노예가 되기 때문이다. 이렇게 해서 스스로를 더 참담한 불행으로 이끈다. 사탄의 영원한 희생물이 된다. 그러나 그리스도께 도움을 요청하면, 무자비한 폭군(악마)으로부터 피할 수 있는 가능성이 언제나 있다.

하지만 그때 나는 이러한 주제들에 대해 명확히 알지 못했었다. 거짓말, 기만, 내 머릿속 상상들이 있었다. 결과적으로 이러한 것들은 나를 정신 나간 사람처럼 만들어 내 인생의 여정에서 방황하게 하는 결과를 초래했다.

누군가의 잡아당김으로 아토스 성산에 가다

아토스 성산에 대한 경험, 파이시오스 수도사님과의 관계에도 불구하고 아토스 성산을 떠나 사회로 돌아왔을 때, 나는 내가 이전에 살았던 방식으로 재빨리 돌아왔다. 요가뿐만 아니라 마인드 컨트롤에 대한 기법도 사용하였다.

어느 순간, 나는 뭔가 잘 되어 가지 않는다는 것을 어렴풋이 깨닫기 시작했다. 나는 안개 속에서 살고 있었다. 그리하여 아토스 성산에 가서 파이시오스 수도사님을 다시 만나보기로 결심했다.

버스 시간에 늦지 않으려 알람 시계도 일찍 맞춰놓았다. 그러나 늦게 일어났다. 알람이 고장 나 있었다! 며칠 후, 어느 화요일에 떠나기로 했다. 하지만 월요일 저녁에 아테네에서 한 친구가 와서 나는 갈 수가 없었다. 목요일 날 가기로 마음먹었다. 그러나 수요일 밤을 친구네 집에서 보내고 말았다. 이런 모든 우연들이 나를 신경질 나게 만들었다.

나는 결정을 내렸다. 일요일에 떠나기로 굳게 마음먹었다. 여행에 방해가 되지 않게 토요일 저녁은 집에서 보내기로 했다. 그런데 토요일 저녁 한 여자 친구가 우리 집에 왔다. 어떤 일로 기분이 상해있던 친구는 말할 상대를 원했고 위로 받기를 원했다. 그렇게 우리는 밖에 나가게 되었다.

어느 날 오후에 나는 한 친구의 집에 있었다. 아토스 성산에 다니기 시작한 친구였다. 나는 그동안 일어난 일들을 의아하게 여기며 친구에게 사연을 털어놓았다. 그리고 수도사님이 나를 도와주시지 않으면, 아토스 성산에 갈 가망이 없다고 결론을 내렸다. 그 순간 곧 평화로움이 내게 와 닿는 것을 느꼈다. 동시에 친구가 이렇게 말했다.

- 오늘은 여기서 자. 내가 출근할 때 깨워줄게.
- 나는 돈도 없고, 갈아입을 옷도 없는 걸.
- 내가 줄게. 배낭도 줄게.

정말이지 나는 친구네 집에서 잠을 자고 다음 날 아침 아토스 성산으로 가기 위해 버스를 탔다. 아토스 성산에 가려고 준비하던 시간들뿐만 아니라 잠자고 있을 때조차도 나는 마음속으로 평온함을 느꼈다. 내 마음속에 누군가가 나와 같이 있는 것처럼 느껴졌다. 버스가 출발했을 때, 이 느낌은 서서히 없어지기 시작했다. 내가 아토스 성산으로 오도록 파이시오스 수도사님이 도와주신 것임을 다시 한 번 깨달았다. 기도로 나를 잡아당겨 구해주셨다.

가서 파이시오스 수도사님을 만났다. 그분은 다정하게 그리고 조심스럽게 내 손을 잡으셨다. 나는 미칠 지경이었고 아주 불안했다. 수도사님은 당신이 알고 있는 소티리오스 고행 수도사에게 가서 머물 것을 권해주셨다.

- 마음이 좀 진정될 때까지 그곳에 머무르렴. 원할 때면 언제든지 나를

보러 와. 거기서 성화 그리는 것도 좀 배우고.

나는 수도사님 의견에 동의를 하고 그곳으로 갔다.

이비론 수도원의 포르타이티사 성모님 성화

내 삶은 그리스도교로 나아가고는 있었지만 무언가 불확실한 상황이었다. 파이시오스 수도사님은 나를 소티리오스 고행 수도사님에게 보냈다. 고행 수도사님은 숲 속에 있는 작은 켈리에서 혼자 살고 계셨다. 무언가를 사러 나가기까지, 얽힌 나뭇가지들이 길을 막고 있는 오솔길을 한 시간을 걸어야 하는 곳이었다. 켈리엔 작은 밭이 있었는데 우리는 매일 오후 그 밭을 보살폈다. 인적이 드문 아주 조용한 곳이었다. 일주일에 한 번 성찬예배를 위해 누군가가 찾아오곤 했지만, 때로는 수도사님 혼자서 예배를 드리는 경우도 있었다. 즉, 사람을 보는 데 보름이 걸리는 때도 있었다.

우리 둘이 같이 있는 시간은 하루에 몇 시간 정도였다. 아침에 한 시간 내가 교부들과 관련된 책을 소리 내어 읽는 시간에 수도사님은 성화를 그리곤 하셨다. 오후에 두 시간 정도 밭에서 같이 일을 했고 그 뒤 저녁 식사를 하고 석후소과를 드렸다.

나는 정교회에 관한 책을 읽으며 시간을 보냈다. 고대 그리스어로 쓰였던 1000년 전의 책들, 1700년 전에 쓰인 책들, 수많은 세기를 걸친 책들이었다. 비교적 최근인 300-400년 전에 쓰인 책들도 있었고, 최근에 이 세상을 떠난 사람들의 책도 있었다. 이 모든 것이 정교회에 관한 책이었다. 고행 수도사와 영적인 사람들이 개인적인 노고와 투쟁으로 이 책들을 썼다. 하느님과의 만남 속에서 그리스도의 말씀에 대하여 진정으로 깨닫고 이해한 사람들이 이 책들을 썼다. 그들은 진리에 대해 쓰고 가르쳤다. 그들은 이러한 주제에 대해 잘 알고 있었고, 그리스도가 하신 말씀의 진정한 의미를 깨달았다. 여기에는 사람에 대하여, 즉 사람의 영혼과 정신 속에 무엇이 감추어져 있는지 묘사되어 있으며 사람 그 자체의 신비와 사람의 위대함에 대해서도 또 사람의 잘못에 대해서도 언급되어 있다.

그들은 하느님에 대하여 말한다. 하느님에 대하여 아주 잘 알고 있었다. 어떻게 하느님을 느꼈는지, 어떻게 하느님을 보았는지, 어떻게 하느님과 함께 살았는지 얘기한다. 또한 어떻게 하느님을 잃었는지에 대해서도 언급한다. 그리고 어떻게 충만하고 명확하고 행복하게 하느님을 다시 찾았는지도 언급한다.

1500년이라는 시간의 차이에도 불구하고 그 기간 동안의 사람들의 견해와 경험들이 일치한다는 것이 내게 무척 인상적이었다. 의문이 들 수밖에 없었다. 소티리오스 고행 수도사님은 "이것이 정교회의 전통이야."라고 하셨다. 이렇게 궁금한 것이 있을 때면 수도사님께 질문을 드리곤 했다. 그분은 앞서 언급한 책들에 나오는 사람들과 같은 방법으로 살고 계셨고 그리스도에 관한 경험들이 있었기 때문에 많은 것들에 대해 분명하게 얘기해주실 수 있었다. 그러면서 "예수 그리스도께서는 어제나 오늘이나 영원히 같으신 분이야."(히브리서 13:8 참조)라고 하셨다. 그분은 정교회의 헤시카스트, 정교회의 고행 수도사로 살아 있는 전통의 본보기였다.

나는 기도를 하고 교부들의 책을 공부하고 영적으로 투쟁하면서 나날들을 보냈다. 그러나 때때로 혼란이 일어 요가의 훈련이나 명상 수행, 그 외의 것들을 하곤 했다. 내 영혼 속에는 다시 마법에 손을 대고 싶은 생각이 간절하게 표현되기도 했다.

강렬한 내적 삶이 있었다. 외적인 삶이 조용하고 지루한 만큼, 내적인 삶인 정신적인 삶은 아주 강렬했다. 겉으론 아무 일도 없었지만 정신 속에 충돌, 싸움, 걱정, 두려움, 저항, 동요 등 강렬한 일들이 많이 발생했다. 하지만 거룩한 선물도 있었다. 이 선물들이란, 거룩한 은총으로부터 오는 경험들, 하느님을 몸소 느끼는 것, 정신의 폭이 넓어지는 것, 읽는 책을 깊고 명확하게 이해하는 것, 거룩한 말씀에 대한 갈증, 기도를 하고자 하는 마음과 여유, 하느님에 의해 깨닫게 되는 자신을 아는 것, 정신적이고 육체적인 상쾌함, 하느님에 대한 열망, 감사의 눈물, 진정한 회개였다. 나는 찬양과 찬미와 사랑이 담긴 시를 하느님께, 그리고 기도를 통해 나에게 이 모든 것들을 선물한 파이시오스 수도사님께 썼다.

성인들은 삶에서 피나는 노력을 하였고, 그 노력은 아주 많은 열매를 맺게 했다. 그러한 삶에서 겪은 성인들의 경험은 우리에게 마음의 안정과 기쁨을 주고 우리를 지지하고, 성인들의 삶을 우리가 따르도록 힘과 용기를 주고, 의욕을 돋우고 격려한다. 나쁜 생각을 하는 만큼 영혼은 지옥으로 내려갔다. 하지만 영혼이 하늘나라에 기대는 만큼 영혼은 상승했다. 영혼은 오감이 깨닫지 못하는 것들을 알고 있었고, 영혼만이 느끼고 접근할 수 있는 곳에 살고 있었다.

한 친구에게 그 당시의 상황에 대해 편지를 쓴 것을 기억한다. 정말이지 그때처럼 그렇게 뚜렷하고 충만하고 진지하게 살아본 적이 없었다.

이러한 상황 속에서 나는 한 경험, 즉 하나의 선물 속에서 살았다. 이 선물은 다른 중요한 선물들과도 구분되는 것이었다. 때는 8월 14일, 성모안식 축일을 앞두고 있었다. 아토스 성산 전체가 크게 경축하는 날이었다. 성모님의 정원 아토스 성산은 성산의 보호자 성모님을 공경하고 찬양하고 경축하고, 우리를 보호하시는 성모님에 대하여 기뻐한다.

모든 수도원에서 성모님을 위한 철야예배가 있었다. 이 축일에 참여하지 않는 수도사가 없었고, 이 축일에 참여하지 않는 일반인이 없었다. 모두가 이 큰 축제에 참여하였고, 수도사님과 나도 철야예배에 참석하기 위해 켈리가 속하는 수도원에 갈 준비를 하고 있었다.

그런데 그때 큰 유혹이 나를 사로잡았다. 영적으로 높은 곳에 있는 수도사님께는 아무것도 아니었을지 모르지만 나에게는 내가 감당할 수 있는 선을 넘은 아주 큰 유혹이었다. 무엇이었을까? 갑자기 내 머리는 생각으로 가득 찼다. 평상시 1분에 두세 가지의 생각을 했다면, 갑자기 엄청 많은 생각들을 하게 된 것이었다. 아주 빠른 속도로 하나 뒤에 다른 하나가 연달아 머리를 채우려 했다. 참을 수 없을 만큼 압박을 가했다. 하나는 한쪽에서 잡아당겼고 다른 하나는 다른 쪽에서 잡아당겼다. 이 생각들은 내 정신 속에 혼란을 초래하고 더 심한 압박을 가했다. 또한 모든 것들은 부정적인 생각, 나쁜 생각, 잘못된 생각들이었다. 이것들은 내가 철야예배에 가지 못하도록 잡아당겼다. 정신이 아찔했다. 대체 무엇이었을까? 다음과 같은 상황을 생각해보면 된다. 수다스럽고 영악하고 못되고 교활한 누군가가 당신의 귀에 대고 당신 주위에 있는 모든 것들에 대해, 사람들과 상황에 대해 계속해서 나쁘고 교활하게 말한다. 당신은 그에 대해 반박하고 논리적으로 문제를 정리하려 노력하는데, 상대는 당신에게 말할 기회조차 주지 않는다. 상대의 끊임없는 공격으로 두통이 생기고 아무것에도 의욕이 생기지 않는다.

그러한 사람으로부터 멀리 떠난다면, 후에 마음에 안정을 찾게 된다. 그러나 수다스럽고, 영악하고, 더러운 입으로부터 피할 수 없는데 무엇을 할 수 있겠는가? 이 상황이 잠잘 때도 계속되는데, 대체 무엇을 할 수 있겠는가? 사흘, 나흘 계속 될 때는 또 어쩌겠는가? 게다가 그런 일을 처음 겪는 것인데 무엇을 할 수 있었겠는가? 이것은 하나의 정신적인 싸움, 즉 생각으로 하는 전쟁이었다. 정교회 수도사들이 말하는 것으로 이것은 "생각에 대한 전쟁"이었다.

나는 내 자신이 아님을 느끼고 있었다. 저항하려 노력했고, 생각을 쫓아내려 노력했다. 하지만 아무런 결과도 없었다. 생각이 달아나기는커녕, 일부러 자극이라도 하는 것처럼 더 많아졌다. 기도를 하면서 내쫓으려 했다. 나는 큰 벽에 부딪혔고, 나약하게 뒤로 급히 물러나면서 멈추었다.

나는 나약했다. 대처할 수가 없었다. 내게 일어난 일을 믿을 수가 없었다. 파이시오스 수도사님은 흘깃 한번 쳐다보는 것으로 내게 무슨 일이 일어나는지 알아채셨다.

- 벌집이 모였군! 어디 보자… 참을 수 있겠어?

빙그레 웃으면서 말씀하셨다.

정말이지 이 생각은 벌집과 같았다. 벌에 물리면 아픈 것처럼, 생각으로 인해 내 마음이 아팠기 때문이다. 나는 밤에 잠을 잘 수가 없었다. 계속 나쁜 생각이 이어졌고 내 기도는 마음에서 우러나오는 것이 아닌 기계적으로 하는 기도가 되었기 때문이다. 아침에는 두통에 시달렸다. 잠을 못 자서 힘이 없었고 심한 두통이 계속되었다. 머리가 너무 빨리 회전하고, 생각이 계속 바뀌어서 머리가 터질 것만 같았다. 오후에 우리는 수도원으로 내려갔고 철야예배 시작 전 잠시 쉬도록 수도원에서 우리에게 방을 하나 제공해주었다. 나는 좀 쉬려고 누웠지만 진정할 수가 없었다. 철야예배가 시작되었다. 피곤으로 녹초가 되어 성당에 들어갔고 생각은 계속되었다. 피곤이 더욱 심해져 갔다.

소티리오스 고행 수도사님에게 들은 것으로, 우리가 머무는 켈리에 성찬예배를 위해 수년간 방문했던 사바스 수도사는 경험이 많고 영적으로 높은 분이셨다. 그 사바스 수도사님이 정신을 못 차리고 있던 내게 빙그레 웃으며 다가오셨다. 우리는 서로 아끼는 사이였기에, 나는 그분을 만나서 무척 반가웠다.

- 잘 있었어? 투쟁은 잘 되어가?
- 어려워요, 수도사님.

나는 수도사님 손에 입을 맞추려고 머리를 숙였는데, 내가 입을 맞추지 못하게 손을 급히 빼시더니 내 머리를 살짝 쓰다듬어 주셨다. 그 순간이었다. 무슨 일이었을까. 폭풍우가 어떻게 멈추고 먹구름이 어떻게 사라졌는지! 어떻게 그러한 조용함이 찾아왔을까? 이 어떤 위로이며 기쁨이고 안심이었단 말인가? 모든 생각이 다 어디로 사라졌단 말인가? 어떻게 갑자기 멈추었단 말인가? 이것이 무슨 쓰다듬음이란 말인가? 그토록 거친 손에 어떤 거룩한 힘이 숨어있었단 말인가? 나는 기쁨으로 가득 차 머리를 들고서 그분을 바라보았다.

수도사님은 "가서 성가를 같이 부르자."라고 하셨고 우리는 성가대 자리로 갔다. 같이 나란히 앉아서 성모님에 관한 성가를 불렀다. 나는 그분 곁에서 아주 편안했고 표현할 수 없는 아름다움과 기쁨을 느꼈다. 그분의 영적인 날개가 나를 잠시 덮어주고 있었다. 성가를 부르는 도중 말씀하셨다.

- 걱정하지 마. 악령이 너를 방해하고 있지만, 악령은 힘이 없어. 오늘 무슨 일이 있었는지 알아? 나는 앉아서 꼼보스끼니를 갖고 기도를 하고 있었지. 악령은 나를 가벼운 잠에 빠지게 하더니 조롱하는 거야. 그래서 내쫓으려고 덤벼드니까 곧 떠나갔어. 떠나는 순간 악령더러 어디서 왔냐고 물었지. "이고니온에서 왔어, 이고니온에서!"라고 소리를 지르면서 사라지더라. 이고니온은 소아시아에 있는 지역인데, 우상 숭배 신전들이 많이 있었지. 나는 잠에서 깼고 숲이 우거진 곳에서 악령이 소리 지르는 것을 들었어. 동물처럼, 돼지처럼, 이상한 사람처럼 소리를 질렀어. 아주 이상하고 거칠고 사나웠어. 그게 다 우리의 기도를 멈추게 하려고, 우리에게 겁을 주려고 하는 짓이야. 하지만 힘이 없어. 그저 멀리서 겁주는 척만 할 뿐이야. 하느님께서 그것을 묶어놓으셨어. 자유롭게 내버려두시지 않아. 그렇지 않았다면 우리는 죽었을 거야. 두려워하지 마. 그리스도께서 성모님과 성인들의 중보를 통해 항상 우리를 보호해주고 계시니까.

무엇을 두려워한단 말인가? 나는 기쁨에 충만해 있었다. 방금 전에 수도사님이 내게 영적인 힘을 보여주시지 않았는가? 나를 악령에서 구해주시지 않았는가? 하느님께서 또 한 명의 진정한 수도사를 내게 보내주신 것에 대해 나는 기쁨을 감추지 못했다. 철야예배는 계속되고 있었다. 우리들 사이에 다른 사람들이 끼어들어 나는 사바스 수도사님과 떨어지게 되었고 그때부터 철야예배에 정상적으로 참여할 수 있게 되었다.

철야예배 후에 우리는 휴식을 취했고, 내가 아침에 일어났을 때 사바스 수도사님은 이미 켈리로 떠난 상태였다. 사바스 수도사님과 나는 수도원에서 식사도 하고, 고행 수도사님으로부터 허락을 받아 이비론 수도원에 가서 성모 소기원의식에도 참여하고 포르타이티사 성모님 성화에 경배할 예정이었다.

내가 잠에서 깨자마자, 악령이 다시 나를 찾아왔다. 더 포악해지고 공격적이었고 압박을 가해왔다. 나는 이제 무슨 일이 일어나는지 알 수 있었기에, 악령을 경멸하였다. 그렇지 않아도 악령의 소행 때문에 사바스 수도사님 앞에서 망신을 당한 터였다.

이비론 수도원으로 가는 도중 생각이 계속 나를 괴롭혔다. 이게 무슨 소나기란 말인가. 나를 못살게 구는 생각, 불경한 생각, 영악한 생각, 나쁜 생각이 주마등처럼 다가왔다. 많은 생각이 순식간에 차례대로 다가왔는데, 아주 끈질기고 명령적이고 지독하고 확실한 것들이었다. 예를 들면, '빨리 이곳을 떠나라. 포르타이티사 성모님 성화에 경배하지 말고, 생각을 바꿔서 다른 곳으로 뛰어가라.'와 같은 것이었다. 나는 더 이상 생각을 통제할 수 없었다. 나쁜 것을 저버릴 만한 힘이 없었다. 버틸 수 있는 힘이 바닥났다. 그때 내가 바랐던 유일한 것은, 생각이 좀 잦아들고 충동이 온순해지고 방문객들이 좀 줄어들고 터질 것만 같은 머리가 좀만 더 버텨주는 것이었다. 너무 고통스러웠다. 행복한 표정을 지을 수가 없었다. 사바스 수도사님이 나를 도와주시지 않았다면, 생각에 복종하여 성모님 성화에 경배하지 않고 멀어졌을 것이고, 소티리오스 고행 수도사님으로부터도, 또 아토스 성산으로부터도 멀어졌을 것이다. 하지만 나는 계속 참았고 정신이 산란한 가운데 걷고 있었다. 그리고 간단한 생각도 어렵사리 해냈다. 예를 들면 '내 손전등이 어디 있지?' 라든가 '스웨터를 가져가야겠다.'와 같은 것이었다. 머릿속에 생각이 자리 잡을 곳이 없었다. 숨을 쉴 수 없을 정도로 머리는 많은 생각으로 혼동을 일으키고 있었다.

우리가 수도원에 도착했을 때, 이미 많은 방문객들이 수도원을 떠난 뒤였다. 남아 있던 방문자들은 수도사들과 함께 성당 안에서 만과에 참여하고 있었다. 나는 정신이 어지러운 상태에서 당황스러움과 아픈 마음을 가지고 성당 안으로 들어갔다. 포르타이티사 성모님 성화가 보였다. 1.5미터가량의 큰 성화였다. 성화 앞에는 방문객들이 성모님께 바친 보석과 선물이 아주 많았다. 포르타이티사 성모님 성화는 아토스에서 가장 유명하고 또 가장 기적을 많이 일으키는 성화이다.

나는 많지 않은 방문객들 가운데서 성화로부터 몇 미터 떨어져 서 있었다. 성가대원들이 부르는 성가 소리도 듣지 못했고 내 주위에 누군가가 있는지조차 깨닫지 못했다. 머리는 생각으로 점령되어 반항할 힘이 없었다. 이 혼란 속에서 내 눈은 성화에 가 닿았다. 간신히 "성모님이여 저를 도와주소서."라고 간구할 수 있었다.

그때 갑자기, 스위치를 눌러 불이 들어오는 것처럼, 내 마음속에 변화가 일어났다. 머리가 말끔히 씻어졌다. 내가 했던 나쁜 생각, 지나쳤던 생각들뿐만 아니라 일반적인 생각들도 싹 사라졌다. 머리는 아무것도 생각하지 않았다. 생각의 기능이 없어졌다. 그러나 다른 무언가가 있었다. 다른 기능이었다. 이것은 감지될 수 있는 것이었다. 존재의 새로운 방법, 생각의 다른 방법이었다. 논리를 벗어난 그 무엇이었다. 이것은 바로 정신 깊숙이 펼쳐진 평온함과 침착함, 조용함이었다.

나는 눈부시고 하얗고 투명하고 빛나는 밝은 구름이 우리 머리 위에 떠 있는 것을 보았다. 마치 공중에 떠 있는 빛나는 물과 같았다. 그 모습은 나의 정신에 변화를 가져왔다. 이 빛은 아주 깨끗하고 거룩하고 귀했고, 우리의 영적 상태와는 반대로 자비심과 힘으로 가득 차 있었다. 나는 영적으로 아주 더러웠다. 도덕적 악취를 내뿜었다. 우리는 정확히 이 구름의 반대편에 있었다. 어떻게 이 구름이 우리를 받아들인단 말인가? 우리를 기꺼이 받아들인다는 것이 이해될 수 없는 것처럼 보였다. 나의 영적인 더러움을 어떻게 견딘단 말인가? 우리에게 보였던 자애로움과 사랑은 나를 내 자신 밖으로 나오게 했다. 나는 구름이 멀리 떠나기를 간절히 바랐다. 우리가 함께 있는 것이 어울리지도 않고 좋아 보이지 않았기 때문이다. 그 구름은 믿지 못할 만큼 귀중하고 풍만한 영적인 선물을 우리 머리 위로 끝없이 쏟아내고 있었다. 향기가 나는 성유(聖油), 영적인 성유가 너무나도 더러운 내 영혼 위로 쏟아지고 있었다. 내 영혼의 더러움은 악을 뿜으며 부글부글 끓고 있었다. 죽음 직전의 호흡이 영적인 죽음으로부터 나를 갈라놓았다. 나에게 생명을 주었다.

더할 나위 없는 이 장면은 자연스레 내 영혼에 여러 가지 좋은 것들을 낳았다. 그것들은 인식, 이해, 치료, 힘, 회개, 감사하는 마음, 자각, 사랑, 존경, 기쁨, 죄에 대한 슬픔, 영생에 대한 희망이었다.

이 형용할 수 없는 풍만한 생명력에 대해 내가 묘사해보는 것은 쓸데없는 것처럼 보였다. 이 영적인 경험을 언어로 표현할 수 없는 스스로의 나약함에 실망한 나는 여기서 묘사를 그만 마무리 짓는다. 그것은 인간의 언어로 표현이 되지 않는다. 맞는 단어가 없다.

이 변화가 얼마 동안 계속되었는지는 모르겠다. 내 영혼은 갑자기 영원의 장소에 가 있었고, 동시에 내 몸은 한정된 시간 속에 있는 것처럼 느껴졌다. 다시 말해 영혼은 하늘나라에, 몸은 땅 위에 있는 듯했다. 예배가 끝나 성당에서 나왔을 때, 그때까지도 아직 이 좋은 변화를 느끼고 있었던 것을 기억한다.

소티리오스 고행 수도사님을 만나 켈리를 향해 같이 올라갔다. 그런데 전과 같은 유혹이 나를 다시 덮쳤다. 그리하여 생각할 수도 없었고 대화를 나누고 싶은 마음도 싹 사라졌다. 나는 성당 안에서 일어났던 일을 까마득히 잊고 있었다. 아주 중요한 무언가가 있었다는 것은 생각할 수 있었는데, 그게 정확히 무엇이었는지는 생각할 수가 없었다.

- 수도사님, 성당에서 무슨 일인가 있었어요. 말씀드리고 싶은데, 생각이 잘 나지 않아요.

내가 이렇게 말하자, 소티리오스 고행 수도사님이 이상하다는 듯이 나를 쳐다보셨다. 수도사님은 나의 역설적인 말의 원인을 나를 덮친 유혹으로, 즉 내 죄로 원인을 돌리셨고 더 이상 그것에 대해 말씀이 없으셨다.

천천히 모든 일들이 일상적으로 되었다. 정상이라고 말하는 상황으로 되돌아왔다. 나는 포르타이티사 성모님 성화 앞에서 일어났던 일을 까마득히 잊고 있었다. 여러 달이 지난 후, 그 사건이 내 머릿속에 다시 맴돌기 시작했고, 조금씩 기억을 해내게 되었다. 마침내 그해에 나는 그 사건을 정확하게 기억해냈다. 하느님께서 알고 계시는 어떤 이유로 인해, 하느님께서는 내가 잊었던 것을 다시 기억하게 하셨다. 그것이 내게 도움이 될 때, 내가 그것을 기억하도록 하셨다.

여러 해가 지난 후 내가 한 은둔자의 켈리를 방문했을 때, 그분께 여쭈었다.

- 수도사님, 이 구름이 무엇이었습니까?

그분은 내 말을 신중히 듣고 대답하셨다.

- 성모님의 은총이었어.

영적인 방어

"예수께서는 사람들에게 또 말씀하셨다. "나는 세상의 빛이다. 나를 따라오는 사람은 어둠 속을 걷지 않고 생명의 빛을 얻을 것이다."" (요한 8:12)

나는 정신적인 싸움, 즉 생각에 대한 싸움을, 열심히는 아니지만 자주 시험하였다. 한번은 생각을 좀 정리하려고 할 때였는데, 포르타이티사 성화에 경배했을 때처럼 또 혹독한 싸움이 벌어진 때도 있었다.

책과 공인된 견해들을 통해, 즉 정교회와 요가, 또 동양의 다른 교리들을 통해 체계적인 비교를 하려 애썼다. 그리하여 나는 두 진영의 책과 잡지들을 모았다. 두꺼운 공책 하나를 사서 체계적으로 적어나갔는데, 특히 두 견해를 비교하기도 했고, 두 진영에 대한 개인적인 경험들도 포함했다.

하느님은 존재하는가? 진정한 하느님은 누구인가? 어느 것이 진정한 종교인가? 모든 종교들과 모든 길들이 같은 하느님께로 인도되는가? 아니면 진리, 즉 하느님께로 인도하는 하나의 종교와 하나의 길만 있는가? 이것이 내가 답을 얻으려고 노력했던 질문들이었다.

인간의 삶에서, 이 세상에서, 위의 것보다 더 중대한 질문은 없다. 사람 각자의 삶의 질은 이 질문들을 행동으로 옮기는가의 여부에 달려있다. 이 주제에 대한 개인의 자세와 견해는 그의 인격 전부와 삶에서 일어나는 모든 사건에 깊게 영향을 미칠 것이다.

무신론자의 삶, 이슬람교인의 삶, 힌두교인의 삶, 그리고 정교인의 삶이 얼마나 다른지 생각해보라. 그들이 어떻게 다르게 사람들을 대하고 어떻게 다른 삶을 살고 어떻게 다르게 대처하는지 생각해보라.

내가 정신적인 공격을 다시 받게 되었을 때, 그때는 앞서 언급한 이러한 일이 많이 진척되지 못한 상태였다. 포르타이티사 성모님 성화에 경배했을 때처럼, 헤아릴 수 없는 생각들, 거친 생각들, 명령적인 생각들, 무언가를 요구하는 생각들이 내 정신을 가득 채웠다. 하지만 이제 나는 약간의 경험이 있었기에 한번 싸워보기로 했다. 이 문제를 혼자 해결해보기로 결정했다.

허나 곧 스스로의 영적인 나약함을 재빠르게 확인하였다. 어지러워서 더 이상 대항할 수가 없었다. 내가 하던 모든 노력들을 포기할 수밖에 없었다. 그리고 사바스 수도사님, 파이시오스 수도사님, 포르타이티사 성모님 성화를 기억하였다.

3일간의 인내로 나는 피곤해졌다. 육체적, 정신적으로 녹초가 되어 비틀거리면서 파이시오스 수도사님의 칼리비에 도착했다. 날이 저물어 어둑어둑하였다. 수도사님은 뜰에 혼자 계셨다. 방문객들 모두 떠나갔고, 혼자서 철야예배를 준비하고 계셨다.

수도사님은 나를 보시자마자 빙그레 웃으셨다.

- 노력하는 일은 어떻게 돼가?

나는 그분을 다시 뵈어 기뻤고 다시 용기를 얻었다.

- 수도사님, 더 이상 견딜 수가 없어요.

이렇게 말했고, 정신이 어지러운 가운데에서도 미소를 지을 힘을 얻었다. 그분은 웃으면서 내 곁에 다가오셨다.

- 어디 좀 앉아봐. 해결을 해야지.

그러면서 내 머리를 살짝 때리셨다.

순간 내게 있던 모든 나쁜 생각들이 단번에 중단되더니 곧 사라졌다. 생각들이 멈춘 것이다. 많기도 많고 나쁘기도 했던 생각들이 사라졌다. 이것만이 아니었다. 내 정신은 정상적인 상태가 아니라 어딘가 더 먼 곳으로 가 있었고 더 깊은 곳으로 가 있었다.

평온함, 환희, 그윽한 평화가 나를 찾아왔다. 하느님의 은총이 나의 정신과 결합되었다. 하느님께서는 본성 속에 가지고 계신 당신의 것을 자비에 의해 내게 선물하셨다.

그것을 입에 꺼내기가 두렵다. 이름 짓기도 겁이 난다. 내가 그것에 대해 말한다는 것이 부끄럽다. 하느님의 은총이었을까? 위로였을까? 그래서 그리스도를 '위로자'라고 부르는 것일까? 정말이지 그리스도께서 내게 얼마나 큰 위로를 주셨는지 모른다.

내가 결국엔 그리스도를 만나리라는 것을 알고 있었다면, 내가 겪었던 것보다 더 나쁜 상황이었을지라도 그 상황을 기쁜 마음으로 받아들였을 것이다.

그리스도에 대해 말하기가 부끄러웠다. 단지 이렇게 물었을 뿐이다.

- 수도사님, 제게 무슨 일이 일어난 걸까요?

- 악마가 너를 방해했어! 걱정하지 마, 이건 전투야. 어려운 일이 생기면 나한테 와. 영적인 총알을 쏴서 도와줄게. 기도 계속 하는 것 잊지 말고! 잠깐 기다려봐. 영적인 모자를 갖다 줄게.

수도사님은 웃으면서 켈리로 들어가시더니 갈색 털모자를 가져오셨다.

- 누군가 여기 놓고 갔지 뭐야. 그런데 이미 아토스 성산에서 떠났으니.

수도사님은 모자에 성호를 세 번 그으시고 모자를 내 머리에 씌워주셨다.

- 어디 좀 보자. 잘생긴 군인이 되었네. 이제 다른 생각들이 너한테 접근하지 못할 거야. 이 모자를 치면서 떠날 거야. 그래서 전쟁에서도 상관들이 그렇게 헬멧을 쓰라고 소리를 지르는 거지. 모자 잃어버리지 않게 조심해.

수도사님은 아버지처럼 내 이마에 키스를 해주셨다. 나를 그토록 사랑해주셨다. 너무 기뻤다. 나의 아버지(수도사)는 영적으로 아주 강하고 아주 부유했다. 그 앞에서 적(악마)은 아무것도 아니었다. 이렇게 아무런 노력도 없이 머리를 살짝 때리는 것만으로 악마를 쫓아냈다. 그러한데 지금 무엇이 두렵단 말인가? 어려운 상황에 처하더라도 수도사님께 방문하면 모든 것이 해결될 것이었다. 절대적인 신뢰와 대담함이 내 마음속에 생겼다.

어느덧 밤이 되었다. 나는 그분의 사랑으로 기쁨에 충만하여 켈리를 떠났다. 수도사님은 뒤뜰의 문에 있는 철사 줄 옆에서 웃으며 말씀하셨다.

- 내가 기억하고 있을 거야. 악령들이 너를 괴롭히면 내가 영적 총알을 쏠게!

실제로 수도사님은 영적인 전투의 모든 어려움을 떠맡으셨다. 나는 그때나 지금이나 게으르고 겁이 많기 때문이다.

선물 받은 털모자를 쓰고 있었던 기간에는 생각과의 싸움이 없었다. 정신적으로 평화로웠고 편히 쉴 수 있었다. 하지만 수도사님의 주의에도 불구하고 나는 털모자를 잃어버렸다. 다시 요청해봤지만 주지 않으셨다. 그분은 이제 다른 방법으로 나를 도와주셨다.

내가 수도사님께 갈 때마다 내 머리를 살짝 때려주시곤 했는데, 그때마다 하느님의 은총이 나를 채워주었다. 나는 수도사님이 나를 이렇게 해주시기를 늘 기다리고 원했다. 이 방법으로 마당을 꽉 채운 사람들 앞에서도 영적인 축복을 자주 나누어 주곤 하셨다. 누가, 또 얼마나 많은 사람들이 이렇게 살짝 때려주는 것 속에 무엇이 숨어있는지 알고 있었을까? 많은 사람들이 알고 있었을 것이라 믿는다. 어떤 이들은 많이, 또 어떤 이들은 적게 은총을 받았을 것이라고 믿는다.

하느님, 세상, 그리고 사람에 관한 질문에 대해 혼자서는 답을 찾을 수가 없었다. 진리에 달하는 것이 쉽지 않다는 것을 경험을 통해 알게 되었다. 사람이 하느님으로부터 영적으로 도움을 받지 않으면 진리에 접근하는 것이 불가능하다. 그래서 그리스도께서 이 세상에 오셨다. 사람이 중요하지 않은 것에서 중요한 것을 구분해내고, 거짓된 것으로부터 진실된 것을 구분할 수 있도록 도와주시려고, 그리스도께서 이 세상에 오셨다. "나는 빛으로서 이 세상에 왔다. 그러므로 누구든지 나를 믿는 사람은 어둠 속에서 살지 않을 것이다."(요한 12:46)

그리스도께서 인간을 사랑하시고 도와주신다는 것은 사실이다. 그리스도께서 세우신 교회 안에 간직된 그분의 가르침을 통해서뿐만 아니라, 우리가 기도로써 도움을 간구할 때 개인적으로 우리 각자를 도와주신다.

하지만 우리는 적(악마)도 갖고 있다. 영악한 적이다. 스스로의 정체를 밝히지 않은 채 숨어서 우리들과 전쟁을 벌인다. 그래서 우리는 그 적의 정체를 깨달을 수 없다. 결과적으로 우리가 적을 경계하면서 스스로를 보호할 수가 없다. 그 적은 사람 마음에 걱정을 일으키려 애를 쓴다. 삶에 대하여, 세상에 대하여, 하느님에 대하여 우리가 잘못된 견해를 갖도록 만들고 우리를 현혹에 빠뜨리려 갖은 애를 쓴다. 인간 본성이 가진 실제적인 가능성을 결코 깨닫지 못하도록 훼방을 놓는다. 이 가능성은 영생이며 그리스도의 은총으로 신화하는 것이다.

그리스도께서는 가르침을 통해 악마에 대해 여러 번 경고하셨다. 그리스도께서는 그를 악마라고 하셨다. 왜냐하면 모든 것들을 왜곡시키기 때문이다. 그리스도께서는 그를 사탄이라고 하셨다. 왜냐하면 진리에 저항하기 때문이다. 그리스도께서는 그를 살인마라고 하셨다. 왜냐하면 인간이 파괴되는 것에 기쁨을 느끼기 때문이다. "그는 처음부터 살인자였고 진리 쪽에서 본 적이 없다. 그에게는 진리가 없기 때문이다. 그는 거짓말을 할 때마다 제 본성을 드러낸다. 그는 정녕 거짓말쟁이이며 거짓말의 아버이기 때문이다."(요한 8:44)

이 살인마, 거짓말의 아버지는 우리가 그의 정체를 알지 못할 때, 숨어서 우리들과 전쟁을 벌인다. 그러나 우리가 정체를 알고 있을 때 악마는 자신의 모습을 드러내면서 전쟁을 벌인다. 그의 힘이란 우리의 부주의이며 우리의 게으름이다. 그는 우리에 대해 실제적인 힘이 없다. 단지 우리의 약점을 이용하려고 애쓸 뿐이다. 그리스도께서는 십자가에 못 박히시는 희생과 부활로 악마를 쳐부수셨다. 악마는 영원한 패자이다. 하지만 악마는 나쁜 짓을 계속 하려고 한다. 그때 당시 나는 이 엄청난 진실을 알지 못했었다.

부연 설명

나는 내 인생에서 더 이상 함정에 빠지기를 바라지 않았다. 파이시오스 수도사님이 일으키신 기적들을 내 눈으로 직접 보았음에도 불구하고 나는 그분을 의심하였다. 그분의 설명을 믿지 않았었다. 그분은 사물을 이렇게 볼 수 있지만 실제로 하시는 것들은 당신 자신을 뛰어넘었다. 그분의 기적들, 생각, 사고는 진리의 한 부분일 수가 있다. 다른 종교들에도 또 다른 신념 체계에도 진리의 부분이 있을 수 있다. 나는 파이시오스 수도사님의 강한 개성에 영향을 받았을 수도 있고, 아토스 성산의 환경으로부터 영향을 받았을 수도 있다. 먼발치서 바라본다면 모든 것들이 다르게 보였을 수도 있다.

그래서 나는 정교회에서 생생한 경험을 한 것처럼, 힌두교 요가 수행자들과도 함께 살아보면서 생생한 경험을 해보기로 결심했다. 파이시오스 수도사님을 만나기 전에 이미 요가 수행자들을 알고 있었지만 요가 수행자들의 중심지, 요가의 심장인 인도에는 가본 적이 없었다. 수도사님께 마음을 열었듯이 그들에게도 마음을 열어보기로 결심했다. 정교회 수도사들과 함께 어울려 살아본 것처럼, 요가 수행자들과도 함께 어울려 살아보기로 했다.

좀 더 중립적이고 좀 더 열린 마음으로 다가가기 위해, 파이시오스 수도사님이 손수 만들어 선물해주신 십자가를 목에서 뺐다. 나름의 상징적인 행동이었다. 그렇게 마음의 문을 열고 호의를 갖고 인도로 갔다. 실제로 나는 내가 요가와 더 잘 어울린다고 믿었고 요가도 하느님께로 가는 하나의 길이라고 믿었었다. 이렇게 해서 인도에 가게 되었고, 아쉬람에서 힌두교 스승들과 요가 수행자들과 몇 달간을 함께 살았다. 나는 두 가지 측면에서 경험을 쌓았고, 그 경험들은 내 영혼 속에서 싸워나갔다. 질적으로 또 기원에 대해 정교회와 힌두교를 비교할 수 있었다.

나의 이러한 행동, 즉 진리를 찾기 위해 인도에 갔을 때 위험은 없었던 것일까? 아니다. 많은 위험이 도사리고 있었다. 스스로의 힘으로 일을 처리할 수 없었고 도움을 받아야 했다. 그래서 정확히 말하자면, 영적인 문제들 외에도 매일 나에게 벌어진 많은 문제들을 해결해 주신 하느님의 보호로 살아남았다고 말하는 것이 더 옳을 것이다.

하느님께서 도와주시지 않았다면 나는 완전히 폐인이 되었을 것이다.

4

인도에서의 삶

바라나시에서의 만남

우리는 뉴델리에서 바라나시로 출발했다. 침대가 있는 이등칸 기차 예약을 해놨었다. 인도의 어디를 가나 항상 많은 사람들로 꽉 차 있는 것처럼, 우리가 있던 칸도 사람들로 만원을 이루었다. 서로 짓밟고 짓밟히는 정도였다. 나는 혹시 도둑을 맞을까봐 신발을 베개로 썼다. 우리는 아직 그렇게 더러운 것엔 습관이 되지 않은 상태였다. 먹다가 구역질이 나지 않았던 것은 오직 껍질이 있는 과일 바나나, 아보카도, 파파야와 뉴델리의 비싼 가게에서 산 빵 하나였다. 빵은 종이봉투에 싸여 있었기에 파리 떼가 들어갈 위험은 없다는 느낌을 갖게 했다.

저녁에 기차에서 간이침대를 폈다. 계속 몰려들었던 잡상인들(피스타치오, 차, 여러 가지 먹거리들을 팔았다)의 통행이 멈추고 검사원이 표를 검사한 뒤, 기차 칸의 문을 잠갔다. 침대가 있던 사람들만이 거기 남게 되었고 우리는 좀 쉴 수 있게 되었다. 우리 맞은 편 침대에 한 서양인 여자가 있었다. 유럽인일까? 미국인일까? 알 수 없었다. 우리는 그곳에 있던 모든 서양 사람들과 한 동포, 한 민족처럼 느꼈다. 그리스인과 독일인 사이에, 미국인과 프랑스인 사이에 많은 차이가 있기는 하지만, 인도인들의 생각과 외모와 삶의 양식이 유럽인이나 미국인들의 것과 크게 달랐고 인도인들의 문화, 경제, 종교적 상황도 매우 달랐으므로 서양인인 우리는 서로 같은 민족이라고 느끼게 되었다.

그곳에서 우리 모두는 "서양 사람들"이었다. 다시 말해 부자였고, 배운 사람들이었고, 배부른 사람들이었고, 여행을 다니는 사람들이었다. 우리는 인도인들의 삶의 불행과 결핍을 보았다. 서양 사람들끼리는 서로 통하는 부분이 있었다. 공통적인 생활양식이 있었기 때문이다. 우리가 듣는 노래들, 좋아하는 작가들, 생각과 표현의 방법, 같은 음악, 공통적인 생각은 국경을 넘어섰다. 우리는 서양의 현대적인 청년들이었고, 히피세대였고, 서로 많이 닮아있었다.

그래서 키키를 만났을 때 우리는 무척 반가웠다. 그녀는 혼자 여행 중이었다. 우리를 만나서 그녀 또한 안심이 되었을 것이다. 나와 같이 여행을 하는 나탈리아가 먼저 그녀에게 다가갔다. 내 기억이 맞는다면, 함께한 여행은 2주가량 되었으므로 우리에겐 서로 친해질 시간이 있었다. 키키는 우리가 인도인들을 대할 때의 행동 처신을 비롯해 우리가 날마다 겪던 문제들에 많은 도움을 주었다.

물이 문제였다. 수질에 대해 그 어디서도 아무런 보증이 없었다. 많은 이들이 설사에서 간염까지 다양한 질병에 걸렸다. 우리는 그리스에서 여러 가지 예방 주사를 맞고 온 터였다. 물의 맛과 냄새는 좋지 않았다. 그때 키키의 물통이 물 문제를 다소 해결해주었다. 키키는 레몬을 짜서 그 즙을 물통에 담았다. 이렇게 해서 물의 냄새와 맛이 바뀌었다. 우리는 어떤 면에 있어 레몬즙이 물을 소독한다고 믿었다. 물론 우리들의 생각일 뿐이었다. 정말 레몬즙이 물을 소독하는지는 모른다. 바라나시에 도착하기까지 이렇게 물통에 있는 물을 마셨다.

저녁에 기차 안에서 대화가 끝났을 때, 나는 스스로의 생각을 정리하려고 했다. 여기에서 일어난 일들을 분석하고, 나를 인도까지 오게 한 질문에 대한 답을 찾으려고 했다.

나를 위해 수도사님이 했던 기도는 내가 그분을 잊게 놓아두지 않았다. 인도에서 나는 그분을 자주 떠올렸다. 그러나 이 생각은 사랑하는 사람에 대한 하나의 단순한 추억이 아니었다. 다시 말해 부모님이나 여자 친구를 기억하는 것과는 다른 것이었다. 더 강렬하고 깊이가 있는 다른 무엇이었다. 추억이 아니라 현재에 일어나고 있는 경험이었다.

나는 갑자기 사랑을 느꼈고 그 사랑은 나의 마음속을 채워 내 존재 전체에 흘러 넘쳤다. 다정함이 나를 감싸 안았다. 평온이 나와 함께 했다. 하느님과 파이시오스 수도사님이 알고 있는 방법으로 우리의 영혼은 존재론적 접촉을 한다고 믿는다. 우리가 그렇게 멀리 떨어져 있었음에도 불구하고 무한한 사랑이 영혼을 껴안았다. 그것은 그분의 사랑이었다. 그분의 사랑은 그렇게도 나와 가까이 있었다. 그것을 아주 생생하게 느꼈다. 그것은 그렇게도 신비스러운 것, 그렇게도 순수하고 중요한 것이었다. 내가 그분의 사랑을 느꼈을 때 나는 자주 눈물을 흘리곤 했다. 내 마음이 녹아 내리곤 했다. 그분의 다정함이 내 마음속에 넘쳐흐르곤 했다. 나는 그분을 사랑하였다. 하지만 나의 사랑은 그분의 사랑에 의해 빛나는 반사광일 뿐이었다. 나의 사랑은 햇빛이 더러운 쟁반에 비쳐져 생기는 반사광과 같았다. 내 사랑은 그분의 사랑에 비하면 아무것도 아니었다. 그분은 나를 사랑해준 사람이었다. 그렇게도 나를 사랑해주셨다. 나는 그분의 사랑에 대해 그저 가난하고 처량하고 미약하고 이기주의적으로 대답할 뿐이었다. 아무도 나를 그렇게 사랑한 적이 없었다. 조금이라도 비교될 수 있는 사람이 없었다. 우리 어머니의 사랑은 그분의 사랑에 비하면, 해에 녹는 초일 뿐이었다. 그렇게 다른 사랑이었다.

나는 그분께 편지와 시를 쓰곤 했다. 어린 아이가 자신의 아버지를 꼭 껴안듯 나도 그분을 안아드렸다. 내 품속에 그분을 꼭 껴안았다. 동시에 그분을 끝없이 존경하였다. 또 하느님께서 나에게 주신 이 선물을 받을 가치가 없다고 느꼈다. 감사하는 마음에 의해 내 마음이 여려지기도 했다. 나의 가치 없는 존재에 대한 부끄러움 때문에 사라지고도 싶었다. 하지만 동시에 그분을 절대 잃고 싶지 않았다. 나의 내적인 연약함 때문에 그분과 같이 있는 것이 불가능하대도 영원히 그분과 함께 있고 싶었다.

그분의 사랑은 모든 어려움을 뛰어 넘게 했고, 영적인 법을 초월했고, 사람들에게 부족한 것이 있을 때 부족한 것보다 더 많이 주었다. 너그러웠다. 사람들에게 나쁜 일이 생기면 자신이 대신 떠맡았다. 주저하지 않고 의욕이 저하되지도 않은 채 나를 위해 고통을 기꺼이 받아들일 의향이 있었다. 내가 정신을 차리게 했을 때, 나를 제 위치로 오게 했을 때, 내게 가르친 방법으로 내가 앞으로 나아갔을 때, 그분이 내게 보인 사랑은 진심에서 우러나오는 사랑, 그윽한 사랑, 비교될 수 없는 사랑이었다. 그분의 사랑은 사심이 없었다. 항상 나를 생각했고 그분 자신을 생각하지 않았다.

이 초라한 내가 누구길래 그런 영광을 맛보았단 말인가? 이 사랑의 끝없는 양상들, 표현들, 다양한 방법들을 어떻게 묘사할 수 있단 말인가?

이런 일이 내게 생겼다. 지나친 것이 아니다. 인도에 있었을 때 이런 일이 매일 일어났다. 이것은 그리스에서도 겪곤 했던 일인데 인도에서는 매일 이런 상황을 접하게 되었다.

이러한 사랑을 베푸는 사람에게 어떻게 이름을 붙여야 할지 몰랐다. 마침내 이름을 찾았는데, "내가 사랑하는 사람"이라고 이름을 붙였다. 하지만 곧 정확한 표현을 깨달았다. 바로 "내가 사랑하는 사람"이 아니라 "나를 사랑하는 사람"이었다.

이 모든 것에도 불구하고 내 문제는 해결되지 않았다. 진리는 어디에 있는가? 요가는 나를 꼭 붙들어 놓았다. 요가의 철학, 요가 수행, 초자연적인 신비스런 현상들, 이 세상, 미지에 대한 매력, 모험에 대한 맛, 내가 알고 있던 것보다 더 이색적인 것들, 크기에 있어 엄청난 약속들, 이 모든 것들이 나를 강하게 끌어당겼다. 그때 나는 스물다섯 무렵이다. 올바른 판단력과 신중함은 없고 용기만 있는 나이였다. 스스로를 위험에 처하게 만드는 나이였다.

지금 와서 보면 스스로에 대해 의아스럽다. 사람들이 거짓된 이론으로 얼마나 나를 혼란 속에 빠지게 했는지! 자신들의 기법으로 얼마나 나를 정신 나가게 만들었는지! 파이시오스 수도사님의 기도를 통해 하느님께서 내게 선사하신 영적인 선물들을 간직하고 살았음에도, 나는 요가 수행자들과 힌두교 스승들에게 빠져 하느님에 대해 배은망덕한 자세로 의심을 하며 미적지근한 믿음을 갖고 행동했었다. 그 당시엔 깨닫지 못한 사실이었다. 정신적인 무감각은 죄를 짓는 나의 처신을 느끼지 못하게 방해하였다.

바라나시에서 첫날 오후, 혼자 갠지스강을 따라 산책을 했다. 갠지스강 강변에는 숨 막힐 정도로 사람이 많았다. 인산인해를 이루는 인도인들의 다양한 얼굴 색깔 가운데, 사람들 각자는 구분되지 않았다. 그 가운데 피부는 거무스름하고 머리는 갈색인 스물서너 살 정도의 잘생긴 한 청년이 눈에 띄었다. 그는 요가 자세를 하고 앉아 있었다. 어려운 방법으로 책상 다리를 하고 앉아 있었는데, 요가인들이 하는 전통적인 자세 가운데 하나였다. 그는 차분하게 군중들로부터 떨어져 있었다. 소음과 무질서 속에서의 그의 침묵과 부동자세, 일상생활의 근심 걱정에 대한 그의 무관심은 다른 사람들과 그를 달라 보이게 했다.

나는 관심을 두지 않고 그를 지나쳤다. 과시욕이 있는 또 하나의 사람이라고 생각했다. 명상 수행할 곳을 여기서 찾았단 말인가? 조용한 곳들이 다 사라졌단 말인가? 대형 건물들, 사원들의 계단들, 갠지스강 강변을 지나면서 산책을 계속하였다. 동냥 통을 가진 거지들, 상체가 나체인 사제들, 갠지스강에서 거룩한 목욕을 하는 가족 순례자들, 물건을 팔기 위해 소리 지르는 잡상인들(대부분은 차를 팔고 있었다), 갠지스강에서 수영을 하고 인도인들과 어울려 대마초를 피우던 사회의 젊은 이탈자들, 갠지스강의 저녁의 환상적인 색깔들은 내가 오랜 시간 산책하게 만들었다.

임시로 만들어진 노천 다방에 앉아있던 기억이 난다. 다방 천막은 밀짚으로 씌워져 있었으며 네 모퉁이는 막대기로 받쳐져 있었고, 이교도 사원으로 가는 잘 만들어진 대리석 계단 위에 임시로 만들어져 있었다. 노천 다방은 정확하게 길에 있었는데, 지나가는 사람들은 폭이 2미터 정도 되는 계단에 앉아있던 손님들 바로 옆으로 지나가곤 했다. 인도인들이 대부분이었고 히피인, 서양 사람들은 두세 명이었다.

차에 우유를 넣어 마시고 있었는데, 옆에 있던 사람이 내게 대마초를 권했다. 인도인들은 대마초에 불을 붙여 한 번 빨고 옆 사람에게 주면, 그 사람이 한 번 빨고 또 그 옆 사람에게 준다. 이것은 인도의 사회적 습관 같은 것이었다. 마치 그리스에서 옆 사람에게 담배 한 개비를 주는 것과 같았다. 그리스인들이 전통 그리스 포도주를 마시듯이, 인도인들은 자연스럽게 대마초를 피우는 듯했다.

오랜 시간의 산책을 끝내고 돌아오면서 그 청년을 보았던 자리에 닿았다. 그는 아직도 그곳에서 요가 자세를 취하고 앉아 있었다. 정말이지 나를 골몰하게 했다. 무척 인상적이었다. 요가 자세로 책상다리를 하고 오랫동안 앉아 있는 것이 무엇을 의미하는지 나는 알고 있었다. 몸의 건강과 유연성을 위해 요가 수련을 하였기 때문에 그것을 알고 있었다. 나는 운동을 꽤 많이 하였고 몸이 유연했으며 쿵푸 단도 있었다. 하지만 15분 이상을 그 자세로 앉아 있을 수가 없었다.

그래서 나는 그를 관찰하기 위해 그 사람 가까이로 다가갔다. 그도 2-3분 후에 하던 것을 중단하고 내 쪽으로 왔다. 그가 남겨 놓은 물건들 옆에 내가 앉아 있었기 때문이다. 그는 잘생기고 침착한 얼굴을 갖고 있었다. 이마에는 노란 줄 세 개가 가로로 그려져 있었다. 그것은 비슈누 신의 상징이었다. 빨간색의 둥근 점은 세 번째 눈의 상징이라고 했다. 당연히 그에게서 보이는 것들은 나를 불편하게 했다.

그가 보여주려 했던 것은 다른 것이었다고 믿었다. 다른 사람들을 조롱하되 누구보다 자신을 제일 먼저 조롱하면서 진보한 요가 수행자처럼 보이려고 한 것 같았다. 동시에 그의 모습에서도 무언가 이상한 것이 보였다. 그렇게도 남루한 옷을 입고 있었다. 인도인들의 옷차림과 비교해 봐도 형편없는 것이었다. 그가 내게 더 가까이 다가와 그가 서양인이라는 것을 깨달았을 때, 나는 놀라움을 감출 수 없었다.

이름은 파비스, 독일 출신이었다. 그의 아버지는 독일인이며 어머니는 페르시아인이었다. 1년 정도 인도에 머물고 있었는데, 돈이 다 떨어졌고 여권도 분실했다. 한 마디로 한 서양인에게 생길 수 있는 가장 나쁜 일이었다. 하지만 그는 침착해 보였다. 운명에 자신을 맡겼다고 했다. 그가 운명론을 믿어서가 아니라 부모가 경제적으로 뒷받침해준다는 것을 알고 있었기 때문에, 인도에서 한량하게 지내고 있었다. 그는 "부모님께 편지를 쓸 거야. 부탁드리면 일주일 후에 돈을 보내주실 거야."라고 말했다. 하지만 현재로선 요가 수행자, 고행자처럼 보이길 원했다.

그는 직접적으로 내게 구걸하지는 않았다. 나는 그에게 5루피를 주었다. 후에 그는 나의 여자 친구들로부터 돈을 많이 빌려갔다. 친구들은 그를 가엾게 여겼고, 서양인이 여기서 이런 상황으로 지낸다는 것에 대해 마음이 불편했기에 그에게 돈을 주었다.

첫 번의 만남으로 단번에 모든 것을 안다는 것은 쉬운 일이 아니었다. 그가 한 말들, 그가 보인 행동들을 통해 그가 말한 것들을 받아들이려면, 생각과 대화가 필요했다.

우리는 대화를 나누기 시작했다. 나를 골몰하게 하던 주제, 즉 힌두교와 요가 속에 하느님이 존재하는가의 여부, 나는 왜 존재하는가 등에 관해 대화가 빠르게 진척되었다. 내 경험과 최면술과 마인드 컨트롤, 그리고 파이시오스 수도사님으로부터 얻은 것들을 얘기했고, 내 문제들에 대해서도 털어놓았다.

그는 내게 힌두교 스승, 자신의 선생에 대해 얘기하기 시작했다. 선생에 대해 여러 가지를 얘기했다. 히말라야 산 위에 아쉬람이 하나 있는데, 그는 거기서 일주일간 머물렀으며 여러 가지 이목을 끄는 사건들이 있었다고 말했다. 그러면서 아직까지도 감탄을 멈추지 못했으며 아주 매혹되어 있었다.

내가 열아홉 살이었을 때, 『요가 수행자의 자서전』이란 책을 읽었는데 저자는 파라마한사 요가난다였다. 책에는 여러 가지 이상한 것들이 소개되고 있었고 바바지라고 하는 어떤 사람에 대해서도 다음과 같이 언급되어 있었다. 이 사람은 요가에 대해 영적으로 높은 경지에 달해서 불사하는 신이 되었다. 사람들에게 요가를 가르쳤고, 스승들 중의 스승(힌두교 스승)이라 불렸다. 그는 청년의 모습을 하고 있었고 때때로 몇 명의 탁월한 제자들에게 나타나곤 했다. 공중을 날아다니고 벽을 통과하고, 많은 사람들이 있었던 광장에 나타났고, 사람들이 자신을 보지 못하게도 하였다. 병자들을 고쳤고 죽은 이들을 살려내었다. 한마디로 그는 힌두교 신들 가운데 하나였다.

우리가 인도로 여행을 떠나기 전에 나는 이 책을 다시 읽었고 나탈리아에게도 권했었다. 우리는 소리를 지르며 농담을 하였다.

- 우리는 인도에서 누구를 찾지?

- 바바지를 찾을 거야!

그러면서 까르르 웃곤 했다. 이것이 바로 우리가 인도로 떠나기 전 주의

슬로건이 되었다.

바바지는 인도에서 두 가지 의미로 쓰인다. 하나는 일상생활에서 쓰이는 단어로 "…님, …씨"의 의미가 있다. 다른 하나는 종교적인 차원에서 거룩한 의미로 쓰이고 있다. 즉 "높은, 존경스러운, 거룩한"의 의미가 있다. 바바지는 힌두교 스승들이 될 영적으로 높은 위치에 있는 제자들을 가르치기 위해, 땅으로 다시 내려오는 요가 수행자이며 신이다.

파비스는 바바지라고 불리는 그 힌두교 스승에 대해 계속 얘기를 했다. 나는 그 이름에 대해 아무런 인상도 받지 못한 채 그의 말을 듣고 있었다. 내게는 통상적인 의미로 와 닿았기 때문이다. 파비스가 계속해서 바바지에 대해 여러 가지를 얘기하자 그제서야 나도 바바지에 대해 인식하기 시작했다.

- 잠깐만, 바바지에 대해 얘기하는 거예요?
- 네, 맞아요.
- 대스승 바바지에 대해서 얘기한다고요?

나는 놀라서 물었다.

- 네, 그렇다니까요.

파비스는 강조하면서 대답했다.

- 종교 서적들에서 언급되는 그 바바지 말이에요?

오해가 없도록 나는 다시 물었다.

- 네!

파비스는 더 강조하면서 대답했다. 나는 감탄했다. 파비스는 이 시대에 이 땅 위에 바바지가 있다고 설명했고 『요가 수행자의 자서전』에 대해 얘기했다.

- 나도 그것을 읽어봤어요. 서양 사람들은 이 책을 통해서 바바지를 알게 되었어요.

나는 파비스가 하던 말을 자르고 내 흥분을 표현했다. 그가 전해준 이야기들은 놀라웠고, 그의 주장 또한 놀라웠다. 직접 가서 내 눈으로 바바지를 만나고 결론을 내리기로 나는 그 순간 결정하였다. 안 그래도 이런 이유로 인해 인도에 온 참이었다. 그래서 그토록 고민을 하고 진리에 대해 오랫동안 찾아 돌아다닌 게 아니었던가. 이 일들을 확실하게 하고 싶었다.

- 제가 어떻게 그분을 찾을 수 있을까요?

파비스는 그곳으로 가는 길, 버스, 호텔, 마을, 만나는 장소들에 대해 설명을 해주었다. 필요한 것들은 전부 내게 설명해주었다.

바바지의 아쉬람은 헤라칸이라 불렸다. 사람들이 사는 곳으로부터 멀리 떨어진 히말라야 산 높은 곳에 있었다. 이것이 마지막 설명이었다.

- 강을 따라 가다 보면 7킬로미터쯤 후에 그를 만날 거예요. 그런데 많은 사람들이 출발했지만 도착을 못했어요. 길을 알면서도 길을 잃어요.

- 이유가 무엇인가요? 어렵나요?

- 아닙니다. 힌두교 스승이 그들을 원치 않기 때문입니다. 여행자들은 그곳 주민들을 길잡이로 삼는데도 헤맵니다. 그곳에 도착하기에 적당하지 않기 때문입니다. 어떤 경우엔, 도착한 사람들을 바로 쫓아낸 경우도 있습니다. 어떤 경우엔 하루나 일주일, 몇 달을 데리고 있기도 합니다. 전반적으로 개개인의 가치에 따라 그곳에 머물게 됩니다. 거기에 가려면 우선 사람이 깨끗해야 하고 좋은 업보가 있어야 합니다.

이런 말을 주고받는 사이에 날이 저물었다. 내 여자 친구들이 근처에서 산책을 하고 있었다. 나는 그들을 불러다 파비스와 인사시켰다. 다음에 다시 만나기로 하고서 우리는 호텔로 가려고 떠났다. 가면서 나는 내 친구들에게 파비스한테 들었던 이야기를 해주었다. 그들은 갑자기 큰 관심을 보였다. 내가 바바지를 보러 갈 것이라고 하자, 크리스티나는 좀 주저하고 두려워했다.

다음 날 나탈리아는 마음이 들떠서 왔다. 우리가 머물던 호텔에서 어떤 사람(서양인)을 만났는데, 그가 바바지의 사진을 갖고 있었다는 것이다. 사진을 본 나탈리아는 바바지를 만나고 싶어졌고, 바바지에 대해 감탄을 하며 나에게 말을 했다.

나탈리아가 만난 사람을 알게 되었을 때, 그는 나를 방으로 초대했다. 방엔 바바지 사진이 있고 그 앞에 등잔이 켜져 있었다. 그는 바바지를 살아있는 신으로 숭배하였다. 나는 의심스러웠다. 참 이상한 현상이었다. 그는 히피족에다 무정부주의자인 서양인이었다. 그리스도교 사회에서 자랐으면서도 이미 독실한 힌두교인이 되어 있었다. 대체 무슨 일이 있었단 말인가? 파비스와 이 남자는 무엇을 보았단 말인가? 파비스는 독일로 돌아가서 바바지에 대한 공동체를 만들고 싶어 했다. 여기 있는 이 사람은 바바지를 신처럼 숭배했다.

그는 바바지의 옛날 사진을 가져왔다. 18-20세 즈음의 마른 모습으로 요가 자세를 하고 있었다. 몸은 아주 유연해 보였고, 이상하고 크고 자연스럽지 않은 눈을 가지고 있었다. 어떤 면에서 자연스럽지 않은 그 무엇이었다. 시선은 강렬했고 표정은 이상했다. 표정이 엄청났다고 말할 수 있겠다. 그의 주변에 있는 모든 분위기는, 그 사람과 관련한 무엇인가가 있다는 것을 설득시키게 했다.

내 친구들은 다시 파비스를 만났고, 파비스는 친구들에게 바바지와의 만남에 관한 것들을 이야기했다. 나탈리아는 나와 함께 가기로 했고, 크리스티나는 혼자 남기가 싫어서 함께 가기로 했다. 바바지와 대체 무슨 일이 있을지 궁금했다. 가서 바바지를 보기로 했다.

우리는 바라나시에 일주일가량 머물렀다. 호텔의 옥상에선 사회의 이탈자들이 모여 마약을 했다. 마약은 인도의 도처에서 팔렸는데, 거의 자유롭게 팔리고 있었다. 호텔 옆의 옥상에서는 인도인 가족들이 일을 하고 있었는데, 아주 적은 일당을 받으면서 수공품을 만들고 있었다.

우리는 부처의 묘를 방문했고, 여러 가지 저렴한 물건들을 샀다. 키키는 도시에서 가장 좋은 호텔로 우리를 데려갔다. 그 호텔엔 음식점도 있는데 우리는 거기서 식사하기로 했다. 깨끗한 편이었다. 인도 체류 초기엔 음식이 더러워서 먹지 않고 버텼지만 나중엔 배가 고파져서 깨끗하건 더럽건 가리지 않고 천천히 모든 음식점에서 주는 것을 먹기 시작했다. 심지어 길에서 파는 스낵도 사먹었다. 또 인도의 전통의상을 구해 서양 옷을 벗고 현지인 차림으로 갈아입었다. 이렇게 겉모양을 바꾸었기에, 겉으로는 인도인들과 별 차이가 없었다. 이제 우리는 남들의 눈에 띄지 않았다. 이렇게 인도에서 편히 돌아다닐 수 있도록 배웠다.

나는 키키가 방에서 두문불출하던 이틀을 제외하고는 거의 매일 키키와 함께 다녔다. 그녀는 아편을 해서 자주 구토를 했기 때문에 화장실을 갈 때만 방에서 나왔다. 그녀는 물건을 팔았다. 구슬, 옷감, 그 밖에 작은 것들을 사다가 프랑스로 가지고 가서 팔아 그 다음 여행 경비를 마련했다. 키키의 남자 친구는 그 기간 동안 아프리카에서 같은 일을 했다. 그들은 물가가 싼 브라질에 땅을 살 계획을 하고 있었다. 날마다 대마초, 코카인, LSD(강력한 환각제), 버섯에서 추출한 마약 등 강한 마약들을 사용했다.

우리가 위험에 처했던 것처럼 가엾은 키키도 위험에 처해 있었다. 우리에게 어떤 일화들이 일어났지만 가볍게 넘겼다. 사람들이 필요와 극빈에 의해 심한 압박을 받을 때, 많은 사람들에 의해 길이 막힐 때, 경찰이 큰 길에만 드물게 있을 때, 범죄가 일어나기가 쉽다. 우리는 많은 것들을 듣곤 하였지만 다행히도 큰 불미스런 일은 당하지 않았다.

"화신" 바바지를 향한 여행

인도를 여행한다는 것은 쉬운 일이 아니다. 일반적으로 외국을 여행하는 데엔 여러 문제들이 있다. 첫 번째는 언어 문제, 두 번째는 문화차이로 인한 오해, 세 번째는 부자 여행객들에 대한 반감으로 또는 도시에 있는 호텔에 더 머물게 하기 위해 고의적으로 잘못 제공하는 정보로 인한 문제이다.

인도에서의 사정은 다른 곳보다 더 어렵다. 버스는 만원이고 버스 위 난간도 사람들로 가득 차 있다. 그들은 버스 위에서 먹고, 담배를 피우고, 잠을 잔다. 버스 위의 난간에서 이런 일이 있으니, 버스 안에서의 만원은 어떨지 상상하지 않아도 그려진다.

그럼에도 불구하고 내가 히말라야에서 바바지를 만나기 위해 했던 여행은 꽤나 쉬웠다. 800킬로미터라는 여정 속에서 만난 모든 어려움에도 불구하고, 항상 누군가가 나타나서 우리를 수월하게 해주었다. 그들은 대부분 바바지의 추종자였다.

프랑스인 키키에게 우리가 다시 뉴델리로 돌아올 것이라 말했을 때, 그녀도 우리와 다시 올 것이라고 말했다. 우리는 그녀와 함께 다닐 수 있어 좋았다. 바바지를 만나러 간다고 했을 때, 키키는 사전 경고를 주려고 했다. 하느님 존재의 여부, 나 자신의 존재 등에 대해 답을 찾으려는 젊은이들을 이용하려는 다양한 힌두교 스승들에 대해 이야기했다. 대체로 키키는 힌두교 스승들의 상황에 대해 조심성 있는 것뿐만 아니라 부정적이었다.

물론 키키의 이러한 자세는 철학적 관념이나 이데올로기적 관념에 의해서가 아니라, 그녀의 친구들의 경험에서 나온 것이었다. 키키는 친구들이 겪은 사연들을 우리에게 들려주었다. 그중 하나를 짧게 언급한다.

키키의 한 여자 친구가 인도에서 어느 힌두교 스승을 알게 되었다. 그에겐 유럽에 제자들이 있었다. 라즈니쉬나 마하라지처럼 추종자들이 많은 큰 도사는 아니었지만, 그에게도 제자들이 있었다. 제자들은 그에게 편지를 써서 삶에 있어 중대한 문제들과 결정에 대해 충고를 얻곤 하였다. 그는 편지에 답을 했고 그들에 대해 기원을 해주었다. 제자들은 규칙적으로 돈을 보내야 하는 의무가 있었다. 이것은 그 스승이 일을 하지 않고 아주 편하게 살게 해준 근거가 되었다. 키키의 친구 역시 그의 제자가 되었고, 얼마 후엔 몇 개월 동안 그의 정부가 되었다. 그녀는 그와 함께 육체적 관계를 갖고 있는 동안 그의 본체를 깨닫게 되었다. 그녀는 그의 속임수, 공모, 그리고 제자들을 이용하고 조롱하는 것을 보고 그와 헤어졌다. 그리고 자신의 경험을 공유하면서, 순수한 목적으로 유럽에서 오는 다른 젊은이들이 그런 종류의 함정으로부터 빠져나올 수 있도록 노력하였다.

그녀는 우리들도 했던 다음과 같은 답을 하였을 것이다. "네, 그러한 사기꾼들이 있습니다. 그러나 나의 힌두교 스승은 그런 경우에 속하지 않습니다." 우리는 속을 만큼 그렇게 어리석지 않다는 생각과 같은, 감추어져 있는 교만을 우리는 갖고 있었다. 우리는 가짜 힌두교 스승을 쉽게 알아볼 수 있을 것이라 생각했다. 다른 사람들은 왜 이를 알아보지 못했을까? 우리는 그들이 우리만큼 영리하고 신중하지 못했기 때문이라고 생각했다.

여자 친구들이 기차표를 사려고 두 번이나 시도했지만 살 수가 없었다. 처음으로 이런 일이 일어났다. 이전에는 기차에 관해 전혀 문제가 없었다.

세 번째엔 모두 함께 갔다. 정확히 무슨 문제가 있었는지 기억이 나지 않는데, 내가 기억하는 것은 창구 앞에서 우리가 기다리고 있었고, 창구 직원은 우리를 도울 마음이 없었으며, 우리 뒤에 줄을 선 사람들이 많았기 때문에 우리는 표 예매를 포기하고 줄에서 빠져나와 실망과 신경질을 가득 안고 우두커니 서 있었던 것이다. 일이 잘 풀리지 않았다. 영어를 잘하던 어떤 인도인이 우리에게 다가와 우리가 무엇을 했어야 했는지 알려주었다.

15분 후에 드디어 표를 끊을 수 있었다. 우리가 감사를 표하자, 그 역시 바바지의 신봉자였음을 밝혔다. 그는 우리에게 뉴델리에서 탈 버스에 대해 정확한 정보를 주었다. 이렇게 해서 예기치 않게 문제가 해결되었다.

우리는 뉴델리 행 버스로 여행을 했다. 저녁에 잠을 자는데 정거장마다 잡상인들이 소리를 크게 지르는 것이 들렸다. 긴장되고 흥분되었다.

내가 만나려고 하는 사람이 바바지일까? 그가 바바지일 수도 있다고 믿었다. 아토스 성산에서 파이시오스 수도사님으로부터 보았던 기적들, 마인드 컨트롤 했을 때 내게 일어났던 여러 가지 이상한 현상들, 요가 세미나 전에 있었던 일들 또 내가 최면술에 걸렸을 때 일어났던 일들은 영적인 세계에 무엇인가 있다는 확실성을 주었었다. 그것에 대해 전혀 의심하지 않았었다. 하지만 바바지의 신봉자들은 바바지가 "신"의 현현이라 했다. 이것은 무시할 만한 게 아니었다! 파이시오스 수도사님은 "이 세상엔 두 가지의 힘이 있어. 하느님으로부터 오는 힘이 있고 악마로부터 오는 힘이 있어. 누구와 손을 잡고 일하는 가에 따라 달라."라고 말씀하시곤 하셨다. 다른 측면에서, 힌두교의 이론은 기본적인 토대에 있어서는 모든 것들이 같고 단지 형태에 있어 다를 뿐이며, 원천은 하나라고 주장한다. 단지 모습에 있어 다를 뿐이라고, 어느 종교는 더 많이 신중하고 다른 종교는 덜 신중하다고 한다. 물론 힌두교, 특히 요가는 가장 좋은 것이며 가장 명확한 형태를 가지고 있다고 한다. 그렇다면 그리스도는?

요가 고행자들은 그리스도가 힌두교의 대도사였으며 히말라야가 그가 마지막으로 요가 명상을 하던 곳이고, 팔레스틴에서의 삶 이후 히말라야에서 삶을 마쳤다고 대답했다. 다른 요가 수행자들은 그리스도에 대해 더 높게 취급하였다. 그리스도는 화신된 아홉 명 가운데 한 사람으로 크리슈나, 바바지와 같은 사람이었다고 주장한다.

내가 인도 여행을 하기 몇 달 전 아토스 성산의 한 수도원장님께서 내게 말씀해주신 것을 기억했다. 그 당시 나는 인도 여행 계획이 없었다. 내가 혼자 밥을 먹고 있던 곳으로 그분이 오셔서 우리는 조금 대화를 나누게 되었다. 대화 내용과는 상관없이 그분은 내게 "들어봐. 우리는 그리스도 편이라고 말해. 우리는 자네를 그리스도와 하나가 되게 하고 싶어. 다른 사람들은 누구의 편이지? 그들은 자네를 누구와 하나가 되게 하려고 하지?"라고 말씀하셨다. 왜 내게 그런 말씀을 하셨을까? 어떻게 그분께 그러한 생각이 들었을까? 아무런 상관없이 그런 말씀을 하셨을까? 하느님으로부터 온 말씀이었을까?

그분의 말씀이 참 인상적이었고 내 기억에 남았다. 지금 그분의 말씀이 적절하게 쓰일 순간이 온 것 같다. 정말 이 바바지는 누구인가? 마법사인가? 요가 수행자인가? 하느님인가? 심령주의자인가? 마법사가 무슨 뜻인가? 누가 마법사인가? 성인과 무슨 차이가 있는가? 한 사람이 기적을 일으키고 또 다른 사람이 기적을 일으킨다. 누가 진실을 말하고 있는가? 누가 옳은가? 이런 모든 질문들에 대해 나는 답을 내려야만 했다. 그래서 인도에 왔고 가까이서 모든 것들을 보고 결정을 하려 했다. 나는 아토스 성산에도 갔었다. 지금은 인도에서 내 눈으로 사건들을 직접 보고 듣고 접하고 싶었다. 인도에서 여러 가지를 찾아보고 느끼고 결정하고 싶었다. 모든 사람들에게 같은 기회를 주고 싶었다.

우리는 뉴델리에서 버스 터미널 가까이에 있는 방갈로에 머물렀다. 밖에서 보기엔 좋아 보였다. 호텔비가 5-6루피인 것에 비교하면, 방갈로는 15루피였으므로 비싼 편이었다. 히말라야 산기슭에 있는 할트바니 마을에 갈 때까지는 거기서 머물기로 했다.

침대 시트가 더러워서 담요를 요청했을 때, 추가로 5루피를 더 요구하였다. 말도 안 되는 일이었다. 그럼에도 불구하고 우리는 그들의 갈취에 굴복할 수밖에 없었다. 담요를 가져와서 만져보는데 구역질이 났다. 더럽고 끈적끈적해서 견딜 수가 없었다. 그래서 우리는 침낭 위에 담요를 놓기로 했다. 우리는 여태까지 머물렀던 호텔들에서 항상 침낭 안에서 자곤 했다. 너무 더럽기 때문이었다. 그렇지 않아도 저녁엔 날씨가 추웠다. 사막처럼 추웠다. 낮에는 덥고 밤에는 추웠다.

잠을 자려고 불을 껐는데, 잠시 후 크리스티나의 비명 소리가 들렸다. 고양이 한 마리가 내 다리 위를 걸어 다니고 있었다! 그 사이에 누군가 불을 켰는데, 방 안에 대여섯 마리의 고양이 크기만한 들쥐들이 들어와서 우리 침대 위를 기어다니고 있는 것이 보였다. 신발을 던져도 겁 한번 먹지 않고 무심하게 쳐다보기만 했다.

그날 밤 우리는 잠을 제대로 잘 수가 없었다. 그 녀석들이 우리 귀나 코를 깨물어 먹을 수도 있었기 때문이었다. 이 광경은 구토를 유발할 지경이었다.

다음 날 아침 우리는 버스 터미널에 갔다. 인도에는 도처에 사람들이 많다. 그곳엔 지나치게 사람이 많았고 생동감이 있었다. 작은 문들이 많았고 승강장들도 많았다. 버스의 간판은 힌두어로 되어 있었다. 영어로 된 간판은 없었다. 즉, 이것이 우리에게 문제 거리였다. 정보를 얻기 위해 돌아다녀야 했다. 어려운 일이었지만 결국 우리는 승강장을 찾았다. 하지만 어떤 버스를 타야 하는지 어떻게 알 수 있단 말인가? 버스들이 오는데 어떤 차들은 늦게 오고 어떤 차들은 제 시간보다 더 일찍 왔다. 어떤 차들은 간판조차 없었다. 이뿐만이 아니었다. 어떤 버스가 터미널에 들어오는데 아직 정차하기도 전에, 인도인들 무리가 버스 옆으로 달리면서, 창문과 문 속으로 꾸러미들을 던지며 기어올랐다. 버스가 정차했을 때는 이미 버스가 만원이었다. 버스 속만 아니라 버스 위 난간도 이미 만원이었다. 그래서 나는 배낭을 맨 채 서서, 이 버스가 우리가 타야만 하는 버스인지를 멍하니 쳐다보고 있었다. 그러는 동안 내 여자 친구들은 이리저리 물으며 돌아다녔다. 우리가 가려는 곳에 하루에 두세 대의 버스가 다닌다는 것을 알고 있었다. 그래서 아침부터 미리 터미널에 가 있었던 것이었다.

인도인들의 이런 습관 때문에 일은 진척되지 않았다. 내가 버스에 탄다는 것이 불가능해 보였다. 버스표는 버스 안에서 끊어야만 했다. 즉, 버스 안으로 들어가는 데 성공한 사람들이 표를 끊었다. 다른 사람들은 어떻게 하란 말인가!

내가 이런 생각을 하고 있는 동안 한 인도인이 내게 다가오더니 문제 해결에 명확한 답을 주었다. 택시를 타고 다음 버스 정류장으로 가라는 것이었다. 그곳에서 승객들이 좀 내릴 것이니 우리가 버스를 탈 수 있게 된다는 것이다. 나는 내 친구들을 불렀다. 6명이 택시를 타고 출발했다. 택시를 타고 가면서 이 인도인과 얘기를 나누다가 그가 바바지를 보았다는 것을 알게 되었다. 바바지의 신봉자였다.

정말로 다음 정거장으로 가서, 할트바니로 가는 마지막 버스를 탔다. 자리도 잡았겠다, 인도의 경치를 즐겨보기로 했다. 내 옆에는 내 나이 또래의 사람이 앉았는데, 사회적으로 좋은 위치에 있었다. 시크교인이었는데 아주 진지하고 배운 사람이었다. 우리는 대화를 나누었고, 나는 인도인들의 삶에 대해 많은 것들을 알게 되었다. 긴 여정 속에서 그는 대마초를 두세 번 피웠다. 대마초에 대해 아무도 이상하게 여긴다거나 방해하지 않았다. 시간이 좀 지나고, 나는 우리가 몇 시쯤 도착할 것 같은지 물었다. 새벽 3시쯤에 도착할 것이란다! 나는 놀랐다. 우리가 얻은 정보가 틀렸음을 다시 한 번 확인하는 순간이었다.

그렇다면 문제가 있었다. 새벽 3시에 알지 못하는 곳에 도착해서 무엇을 할 수 있단 말인가? 우리들 곁에 건달패거리가 몰려들 것이고, 모든 상점들이 닫혀 있을 것이다. 경찰은 어디에도 없을 것이고, 우리는 도둑과 건달들의 밥이 될 것이다. 인도인들이 우리를 보지 못하도록 지나가야만 했다. 그러나 우리가 나쁜 사람들에게 당하는 곳은 대부분 정거장이나 역이었다. 어려운 상황이었다. 여자 친구 둘이 나와 함께 있었다. 걱정스러웠다.

결국 우리는 또 행운을 만났다. 우리가 목적지에 도착했을 때 역에는 사람들이 아주 조금밖에 없었다. 우리는 한 호텔의 이름을 빼고는 아는 게 없었다. 택시처럼 사용하는 자전거를 탄 사람들에게 물었지만 아무도 그 호텔을 알지 못했다. 나중에 내가 누군가에게 바바지라는 이름을 말했을 때, 그제서야 이해한 것 같았다. 그는 우리를 데리고 어두운 골목을 지나 한 집 앞에 멈추더니 여기가 바바지가 있는 곳이라고 했다. 그곳에서 잠에서 덜 깬 한 젊은이가 나왔다. 그는 숙박료로 비싼 값을 불렀고, 우리는 그것을 승낙하고 잠을 청했다.

다음 날 아침 우리는 그 젊은이와 다시 말할 기회를 얻었다. 내 친구들은 화가 나서 그 젊은이에게 숙박비에 대한 불평을 쏟아냈다. 그 역시 힌두교 스승 신봉자였다. 도사를 찾는 방문객들을 도우라고, 그의 힌두교 스승이 이 일을 맡겨놓은 것이었다. 그는 "도사님이 출현하는 것을 자주 느낍니다. 이곳에 있는 우리들을 방문하십니다. 그분이 오실 때, 특징적인 향기가 납니다."라고 했다.

도사가 20세 정도의 청년의 모습으로 갑자기 이 호텔이 있는 지역에 나타났는데, 아무도 그를 알아보지 못했으며, 그가 어디서 왔는지 아무도 몰랐다. 목동들이 그를 알아보았다. 그는 40일간을 눈을 감고 명상 수행을 했다. 그가 눈을 떴을 때, 사람 한 무리가 그의 주위에 모여 있었다. 사람들은 "당신은 누구십니까?"라고 물었고, 그는 "바바지"라고 대답하였다. 사람들은 어이가 없어 웃었고 그를 믿지 않았다. 그는 그 자리를 떠나 산에 있는 고대 사원으로 갔다. 얼마 후 여러 지역들에서 이곳으로 요가 수행자들이 모여들기 시작했다. 그들은 사회적으로 지위가 있는 사람들이었는데, 그의 발에 있는 자국을 통해 그를 바바지의 화신으로 알아보고 그에게 경배하였다.

그 후 첫 번째 제자들이 모여들기 시작했다. 오늘날 대체적으로 이 지역은 인정을 받았고, 많은 외국인들이 그를 보러 온다. 나중에 나는 그 젊은이의 아버지와도 대화를 나누었는데, 젊은이의 아버지는 힌두교 사상에 대해 더 광적이었고 열성적으로 옹호하였다.

모든 사람들이 볼 수 있도록 잘 보이는 곳에 '성모 희보' 그림이 걸려 있던 것이 인상적이었다. 르네상스 예술로서 천사가 성모님께 백합을 선사하는 장면이 그려져 있었다.

이상한 일이었다. 서양 방문객들에 대한 정중함의 표현일까? 혹시 그리스도께서 혈육을 취하신 것처럼 바바지도 그렇다는 것을 나타내고 싶어서였을까? 나는 이 그림 뒷면에 감추고 있는 사실, 즉 바바지든 그리스도든 우리 모두는 하나라고 말하는 견해를 다시 한 번 확인하였다. 하지만 아직 나는 이 같은 견해에 설득되어 있지는 않았다. 계속 찾으러 다니는 중이었다.

우리가 도착한 지역은 작은 도시인데 주민이 많았다. 하지만 지나치게 인구가 많은 인도의 전반적인 상황에 비하면, 이 지역의 주민은 적은 편이었다. 그곳은 히말라야의 높은 지점에 있는 시골이었다. 거기서부터 더 높이 올라가는 버스가 없었다. 10킬로미터 정도 떨어진 더 높은 곳에 올라가기 위해, 다른 교통수단을 찾아야 했다. 그 다음 교통수단이 끝나는 곳에 길도 끝나서 거기서 고대 사원에 도착하기 위해, 강가를 따라 7킬로미터를 걸어야 했다. 우리는 택시를 찾으러 갔다. 택시 기사들은 지나친 값을 요구했다. 그때 50세 정도 된 사람이 내게 다가오더니 물었다.

- 바바지에게 가나요?
- 네.
- 같이 갈래요?
- 네, 그럽시다.

나는 기대하지 않았던 도움에 마음이 흐뭇했다. 우리는 교통수단을 찾기 시작했다. 승용차나 그 외 다른 것들을 찾았다. 다시 말해서 그가 산으로 가는 교통수단을 책임졌고 나는 그와 함께 하기로 했다. 아주 좋은 사람이었다. 그는 가격 협상을 벌였는데, 서양인인 내가 문제가 되는 것을 눈치 챘다. 내가 있음으로 인해 가격이 올라갔다. 나는 그에게 "괜찮아요. 저와 제 친구들이 더 낼게요."라고 했는데, 그는 받아들이지 않았다.

결국 우리는 작은 트럭을 발견했다. 짐을 싣는 뒷부분으로 올라탔는데 거기엔 이미 10명이 넘는 사람들이 있었다. 그 사람 덕분에 우리는 트럭을 찾은 것인데, 그는 힌두교 스승을 생각해서 우리를 도와주었다.

이로써 마지막 장애가 해결되었다. 여행 도중 문제가 생길 때마다, 내가 문제를 해결할 수 없을 때마다 우연히 힌두교 스승의 신봉자가 항상 나타나 나를 도와주곤 하였다. 이 사건은 우리에게 인상적이었고 힌두교 스승에 대해 긍정적인 생각을 갖게 했다. 어떤 종류의 감탄을 자아냈고 힌두교 스승의 보통이 아닌 능력에 대해 어떤 믿음을 갖게 만들었다.

히말라야 : 스승 중의 스승의 아쉬람에서

우리가 올라갔던 지점에서 히말라야는 이상한 형태를 이루고 있었다. 가파른 협곡 언덕으로 구성된 많고 작은 정상들은 하나의 커다란 덩이, 즉 하나의 큰 정상을 구성하였다. 다시 말해 누군가가 백만 개의 언덕을 만들고 그것들로 큰 산을 만든 것과 같았다. 언덕들 사이에는 큰 나무들이 드문드문 있었다. 그곳엔 골짜기가 있었는데, 골짜기는 폭이 넓은 지류의 흙으로 구성되어 있었다. 또 골짜기 전부는 푸른 나무들로 꽉 차있었다. 아름다운 꽃들이 있었고 차고 맑은 강물이 있었다. 아주 아름다운 곳이었다.

나와 내 두 친구를 비롯해 10명 이상 있었는데, 대다수가 인도인이었다. 우리는 모두 함께 그 골짜기를 걷게 되었다. 경관이 아름다워서 참 인상적이었다. 하지만 이상하게 우리를 흔드는 그 무언가가 있었다. 분위기 속에 어떤 강렬함이 있었다. 모든 지역이 흔들리는 것처럼 느껴졌다. 그런 힘을 어떻게 표현해야 할까. 견딜 수 없는 힘을 갖고 있는 듯했다. 산은 파괴되지 않으려는 노력에 의해 진동하는 것 같았다. 지진이 일어나는 것만 같았다. 나는 이렇게 느꼈다. 내 친구들 중 한 명은 경치를 아주 좋아하는데도 불구하고, 그 주위에 있던 아름다운 경치에 거의 관심을 두지 않았고, 평소에 그렇게도 말을 잘하는데도 그곳에선 이상하게 입을 꽉 다물고 있었다. 겁먹고 질색하여 있었다는 것을 나는 곧 깨달을 수 있었다.

나는 경계 태세에 들어갔다. 대체 무슨 일이 일어나고 있는지 궁금해졌다. 나머지 사람들은 겉보기엔 아무렇지 않게 보였다. 우리가 가지고 있는 감각을 그들도 가지고 있다는 징조가 보이지 않았다. 나의 다른 친구는 자주 돌아보면서 감탄을 연발하였다. "어머머! 웬일이야!" 아름다운 경치 때문이 아니라 이상한 느낌 때문에 감탄하고 있었다. 분위기 속에 있던 격렬함에 대해 감탄하였다. 우리는 감탄과 호기심을 동시에 느끼고 있었다.

5킬로미터를 걷고 나니 산모퉁이 멀리에서 헤라칸 아쉬람이 보였다. 헤라칸은 한 언덕의 꼭대기에 있었다. 그곳엔 오래된 건물들이 있었다. 고대 힌두교 사원이 있었고 최근에 만들어진 건물들도 함께 어우러져 있었다. 가파른 비탈엔 돌로 된 계단이 200개 정도 있었다. 강은 언덕의 줄기를 통해 흐르고 있었다. 강가에는 유럽인들, 서양인들이 일을 하고 있었다. 그들은 강에 있는 둥근 돌들을 모아다 계단처럼 만들고 있었는데, 내 눈엔 아무런 의미 없는 일로 보여서 의아스러웠다.

골짜기 가까이엔 5미터 정도 되는 피라미드가 지어져 있었다. 주변엔 불이 타오르고 있었고, 돌로 만들어진 다른 표상들도 있었다. 그간 신비주의나 마법에 관한 책에서 읽었던 것들, 여러 방면에서 얻은 정보들, 내가 들어왔던 것들이 여기에 실제로 있었다. 나는 여러 가지 마법의 상징들과 다른 물건들을 알아보았고, 그것들의 사용에 대해서도 들어 알고 있었다. 이상했다. 나는 어려서부터 이런 것들에 관심을 쏟는 경향이 있었다. 열세 살 때,

아버지의 책장에 한 번도 읽지 않은 책이 있었는데, 내가 그 책을 읽고 깊은 인상을 받았었다. 요가에 대한 훈련이 나와 있었고 그래서 나는 한 때 요가 훈련을 했었다.

격리되어 사는 것, 떠나 사는 것이 내 적성에 맞는다는 것을 깨닫지 못했었다. 아마도 나는 요가 수행자가 되기를 원했던 것 같다. 중학교 때, 친구들과 이런 얘기를 주고받았던 것이 기억난다. "내가 무엇을 원하냐고? 숲 속에 방 하나 있었으면 좋겠어. 그곳에 소박한 음식과 내 자신에 대해 탐구할 자유로운 시간이 있었으면 좋겠어." 그런데 지금 내 눈 앞에 이런 것들이 전개되고 있는 것이다. 내 흥미를 끌었던 이런 것들과 나는 시간을 보냈고, 이것이야말로 인생에서 유일하게 중요한 것으로 여겼었다. 단편적이고 한정적인 것이 내 눈 앞에 펼쳐진 것이 아니라 전체가 내 눈 앞에 펼쳐졌다. 나는 원천에 닿았다. 중심을 찾았다. 그것은 글로 적힌 묘사가 아니라 행동이며 삶이었다. 이제는 이론이 아니라 경험이었다.

아토스 성산에서 파이시오스 수도사님과 나눈 경험이 없었다면, 나는 그 아쉬람에 가서 바바지의 제자가 되었을 것이라 확신한다.

그러나 이제는 내 영혼 속에 어떤 의심스러운 것이 있었다. 지금까지 들어온 것과는 다른 견해를 들었다. 그 견해엔 중대함과 영적인 힘이 있었다. 내가 그때까지 요가를 통해 알고 있던 것보다 훨씬 많은 기적들에 의해 동반되었고, 다른 수많은 영적인 경험에 의해 동반된 견해였다. 이 견해를 파이시오스 수도사님이 표현하셨고 그분의 말을 통해 아토스 성산, 더 정확히 말해 전 세계에 있는 그리스도의 정교회가 이 견해를 표현하였다.

나는 동양 이론에 영향을 받은 아쉬람 사람들이 그들이 원하는 대로 그리스도교를 나타내 보이는 것처럼 파이시오스 수도사님을 종교의 하나의 더 낮은 형태로 간주하여 잘못 평가할 수 없었다. 내 인생에서 그분이 일으켰던 그러한 기적들을 다른 곳에선 보지 못했고, 그분께 있었던 그러한 사랑을 다른 곳에선 보지 못했으며, 그분과 비교할 만한 것들을 보지 못했기 때문이었다.

파이시오스 수도사님의 기도와 함께 내가 겪었던 사건들은 여러 힌두교 스승들의 것보다 더 힘이 있었고, 대담하였고, 깊이가 있었고, 명확하였다. 하지만 나는 힌두교 스승들 중에 꽤 많은 사람들을 알고 있었고, 그들도 무시할 수 없었다.

사전 경험, 즉 여러 종류의 책을 읽고 여러 가지를 찾으러 돌아다닌 관계로 내 마음은 그들에게 쏠려 있었다. 그래서 더 확실하게 하고자 인도에 가서 접해보리라고 마음먹었던 것이다. 여행 전 나는 영향을 받지 않기 위해 수도사님이 주신 십자가 목걸이를 빼서, 최근에 그리스도를 믿게 된 한 친구에게 주었다. 이것은 상징적인 표현이었다. 마치 '한번 들어보자. 경험해보자. 인도의 어머니의 목소리에 마음을 열어보자.'라고 말하는 것과 같았다.

돌을 나르던 사람들이 우왕좌왕하고 있을 때, 우리는 아쉬람이 있던 언덕 밑에 다다랐다. 모든 사람들이 언덕의 정상을 향해 움직였다. 그러면서 크게 "볼레 바바 키 제이"라고 소리 지르며 환호하기 시작했다. 나중에 알게 되었는데, 그 의미는 "성인 아버지 승리자여!"였다. 영광에 대한 환호, 그리고 존경에 대한 환호였다. 그때 나는 처음으로 바바지를 보았다. 바바지는 언덕의 정상에 서 있었다. 30세 정도로 어깨까지 내려오는 새까만 머리를 가지고 있었고, 몸무게는 140킬로그램, 키는 170센티미터 정도로 보였다. 내가 예전에 사진에서 보았던 마른 청년과는 아무런 상관도 없었다. 그 사이에 살이 많이 쪘음에 틀림없다. 몸은 비싼 천으로 감싸고 있었고, 발에는 서양 제품인 부드러운 털 부츠를 신고 있었다.

그는 큰 걸음으로 힘차게 계단을 빨리 내려왔다. 흐뭇해하면서 아주 자연스럽게 사람들의 갈채를 받아들였다. 마치 '그래, 나는 너희들이 말하는 대로야. 그래, 나는 승리자이고 성인이야.'라고 말하는 것 같았다. 절대적인 주인이라는 것을 감출 수 없었다. 사람들은 모든 것에 복종했던 것뿐만 아니라 그를 숭배하였다.

그때 나에게 이상한 일이 생겼다. 최면술에 걸렸을 때를 생각나게 하는 경험이었다. 나는 그가 계단을 내려오는 것을 보고 있었는데, 갑자기 몇 분간 정신을 잃게 되었다. 내 머리를 나로부터 멀리 던져버린 것처럼 느껴졌다. 나 자신에 대한 감각을 잃어서, 자신에 대하여 아무것도 깨닫지 못했고, 무엇을 생각하고 있었는지, 아직 생각하고 있었는지에 대해서조차도 의식이 없었다. 내 자신이 없는 것과 같았다. 내 기억의 자리에 공간이 생겼다. 그 짧은 순간 속에 내게 무슨 일이 있었는지, 내가 무엇을 했는지, 내가 존재하고 있었는지조차 알지 못했다. 그 순간이 길었는지 짧았는지도 몰랐다. 다시 제정신으로 돌아왔을 때 처음으로 했던 생각은 '너는 왜 얼간이처럼 그렇게 빙그레 웃고 있어?'였다. 내 얼굴에 큰 미소가 그려져 있었음을 깨달았다.

나는 이용당했다는 것을 느꼈다. 내가 미소를 지을 의사가 없었는데도 누군가 내 얼굴 전체에 미소가 가득하도록 만든 것처럼 느껴졌다. 얼굴에 있던 큰 미소는 내 의사에 의한 것이 아니었으므로, 내 마음과 감각과는 반대로 나타나고 있다는 것을 느꼈다. 이것이 내 마음을 거슬리게 했고 다른 한편으론 호기심을 불러 일으켰다.

그 사이에 바바지는 계속 환호를 받으며 언덕을 내려와 있었고, 사람들에게 명령을 내리고 물건을 나누어주면서 방문객들에게 가까이 가 있었다. 다른 사람들은 이미 그에게 경배하였고 아쉬람에 머물도록 허락도 받았다. 아무런 행동도 하지 않은 나와 내 두 친구들만 남아 있었다. 우리는 말문이 막힌 채 멍하게 서 있었다. 나는 어떻게 해야 할지 몰랐다. 나는 그로부터 5미터가량 떨어진 곳에 있었고, 공포를 느꼈다. 불안으로 진땀을 흘렸다. 그의 모습에 놀라 멍청하게 그를 쳐다보았다. 완전히 인간적이지 않은 그 무엇이었다. 다시 말해, 그는 사람의 모습, 사람의 몸을 가지고 있었는데, 이것을 제외하고는 인간적인 것이 없었다. 누군가가 그가 유령이거나 외계인이라고 내게 말했다면, 이것에 더 수긍이 가서 덜 놀랐을 것이다.

그에게 있던 모든 것들이 이상했다. 그의 존재 자체는 자연스럽지 않았다. 인간의 얼굴과 몸을 갖고 있었지만, 영혼은 인간적인 것이 아니었다. 이것이 감춰질 수는 없었다. 눈은 너무도 격렬하고 힘찼으며, 강한 기운이 있었다. 그러면서도 두려움을 유발하는 눈이었다. 자연을 초월하는 그 무엇이 그의 몸 안에 있다고 한다면, 나는 그것을 이해하고 받아들였을 것이다. 나는 두려웠고, 동시에 아주 조심했다. 그러면서도 당황스럽고 혼란스러웠다.

네다섯 명이었던 그의 일행 중에 한 요가 수행자가 나에게 다가왔다. 그는 검은 천을 몸에 두르고 있었고 끝에 시바신의 상징이 달려있는 삼지창을 갖고 내 눈을 똑바로 쳐다보았다. 엄하고 명령적인 표정으로 "신발을 벗고 바바지께 경배하게."라고 말했다. 그가 이 말을 하는 동안에, 눈동자가 커지더니 눈의 흰자위 전체가 검은색으로 바뀌었다. 나는 이 속임수를 알고 있었다. 마법적인 속임수로, 나를 강제로 경배시키려는 것이었다.

나는 공포에 떨고 있었지만 그를 완전히 무시해버렸다. 바바지에게 다가갔는데, 3미터보다 더 가깝게 다가갈 용기는 없었다. 그 주위에 무시무시한 영역이 있는 것 같았다. 나는 무시무시한 광경에 의해 떨고 있던 낮은 목소리로, 인도인들이 일상생활에서 쓰는 점잖은 인사를 그에게 건넸다. 그는 아쉬람으로 가는 길을 나에게 가리켰다. 우리를 받아들인 것이다. 이렇게 우리는 머물 수 있게 되었다.

나는 진정을 하며 제자리로 돌아왔다. 그 곁에 있었을 때 가졌던 긴장이 풀리고 있음을 느꼈다. 놀라움을 감출 수 없었다. 그는 누구였단 말인가? 확실히 사람은 아니었다. 얼마나 큰 힘을 가지고 있었던가? 어떤 종류의 힘이었던가? 왜 그러하였는가? 하느님이었는가, 악령이었는가? 마법사였나? 아니면 성인이었는가, 사람이었는가? 아니면 도깨비였나? 그와 관련해서 내 생각에 아주 큰 문제가 생겼다.

그러는 동안 오후가 되었다. 아쉬람이 있는 정상에 도착하기 위해 가파른 계단을 오르기 시작했다. 옷을 벗은 한 서양 사람이 나를 앞질러 달렸다. 30세 정도 되어 보였는데 추워서 떨고 있었다. 차가운 강물에서 막 나온 참이었기 때문이다. 요가 수행자들은 그들 몸의 기능이 바뀔 때까지, 분비 기관의 호르몬을 자극하고 흥분시키기 위해 찬물 속에서 몇 가지 자세를 취하며 계속 수영한다는 것을 읽은 적이 있었다. 주위에서 내가 보는 모든 것들이 내가 알고 있던 것들을 생각나게 했다. 내가 하고 싶은 것들이었다. 오래전부터 그런 것들을 하고 싶은 마음이 있었다. 실제로 적용을 하고 싶었다. 말하자면 마법적인 요가의 삶을 살고 싶었다. 그 당시 내게 마법은 긍정적인 의미를 가지고 있었다.

하지만 파이시오스 수도사님을 비롯한 아토스 성산의 수도사님들, 그리스도교의 경험들은 이에 대해 반대한다. 사람을 속일 목적으로 속임수를 쓰는 악마, 빛나는 천사의 모습으로 변장하는 악마에 대해 경고하곤 했다. 나는 그것을 믿지 않았었다. 두 가지 사이에서 망설이고 있었다. 무엇이 무엇인지 몰랐다. 그래서 그것을 알아내기 위해 인도에 왔다.

겁에 질려 놀란 마음으로 호기심과 의혹을 가득 안고 계단을 오르고 있었는데, 눈에 보이지 않게 한 존재가 내게 다가와 나를 위로하고, 내 마음을 가라앉히고, 나를 지지해주는 것을 느꼈다. 그러면서 이러한 소리를 분명하게 들었다. "우상을 숭배하지 말고 섬기지 말라. 나는 너의 주 하느님이다. 나 이외에는 아무것도 섬기지 말라." 이것은 하느님께서 시나이 산에서 모세에게 주신 첫 번째 계명이었다.

그 순간 나는 그렇게도 평온하게 느꼈고, 계명의 의미를 그렇게도 깊이 터득하였다. 내게 온 이상한 방법에 대해 생각에 잠긴 것이 아니라 계명의 의미에 대해 몰두하였다.

그 음성이 아직 내 정신 속에 들려오고 있었는데, 계단이 끝나는 곳에 작은 노천 힌두교 사원이 내 눈 앞에 전개되었다. 그곳엔 힌두교의 여러 신들이 있었다. 한 신은 사람의 몸에 코끼리 머리를 하고 있었고, 다른 신은 사람의 모습을 한 원숭이 형상이었다. 또 다른 신은 손 여섯 개와 다리 네 개를 가지고 있었고, 그 밖에도 아쉬람에 사는 사람들이 숭배하는 다른 여러 가지 동상들이 있었다. 나는 '이것이 우상이 아니고 뭐겠는가?'라고 자문하였다. 내게 있어 일종의 폭로였다. 그곳 사람들은 고대 그리스인들처럼, 또 그리스도 이전의 사람들처럼, 우상 숭배자들이었다.

동시에 나는 무엇인가를 깨달았는데, 차후에 때때로 그것을 잊곤 하였다. 정교회는 우상 숭배와 관련된 주제에 대해 명확하고 절대적이다. 정교회는 이런 모든 것들은 영적인 것과는 아무런 관계가 없다고 말한다. 뿐만 아니라 반대 입장을 취하고 있다. 명확한 부정, 즉 "아니다."라고 말한다.

그러나 힌두교인들은 전반적인 상황들을 한 방법을 통해 나타내려 했다. 그것은, 모든 사람들 즉 우리 모두는 거의 같다는 것을 나타내려는 것이며, 같다는 것을 인정하지 않으려는 일부 머리 나쁜 광신자들이 있다는 것을 나타내려는 것이다. 그들의 이러한 자세는 현혹에서 나오는 것임이 명백해졌다. "아니다."는 한 수도사가 말한 것이 아니라, 하느님 당신께서 예언자 모세에게 주셨던 계명을 통해 말씀하신 것이다. 구약을 보라. 가장 기본적인 계명들은 다신론과 우상에 관한 것이다. "나는 너의 주 하느님이다. 나 이외에 아무것도 섬기지 마라." 다시 말해서 "나는 하느님이다. 나 이외에 다른 신은 없다."라는 말이다. 이보다 더 명백한 것이 어디 있겠는가? 왜 힌두교인들은 이것을 숨겼는가? 어찌하여 다른 종교의 믿음을 왜곡하는가? 어찌하여 상황을 다르게 나타내 보이고 있는가? 그렇게도 많은 차이가 있는데 왜 닮은 점에 대해 얘기하고 있는가?

시바나 코끼리 머리 모양을 한 가네샤나 원숭이 모습을 한 다른 신이 구약과 신약에 나오는 하느님과 무슨 관계가 있단 말인가? 모든 것들이 인간과 신들의 아버지 제우스를 중심으로 하고 있던 고대 그리스의 열두 신, 다른 신들, 그리고 반신반인들을 더 많이 닮았다.

유일하고 한 분이신 하느님, 하늘과 땅을 창조하신 창조주와는 아무런 상관이 없다. 불행하게도, 그 순간 명백해졌던 그것을 나는 잊거나 혼동했고, 아니면 후에 사람들이 나를 혼동시켰다.

그들의 행동처신은 주의해서 봐야 한다. 누군가가 아쉬람에 들어가기 위해선 의무적으로 이 노천 사원을 지나야 했다. 다른 길이 없었다. 그들은 나를 멈추게 하더니, 그곳은 거룩한 장소이니 신발을 벗고 맨발로 있으라고 했다. 동상들은 꽃과 그 외 봉헌물들로 장식되어 있었다. 이것이 우상 숭배가 아니라면 무엇이 우상 숭배란 말인가?

　나는 신발을 손에 들고서 더 안으로 들어갔다. 새까맣고 윤이 나는 한 동상을 보았는데, 하얀 것이라곤 눈에 있는 흰자위뿐이었다. 뚱뚱하고 젊은 사람 같이 보였는데, 요가 자세를 취하고 있었다. 그 동상은 바로 바바지를 상징했고, 그의 이탈리아 제자들이 만들었다는 것을 나중에 알게 되었다. 이 동상도 사원에 있었으며 다른 동상들과 함께 숭배되었다. 자기 재료로 만들어져 있었다.

　아쉬람의 사람들은 바바지가 신이라고 믿었다. 그것도 육화된 신으로 믿었다. 그래서 그들은 아침 저녁으로 바바지에게 경배를 한다. 그는 연단에 편히 앉아있고, 모두가 차례대로 앞에 가서 선물을 드리며 경배하였다. 바바지는 선물을 받아들였고, 그들에게 선물 중 한 부분을 떼어주었다. 이 모든 과정이 두 시간 정도 걸렸는데, 아마 더 걸렸을 수도 있다.

　아쉬람의 곳곳엔 그의 발 사진이 걸려있었다. 그 발엔 다른 요가 수행자들과 힌두교 스승들이 그를 스승 중의 스승으로서, 대 예언자로서, 육화된 바바지로서 인정하는 징표가 보인다고 한다.

　나는 단지 맨발의 넓적하고 두툼한 두 발만 보았을 뿐이었다. 얼마나 많은 사람들이 그 징표를 알고 있었으며, 그러한 징표가 있긴 했는지, 그리고 이 이야기가 단지 사람들을 자극하고 인상을 끌기 위한 것은 아닌지에 대해 자문하였다. 장식도 세밀했다.

　내게 인상적이었던 것은 한 그림이었다. 불꽃 모양의 심장이 강렬한 빨간색과 주황색을 하고 있었다. 이 그림은 여러 곳에 걸려있었다. 내가 이해한 것으로 그것은 힌두교 스승의 상징이었다.

　나는 내 친구들과 떨어져 있었다. 그녀들은 나와 다른 곳에 머물렀다. 아쉬람에 살고 있던 사람들 중에 서양 사람들(유럽인들, 미국인들, 아프리카인들)이 반 이상이거나 적어도 반 정도는 되었다. 우리들에겐 공통의 무엇이 있었다.

　음식이 제공되었고, 팀을 만들어 식사를 했다. 그리고 나서 모두는 삼면이 트인 오래된 공간에 모였다. 나는 그곳에 제일 먼저 도착한 사람 중 하나였다. 작은 북 두 개에서 들려오는 음악이 내 시선을 끌었다. 어떤 사람이 힌두교 찬가를 부르고 있었다. 잠시 후 모두가 모이자 장소는 사람들로 붐볐고 사람들은 서로서로 붙어 서 있었다. 그곳에 바바지도 일행과 함께 있었는데, 일행은 항상 대여섯 명의 요가 수행자들로 구성되어 있었다. 그들은 바바지의 가장 가까운 제자들이었다. 그들 모두가 서양인들, 백인들인 것이 인상적이었다.

바바지는 연단에 앉더니 비스듬히 누웠다. 사람들은 바바지 앞으로 가서 그에게 경배하고 선물을 바치기 시작했다. 그가 너무 이상해서 나는 눈을 뗄 수가 없었다. 처음 보았을 때와 같은 느낌을 다시 갖게 되었다. 단지 이번엔 내가 15미터쯤 떨어진 곳에 있었을 뿐이었다. 나는 그를 쳐다보고 있었고, 그의 정체가 무엇인지 이해하려 곰곰이 생각하고 있었다. 그의 이상한 모습에 대해 나름의 결론을 내려 보고자 했다. 행동으로부터 나오는 세밀함, 얼굴의 표정으로부터 나오는 표현들은 나를 의아스럽게 했다. 바바지의 계속되는 행동들 가운데 많은 것들이 내가 마법 관련 책에서 읽었던 것임을 눈치 챘다. 그의 뒤쪽엔 천이 벽에 걸려있었는데, 세 개의 봉우리가 있는 산과 아주 별난 모양으로 된 태양이 수놓아져 있었다. 그리스에서 읽었던 마법에 관한 책에 나오는 것임을 나는 곧 알아보았다. 그것은 등급이 높은 마법의 상징이었다.

사람들이 그에게 보이는 숭배는 강도와 깊이에 있어서 개인차가 있었다. 아무튼 모든 사람들이 그를 조심했다. 사람들은 내게 세 번이나 다가와 바바지에게 경배하라고 부추겼다. 하지만 나는 경배를 하지 않고, 단지 그의 눈을 똑바로 쳐다보려 했다.

어느 순간 우리의 시선이 마주쳤다. 그는 정확히 나를 쳐다본 것은 아니었고 그의 시선이 강당 안쪽에서 이쪽저쪽으로 왔다 갔다 하던 중 어느 순간 내 시선 속으로 지나갔을 뿐이었다. 그 순간 나는 주위에 대한 감각을 느끼지 못했다. 황홀경에 빠졌다고 할까? 마치 최면술에 걸린 것처럼 내 가슴 속을 들여다보고 있는 것 같았다. 어둠 속에서, 불꽃 속에 강렬한 색깔을 지닌 내 심장을 보았다.

그러다 갑자기 제정신으로 되돌아왔다. 내게 어떤 일이 일어났는지를 깨달았다. 계속해서 그를 더 주의 깊게 주시하였다. 누군가가 또 오더니 더 앞쪽으로 가라고 했다. 거기서 대체 뭘 하라고? 모든 사람들이 하듯이 그에게 경배하라고? 나는 가지 않았다. 그가 누구인지 몰랐다. 바바지에게 경배하라고 사람들이 말한 것이 무서웠다.

갑자기 바바지가 휴식 상태에서 일어나더니 재빠르고 힘차게 움직이며 요가 자세를 취하고 앉았다. 눈은 검은 숯의 불꽃처럼 아주 강렬해졌다. 바바지 앞에는 그를 너무도 숭배하였던 어떤 사람이 있었다. 바바지에 대한 숭배는 그의 행동에서 나타났고, 그의 모습과 의심 없이 연이어 정중하게 드리는 인사에서 나타났다. 바바지에게 비싼 선물을 가득 바쳤다.

그때 바바지는 눈을 힘주어 뜨더니 시선을 그 사람에게 고정시켰다. 그 사람은 두 손을 가슴 위에 얹은 채 꼭 잡고 있었고 두 다리도 붙여 마치 기둥처럼 되었다. 동시에 떨고 있었고 부자연스러운 방법으로 껑충껑충 뛰기 시작했다. 휘지 않는 다리 아래에 용수철이라도 달린 것처럼 껑충껑충 뛰면서 동시에 큰 소리로 으르렁거렸다. 대체 무슨 으르렁거림이었던지! 소리가 너무 커서 귀가 멍멍할 지경이었다. 마치 마음 상한 소가 화나서 울부짖는 것 같았다. 그는 1분 정도 이런 상태였다. 바바지는 그를 잠시 놓아두었다. 그는 숨을 돌리기도 전에 다시 더 세게 으르렁대기 시작했다. 내 앞에서 땅을 뚫는 기계처럼 움직이면서 더 크게 으르렁댔다. 모든 사람들이 아무 말도 하지 못하고 놀라서 그저 쳐다만 보고 있었다. 내 앞에서 무슨 일이 일어났던가? 내 눈이 무엇을 보았던가? 그런 뒤 바바지는 그를 완전히 내버려두었고, 사람들은 바바지 앞으로 계속해서 나아갔다. 바바지는 습관이 되어 있는 반쯤 누운 편한 자세를 취하고 있었다. 바바지 옆에 있던 한 여성이 그곳에 있던 사람들에게, 바바지가 이 사람에게 해탈을 선사했다고 말했다. 하지만 나는 딜레마에 빠졌다. 힌두교 세계관에 따르면, 누군가 해탈을 하기 위해선 많은 노력이 필요하고 요가 수행자로서 윤회를 많이 해야만 한다. 그런데 바바지가 몇 분 사이에 그 사람에게 해탈을 선사했다고 말했다. 이는 되풀이 되는 윤회를, 영적으로 진보한 바바지가 단축시켰다는 결과를 도출한다. 이것은 그가 신이라는 또 하나의 증거가 아니겠는가? 그의 행동이 이렇게 말하고 있지 않은가? 힌두교 세계관을 받아들이는 사람들은 각자 이렇게 생각했다.

힌두교 스승이 초자연적인 힘을 갖고 있었다는 것은 사실이다. 물론 이 힘은 하느님으로부터 오는 힘이 아니라 악마로부터 오는 힘이었다. 힌두교 스승은 악마가 그 영혼을 점령하도록 자유로운 의사에 의해 허락했다.

바바지를 숭상했던 사람은 바바지 안에 자리 잡고 있던 악령들을 숭상한 것이다. 이로써 악령이 그의 영혼 속에 들어가도록 권한을 준 셈이다. 다시 말해 우리가 주시하던 현상은 악령에 의해 바바지의 영혼이 정복되는 과정이었다. 바바지에게 경배했던 사람들은 그저 악령의 영향을 받아들일 뿐이었다. 정도에 있어서만 차이가 있었을 뿐이다. 하지만 이는 그 사람이 악령화된 것을 의미하지 않으며, 악령에 의해 영혼이 정복된 것도 의미하지 않는다.

두 견해들, 즉 그리스도교와 힌두교 중에 어느 것이 진리로 가는 길인가? 두 견해에 대한 대조는 격렬하다. 스승 중의 스승은 무엇이었단 말인가? 마법사? 성인? 하느님? 악령? 나는 판단을 내리기 위해 어떤 방법, 어떤 기준을 찾아야 했다. 저울질하기 위해 저울을 찾아야 했고, 측정하기 위해 자를 찾아야 했다.

잠시 후 바바지는 자리에서 일어나 제자들과 함께 떠났다. 나는 그를 가까이서 보려 애를 썼지만, 정작 그가 내 앞을 지나갔을 때는 그 사실을 깨닫지 못했다. 단지 바바지의 어깨만 보았을 뿐이다. 바바지는 내가 생각하지 못하도록 내 정신을 방해하여 그를 못 보게 만들었다.

아쉬람 안을 돌아다니다가 내 친구 나탈리아를 만났다. 나탈리아는 놀라서 당황해 있었다. 크리스티나가 아파서 침대에 누워 있고, 생리로 피를 많이 흘렸는데 비정상적으로 많은 양이었다는 것이다. 크리스티나는 누워서 꼼짝 않고 있었는데, 겁에 질려 있었다. 나탈리아는 모든 여자들이 바바지의 방 아래에서 잤다며 이에 대해 농담조로 쑥덕거렸다. 우리는 대화를 좀 나누다 헤어졌다.

바바지가 있던 방은 다른 건물들과 격리되어 있었다. 특별한 입구가 있고, 외부적으로는 여러 색깔로 윤이 나는 타일로 장식되어 있었다. 내 취향에서 보면 너무 형편없었다. 입구에서 한 유럽인이 나를 막아섰다. 나는 이곳에 들어갈 수 없다며, 관련된 사항들을 설명했다. 그 사람은 우스꽝스런 모습을 하고 있었기에 스스로 부끄러워했다. 한 손에는 갈대 하나를 쥐고 있었고, 머리에는 우스꽝스런 모자를 쓰고 있었고, 다른 손에는 밀짚으로 된 방패를 들고 있었다. 바바지의 방으로 가는 입구를 지키는 것이 그의 임무였는데, 자신의 임무를 맘에 들어 하지 않았다.

나는 그가 가여웠다. 잠시 자리에 앉아서 그의 사연을 들었다. 그는 몇 해 전부터 힌두교 스승을 알고 있었다. 직장에서 승진하는 데 바바지의 힘을 빌리고 싶어 이를 간청하려고 이곳에 왔다고 했다. 물론 편지를 보낼 수도 있었지만, 자신이 직접 와서 간청을 하고 싶었다고 한다. 그래서 이런 우스꽝스런 역할을 받아들였던 것일까? 혹시 일부러 그를 조롱하려 했던 것은 아닐까? 아니면 사람들이 그가 절대적인 복종에 익숙해지도록 이러한 방법을 통해 자신들의 권한을 주입해온 것일까?

밤에는 큰 방에서 열 사람이 함께 잤다. 모두 같은 나이 또래였다. 배낭과 침낭을 가진 이 모두가, 삶과 사고방식에 있어 닮았을 것이라고 나는 상상했다. 그 가운데 한 사람은 미국에서 사람들에게 호흡하는 방법을 가르치면서 먹고 살았다고 했다. 즉, 요가의 호흡 방법을 가르친 것이다. 이것도 직업인가? 이렇게 가다간 언젠가는 우리가 걷는 방법까지도 가르치게 될 것이라 생각했다.

일출을 보며 아쉬람 밖에 있는 한 언덕에 올랐다. 거기서 나탈리아를 만났다. 나탈리아는 힌두교 스승 앞에서 진행되는 의식에 무슨 일이 있어도 참여해야 한다며, 이미 늦었다고 나를 재촉했다. 그곳에 있던 사람들은 우리가 늦었다며 핀잔을 주었다. 가당치도 않은 일이었다. 도사에 대한 불손으로 여겼다.

이번에 바바지는 방 앞에 있는 뜰에서 제자들을 받아들였다. 우리도 그곳으로 갔다. 뜰은 좀 좁았다. 나는 뒤쪽에 자리 잡고는 의심의 눈초리로 지켜보았다. 누군가가 내게 지나친 잔소리를 했다. 사람의 모습을 가진 동물이나 동물의 모습을 가진 사람으로 된 신들의 사진과 그림이 있는 작은 사원이 있었는데, 내가 거기에 앉아있었기 때문이었다. 내 의사와는 관계없이 내 자세는 그들을 모욕하는 결과를 낳고 있었다.

똑같은 일들이 벌어졌다. 그의 모습은 이상했고, 엄청난 광경이었다. 다른 한편으론 그저 뚱뚱한 젊은이였다. 나는 그를 쳐다보며 뭔가를 깨달아보려 노력했다. 내게 어떤 정보를 줄 요소를 찾고 있었고, 그것을 찾았다. 어린이들은 천진해서 어른들보다 직감이 더 좋다. 어른들보다 감정을 더 잘 느낀다. 아이들은 마음으로 보고 마음으로 느끼며 산다. 아이들의 머리는 실제로 존재할 수 없는 생각들로 혼동되지 않는다.

그곳엔 한 오스트레일리아인 부부가 있었다. 줄의 중간 정도에 있었고, 네 살짜리 자식도 있었다. 바바지는 갑자기 아이를 데려오라고 했고, 정말로 바바지의 일행 중의 한 요가 수행자가 와서 아이를 데려갔다.

아이는 바바지 곁에 가자 소리 지르며 울기 시작했고 발을 동동 굴렀다. 바바지에게서 벗어나려고 안간힘을 썼다. 가엾은 어린 아이의 울음에 나는 마음이 쓰라렸다. 아이 부모는 아무런 반항 없이 앉아 있었다. 바바지는 아이를 품에 안고 아이의 입에 자신의 엄지손가락을 넣었다. 그리고 두 눈썹 사이로 힘을 모았다. 아이는 갑자기 완전히 잠에 빠졌다. 과연 그것은 잠이었을까? 아니면 다른 것, 이를테면 최면 같은 것이었을까? 예식이 진행되는 동안 거의 이 상태로 아이를 안고 있었다.

아이가 거절한 것과 두려워한 것이 내게 인상을 남겼다. 복음경에 나오는 구절을 생각했다. 아이들은 얼마나 많은 기쁨과 믿음으로 그리스도를 포옹했던가.

사람들이 또 우리에게 다가와 바바지에게 경배하라고 했다. 나도 내 친구도 가지 않았다. 크리스티나는 침대에 누워 꼼짝하지 않고 있었다. 사람들은 그녀의 하혈이 몸을 정결하게 하는 것이며 바바지의 축복이라 설명했다.

우리를 제외한 모든 사람들이 바바지의 앞을 지나갔다. 그 뒤 우리는 그곳을 떠났다. 잠시 후 아쉬람의 사람들은 우리의 처신이 맘에 들지 않는다며 그곳에서 떠나라 했다. 우리가 대체 무엇을 했단 말인가? 바바지에게 경배를 하지 않았기 때문인가? 내 친구는 안도감을 느꼈고, 기쁜 마음으로 떠날 준비를 했다.

나는 딜레마에 빠졌다. 아무런 결론도 내리지 못하고 떠나야 한단 말인가! 이 이유 때문에 인도에 오지 않았는가! 빈손으로 떠나야 한단 말인가!

나는 바바지를 보게 해달라고 요청했고, 잠시 후 사람들이 나를 데리러 왔다. 바바지의 뜰로 들어가면서 나는 성호를 그으며 하느님으로부터 도움을 요청했다. 그가 멀리서 내게 무엇을 했는지 모르겠는데, 머리가 잘 돌아가지 않았다. 뇌가 없어진 것 같았다. 그렇게 그가 있는 곳으로 나아가고 있었다. 거리가 점점 좁혀져 마침내 2미터 안으로 들어왔을 때, 나는 앉을 자리를 찾았다. 그와 대화를 나누게 될 것이라 생각했기 때문이었다.

그는 성난 얼굴로, 또 두려움 가득한 역겨운 표정으로 나를 쳐다보았다. 그리고는 다리를 모으더니, 나를 보기 싫다는 듯, 내가 무섭다는 듯, 나를 보는 게 역겨운 듯 얼굴을 옆으로 돌렸다. 그러면서 크게 소리를 질렀다.

- 꺼져!

나는 정신이 아찔했다. 눈이 휘둥그레져서 쳐다보았다.

- 꺼지라니까!

그는 더 크게 소리 질렀다.

- 단지 한 가지만 여쭙겠습니다.

내가 말했다.

- 여기엔 질문이란 건 없어! 꺼져!

나는 등을 돌리고 떠났다. 정신이 없었다. 계속해서 머리엔 의문이 가득했다. 대체 이게 무슨 행동이란 말인가.

뜰 쪽의 문에서 나오던 내 친구들을 우연히 만났다.

- 무슨 일이 있더라도 우린 떠날 거야. 너도 같이 떠날 거야?

나는 이번엔 떠나되 원하면 다음에 다시 오기로 하고 친구들과 함께 떠났다.

내 친구들은 페미니스트 주의자들이었다. 그리스도교에 대해 적대적인 생각을 갖고 있었지만 요가와 마법에 관한 것들을 긍정적으로 보고 있었다. 그래서 이번에 친구 하나가 보인 확인과 인정이 인상적이었다.

- 얘들아, 그가 뭐라고 우리보고 엎드려 경배하라고 하니? 어떻게 그럴 수가 있지? 좋지 않은 태도야. 하지만 우리의 종교는 그렇지 않지.

이렇게 말하는 그녀를 나는 이상하게 쳐다보았다. 그녀는 그리스도교에 대해 갖고 있던 과거의 관념에서 벗어나 있었다.

돌아오는 길에 우리는 바바지의 제자인 브라만 한 명과 인도에 오랫동안 살던 네덜란드 여인을 우연히 만나게 되었다. 그녀도 바바지의 제자였다. 브라만은 낮은 계급에 있는 인도인들을 차별했다. 그는 집으로 우리를 초대했다. 집은 히말라야 산 기슭에 있었다. 그는 자기 아내가 미쳤다고 했는데, 미친 것을 거룩하게 여겼다. 그가 동족에게 보인 경멸스러운 처신이 나를 너무 거슬리게 해서 나는 그의 초대를 거절했다. 네덜란드 여인은 내 거절에 대해 놀라움을 감추지 못했다. 그 여인의 도움으로 우리는 인도의 수도 뉴델리로 돌아왔다. 좋은 호텔에 낼 법한 가격을 내며 스리 아우로빈도 아쉬람에서 머물렀다.

뉴델리 : 스리 아우로빈도 아쉬람에서

이 아쉬람은 인도 수도의 근교에 위치해 있었다. 아쉬람은 인도의 부유층들을 위해 초등학교, 중학교, 고등학교를 운영하고 있었다. 인도의 경제 상황에 비추어봤을 때, 사립학교에 다니려면 경제적 여유가 있어야 했다. 아쉬람은 내게 방을 세놓은 것처럼, 다른 관광객들에게도 방을 세놓고 있었다. 아쉬람 구성원 중 대다수가 서양인이었다. 한 예로 자식이 없던 40대 네덜란드 부부는 인도에서 살기로 결정하고 학교에서 교사로 일했다. 내가 물리학을 전공했다고 하자 그들은 특별한 관심을 보였다. 나는 그 학교에서 선생으로 일할 수 있는 자격이 되었다. 그들은 나의 안내를 자청하며 학교의 이곳 저곳을 보여주었다. 내가 원하기만 하면, 여기서 일을 할 수도 있다는 것을 그들은 넌지시 일러주었다.

이곳의 분위기는 느슨하고 조용했다. 히말라야에 있는 바바지의 아쉬람 헤라칸의 영적 강도와는 전혀 달랐다. 나는 그곳 사람들과 바바지에 대해 얘기를 나눴다. 그들이 바바지에 대해 선뜻 말하지 못한 걸로 봐서, 아마도 부정적인 견해를 갖고 있었던 것 같다. "그가 어떻게 신이라 주장할 수 있는 거지?"라고들 얘기했다.

'스리'라는 말은 '성인'을 의미하는데, '아우로빈도' 앞에 '스리'를 붙임으로써 아우로빈도를 성인 취급했고, 스리 아우로빈도의 길, 즉 '비전(秘傳)의 길'을 따랐다.

인도인들과 서양인들로 구성된 아쉬람의 사람들이 노천 기념관에서 계란 형태의 돌에 경배하러 가는 것을 자주 보곤 했다. 그 안에 아우로빈도의 송장을 태운 재가 있었다.

나는 생각을 정리하고 싶어서 독방을 요청했고, 내 요청대로 그들은 내게 독방을 주었다. 정말이지 나는 요즘에 있었던 사건을 떠올리고 분석하면서 나름의 결론을 내려 보려고 오랜 시간 애썼다.

나는 아쉬람의 일원이 된 네덜란드인 선생과 여러 가지 영적 주제들에 대해 자주 대화를 나누곤 했다. 한번은 그가 "이것들은 그리스도교의 어리석음이야."라고 말했다. 나는 의아해했다. 그리스도교에 대해 확실하게 무엇을 알고 있단 말인가? 그는 아무것도 몰랐다. 그는 성령에 대한 경험, 그리스도의 은총에 대한 경험이 전혀 없었다. 네덜란드인은 도덕주의 이상의 그 무언가를 열망하며 개종하여 힌두교인이 되었다. 그는 힌두교에 관해 나를 설득하려 했다. 나는 그에게 "그렇게도 많은 신이 존재하는 것이 가능하기나 합니까?"라고 물었다. 그러자 그는 수피파에 대해 말을 꺼냈다. 수피파는 이슬람교의 마법단이다. 그는 이상한 가능성을 가진 놀라운 여선생을 알고 있다고 했다. "당신이 원하면 여선생을 만나러 갈 수도 있어요."라고 했지만, 나는 원하지 않았다.

인도의 수도에서 태평한 관광객처럼 며칠을 지낸 후, 나와 내 친구들은 이만 헤어지기로 결정했다. 그녀들은 네팔로 가기를 원했고 바바지나 아쉬람 따위에 다시 말려들고 싶어 하지 않았다. 바바지에 대한 경험만으로 충분했다며 더 이상 이런 것을 원치 않았다. 친구들은 근심 걱정 없이 지내고 싶어 했다. 그래서 그리스로 귀국하기 며칠 전 뉴델리에서 다시 만나기로 하고 우리는 각자의 길을 선택했다.

나는 사티아난다 도사의 아쉬람, 즉 아쉬람의 본거지를 방문하기로 결정했다. 그리스에 있는 지사로부터 알게 된 아쉬람이었다. 나는 사티아난다 도사를 만날 것이라는 기대를 걸었다. 그를 직접 만나서 파이시오스 수도사님과 비교를 한 뒤, 결론을 내리려고 했다.

그 두 사람은 정교회와 힌두교의 두 영적 진영의 살아있는 대표들이다. 나는 내가 아직 발견하지 못한 것을 찾아내려 했다.

몽기르 : 사티아난다의 아쉬람에서

혼자 기차를 타고 오랜 시간 여행한 뒤 점심쯤에 몽기르에 도착했다. 캘커

타에 가기 전에 있는 도시였다. 갠지스강 가까이에 있었는데, 강의 그 지점은 아주 더러웠다. 배설물 색의 탁한 강물이 넓게 흐르고 있었는데, 모래도 넓게 펼쳐져 있었다. 강을 보고 있는데, 정말 역겨웠다. 인도 사람들은 그곳에서 수영도 하고, 물을 마시기도 하고, 집을 축복하기 위해 그 거룩한 강의 물을 집으로 가져간다.

기차에서 내리자 배가 고팠다. 역에서 좀 더 떨어진 곳에, 나무로 된 긴 의자 위에 크고 검은 냄비들이 있었다. 갈대 천막으로 만들어진 지붕 아래, 사방은 열려 있었고, 요리 주위에는 흙탕물과 파리 떼가 그득했다. 그 가운데 식탁 두 개가 있었다. 이게 바로 식당이었다. 나는 그쪽으로 갔다. 이제 더러움에 익숙해져 있었다. 내가 인도에서 처음 열흘 동안은 아무것도 먹을 수 없었던 것처럼, 그곳을 처음 방문하는 사람이면 그 누구라도 식사를 할 수 없었을 것이라 확신한다. 굶주리고 기진맥진해지면 더러움도 따지지 않게 된다. 나는 음식 세 가지와 요구르트를 주문했다. 정말이지 나는 그 음식들에 만족했다. 이제 청결을 떠나 더러운 것에 익숙해진 터라, 유럽 사람들은 청결에 대해 너무 까다롭다는 생각까지 하게 되었다.

잘 먹고 식당을 나와, 아쉬람에 가려고 택시를 잡으려 했다. 한 인도인 택시 운전사에게 물었는데, 그는 코웃음을 치며 비싼 값을 불렀다. 그는 '이 못된 백인 부자야. 너는 내 손안에 있어. 어서 돈을 내라고.'라는 식으로 생각했을 것이다. 그런 표정을 애써 감추려 하지도 않았다. 가슴에 맺혔던 것을 그대로 내보였으며, 나는 그가 그렇게 한 것에 대해 부당하다고 생각하지 않았다. 내가 만약 그 사람이었다면 더 공격적으로 대꾸했을 것이다. 나는 그 다음 운전사에게 갔다. 역시 지나치게 높은 가격을 불렀다. 나는 아쉬람으로 가는 길을 몰랐기에 택시를 타야만 했다. 우여곡절 끝에 반으로 깎아준 택시 기사를 만날 수 있었는데, 이 가격이었으면 다른 도시에선 30분을 가고도 남았을 것이다. 택시 안으로 들어갔다. 1940년대의 경주용 차처럼 앞에서 문이 열렸다. 나는 '아직도 1940년대의 디자인을 만드는 곳이 있단 말이야? 이 대체 무슨 일이지? 서양인들이 인도인들에게 재고품을 넘기는 것인가? 이렇게 오랜 세월이 흘렀는데 창고에 아직도 그런 재고품들이 있다고?'라고 자문했다. 이 의문은 오늘날까지도 풀지 못했다.

택시를 탄 지 5분이나 됐을까. 기사는 나를 어떤 철문 앞에 내려놓았다. 아쉬람이 이렇게 가깝다는 사실을 알았으면, 당연히 걸어갔을 것이다. 당했다는 것을 순간 깨달았다. 아무 말없이 택시에서 내렸는데, 택시 기사는 뻔뻔스럽게 돈을 더 요구했다. 소리를 지르며 손짓을 하는 것이었다. 그럼에도 불구하고 나는 이상스럽게도 침착했다. 철문 뒤에서 주황색 요가 수행복 차림의 한 여인이 이 광경을 지켜보고 있었다. 그녀는 같은 나라 사람 편을 들었다. 택시 기사는 돈을 더 받을 수 없다는 것을 알고 소동을 피운 뒤 내게 조롱 섞인 인사를 건네고 떠났다.

나는 인도 사람들의 똑같은 행동에 싫증이 난 상태였다. 요가 수행자 옷을 입고 있던 중년 여인이 정당하게 얘기해주리라 생각했다. 그러나 그녀는 손가락 하나도 움직이지 않았고 말 한 마디도 하지 않았다. 그런 모습에 나는 실망했다.

나는 그녀에게 힌두교 스승을 만나고 싶다고 했다. 그녀는 엄한 얼굴로 퉁명스럽게 기다리라고 했다. 그녀는 무엇인가를 물어보려고 한 소년을 보냈다. 나는 닫혀있는 높은 철문 밖에서 기다리고 있었다. 아쉬람은 언덕 위에 있었다. 언덕의 정상에는 건물들이 몇 개 있었고, 중앙에는 고층 아파트가 지어지고 있었다. 주위에는 사람의 키보다 더 높은 담이 있었다. 그 안에 넓은 공간이 있었다. 많은 나무와 정원, 뜰이 있었다. 잠시 후 소년이 돌아왔다. 그들은 인도어로 무언가를 얘기했다. 이윽고 철문이 열렸고 나는 그 안으로 들어갔다. 우리는 좁은 길로 걸어가서 아무 말도 않고 기다렸다. 중년 여인은 내게 호감이 전혀 없어 보였다. 15분 정도 후에 서양인 한 명이 왔다. 그 역시 요가 수행자였고, 마른 체격에 중키에, 30세 정도 되어 보였다. 그도 주황색 힌두교복을 입고 있었다.

우리는 한 방에 들어갔고, 그의 질문 공세가 시작됐다. 너는 누구니? 어느 나라 사람이야? 어디서 왔어? 그리스에서 누구를 알아? 무슨 병이 있어?

약을 복용해? 마약을 해? 대마초를 해? 등 그는 최대한 많이 알고 싶어 했다. 그는 내게 호감을 가졌고, 그의 역할이 내게 반감을 일으켰지만 나도 그에게 호감을 가졌다.

나는 사티아난다 도사를 만나고 싶다고 했다. 그랬더니, 그분은 여기에 없고 오스트레일리아에 있다고 했다. 청천벽력 같은 소리였다. 나는 감정을 숨기지 않았다. 그를 만나기 위해 이리도 먼 길을 찾아왔는데 그를 만날 수 없다니! 생각지도 못한 일이었다. 이런 나의 반응이 그에게 좋은 인상을 주었다. 나는 그의 신용을 얻었다. 내가 더 머무르려 했다면 그들은 그렇게 해 주었을 것이다. 나는 더 머물고 싶었다. 그러자 아쉬람의 규칙을 일러주면서 꼭 지키라고 했다. 나는 소지하고 있던 돈과 여권, 비행기 표를 그곳에 내야 했다. 대마초도 사용하면 안 되고 술도 마시지 말아야 했다. 그 어떤 문제도 일으키지 말아야 했다. 그리고 하루에 100달러를 내야 했다. 100달러라고! 단지 소리만 입 밖으로 내지 않았을 뿐이지 가슴이 철렁했다. 100달러는 인도에서 한 달하고도 반을 지낼 수 있는 돈인데, 그 돈을 하루 숙박비로 요구하고 있었다. 그리스에서 내가 가져온 돈은 고작 250달러였는데 말이다.

- 저는 돈이 없는데요.

나는 사실대로 말했다.

- 그러면 아쉬람 원장님께 같이 가지. 그분이 너를 받아들이실지 여부를 결정하실 거야.

나는 이것이 마지막 검사였기를 바랐다. 우리는 긴 복도를 지나 어느 방으로 들어갔다. 그곳엔 요가 수행자가 세 명 있었다. 한 명은 중년이었고, 다른 한 명은 30대쯤, 나머지 한 사람은 20세쯤 된 청년이었다. 그들이 말한 대로 나는 의자에 앉아 기다렸다.

그리고 또 하나의 놀라운 일을 겪었다. 과연 이 세 명 가운데 누가 원장이었을까? 바로 그 20세짜리 청년이었다. 다른 두 명은 그 사람으로부터 지시를 받고 있었다. 신중하게 원장의 말을 들었고, 의문 사항이 있으면 물어보고, 동의가 필요한 것에 대해선 동의를 했다. 원장은 너무 말라서 거의 뼈만 남아 있었다. 머리는 삭발을 했고, 눈은 컸으며, 주걱턱에 못생긴 얼굴이었지만 호감을 주는 인상이었다. 그는 조용하고 다정하게 말했다. 모두는 힌두교복을 입고 있었다.

원장은 그들에게 말하는 동안에, 나를 주시하지도 않은 채 나를 시험하기 시작했다. 나는 보이지 않는 무언가가 내게 다가오는 것을 느꼈다. 마치 마인드 컨트롤을 했을 때처럼 느꼈다. 그들은 또 나를 조사하려 할 것이었다. 나는 아무것도 감출 것이 없었다. 저항하지 않고 조용하고 침착하게 앉아 있었다. 분위기가 바뀌었다. 무언가 보이지 않는 것, 정신적인 것, 청년으로부터 오는 어떤 힘이 내 위에 뻗쳤다. 내 정신을 찾고 있던 것일까? 하지만 그것은 표면적인 탐색이었다. 정신 속으로 들어갔다기보다는 정신 주변을 맴돌았다고 하는 것이 맞을 것 같다. 아마도 그는 직접적으로 깊게 접촉하는 방법을 알지 못하고서, 그저 여러 가지 외적인 현상들로 결론을 내리려 한 것 같다. 즉, 파이시오스 수도사님이 하셨던 것을 그는 할 수가 없었다. 수도사님은 성령의 도움으로 내 정신 속에서 걸어 다니셨고, 내 정신과 영혼 속의 깊은 곳으로 들어가곤 하셨다. 절대적인 것이었다.

하지만 청년의 이런 탐색은 파이시오스 수도사님의 것에 비하면 아무것도 아니었고, 마인드 컨트롤에 비하면 더 강한 것이었다. 어떤 경우에라도 이 탐색은, 평범한 사람에게 있어 일상적인 가능성이 아닌 하나의 표현이었다. 인상적이었다. 니란잔이라는 이 청년은 여러 가지에 대해 얘기했다. 그러나 내 정신 주변을 배회하면서 무엇을 알아냈는가? 그는 다른 사람들과 계속 말을 하면서 특별한 노력을 하지 않은 채 내 정신에 접근하였다. 겉으로 드러날 만한 어떠한 노력도 하지 않은 채 이런 일을 하였다.

사람들이 떠나자 니란잔은 바로 내게 얼굴을 돌리더니 나를 아쉬람에 받아들이겠다고 했다. 원래는 체류비로 100달러를 지불해야 하지만 나는 5루피만 내도 좋다고 했다. 며칠 후 아쉬람 안의 아파트 건축 공사장에서 일하는 노동자에게 일당이 얼마인지 물었더니 하루에 4루피를 받는다고 했다. 결과적으로 인도 상황에 비하면 내가 하루에 5루피를 내는 것은 비싼 편이었다. 여행 경비로 가져온 돈은 이미 예산을 초과하고 있었다.

여러 가지 형식적인 말들이 오간 뒤, 나는 그에게 물어보기로 결심했다.

- 아까 제게 했던 것은 무엇이었나요?

- 죄송합니다. 아쉬람의 원장으로 불가피하게 그것을 해야 했어요. 누가 이곳에 들어오는지 알아야만 하거든요.

그는 자신을 변호하면서 이렇게 말했다. 나는 괜찮다고 했다. 내 허락 없이 몰래 그렇게 한 것에 대해 좋은 인상을 받지 못했지만 그냥 괜찮다고 말했다. 반대로 파이시오스 수도사님은 항상 나의 허락과 동의를 구하셨었다.

하지만 나의 정신 속에 접촉한 것에 대해 나는 호기심을 감출 수 없었다.

- 무엇을 보셨나요?

나는 그에게 물었다.

- 좋은 것들이 보였어요.

이렇게 답하고는 더 이상 말을 하지 않았다. 그리고는 누군가를 불러 내가 머물 곳을 안내하라 일렀다.

방은 건물의 1층에 있었다. 방 안에 있는 화장실에서 나는 목욕도 했다. 나무로 된 침대가 있었고 모기향도 있었다. 침대 위에는 더러운 시트가 있었다. 나는 인도에서 꽤 지낸 탓에 더러움에 익숙해져 있었지만, 그 시트는 정말 더러워서 그것을 빼내고 내 침낭을 꺼내 침대 위에 펼쳐 놓았다. 처음 며칠간은 나 혼자 있었는데, 며칠이 지나자 내 방에 다른 한 사람이 왔다. 20세쯤 된 프랑스인으로 이름은 베누아였다.

해가 뜨는 것을 보며 아침 식사를 했는데, 식탁엔 차가 들어있는 큰 컵과 젤리 같은 것이 있었다. 그 뒤 그들은 큰 강당으로 가서 한 시간 정도 힌두교 경전의 하나인 기타에서 발췌한 부분들을 노래로 불렀다. 그 후 일을 시작했다. 군대에서 하듯, 점심시간엔 접시를 들고 가서 각자 음식을 받은 뒤, 원하는 사람들과 함께 바닥에 앉아 식사를 했다. 우리는 여러 가지 일로 분산되었다. 어떤 사람들은 일을 하러 갔고, 어떤 사람들은 요가 수련을 하러 갔다. 보통 점심 때 나는 니드라 요가 수업을 들었다. 그리고 해가 질 때까지 일을 했다.

해가 질 때, 남녀노소할 것 없이 우리는 모두 영적 모임을 갖거나 힌두교 전통 음악 키르탄을 부르기 위해 큰 강당에 모이곤 했다. 악기 연주를 곁들여 여러 가지 종교 찬가를 부르곤 했다. 한 사람이 한 구절을 먼저 부르면 다른 사람들이 따라 하곤 했다.

가사가 힌두어로 되어 있었기에 나는 뜻을 이해하지 못했다. 후에 나는 그것이 힌두교 스승과 신들, 즉 크리슈나, 시바, 파라바티, 비슈누, 그 외 내가 이름을 알지 못했던 힌두교의 신들에 대한 경배의 내용이었다는 것을 알게 되었다. 나는 이러한 것들을 일종의 관습으로 바라보았다. 나는 이런 신들을 믿지 않았으며, 고대 그리스인들이 다신론을 믿었듯이 이 사람들도 다신론주의자들이라는 것이 가능하리라 상상하지 못했기 때문이었다. 그리스도교인인 우리가 그리스도를 믿는 것처럼, 이 사람들은 시바, 크리슈나 등을 같은 방법으로 믿고 있었다. 20세기에 이런 일이 있다니 도무지 믿을 수 없는 일이었고, 모순된 것 같았다. 그래서 그 사람들이 여러 신을 믿는다는 것을 인정할 수도 이해할 수도 없었다. 그것은 살아있는 다신론이었다. 고대의 우상 숭배가 오늘날까지도 살아있는 것이다. 이러한 것을 그곳의 관습처럼, 오락처럼 바라보았고, 정확히 어떤 것과 같은지 표현할 수가 없었다.

보름달이 뜬 저녁에 그들은 제단을 준비했다. 구덩이를 파서 아름답게 장식하고는 불을 지폈다. 그런 다음 찬가를 부르며 그 주위를 돌았고, 때때로 나무를 잘게 자른 것과 쌀과 꽃으로 섞인 것을 한 줌씩 불에 던지곤 했다. 그곳에서 내가 아는 사람 한 명을 만났고 나도 가서 참석하였다. 그곳의 모든 사람들이 참석한 것은 아니었다. 아쉬람의 원장도 참석하지 않았다. 그저 요가 수행자들 가운데 일부만 참석하였다. 의식이 끝나자마자, 나는 우리가 한 것이 대체 무엇이었는지 어떤 여인에게 물었다. 그녀는 신이 우리를 돕고 우리 죄를 사해주도록, 어떤 신에게 희생 제사를 바친 것이었다고 설명해주었다. 힌두교 전통에 따라 보름에 이러한 의식이 진행되며, 사람들은 자신들의 죄를 달에 고백한다고 덧붙였다. 그들이 이름 붙이듯이 일종의 "정결"의식이었다.

나는 의아함으로 할 말을 잃었다. 이 여인은 그것들을 믿고 있었다. 그녀는 독일인 요가 수행자로 이름은 프라카스였고 45세 정도 되었다. 이 전통을 따르는 그녀는, 갠지스 강가에 모이는 몽기르 사람들을 일 년에도 여러 번씩 본다고 말했다.

그때 나는 별로 귀담아듣지 않았고, 그 일을 이해하지도 못했다. 그만큼 당시로선 딱히 나를 사로잡을 만한 일이 아니었다. 그저 무관심하게 지나쳤다. 하지만 오늘날 내가 깨달은 것으로 그녀의 믿음과 실천은 복음경에서 말하는 믿음과 완전히 반대되는 현상이었다. 그리스도교의 믿음에 따르면, 그리스도께서는 사람에 대한 지극하신 사랑으로 자발적으로 십자가 위에서 피를 흘리셨다. 이는 거룩한 피로서, 단지 이 거룩한 피만이 죄를 사할 수 있는 힘이 있다. 이것이 바로 그리스도교의 믿음과 힌두교 믿음 사이의 완전히 반대되는 부분이다.

아쉬람의 사람들

1. 아쉬람 원장 니란잔

둘째 날인가 셋째 날, 복도에서 아쉬람 원장을 만났다. 그는 사교성이 있었고, 나에게 시간을 내줄 만한 분위기였다. 우리는 대화를 나누기 시작했는데, 대화는 이내 심각한 주제에 달하고 말았다.

- 그리스도인들과 정교회의 수도사들에 대해 어떤 생각을 가지고 계시나요?

내가 물었다.

- 그들 역시 영적인 길에 있지요. 하지만 수준이 낮아요.

그는 이렇게 대답하였고, 그때까지 내가 해온 모든 경험들은 내가 그의 말에 자발적으로 대답하게 만들었다.

- 아니에요, 옳지 않아요. 저는 그것에 수긍할 수 없어요.

이렇게 대답하면서 그에게 설명하려 애썼다. 내 말은 그를 거슬리게 했고, 곧 우리는 헤어졌다. 그 후로 니란잔은 나와는 다시는 대화를 나누지 않았다. 니란잔은 더 인상적이면서 통제되지 않는 방법으로 나를 설득하려 했다.

그리스도교인들의 수준이 낮다는 그의 생각에 내가 반기를 든 것은 그에게 달갑지 않았음에 틀림없다. 왜일까? 요가 수행자들은, 사람이 스스로에게 집착하지 않고 진실을 말할 때 그 말은 다른 사람에게 받아들여진다고 가르친다. 나는 이것을 듣고 읽어서 알고 있다. 또 아쉬람에서도 이것을 영적인 법으로 제시하고 있다. 그러면 대체 무슨 일이 있었던 것일까? 요가 대수행자이면서 힌두교 스승의 후계자인 니란잔도 제자들이 있고, 자신에 대한 집착이 있어서, 그의 말이 내 마음속에 와 닿지 않았던 것일까? 그가 나를 설득할 수 없었던 것을, 그의 나약함으로 간주했는지 아니면 그의 완전성에 대한 흠으로 간주했는지 나는 모르겠다. 우리는 더 이상 그러한 주제들에 대해 다시 대화를 나누지 않았다. 니란잔은 나와 대화를 나눌 의사가 더 이상 없었다.

세월이 흐른 오늘날, 나는 곰곰이 그의 말을 생각해 본다. 파이시오스 수도사님이 수준이 낮다고? 그게 말이나 돼? 그렇게도 많은 기적을 일으키고 암 환자들, 마비된 사람들, 미친 사람들 또 모든 종류의 병을 기적적으로 치료하는 수도사님을 낮은 수준으로 취급해? 인생에서 일어날 중요하지 않은 일들도 아주 자세하게 예견해주는 수도사님을? 그저 어루만지기만 해도 하느님의 은총을 사람에게 채워주고 그래서 사람이 영적인 세계를 느낄 수 있게 하는데, 그런 수도사님이 수준이 낮다고? 사람이 하느님과 함께할 수 있게 하고 하느님의 현존을 느끼게 만드는 그분이? 그렇게도 먼 곳에서도 죽을 위험으로부터 구해주고 위로해 주는 그분이?

생전에 외국어 하나도 배우지 못했지만 기적의 힘으로 상대방이 무슨 언어를 말하든 그 언어로 대화를 나누는 그분을? 그저 그분 옆에 앉아 있는 것만으로 기쁨, 평온, 확신, 거룩한 확실함으로 마음이 바뀌고 충만해지는

데 그런 그분이 낮은 수준이라고?

　나는 데살로니키에서 만났던 인도 여인 요가 수행자와 파이시오스 수도사님을 자동적으로 비교하였다. 그녀의 측근들은 그녀가 높은 수준의 요가 수행자이며 꽤 진보한 상태에 있다고 설명했다. 하지만 그녀는 파이시오스 수도사님에는 비할 대상이 못 되었다. 그분 앞에 그녀는 아무것도 아니었다. 어떤 기준으로 평가한다 할지라도, 영적인 힘을 기준으로 평가한다 할지라도 혹은 은총과 기적적인 힘을 기준으로 평가한다 할지라도, 인식의 측면에서 평가한다 할지라도, 특히 전능한 사랑을 기준으로 평가한다 할지라도, 비교의 대상이 되지 않는다. 그 당시까지 내가 그리스에서 알고 있던 요가 수행자들이나 그 후에 알게 된 요가 수행자들은 파이시오스 수도사님에 비하면 영적으로 아무것도 아니었다. 비교가 될 수 없었다.

2. 프라카스

　프라카스의 세례명은 잘 모르겠다. 그녀는 45세 정도 된 아름다운 여인이었다. 품위가 있었고 배운 사람이었고 부자였다. 그녀 부부는 독일에서는 종교와는 관계없이 살았다. 남편은 사회에서 힘과 영향력이 있었음에 틀림없다. 그들은 독일에서 세속적으로 살았다. 파티에 다녔고 여행을 즐겼다. 그녀가 나를 맡게 된 책임자가 되어 우리는 자주 대화를 나누게 되었다.

　- 이렇게 살아가는 것이 너무 허무하게 느껴졌어요. 모든 사람들이 어리석은 것들에만 몰두했지요. 무슨 옷을 입을까? 이 재질은 비싼 걸까? 이런 것들에 몰두했죠.

　그녀는 시간을 보내기 위해 건강식품 가게를 차렸었다. 몇 년간을 이 일을 하며 지냈다. 그리고 허무함을 느꼈다. 남편과 사이가 좋지 않았다.

　- 당신은 삶에서 원하는 게 뭐야?

　그녀는 남편에게 물었다.

　- 성공하고 싶어. 돌처럼 단단해져서 아무것도 느끼지 않고 싶어.

　남편은 이렇게 대답하였다.

그녀는 다음 생애에 남편이 돌이 될 것이라 믿었다. 그렇게 되고 싶어 했기 때문이다. 그녀는 배운 사람이었지만, 남편과의 문제를 심리학적으로 분석할 수 없었다. 오히려 형이상학적으로 분석하였다. 아마도 그녀가 결혼생활에서 한 잘못, 남편과의 관계에서 한 잘못 때문에 심리학을 따르는 것이 어려웠던 듯하다. 현재로선 형이상학적 설명이라는 괴로움 없고 쉽고 무책임한 길로 회피했다. '현재로선'이라 말하는 것은, 잘못에 의한 형이상학적 설명과 현혹이 낳는 결과는 엄청나기 때문이며 사람을 망치고, 견딜 수 없는 정신적 아픔으로 몰아붙이기 때문이다.

그녀는 허무함을 느꼈다. 살아가는 것의 더 깊은 이유와 목적, 방법을 알고 싶었다. 그래서 찾아 돌아다녔고 기다렸다. 그러다 요가와 힌두교 스승을 알게 되었고, 모든 것을 버렸다.

삭발을 하고 주황색 힌두교복을 입었다. 그녀는 힌두교 스승의 신봉자가 되었고 요가 수련을 시작했다. 여러 사회의 문화적 차이에 대해 웃으며 내게 말했다. "내 자식들은 일 년에 한두 번 저를 만나요. 저보고 머리를 기르라고, 정상적인 옷을 입으라고 하죠. 내가 부끄럽기 때문이겠죠." 그녀는 똑똑했고 차분했다. 내게 호감과 관심을 가져서 내가 요가 수행자가 되기를 원했다. 내가 우리 부모님에 대해 괴로운 마음을 느낄 때 그녀는 내 마음을 위로해주면서 나보고 아쉬람에 머무르라고 권했다. 그때 나는 이미 정교 신앙의 진정한 의미를 깨닫고 경험한 상태에 있었다. 그러나 그녀의 주변 환경은 진정한 그리스도교적 삶을 시들게 했고 말라 죽게 만들었다. 그리하여 그녀가 사회로부터 제공 받았던 유물론적인 자세, 무신론자적인 행동양식, 물질적인 것으로는 그녀의 영혼 깊은 곳이 양육될 수도 만족될 수도 없었다.

3. 그리스인(시바라자)

아쉬람에서 머문 지 삼 일쯤 되었을 무렵, 요가 수행자들은 내가 긴장을 풀고 적응하도록 그곳에 그리스인이 한 명 있다고 일러주었다. 당연히 나는 관심이 쏠렸고 곧 우리는 만나게 되었다. 사실 그는 그리스인이 아니라 영국인이었다. 35세 정도로 나보다 10살 정도 많은 사람이었다.

그는 전자 공학에 관련된 일을 하는 사람으로 대학 졸업 후 좋은 직장을 가지고 있었고, 결혼도 한 상태였다. 그는 영적인 현상들에 대해 특별한 관심을 가졌다. 그러나 이상한 일들을 겪은 후 조국과 가족을 버리고 그리스로 갔다. 그리스에서 불법으로 5년간 체류하면서 영어를 가르쳤다.

그는 그리스에서 사티아난다 아쉬람을 알게 되었다. 그곳 사람들과 어울렸고, 그리스 아쉬람의 회원이 되지 않은 채 요가 실습을 받곤 했다. 어느 날 그곳의 책임자 베시라는 사람이 인도 여행 계획을 알려주면서 원하면 참가하라고 했다. 그는 돈이 충분치 않아서 고민된다고 했지만, 며칠 후 생각을 바꾸어 여행에 동참하기로 했다. 그렇게 베시에게 참가비를 건넸고, 며칠 후 다른 이들과 함께 인도로 왔다. 그들은 몽기르에서 얼마간 머물렀는데, 떠나는 날이 됐을 때, 책임자는 그가 그리스에 돌아가지 못할 것이라 말했다. 지불한 돈이 적어 귀국편 비행기 표를 구할 수 없다는 것이었다. 그렇게 그는 어쩔 수 없이 인도에 머물러야 했다.

내가 그를 만났을 때, 그는 이미 인도에 머문 지 거의 1년이 지난 뒤였다. 이 상황에 대해 아주 기분 나빠했다. 어디 갇혀 있는 것처럼, 속임수를 당한 것처럼 느꼈다. 정말이지 신경질이 나 있었다. 그는 책임자 베시에 대해 욕을 하면서, 그녀가 아주 영악하다고 했다. 나는 그의 사연을 들으면서 황당함을 감출 수 없었고 한편으론 무척 놀라웠다. 내가 한 달 간을 인도를 쑤시고 돌아다니면서 이것저것 경험해 본 것과 달리, 그는 아쉬람 외의 다른 곳에선 전혀 살아보지 않았다. 그래서 인도에서의 생활양식과 습관, 상황에 대해 실제보다 더 나쁜 인상을 갖고 있었다. 아쉬람에선 사람들이 하고 싶은 대로 하지 못하게 하므로 이런 인상을 갖게 되었다. 한번은 내가 이웃 도시로 산책을 좀 가려고 허락을 구했을 때, 아쉬람에서는 그 지역 사람들이 온갖 범죄를 일으켜 매우 위험하다며 저지했었다. 결국 그들은 허락을 하였고 나는 그와 함께 갠지스강에 갔다. 갠지스강의 물이 배설물과 같은 누런 색깔이라 그는 구토를 할 것 같은 표정이었지만 거기서 수영도 하였다.

그는 자신의 이런 행동에 대해 내게 많은 변명을 늘어놓았다. 아마 스스로에게 책임을 돌렸다고 하는 것이 더 옳을 것 같다. 그는 두려워했다. 아쉬람으로부터 떠날 용기가 없었고, 그들에게 저항할 용기도 없었다. 그는 귀국편 비행기 표를 구하기 위해 친구들에게 편지를 쓸 것이라 했다. 하지만 아쉬람으로 돈을 보내는 것은 기피했다. 아쉬람 사람들이 그에게 돈을 전해주지 않을까 염려되었기 때문이다.

- 니란잔 원장에게 사정을 얘기하고 돈을 빌려서 유럽에 간 다음, 후에 돈을 보내거나 유럽에 있는 아쉬람에 돈을 주는 건 어때요?

내가 물었다.

- 아유, 아니에요. 그렇게는 안 돼요.

그는 이렇게 대답했다. 즉 이렇게 해결하는 것을 꺼렸다. 그가 아무도 믿지 않는다는 것이 분명했다. 나는 그가 의심스러웠다. 돈에 관해서도 아쉬람 사람들을 믿지 않으면서 어떻게 자신의 몸을 그들에게 맡기고, 신체에 변화를 초래하는 여러 가지 수련들을 하고 있는 것인가? 그것들이 어떤 변화이고 또 위험한지 아닌지를 어떻게 안단 말인가? 더 나아가 어떻게 자신의 정신과 영혼을 그들에게 맡겨 그들이 유도하는 대로 실행하게 둔단 말인가? 비행기 표에 관해 그를 조롱한 것처럼 실행에 있어서도 그를 조롱하지 않으리라는 것을 어떻게 안단 말인가? 그의 자세는 그의 처신과 조화되지 않는 것처럼 보였다. 아쉬람 사람들에게 솔직하지 않은 것처럼 보였다. 차후 나는 그에게 무슨 일이 있었던 것인지 곰곰이 생각해보았다. 그는 그저 그들과 지내며 나쁜 것들을 겪었고, 영악한 방법으로 그들로부터 벗어나려 하였다. 이런 얘기들은 나와 단 둘이 있을 때만 했다. 아쉬람 안에서 돌아다닐 때는 즐거운 표정만 보여주었고 상냥하고 순종하는 사람처럼 행동했다. 이런 식으로 그들을 속이려 한 것 같았다. 그는 아쉬람에서의 생활과 음식에 싫증이 난 상태였다. "매일 쌀밥만 줘, 쌀밥만! 과일도 먹어야 한다고 말하면서 어째서 우리 배를 쌀로만 채우는지 모르겠어."라고 말하곤 했다. 그러면서 자신이 아주 좋아하는 그리스 음식을 묘사했다. 나는 그가 불쌍했지만 그를 도울 만한 돈이 없었다.

정말 그에겐 모든 것들이 그렇게도 끔찍했을까? 어떻게 그런 덫에 빠졌을까? 그는 자신이 인도에서 머물게 된 책임을 자신을 속인 그리스 책임자 베시에게 돌렸다. 하지만 베시가 시바무르티 선생의 의견도 묻지 않았던 것이 가능한 일인가? 아쉬람 원장 니란잔이 아무것도 눈치 채지 못한다는 것이 가능한 일인가? 사람들이 니란잔 원장을 스승으로 취급하고 모든 것에 대해 그에게 복종하는데, 이런 경우에 대해 원장에게 아무 말도 안 했단 말인가?

나에게 더 큰 인상을 남긴 것은 어느 날 저녁 대화를 나눌 때였다. 그가 키프로스에 가서 아쉬람을 만들고 요가 선생이 되고 싶다고 말한 것이다. 몽기르에 있는 아쉬람은 요가 선생들을 배출하였고, 요가를 가르치는 특별한 학교가 있었는데, 그도 그 학교에 다녔던 것이다. 나는 키프로스에 가려 하는 이유가 무엇인지 물었다. 그러자 그는 그 섬을 아주 좋아하고, 영국적 냄새가 나기 때문이라고 했다. 내가 이 사람에 대해 무엇을 더 생각해야 하는가. 나는 바울로 사도의 말씀을 떠올렸다. "악한 자들과 사기꾼들은 날로 더 사악해져서 남을 속이기도 하고 남에게 속기도 할 것입니다."(Ⅱ디모테오 3:13) 다시 말해 그는 사람들이 자신에게 한 것을 다른 사람들에게도 하기를 원했던 것이다.

4. 베누아

베누아는 22세의 프랑스인이었다. 직업은 소방대원으로 크리야 요가를 수련하고 있었다. 체격이 좋고 빈정거리기 좋아했으며, 특별히 영리한 편은 아니었다. 그는 사티아난다의 신봉자는 아니고, 아쉬람의 방문객이었다. 그래서 아쉬람 체류비로 꽤 많은 돈을 내고 있었다. 우리는 한동안 같은 방을 썼다. 베누아는 크리야 요가에 대해 꽤 숙련되어 있었다.

어느 날은 몇몇 요가 수행자들이 손금으로 미래에 대해 점을 치고 있었다. 나도 손을 내밀며 손금을 봐달라고 했다. 그들은 대가로 10루피를 불렀다. 여러 가지를 말하면서, 내가 나를 많이 사랑해줄 힌두교 스승을 한 분 만날 것이라 했다. 이 사실을 베누아에게 말하자, 베누아는 자신도 점을 본 적이 있는데, 자신에겐 이삼 년 후에 해탈할 것이라 말했다고 했다. 베누아는 행복해했다. 그러면서 해탈을 위해 열심히 수련에 정진할 것이라 했다. 참으로 이상해 보였다. 기이한 육체적 수련들이, 신화(神化)라는 그렇게 대단한 결과를 가져온단 말인가?

단지 육체적인 수련으로 지혜를 얻고 신화되고 해탈한단 말인가? 한 사람이 간직하고 있는 도덕적 선택과 자세는 아무런 영향도 미치지 않는단 말인가? 누군가는 사람을 죽일 수 있고 영악함이 극에 달해 사람들을 속이고 이용할 수 있는데, 단지 수련을 잘하고 예식을 잘 해내기 때문에 신화될 수 있는가? 해탈의 경지에 달할 수 있는가? 사람이 대체 무엇이길래? 기계란 말인가? 사람의 의식이나 양심은 아무런 영향을 미치지 않는가?

- 그래. 수련을 통해서 자동적으로 그런 상태에 달하게 돼.

해탈의 경지에 달하기 위해 아직 이삼 년이 필요한 이 사람의 대답은 너무 바보 같고 어리석어 보였다. 나는 이런 견해를 받아들일 수 없었다. 후에 니란잔도 같은 견해를 가지고 있음을 보았다. 아마도 요가 수행자들의 일반적인 믿음이었던 듯하다.

모든 힌두교인들이 경전으로 여기는, 그들에게 아주 중요한 우파니샤드에서는 요가를 높은 수준의 마법으로 간주한다. 온갖 칭찬과 찬사의 대상이다. 반대로 시디스, 즉 힘과 훈련들은 경멸받고 낮은 수준의 마법으로 간주된다. 그래서 영적인 가능성을 가진 사람이라면 이런 것들을 하며 시간을 낭비해서는 안 된다고들 말한다. 하지만 결국 인도인 요가 수행자들이 손금술로 돈을 번다면, 이는 손금술의 하찮은 관습을 경멸하지 않는다는 것을 의미한다.

베누아는 프랑스 마법사를 선생으로 두고 있었다. 베누아는 선생에게 돈을 많이 내고 있었고, 선생은 베누아에게 인도 방문을 권했다. 베누아는 그 선생의 여러 가지 능력에 감탄하였다. 그가 말한 것으로 선생은 일본 무술에 대해 정통해 있었다. 한번은 프랑스의 지하철에서 칼을 들고 그에게 덤벼들던 두 젊은 건달을, 손에 들고 있던 가방을 바닥에 놓지도 않고 그저 두 발만으로 싸워 물리쳤다. 그 선생은 피타고라스의 세계관과 종교적 이론을 따르고 그를 추앙하고 있었다. 이런 얘기를 나에게 해준 베누아 역시 피타고라스의 세계관과 이론을 믿고 따르고 있었다.

나에겐 이런 것이 좀 이상하게 들렸다. 그렇게도 수준이 높은 선생이 자기 지갑을 빼앗기지 않기 위해 상대를 발로 찬다는 것이 좀 이상하게 들렸다. 이 사건과 유사한, 파이시오스 수도사님의 한 일화를 얘기하지 않을 수가 없다. 요가 수행자들과 수도사님 사이에 있는 차이점에 대해 입을 다물고 가만히 있을 수가 없다.

언젠가, 절에서 자란 20세가량의 청년이 파이시오스 수도사님을 자주 방문하였다. 수도사님은 악마가 청년에게 쳐놓은 그물을 빼내려고 노력하셨다. 하지만 청년은 수도사님의 힘을 시험하고 싶었고 그리하여 수도사님의 등 뒤로 가서 병에 시달리던 그분의 팔을 꽉 잡고 조였다. 그리고는 뻔뻔스럽게 혹은 더 나쁜 그 무엇에 이끌려 "아르세니오스 성인이 당신을 도와 주실 수 있는지 한번 두고 봅시다."라고 말했다.

- 그 말은 너무 불경스러웠지. 내가 손을 좀 이렇게 했더니 그가 2미터 밖으로 내던져져서 벽에 부딪혔어. 그리고 나서 그는 용서를 빌었지. 나는 그에게 아르세니오스 성인께 용서를 구하라고 했어.

수도사님은 이렇게 말씀하셨다. 정말 나는 하느님께서 영적인 사람들을 영적인 방법으로 보호하신다고 믿는다. 발로 차고 상대에게 해를 끼칠 수 있는 방법으로 보호하는 것이 아니다. 이는 성인의 자세에 맞지 않는다.

5. 루익

루익도 프랑스인으로, 사티아난다의 제자였다. 그는 요가 선생이 되기 위해 아쉬람에 왔는데 그 당시 25세 정도였다. 루익의 성격이 좋아서 나는 그를 좋게 생각하게 되었다. 우리는 지금까지도 때때로 편지를 주고받고 있다. 그는 자신이 대단하다거나 유명한 사람처럼 행동하지 않았다. 겸손하고 착한 사람이었다. 내가 삭발을 해서 추위를 더 타게 되자 그는 내게 털모자를 주었다. 공손하고 남을 조롱하거나 질투하지 않고 남에 대해 인격적으로 흠보지 않고 영악하지 않았다. 루익은 그렇게 선하고 인정 많은 사람이었다.

그는 조용하고 침착하고 또 내성적이었다. 자신에 대해서는 별로 이야기를 꺼내지 않았다. 그래서 그에게 다가가기 위해선 시간이 필요했다. 루익은 프랑스 남쪽의 한 시골에서 부모님과 함께 살고 있었다. 경제적으로 어려워서 대학을 다니지 못했다. 경제적 어려움에서 벗어나고 싶어 했고, 요가를 통해서 상황을 극복하리라 믿었다. 그러면서 "돈을 벌면, 너를 보러 그리스에 갈게."라고 말하곤 했다. 그는 이 문제에 집착하는 편이었다. 요가로 경제적 어려움을 극복할 수 없다고 내가 그렇게도 많이 얘기했지만, 그는 요가로 부자가 될 것이라 계속 믿었다. 그 후로 10년이 지났지만 그는 아직도 같은 상황에 있다. 결혼을 하지 않았고, 요가 수행자가 되었지만 아직도 가난하고, 또 "돈을 벌면 그리스에 갈게."라고 내게 편지를 쓰고 있다. 아직도 같은 시골에 살고 있고, 집 주소는 바뀌지 않았다. 요가가 돈을 벌게 해줄 것이란 희망을 아직도 갖고 있다. 10년간 아무런 성과도 없었지만 아직도 희망을 갖고 있다. 요가를 통해 부자가 될 것이라고 누가 그에게 세뇌 교육이라도 한 것일까? 아무튼 나는 그를 좋게 생각하고 있다.

6. 캄비레나

아쉬람 안에는 인쇄소와 제본소가 있었다. 좁고 길게 생긴 큰 건물에서 많은 이들이 일을 했다. 전적으로 힌두교 스승의 책들을 인쇄했다. 책임자는 30세 정도 된 인도인 요가 수행자였다. 그는 요가에 있어 수준이 높았다. 영적인 힘이 그의 마음속에 싹트기 시작했다. 인쇄소는 만다라로 가득했다. 현대 정신 의학의 창시자 카를 융이 말했듯이, 그것은 무의식적으로 어떤 메시지를 전달하는, 강렬한 색으로 이상하게 혼합되어 있는 기하학적 형상들이었다. 카를 융은 힌두교와 관계가 있었다는 것을 감추지 않았고, 힌두교로부터 영감을 얻었다고 인생의 말년에 토로하였다.

이 만다라들은 아쉬람에 정착해 살고 있던 어느 미국 여인 요가 수행자가 그린 것이었는데, 환영을 통하여 이 만다라를 보았던 인도인 요가 수행자의 지휘 아래 이루어졌다. 문양들은 정말 훌륭했다. 아쉬람 사람들이 경탄하고 감탄하면서 말하길, 이 인도인 요가 수행자는 '척추에 숨어있는 힘'을 발견하였다고 한다.[6]

나는 이 인쇄소에서 며칠간 일을 했다. 책을 만들기 위해, 인쇄된 종이들을 모았다. 그런데 갑자기 어떤 충동에 사로잡혀 나는 기계적이고 자동적으로 그림을 그리기 시작했다. 나의 노력 없이, 상상력 없이, 참여도 없이 그려진 것이라 말하는 것이 더 정확하겠다. 나는 마음속으로부터 우러나오는 그 무엇인가에 아니면 밖으로부터 오는 그 무엇인가에 복종하면서 무언가 이상하고 기하학적이고 인상적인 문양들을 그렸다.

옆에 있던 사람의 권유로, 나는 그것을 인도인 책임자에게 보여주었다. 그는 한번 보더니 "일곱 장이네요. 일곱은 아주 영적인 것이지요."라고 말했다. 다정하고 용기를 북돋워주는 사람이었다. 나는 며칠 간 그림을 그려 인도인에게 보여주었다. 이런 이상한 상황이 매일 계속되었다. 종이나 땅에 그림을 그렸다. 때때로는 흙을 가지고 모양을 만들기도 했다. 내가 좋아하는 기하학적인 것들을 여러 가지 만들었다.

나는 나를 사로잡았던 이 상황이 밖에서 오는 것이라 결론 내렸다. 구체적으로 니란잔 원장으로부터 오는 것이었다. 이런 결론을 내리게 된 것은, 내가 그의 사무실에서 그를 처음 보았을 때처럼 똑같은 것을 느꼈기 때문이었다. 그가 나를 직접 보지 않은 채 몇십 미터 떨어진 곳에서 내게 영향을 미치는 일이 그에게 어려운 일이 아니었을 것임을 인정하게 되었다.

인쇄소에서 일하면서 나는 캄비레나를 알게 되었다. 그녀는 인도인 요가 수행자로 나보다 약간 어렸다. 그 안에서 일을 하면서 우리는 서로 의사

---

6 이 힘(쿤달리니)에 대해선 – 371쪽을 참조.

소통을 해야 했는데, 한 순간 서로 상대의 눈동자를 똑바로 쳐다보게 되었다. 우리는 즐겁게 웃으면서 행복에 젖었다. 예상치 못하게 갑자기 생긴 일이었다. 그녀를 전에 본 적은 없었다. 무언가 강렬하고 자극적인 것이었다. 인쇄소의 중간에서 우리는 그렇게 서 있었다. 다른 사람들은 모두 바닥에 앉아있었는데 말이다. 우리는 웃음과 기쁨을 감출 수 없었다. 그곳에 머물 수 있는 한 우리는 더 오래 함께 있었다.

그 후 인쇄소의 책임자는 나에게 공격적으로 대했다. 한번은 종이가 가득한 상자를 같이 나르는데, 내가 상자를 주의하지 않았다며 냉정하게 몰아붙였다. 나는 좀 억울하기도 했고, 그를 내 상사로 여기지도 않았기 때문에, 이 상황을 좋게 넘겨보고자 농담조로 대꾸했다. 그랬더니 그는 나를 위협적으로 쳐다보면서 더 냉정하게 대하는 것이었다. 나는 반항할 준비가 되어 있었으나, 상자를 함께 나르던 미국 여인 요가 수행자가 겁에 질리고 진지한 표정으로 "조용히 해."라고 말하는 것을 보고 놀라, 그녀의 말을 듣기로 했다. 하지만 이 요가 수행자가 내게 무엇을 할 수 있었단 말인가? 정신적으로 나를 파괴시키기라도 한단 말인가? 그가 나를 위협한다는 것을 내가 느꼈을 때 썼던 그 힘을 또 사용할 수 있었을까? 그녀는 왜 두려워했을까? 내가 그녀를 좋게 생각하고 있듯, 그녀도 나를 좋게 생각하고 있었다. 그래서 나는 그녀의 말을 들었고 거기서 떠날 때까지 일을 계속하였다.

나중에 나는 그녀에게 왜 그렇게도 두려워했는지 이유를 물었다. 그녀는 그자가 요가에서 높은 단계에 있는 수행자였기에 내가 위험에 처해 있었다는 걸 알았다고 했다.

그 일이 있은 후 나는 더 조심하게 되었고, 이 요가 수행자가 캄비레나로 인해 나를 질투했다는 것을 알게 되었다. 그는 캄비레나와 어떤 관계를 원했거나 관계를 갖고 있었다. 물론 아쉬람에서는 육체적인 관계가 있을 수 없다고 여겨진다. 여자들과 남자들이 분리되어 각각 다른 건물에 머물렀다. 하지만 몰래 일들이 벌어지곤 했다. 어느 날 나는, 일을 하러 가야 했지만 방에 좀 더 머물고 있었다. 그런데 그때 여자 요가 수행자 두 명이 웃으면서 소곤거리는 것이 들렸다. 한 명이, 어떤 남자 요가 수행자가 자신에게 육체적 관계를 요구하며 자신을 설득하려 했다고 말했다. 그녀는 그 남자를 원하지 않았기에 그를 비웃으며 거절했다고 했다.

나와 같이 어울렸던 요가 선생 토니에게 이 사건에 대해 얘기하자, 그는 흥미를 보이며 이런 일이 일어날 수 있다고 말했다. 그러면서 그러한 사건에 말려들 방법을 찾는 데 흥미를 가졌다. 참 의심스러웠다. 그는 육체적 욕망이 사라지도록, 육체적 관계에 싫증이 날 때까지 육체적 관계를 갖도록 신경쓴다고 웃으며 말했다. 육체적 욕망은 요가 수행자들이 명백하게 수준 낮은 것으로 간주한다. 하지만 그 욕망으로부터 벗어나기 위한 방법이 싫증이 날 때까지 육체적 관계를 가지는 것임을 토니도 옹호했고 자신의 삶에 적용하고 있었다. 이는 그때까지 내가 그들의 책에서 읽었던 것과는 정반대되는 현상이었다. 그는 요가 '선생'이었고, 나는 단지 요가에 '관심이 있는 사람'이었다. 그는 여러 해 동안 가까이서 요가 수행자들을 접해 왔고, 나는 멀리서 조금 배웠을 뿐이었다. 이러한 사건들과 징후는, 그가 현재 어떤 식으로 처신을 하는지 증언하는 것이었다.

그 후 10년이 지나, 힌두교 스승에 대한 신간 몇 권을 읽고 나서야 내 의문이 풀렸다. 사람이 성교의 경험을 통해 가장 높은 수준에 달할 수 있는 길이 있다고 스승은 공식적으로 인정하였다. 하지만 우리는 이를 소문낼 수 없다. 그것을 비밀리에 붙여둔다. 왜냐하면 그러한 인물은 성숙해 있기 때문이다. 몇 년 전까지만 해도 비밀리에 붙여두었던 것들을 이제는 말할 때가 된 것 같다. 무슨 다른 비밀들을 아직도 감추고 있는 것일까? 우리가 영적으로 성숙해질 때까지 감출 셈인가?

이 사건으로부터 누군가는 그들의 관례에 대해 결론을 내릴 수 있을 것이다. 우선 그들은 숨는다. 실제의 모습을 내보이지 않고, 가면을 쓰고 사람들을 유혹하여 받아들여지게 만든다. 누군가 그들에 접근하여 관계를 맺게 되면, 천천히 바뀌기 시작한다. 이 변화에 반항하지 못하게, 즉 이 변화를 깨닫지 못하게 아주 서서히 변화한다. 누군가 비판적인 생각 없이 그들의 가르침을 받아들이고 그저 그들이 말하는 대로 따를 때, 자신들의 새로운 가르침을 받아들일 준비가 되어 있다고 여긴다. 물론 이 가르침은 그에 따르는 수련이 동반된다. 이 과정의 끝은 대체 무엇일까? 이들의 목적은 무엇인가? 성교를 통해 높은 등급에 달하는 방법의 끝은 무엇인가? 탄트라 요가(성력을 교의의 중심으로 하는 경전)의 완성은 무엇인가? 우상에 대한 숭배, 즉 성행위에 대한 예식인가? 다시 말해, 2천 년 전에 고대인들이 비너스 여신, 아스타르티를 숭배하면서 행동했던 것처럼 똑같이 하고 있는 것인가? 서양에 돌풍을 일으켰던 인도인 힌두교 스승 라즈니쉬를 보라. 신봉자들에게 마약을 주었고, 그들의 영혼과 몸을 자유롭게 한다는 빙자 하에 그들을 단체 성행위로 몰아넣었다. 이런 것들이 국제적 간행물에 게재된 사건이다. 하지만 나도 개인적으로도 그의 신봉자였던 사람들을 알고 있었고, 그들이 나에게 비밀리에 얘기해주어 알게 되었다.

이렇게 해서 사람의 영원한 얼굴인 영혼을 파괴한다. 단체 성행위라니! 사람이 동물처럼 행동하고 동물처럼 쓰인다. 사람의 인격이라는 것이 없고, 개인적인 앎도 감정도 없다. 영혼의 구조, 인간의 자존심, 인간의 존엄을 파괴하는 이성을 상실한 성행위만 있을 뿐이다.

"애초부터 악마는 살인마이다." 구체적인 행동으로 누군가는 몸을 죽이는 것처럼, 영혼을 죽이는 구체적인 행동이 있다. 그때 사람은 이 세상에서 그저 몸만 가지고 돌아다닐 뿐이며 정신적인 면에서는 죽은 것이다. 즉 귀신에 다름없는 것이다.

"죄의 대가는 죽음"이고 "죄에 의해 죽음이 인류에게 왔다."(로마서 6:23 참조)라고 사도 바울로는 가르친다.

7. 토니

영국인 토니는 금발 머리에 중키에 건장하고 영리한 사람이었다. 아버지는 성공회 신부님이었고, 본인은 영국에서 수학과를 졸업했다.

그는 요가에 빠져들어 집을 나와 요가 선생을 하며 살았다. 초보자를 위한 세미나에서 일을 했는데, 수입은 근근이 살아갈 정도였다. 토니는 사티 아난다 구루의 신봉자였고, 크리야 요가를 수련했다. 나는 토니에게서 성력을 교의의 중심으로 하는 경전 탄트라에 대해 들었고, 요가 수행자들의 성적 행동에 대해서도 들었다. 그는 세계 여행을 했고, 남은 인생을 힌두교 스승이 있는 한 아쉬람에서 보내고 싶어 했다. 그는 사람들이 정해주는 곳으로 갈 것이었다.

어느 날 바가바드 기타(힌두교 3대 경전의 하나)에 대해 대화를 나누고 있던 중 그가 말했다.

- 그리스도는 대 요가 수행자였어.
- 그리스도가 요가 수행자이고, 시바가 하느님이라고?

토니는 아무 대답도 하지 않았다. 그는 시바신을 선호했는데, 시바신은 인도 신학에서 파괴의 신이었다. 토니는 그리스도교를 부인하였고, 방에 그리스도 성화를 걸어놓는 대신 시바의 그림을 걸어놓았다. 토니는 부모님과 관계가 두절되어 있었다. 때때로 대마초를 피웠고 가끔씩 강력한 환각제도 사용했다. 아쉬람 안에서도 대마초를 피웠다고 내게 털어놓았다. 여러 가지 주제에 대해 니란잔 원장에게 질문이 있을 때 단체 모임을 갖곤 했는데, 특히 이 단체 모임이 있기 전에 대마초를 피우곤 했다. 이런 식으로 토니는 대마초를 더 많이 접하게 되었다. 언젠가 아쉬람의 한 방에서 버젓하게 마약을 하고 있던 토니와 다른 두 명을 우연히 보게 되었다. 토니는 니란잔을 추앙했고, 요가 수행자가 아닌 나머지 인도 사람들을 업신여겼다. 또 영국에 대한 우월감도 있었다.

토니는 힌두교 스승과 힌두교 경전에 대해 영어로 되어있는 책을 내게 주었다. 후에 우리는 며칠 간 함께 인도 여행을 하였다.

알라함반 : 바바지와 두 번째로 만나다

인도의 몽기르의 사티아난다 아쉬람에 있던 모든 요가 수행자들은, 내가 히말라야의 그 높은 곳에 가서 바바지를 만나고 그의 아쉬람에 갔다 왔다는 것에 대해 많은 관심을 보였다. 그래서 내게 와서 여러 가지에 대해 묻곤 했다. 아쉬람이 정확히 어디에 있는지 알고 싶어 했지만 정확히 설명해주기란 어려웠다. 그들은 정말로 바바지를 만나고 싶어 했다. 그들에게 바바지란 전설의 인물과도 같기 때문이다. 그 아쉬람의 원장조차도 호기심을 보였다. 그가 "바바지는 최고 수준에 있어."라고 내게 말했을 때, 나는 그들 모두가 그런 생각을 하고 있다는 것을 알게 되었다. 내가 바바지를 만났다는 소문이 퍼지자 그곳에서 내 가치가 높아졌다.

나는 특정한 날에 바바지가 알라함반에 며칠 간 머물 것이란 소식을 알고 있었다. 알라함반은 인도의 거룩한 도시들 가운데 하나로 갠지스강 유역에 있었다. 내가 바바지를 만나러 알라함반에 가려고 외출 허가를 요청했을 때, 그들은 또 한 번 나에 대해 감탄과 놀라움을 금치 못했다. 왜냐하면 내가 바바지를 만나게 될 장소와 시간이 정해져 있었기 때문이다. 그들은 내가 무척 행운아이고, 바바지가 내게 호의를 베풀고 있다고 여겼다. 이유인 즉슨 다음과 같았다. 12년마다 종교적 축제가 열리는데, 그곳엔 인도의 전 지역에서 요가 수행자들과 힌두교 스승들이 모여든다. 3일간 계속되는 축제에서 힌두교 신들을 경배하는데, 그곳에서 나는 대 요가 수행자들과 함께 있게 될 것이기 때문이었다. 이로써 나는 그곳에서 생겨날 에너지, 격렬함, 분위기로부터 도움을 받을 것이었다. 내가 외국인으로서 신봉자도 아니면서 그 장소와 날짜도 알고 있다는 것을 아쉬람 원장은 좋은 징조로 간주했다. 그래서 나의 여행을 허락했고, 이로써 나는 내가 처음에 냈던 여권과 돈을 돌려받을 수 있었다.

오랜 시간의 기차 여행 후 알라함반에 내렸다. 인도의 전통적인 도시였다. 광대한 지역으로 길은 좁고 작고 어둡고 아주 더러웠다. 집들은 3층과 4

층으로 되어 있었고 대다수 집들은 나무와 흙으로 지어져 있었다. 현대적인 집들은 시멘트로 되어 있었다. 이런 대 혼잡 속에서 방향을 잡기란 보통 어려운 일이 아니었다. 지도도 없고, 대로도 없는 큰 지역이라니! 다시 말해 미궁과 같았다. 일단 안으로 발을 들여놓으면, 길을 잃는 것은 불 보듯 뻔했다.

나는 기차역 근처에 있는 호텔로 갔다. 독방을 구해 휴식을 좀 취한 다음, 오후에 산책도 하고 배도 좀 채우러 밖으로 나왔다. 그 다음 날부터 바바지를 찾기로 생각했는데, 아무래도 바바지를 찾을 가능성은 전혀 없는 듯 보였다. 하지만 지난번처럼 바바지가 또 일을 처리할 것이라 믿었다.

곧 밤이 되었고, 나는 계속 길을 배회하고 있었다. 때때로 좁은 골목에 들어가 소음 속에서 인도의 삶을 접하였다. 길은 사람들로 북적였다. 인도는 인구 과잉 문제가 아주 심각했다. 사람들은 항상 많았고, 길은 항상 행인들로 혼잡했다. 차량은 적었지만, 사람은 많고 아주 가난했다. 길 위에는 침전물과 배설물이 항상 눈에 띄었다. 이런 상황에서 콜레라나 흑사병과 같은 병에 걸리지 않는 것이 의심스러울 정도였다. 나는 장화를 신었다. 더러운 길을 걸을 때마다 유발되는 역겨움이 좀 줄어들 것이라 생각했기 때문이었다. 이곳에 하수구 시설이 있다고 생각하지는 않았다. 많은 인도 사람들은, 침전물이 있는 진흙, 사람과 짐승의 배설물, 더러운 물, 좁은 장소에 몰려있는 군중들이 버린 것들 위를 맨발로 걸어 다녔다.

가로등은 별로 없었지만 이곳저곳에 불이 지펴져 있었다. 저녁에 길에 불을 지피는 것은 그들의 습관이었다. 낮의 더위에 익숙해진 터라 저녁엔 추웠다. 그들은 불 주위에 모여들어 오랫동안 이야기를 한다. 많은 사람들이 갈 곳이 없어, 보도 옆에서 잠을 청한다.

하지만 그날 밤 여러 요가 수행자들은 여러 곳에 자신들의 자리를 만들었다. 좁은 장소에, 정원에, 공원에, 나무 밑에 그들의 자리를 만들었다. 그들 주위로 사람들이 몰려들었다. 신발을 벗고 그곳에 앉아 있었다. 그 마을 전체가 '바가바드 기타'를 부르면서 밤을 샐 것이었다. 몇몇 사람은 악기를 가져와 악기 연주를 하며 불렀다. 믿음이 더 깊은 사람들은 요가 수행자들 가까이에 앉았고, 다른 사람들은 더 멀리 서서 그 광경을 좀 지켜보다 떠났다. 나는 이리 저리 구경을 하러 돌아다녔다.

한 무리가 있는 곳에 내 시선이 쏠렸다. 그곳에 있던 사람은 주황색 힌두교복을 입고 있었다. 마른 체격에 희고 긴 머리에 수염이 있었다. 잘생겼고 침착해 보였다. 그는 요가 자세를 하고 앉아 있었다. 그 앞에는 책이 펼쳐져 있었고 오른손으로 페달식 오르간처럼 생긴 악기를 연주하고 있었다. 주위에 사람들이 몰려들어 이미 앉아 있던 사람들에 더해졌다. 그의 목소리엔 어떤 가락이 있었다. 그는 내가 생각해오던 요가 수행자의 대표적인 예시라 말할 수 있었다. 뚱뚱하고 못생기고 어리석은 수행자들도 있는데, 그에 반해 그는 충분한 자격을 갖추고 있었다. 그래서 내가 더 그를 눈여겨보았던 것 같다.

갑자기 나는 제정신으로 돌아왔다. 무엇인가가 내 머리 위에 머무르려 했던 것을 내쫓기나 하려는 듯, 내 머리가 왔다 갔다 하는 것을 깨달았다. 마치 잠에서 깨려는 듯이, 두 손으로 눈을 비비고 있는 것도 깨달았다. 동시에 내 주변에 있던 사람들이 놀라서 떠나는 것도 눈치 챘다. 꽤 많은 사람들이 군중 속으로부터 떠나갔고 나는 정신을 차렸다. 나는 그를 무관심하게 쳐다보았다. 그가 하는 것에 의미를 부여하지 않았다. 그에게 화를 내지도 않았고, 그저 그에 대한 모든 흥미가 사라졌을 뿐이었다. 나는 그의 힘에 대해 관심 갖지 않은 채 떠나왔고 호텔로 돌아와 잠을 청했다.

나중에 나는 언제 내가 자제력을 잃고 의식을 잃었는지를 깨닫지 못했음을 알아차렸다. 언제 그런 상태가 시작되어 얼마나 지속되었고, 그 시간에 내가 무엇을 했는지 전혀 깨닫지 못했다. 단지 그것으로부터 피하려고 애를 썼을 때 제정신이 들었을 뿐이었다. 하지만 그것이 최면술의 끝이었을까, 아니면 시작이었을까? 혹시 그가 나를 최면술에 들게 할 수는 없었을까? 나를 복종하게 할 수는 없었을까? 그는 성공하지 못한 채 노력만 했을까, 아니면 성공한 것일까? 즉, 그가 내 정신을 붙들고 있던 것을 놓아두어 내가 깨기 시작했을 때, 단지 끝에 가서야 나는 반항하기 시작했다. 이 상태가 몇 분간 계속되었던 것일까? 결코 알아낼 수 없을 것이다. 문제는 내 허락 없이, 내 동의 없이 내 생각 속으로 침투하려 했던 것이다. 내가 그에게 요청하거나 충동질하지 않았는데도, 몰래, 갑자기, 교활하게 내 정신 속으로 들어왔다. 그의 의도에 따라 그가 내게 한 방법은 단 한 가지 결론을 내리게 했다. 교활함!

떠나간 사람들이 무엇을 두려워했는지 눈여겨볼 필요가 있다. 이는 그들이 두려운 무언가를 경험했다는 것을 의미한다. 그런 현상으로부터 좋은 것을 경험하고 좋은 결과가 있었다면 무서움이 아니라 기쁨을 느꼈을 것이다. 떠나지 않고 계속 앉아서 지켜봤을 것이다.

나는 무서움에 익숙해져 있었기에 별로 무섭지 않았다. 그에게 특별한 무언가가 있다고 생각하지 않았다. 물론 그가 어떤 방법으로 내게 그렇게 했는지는 몰랐다. 또 내게 호기심을 불러일으킨 것은 내 머리 위에 앉으려고 한 것이었다. 내가 보거나 잡거나 들을 수 있는 것은 아무것도 없었다. 하지만 내 머리 주위에 돌아다니고 내 머리를 만진 뒤 떠나가는 것을 느꼈다. 어떤 힘이었을까? 어떤 혼이었을까? 구름처럼 내 주위를 왔다 갔다 했다. 나는 그것이 싫었다. 무겁고 슬픔에 젖고 방해되는 것이었다. 나쁘고 공격적이고 더러웠다. 한마디로 말해 습격이었다.

내가 무지와 정신 혼란 속에 있었던 그때, 내게 실제로 무슨 일이 일어나고 있는지 몰랐다. 잘생긴 얼굴의 그가 나쁜 혼과 악령을 내게 보내 내 영혼 속으로 들어가게 하려 애썼다는 것을, 지금은 말할 수 있다. 요가 수행자의 명령에 복종하면서, 내가 그의 권한 아래 있게 하려고 애썼다. 이 경우에서 나는 빠져 나왔다. 하지만 불행하게도 나중에 그 일을 당하게 되었다.

다음 날 아침, 나는 스승 중의 스승을 찾아 가려고 일어났다. 주소를 하나 갖고 있었는데, 이 넓은 지역에서 벌어지는 대혼란 속에서 그 주소는 아무런 의미가 없었다. 아무것도 모르는 나뿐만 아니라, 인도 사람이었어도 문제를 해결하기 힘들었다. 하지만 나는 침착했다. 나를 히말라야 정상으로 인도한 사람이 손을 써서 나를 그에게 데려가리라 믿었다.

아침으로 바나나를 먹으면서 행인에게 길을 물었더니, 정확히 반대 방향으로 가야 한다고 일러 주었다. 나는 되돌아가기 시작하였다. 어느 정도 걷다가 어떤 사람에게 다시 물었다. 그 사람은 내가 가지고 있던 주소를 유심히 보더니, 철도를 지나 맞은편으로 가야 한다고 일러주었다. 주소가 적힌 종이 아래에 '문명화된 지역'이라고 쓰여 있었던 것이다. 그렇게 해서 철도의 맞은편에 도착했다.

그때 나는 '문명화된 지역'이 무엇을 의미하는지를 깨달았다. 다른 지역들과 완전히 다른 모습이었다. 넓고 큰 길에, 양방통행이었다. 저택들, 유럽식의 큰 뜰과 정원이 있는 삼사 층의 집들, 큰 공원들이 있었다. 모든 것이 깨끗했다. 전 날 저녁에 내가 갔던 곳과는 상대가 되지 않았다. 사람들도 적고 길은 한적했다. 차도에 자동차도 드물었다.

예전에 무슨 일이 있었던 것일까? 철도가 문명화된 지역과 다른 지역을 갈라놓았다. 인도가 영국의 식민지 아래 있었을 때, 영국인들이 이곳에 자신들의 집을 짓고 공원을 만들었다. 문명화된 지역은 경계선 역할을 하는 철망이 있는 철도에 의해 맞은편에 사는 인도인들과 구분이 되었다. 단지 몇 개의 높은 육교를 통해서만 이 지역을 통과할 수 있었다. 경제적 차이는 현격했다. 한쪽에는 굶주림, 빈곤, 생존에 대한 투쟁이 있었고, 다른 한쪽에는 지나친 사치와 호화가 있었다. 두 진영은 완전히 반대되었다. 물론 지금 그곳엔 영국인들이 없다. 예전의 주인들은 쫓겨났고, 그 자리에 새 주인들인 토착민들이 왔다. 즉, 인도의 상류 계급이 그곳에 가서 자리를 잡았다.

인도를 정복했던 영국인들을 내쫓기 위해 전쟁을 했지만, 가난한 인도인들에 대해서는 아무것도 바뀐 것이 없다고 생각한다. 가난한 인도 사람들은 계속 가난하게 살고 있고, 처량하고 비참한 삶이 계속되고 있다. 동물처럼 길에서 태어나 길에서 잠을 자고 길에서 죽어간다.

그들은 이렇게 태어나서 다른 것에 대해선 배우지 못했다. 비교할 수 있는 기준이 없고, 다른 점을 느낄 수 없으며, 다른 세상이 얼마나 다른지 그 크기와 정도를 깨달을 수 없다. 하지만 서양인들에게 무슨 일이 벌어지고 있는가? 유럽인들과 미국인들은 인도의 신화를 만들어낸 여러 작가들로부터 영향을 받아 인도에 왔다. 그들은 이미 마약의 세계에 빠져 있었거나, 인도에 온 뒤 마약이라는 거짓된 세계에 휘말려 들었다. 그리고 돈이 다 떨어졌을 때, 마약을 사기 위해 여권을 팔았다. 자신들 나라의 대사관으로 도움을 청하러 갔던 이들은 대사관으로부터 쫓겨났다. 본국으로 돌아갈 수 있도록 대사관에서 금전적 지원을 해주었는데, 그 돈마저도 마약으로 소비했기 때문이다. 그렇게 대사관은 다시는 금전적 도움을 주지 않게 되었다. 그들은 진리를 추구하면서 인도에 와서 결국 지옥 아닌 지옥에서 살게 되었다. 거리에서 잠을 자는 이 서양인들에게 무슨 일이 일어나고 있는가? 그들은 어떤 실의에 빠져 있는가? 어떻게 이런 상황을 견뎌낸단 말인가? 그들이 이렇게 된 것을 누구에게 책임을 물어야 하는가? 어떤 악령들이, 어떤 사기꾼들이 그럴듯한 거짓말과 수작과 허위적인 약속으로 그들을 현혹했는가? 이를테면 많은 청년들이 헤르만 헤세의 작품의 영향을 받아 인도로 오게 되었는데, 이에 대해 헤세는 아무런 책임이 없는 것일까?

    돈과 여권, 비행기 표가 들어있는 내 작은 가방을 도둑맞았다면, 나도 자동적으로 이런 비극적인 상황에 빠졌을 것이다. 이에 대해서는 더 이상 상상하지 않을 것이다.

    나는 알라함반의 문명화된 지역을 걸으며 작은 궁전들과 주민들을 둘러보았으며 간디의 집도 보았다. 그 사이 내가 가려고 하는 곳을 수소문했지만, 그곳을 아는 이가 아무도 없었다. 벤치에 앉아 바바지가 나를 도와주길 기원했다. 그리고 내 기원이 이루어지면 한 인도인에게 10루피를 적선하리라 맹세했다. 그때 20세 정도 된 한 청년이 자전거를 타고 내 앞을 지나가고 있었다. 나는 손짓을 하여 그를 멈춰 세웠다.

    인도 사람들은 서양인들과 말하기를 좋아하는 편이다. 나는 그에게 주소가 적힌 종이를 보여주었다. 그는 집주인을 알고 있다고 했다. 집주인은 큰 서점을 가진 출판업자로, 외국과 무역거래도 하는 굉장한 부자라고 했다. 주소에 적힌 곳은 내가 있던 곳에서 3킬로미터쯤 떨어진 곳이었다. 청년은 나를 자전거로 태워 주고 싶어 했고, 정말이지 나는 자전거에 올라탔다. 잠시 후 우리는 한 저택에 도착했다. 꽤 많은 사람들이 뜰 바깥에 있었는데, 뜰 안쪽에서도 많은 이들이 웅성거리는 소리가 들렸다.

그 안엔 큰 정원이 있었는데, 잔디가 깔려 있었고 분수대와 동상들이 있었다. 날씨는 좀 더웠지만 맑고 좋았다. 몇몇 사람들이 잔디 위에 앉아 있었다. 그들은 바바지의 측근 제자들로, 바바지의 유일한 일행이었다. 그들이 바바지를 모시고 다녔는데, 다른 사람들에게 다가가지 않고 자기들끼리만 모여 있었다. 내가 히말라야의 헤라칸에 갔을 때, 나에게 신발을 벗고 바바지에게 경배하라고 말했던 사람도 검은 옷을 입고 거기에 있었다.

나는 그들에게 다가가 그들 옆에 앉았다. 그 가운데 더 호감을 주고 더 너그럽게 보이는 사람과 대화를 나누었다. 그는 옷을 벗고 계속해서 돌아다녔다. 노란 보자기를 들고 다니면서 눕고 싶을 때마다 그것을 펼쳤다.

그는 자신의 사연을 얘기했다. 네덜란드 사람으로 암스테르담 출신이었다. 그는 서양에서의 삶이 하나도 맘에 들지 않았다. 그래서 스무 살쯤 되었을 때, 태평양에 있는 열대 지방 피지에 가서 살기로 결정했다. 그런데 피지로 가는 도중 인도를 들러 히말라야의 헤라칸 아쉬람에서 바바지를 만났다. 그때까지 그는 요가나 종교와 아무런 관련이 없었다.

- 그 앞에 서 있자니, 내가 정말 작은 사람이라는 걸 느꼈어요. 하지만 그는 바위처럼 크게 느껴졌지요.

그는 계속해서 말했다.

- 바바지는 내가 무역을 할 것이라 단호하게 말하더군요. 두려움과 놀라움으로 재차 물으니, 그렇게 될 것이라고 다시 확인시켜주었어요. 그래서 그곳으로부터 떠나면서 첫 번째 무역 계약을 맺었죠. 그때 저는 가진 게 별로 없던 히피였는데, 3년 안에 국제적인 사업가가 되었어요. 전세 비행기를 타고 여행도 하고, 백만 달러 정도의 이익을 보았지요. 물론 이 모든 것들을 그의 힘으로 했던 것이었어요. 그 후 바바지는 나를 곁으로 불렀고, 그렇게 나는 모든 것을 그만두고 요가를 시작하게 되었습니다.

그 말을 듣던 나는, 사실 나는 일하는 것을 싫어한다고 말했고, 그는 다음과 같이 물었다.

- 그러면 일하지 마세요. 어떤 삶을 원해요? 조용한 삶?
- 아니에요. 이 세상에 무슨 일이 일어나는지 알고 싶어요. 모든 것들이 신비에 싸여 있지만 저는 아무것도 모르거든요.
- 저는 지금 바바지와 3년을 같이 있는데도 아무것도 몰라요.
- 저는 제가 누구인지도 모르고, 이 세상에서 무엇을 해야 하는지도 모르겠어요. 이 세상에서 일어나는 일들이 무슨 의미가 있는지 모르겠고, 제가 하는 것들이 무슨 의미가 있으며 제가 어디로 가고 있는지도 모르겠어요. 당신은 당신이 원하지 않는 것도 하나요?
- 아니요, 저는 자유로운 사람이에요. 제가 하고 싶은 것을 하죠.

남아 있던 사람들이 그를 불러서 그는 떠날 채비를 했다.

- 어디 가세요?
- 담배 한 대 피우게요.
- 저도 같이 가도 될까요?
- 그래요, 같이 갑시다.

그들과 나는 저택의 큰 방으로 들어갔다. 그들은 모두 서른 살 정도였다. 대부분 건장하고 잘생겼다. 뚱뚱한 사람도 하나 있었다. 인도용 담뱃대에 담뱃잎을 넣는 동안, 나는 그들에게 말했다.

- 저는 바바지 앞에만 서면 무섭더라고요.
- 무서워하지 마세요.

그러자 옆에 있던 뚱뚱한 사람도 거들어 '무서워해도 돼요.'라고 웃으며 말했다.

첫 번째 사람이 담뱃대를 들고 담배를 빨아들이는데, 계속해서 빨아들이는 모습에 나는 놀라움을 감출 수 없었다. 그가 연기를 내뿜자, 방은 온통 연기로 가득 찼다. 폐에 어떻게 그 정도의 양이 들어있을 수 있는지 의심스러웠다. 다른 이들도 이렇게 연기를 빨아들였다. 내 차례가 되었을 때, 나는 점잖게 보이려 노력하면서, 할 수 있는 만큼 들여 마셨다. 그들에 비하면 아무것도 아니었지만 나는 너무 어지러워서 기절할 것만 같았다. 다음 차례가 왔을 땐 그저 형식적으로만 뻐끔거렸다. 너무 독한 담배였다.

어지러워서 밖으로 나와 건물의 안뜰로 갔다. 건물은 사각형 형태를 이루고 있었고, 사람들은 약 300명쯤 있었다. 여러 가지 일들이 벌어지고 있었고, 유럽 사람들도 꽤 많이 있었다. 인도 전통 의상을 입은 금발의 여인이 있었는데, 내가 뉴델리에서 만난 적이 있는 사람이었다. 그녀는 스스로를 바바지의 아내라 생각하고 있었고, 그에 맞게 행동하려 했다. 이런 모습이 우스꽝스럽게 비쳤기에 나는 그녀가 좀 가여웠다. 그녀에게 인신공격을 하는 사람은 아무도 없었지만, 그렇다고 관심을 두는 것도 아니었다. 그녀는 몇 년간 인도에 머물며 환상 속에 살고 있었고, 이 환상은 때때로 바바지의 아내처럼 행동하게 했다. 나는 좀 의아했다. 아무도 그녀가 정신 차리게 할 수 없었을까? 아무도 그녀에게 실상을 보여주려고 하지 않았던 것일까? 힌두교 스승은 무엇을 한 것일까? 델리에 있는 그녀의 친구에게 들은 바에 따르면, 그녀가 환상을 갖게 된 것은 힌두교 스승 때문이었다. 이것이 바바지 측근에서 벌어지는 장식적인 요소의 하나였다. 바바지와 그녀 사이에 관계가 있었던 것일까? 그렇지 않았다면 어떻게 그녀가 그러한 인상을 갖게 되었을까? 인도 사람들은 예전에 그들의 주인이었던 금발 백인들에 대해 증오와 부러움이 섞인 감탄을 느끼고 있었다. 이런 감정에 있어 바바지는 예외였을까? 힌두교 스승들에게 당한 여인들의 비슷한 사례들이 내 머릿속에 떠올랐다. 그러면서도 우리는 이것은 다른 거짓말쟁이 스승들에게서 생기는 일이지, 자신이 따르는 스승에게서 생기는 일은 아니라고 생각한다.

그러는 사이에 모든 사람들이 바바지에게 경배하고, 발에 입을 맞추며 지나갔다. 바바지는 어떤 이들에겐 차갑게 대했지만 어떤 이들에겐 상냥히 대하며 농담도 주고받았다. 군중 속엔 두세 명의 인도인 고행자들도 있었.

내게 주소를 알려주었던 사람이 끈질기게 달라붙으며, 바바지 앞으로 가도록 나를 떠밀었다. 내가 무서워서 주저했더니 그가 기분 나빠했다. 그를 난처하지 않게 하려고 나는 어쩔 수 없이 바바지에게 갔다. 하지만 내가 그의 앞에 서자마자 그는 사나워졌다. 나는 다시 무서워져서 몸이 얼어붙었다. 마음속으로 작게 '도와주세요.'라고 외쳤고, 그러자 바바지도 좀 누그러졌다.

- 누가 자네를 여기에 데리고 왔는가?
- 당신이 저를 이곳으로 이끄셨습니다.

나는 내가 이곳에 오게 된 원인이 바바지 추종자들이 아니라 바바지 자신임을 인정하며 대답했다.

- 어디에서 왔는가?
- 몽기르에서 왔습니다.

그의 뒤에는 경호원 같은 사람들이 있었는데, 나와 같이 담배를 피웠던 이들이었다.

바바지가 그만 가도 된다는 손짓을 하여, 다행히 나는 그로부터 멀어질 수 있었다. 그의 이상한 모습 앞에서 잔뜩 긴장하여 두려움과 짓눌림을 느끼던 중이었다. 내가 느낀 두려움은 어디서 온 것일까? 그의 이상한 눈 때문일까, 그의 힘 때문일까? 파이시오스 수도사님도 아주 큰 힘을 갖고 계셨다. 그분의 눈도 이상하고 자연스럽지 않게 될 때가 있었지만, 나를 두렵게 한 적은 한 번도 없었다. 오히려 그 반대현상이 일어나곤 했다. 하지만 바바지 앞에서 나는 왜 짓눌리는 기분을 느끼고 두려워했을까? 이것이 계속 나를 고민하게 했다.

식사 시간이 되었다. 순서를 갖춰 바닥에 차례대로 앉았다. 모두에게 큰 종이를 나누어주었고, 그 위에 감자, 채소, 여러 가지 향신료를 넣은 밥을 주었다. 나를 바바지에게 데려다 주었던 사람은 내 옆에 점잖게 앉아서는, 최근에 공장을 열었다고 말했다. 그는 인도에서 부자였는데, 공장 덕분에 더 부유해질 것이었다. 힌두교 스승은 신봉자 몇몇에게 물건을 나누어주었다. 그들 중에 우리를 대접하는 큰 출판업자도 있었다.

힌두교 스승이 그 집에 4-5일가량 머물렀기에 대접 비용은 꽤 많이 들었다. 그 뒤 그는 다른 곳으로 갈 예정이었다. 그와 함께 다니는 모든 사람들도 같이 먹고 자야 했기에, 주인 가족은 자신들이 쓰던 방을 비워 힌두교 스승과 제자들에게 내주었다. 이 가족의 자세에서 알 수 있는 것으로, 힌두교 스승 덕분에 모든 부를 획득할 수 있었던 것이다. 네덜란드인 제자는 "이 모든 것들은 당연히 그분의 힘으로 이루어진 것이에요."라고 말했다. 즉, 이런 식으로 거래가 오고 갔던 것이다.

1. 희생제

식사 후에 희생제가 시작되었다. 큰 그릇들은 지방분으로 꽉 차 있었다. 나는 3미터 정도 거리를 두고 지켜보았기에 그것이 무엇의 혼합물인지 정확히 알 수 없었다.

뜰에는 특별히 만들어진 제단이 있었는데, 거기에 불을 지펴 희생제를 드렸다. 바바지가 희생제를 주도했고, 집주인과 친밀한 제자들이 주위에서 그를 도왔다. 그들은 불을 지폈고, 바바지는 이따금씩 큰 국자로 지방분을 떠서 불 속에 넣곤 했다. 동시에 그들은 신들에 대해 여러 가지 찬가를 불렀다. 냄새는 고기 굽는 냄새와 비슷했다. 모든 사람들이 공경하는 마음으로 예식에 참여하였다. 집주인은 표정이 이상했다. 상한 자존심을 애써 지키려는 듯한 표정이었다. 예식은 두 시간 정도 걸렸고, 그 후 나와 얘기를 나누었던 네덜란드 제자가 예식 때 썼던 국자에 남은 검은 그을림을 손에 묻혀 신자들의 두 눈썹 사이에 둥그런 점을 찍어주었다. 나도 가서 이마에 점을 찍었다. 예식은 인상적이었지만, 누구를 위한 희생이었는지에 대해 당시로선 궁금해 하지 않았다. 그리스도를 위한 것은 아니었다는 것은 확실했다. 한 분이신 하느님을 위한 것은 아니었다는 것은 확실했다. 그들은 다신론자들이었다. 힌두교에는 신들이 많이 있다. 그들은 우상숭배자들이다. 그리스도교 환경에 있던 나는 우상 숭배에 관한 생각과는 거리가 있었기에, 그렇게 잘못된 부분들을 이해하기는 어려웠다. 고대 그리스인들이 우상을 섬기며 희생제를 올렸던 것처럼 힌두교인들도 우상을 향해 희생제를 올렸다. 믿을 수 없는 일이면서도 사실이었다.

요가와 힌두교는 정말로 구분이 되지 않는다. 그들 사이엔 같은 철학과 같은 믿음이 있고 서로가 서로의 산물이었다. 괴물의 모습을 한 신들 없이 힌두교는 존재하지 않는다. 그들은 완전히 전통적이었고, 자신들의 신들을 믿었고, 우상을 경배하고 믿었다. 참으로 놀라운 일이다. 20세기에 우상숭배자들이 있다니! 그리스도교 이전에, 고대 그리스인들이 열두 신을 믿었을 때 어떤 모습이었을까를 짐작해보았다. 하지만 인도인들은 고대 그리스인들이 믿었던 신들의 수를 뛰어넘어 수천의 신들을 섬기고 있었으며, 많은 신들이 그리스 신들처럼 사람의 모습을 한 것이 아니라 괴물과 닮은 형상이었다.

2. 경배

힌두교 스승은 군중들 속을 편안히 돌아다녔지만 아무도 그에게 다가가거나 그가 가는 길을 방해하지 않았다. 그 뒤 건물의 서편으로 사라졌다. 사람들은 일렬로 섰다. 나는, 먼젓번처럼 사람들이 바바지 앞을 지나가려 하고 있구나, 라고 생각했다. 나는 이제 이곳으로부터 떠나고 싶었기에 그 줄에 합류했다. 사람들의 선동에 의해 바바지에게 경배하려는 것이 아니라, 인사를 하기 위해서였다. 내가 그곳에 머물게 해주었으니 점잖게 행동하고 싶었다.

아직은 너무 멀어 바바지가 보이지 않았다. 나무들에 가려 잘 보이지 않았다. 한참을 기다린 후 앞으로 많이 나아갔을 때, 바바지가 나무 뒤에서 나오는 것이 보였다. '사람들이 누구와 인사를 나누고 있는 것이지?'라고 생각하는 동안 사원 앞에 있게 되었는데, 그곳엔 50센티미터 되는 동상들이 20개가 넘게 있었다. 그 옆엔 브라만들이 엄한 표정으로 앉아 사람들의 차례를 통제하고 있었다. 바바지는 나무로 올라가 나를 쳐다보고 있었다. 내 앞엔 세 명이 있었는데, 그들은 동상에 경배를 한 뒤 돈을 놓고 갔다. 나는 차례에서 빠져 나오기가 부끄러웠다. 그들에게 모욕적일 것이었다. 그렇다고 분별력 있게 떠날 수도 없는 처지였다. 하는 수 없이 앞으로 나아가 우상들에게 경배를 하였다. 하지만 동시에 마음속으로 그리스도게 기도를 드렸다.

나는 이렇게 속아 넘어갔다. 이런 식으로 하느님의 계명을 어긴 것이다. 그 계명은 내가 처음으로 바바지의 아쉬람에 가는 계단을 오를 때, 기적적인 방법으로 내 생각 속에 들어왔었다. 나는 인도인들의 우상 앞에 있었다. 내 어리석음과 부끄러움으로 하느님의 계명을 어기면서, 우상들에 경배하였다.

"나는 너의 주 하느님이다. 너는 나를 제외한 우상들을 섬길 수 없다. 우상들을 경배하지도 말고 섬기지도 말아라." 그런데 나는 하루 종일 무엇을 했단 말인가? 한 의식에 참여하지 않았던가? 이 모든 것들이 누구를 위한 것이었단 말인가? 확실히 힌두교 우상들을 위한 것 아니었던가? 시편에서 다윗은 "뭇 족속이 섬기는 신은 모두 허수아비"(시편 96:5)라고 말하고 있지 않은가? 나중에 나는 우상들에 경배를 하는 상황에 달하지 않았는가?

그러한 이유로 그리스도교 순교자들은 재산을 잃고, 사랑하는 사람들을 잃고, 우상 숭배자들에게 처절한 고문을 당하며 생명을 잃지 않았던가? 우상들을 위한 불에 한 줌의 향을 던지기를 거부했다는 이유로 말이다.

이렇게 그들은 진리에 대해 투쟁했었다. 거짓과 거짓의 아버지인 사탄에게 복종하기를 거부했었다. 이것은 굉장히 중요한 사실이다. 어떤 특정한 영역의 학문적인 이론에만 관계되는 일이 아니라, 사람의 인생 전부에 관계되는 일이다. 즉, 사람이 거짓과 기만 속에서 삶을 허비하며 살아갈 것인지, 진리와 접촉을 하면서, 즉 하느님과 관계를 가지며 진실하게 살아갈 것인지에 관련된 일이다.

순교자들은 영생으로 인도되는 진정한 길을 보여주며, 존재하지 않는 환상 속의 세계로부터, 죽음으로부터 사람들을 구하려 노력하면서, 진리에 대해, 하느님에 대해, 사람들에 대해, 사랑을 가지고 투쟁하였다.

물론 그들은 육체적인 죽음을 통해 영생을 얻었다. 멸하는 것을 영원한 것과 바꾸었고, 가치 없는 것을 가치 있는 것으로 바꾸었다. 하느님으로부터 사랑의 선물과 용기의 선물을 받았다. 하느님께서도 약속하셨다. "누구든지 사람들 앞에서 나를 안다고 증언하면 사람의 아들도 하느님의 천사들 앞에

서 그를 안다고 증언하겠다."(루가 12:8)

진리로부터 우리가 멀어지고 하느님의 사랑, 즉 진리의 하느님으로부터 멀어지는 것을 우리는 두려워해야 한다. 우리가 진리와 하느님의 사랑으로부터 멀어지는 것, 이것은 우리를 영원한 죽음으로, 영원한 영혼의 파괴로 인도한다. "육신은 죽여도 영혼은 죽이지 못하는 사람들을 두려워하지 말고 영혼과 육신을 아울러 지옥에 던져 멸망시킬 수 있는 분을 두려워하여라."(마태오 10:28)

물론 그때는 내가 무슨 일을 했는지 깨닫지 못했다. 의식이 없었다. 꼬임에 빠진 나는 혼란스러웠다. 인도 담배를 피워 어지러움은 가중되었다. 예전의 히피였던 요가 수행자에 대한 친한 감정에 동요되었다. 나는 친절함에 넘어가 다른 목적을 가지고 줄을 서게 되었고, 끝에 가서 다른 짓을 하였다. 이에 대해 약간의 경감이 있었던 것 같다. 그래서 후에 하느님께서는 나를 용서해주셨다.

3. 나는 어떻게 악령에 들렸는가?

그리고 나서 사람들은 끼리끼리 흩어졌다. 힌두교 스승도 이미 그 자리를 떠났고 나도 이만 떠나기로 했다. 잔디 위에 앉아있던 네덜란드인 수행자를 보고 인사를 하러 갔다. 그의 옆에 앉아 잠시 대화를 나눈 뒤, "또 봅시다."라고 말하며 그의 허벅지를 살짝 쳤다. 그 순간 그의 몸에서 무엇인가 나와 내 몸속으로 들어가는 것을 느꼈다. 어떤 힘이 내게 넘쳐흘렀다. 그는 놀라서 나를 쳐다보았는데, 아무 말도 하지 않고 서둘러 자리를 떠났다.

나는 내가 느낀 것에 대해, 또 옷을 벗고 앉아있던 그 요가 수행자의 처신에 대해서도 의아스러웠다. 대체 내게 무슨 일이 일어나고 있는지 깨닫지 못했다. 마치 내게 일어난 모든 일들을 어리석은 내가 스스로 추구하기라도 한 것과 같았다.

일어나서 호텔을 향해 떠났다. 오후 네 시에 출발하여 한밤중에 도착했으니 시간이 꽤 걸린 산책이었는데, 이상했다. 나는 힘이 넘쳤고, 길을 걸을 때 아주 당당했다. 아무것도, 누구도 무섭지 않았다. 내 인생에서 그렇게 강한 느낌은 처음이었다. 내 속에 들어온 힘이 나를 그렇게 강하게 느끼게 만들었으며, 모든 사람들이 내 손안에 있는 것 같았다. 내게 대드는 사람들도 어려움 없이 이길 수 있을 것 같았다. 그때까지의 내 인생에서 이 땅 위에서 그렇게 자유롭게 걸어본 적이 없었음을 느꼈다. 이 자유에 대한 느낌은 거칠 것이 없는 상태, 즉 두려움도 불안함도 없는 상태에서 왔다. 내게 무슨 일이 일어난다 해도 그것에 대처할 수 있다는 확신이 있었다.

날은 이미 저물었고, 나는 좁고 어두운 길로 들어섰다. 50미터 앞쪽에 열 명 이상의 남자들이 나에 대해 음모를 꾸미고 있는 것을 발견했다. 그들에게 나는 좋은 희생물로 보였을 것이다. 나는 아무 생각 없이 그들을 무시하며 앞으로 갔다. 거리가 10미터 정도로 좁혀졌을 때, 그 일당이 모여 소리 없이 움직이며 함께 달리더니 내게 덤벼들었다. 나는 한 순간도 두렵지 않았다. 내가 걷던 식으로 계속 걸으며 건방지게 웃었다.

그들은 내 가까이에 오자마자 나를 둘러싸더니, 그 자리에서 얼어붙었다. 그들은 모든 힘을 잃었고 내게 접근하려던 생각도 싹 사라진 듯했다. 두려워하면서 자기들끼리 모였고, 나도 가만히 서서 그들을 쳐다보았다. 내 옆에 있던 자가 위협적이고 욕설적인 태도로 무언가를 말했다. 그러나 내가 돌아서서 그를 쳐다보자, 그는 갑자기 조용해졌다. 그리고서 나는 그들을 살짝 제치면서, 여전히 권위를 잃지 않은 채 앞으로 나아갔다. 더 이상 그들과 상대하지 않고 그렇게 길을 계속 갔다.

정상적이었다면 그들은 나를 덮쳐 돈과 여권을 빼앗았을 것이다. 나를 때려눕혀 발로 차고 내게 침을 뱉었을 것이다. 그리고 그들의 거친 태도와 증오가 불러일으키는 짓들을 내게 했을 것이다. 이는 그들이 처한 가난한 환경과 절망 속에서 자주 일어나는 일들이다.

대체 무슨 일이 있었던 것일까? 그들이 내 얼굴에서 무엇을 보았길래 공포에 젖어 무릎을 꿇었을까? 그들의 얼굴은 경직되어 있었다. 그들은 전에도 그런 일을 했던 경험이 있었다. 어린 아이들이 아니었다. 내 얼굴에서 보앉던 어떤 이상한 것에 대해 그들은 분명히 의심을 하고 의문을 가졌을 것이다. 나는 내가 바바지가 있던 곳을 떠나면서 네덜란드 수행자로부터 스승의 힘을 받게 되었다는 것을 알고 있었다.

4. 힘에 대한 유혹

나는 계속 걸었다. 아주 어두운 밤이었는데, 어느 큰 공원으로 들어가게 되었다. 그곳엔 오래된 큰 건물들이 있었고, 사원도 있었다. 온갖 도둑들이 배회하리라는 것을 알고 있었지만 더 이상 그들에게 신경 쓰지 않았다. 여러 종류의 솜씨 좋은 강도들이 나를 보고 따라오리라는 것도 염두에 두지 않았다. 곰곰이 생각해보니, 내겐 큰 힘이 있었다. 그것을 나는 느낄 수 있었다.

'힘, 그것은 글자 그대로 힘이다. 내게 힘이 있다는 것이 나쁠 이유가 있을까?' 이렇게 자문해보았다. '너는 인생에서 무엇을 찾으려고 돌아다니는 것이냐?' 자문은 계속되었다. 생각을 좀 정리하고자 앉아서 담배를 한 대 물었다. 심사숙고해야 할 필요가 있었다. 바닥에 누워 인도 하늘의 별들을 쳐다보았다.

나는 내 마음속에 힘에 대한 욕망이 달아오르고 있음을 느꼈다. 담배로 인해 생각을 집중하는 데 어려움이 있었다. 심적 육체적으로 느슨해져서 저항력이 줄어들었다. 하지만 마음속에선 힘에 대한 욕망이 생겨났다.

"땅 위에서 귀족처럼, 주인처럼 걷는 것이 나쁜 일이야? 아무것도, 누구도 두려워하지 않는 것이 나빠? 모든 일이 쉽게 풀리고 원하는 것을 쉽게 가질 수 있는 것이 나쁜 일이야? 왜?" 나는 이렇게 스스로에게 도발적으로 물었다.

여러 종류의 사람들이 내게 접근하였다. 발을 질질 끌며 접근하는 경우가 있었고, 옆에서 무관심하게 걸으며 다가오는 경우가 있었다. 내가 얼굴을 돌리자마자, 사람들은 더 이상 내게 접근하지 않았다. 헤라칸 아쉬람에서 돌아오는 길에 만난 정장차림의 한 독일인이 생각났다. 그에겐 힘이 넘쳐흘렀었다. 그도 힌두교 스승의 제자였는데, 그것은 이상한 힘이었다. 지금 나도 어떤 면에서 그와 같은 힘을 가지고 있음을 깨달았다.

스스로에게 얼마나 오래 이야기했는지 모르겠다. 마지막에는 이렇게 물었다. "너는 힘을 거부했었어. 의도적으로 지배하는 것에 관심이 없었지. 그런데 지금 너는 전과 같은 상황으로 돌아가고 싶은 거야?"

"그래, 그런데 지금은 상황이 달라. 엄청나. 그 무엇이 네게 반대할 수 있단 말이야? 네가 원하는 여성을 가질 수 없을 것 같아? 경제적인 여유가 언젠가 바닥날 것이라 생각해? 네가 알고 싶어 하는 것을 알아내지 못할 것 같아?" 악마는 이렇게 모든 것을 내게 줄 수 있는 무한한 가능성을 갖고 있다고, 내가 착각하게 만들었다.

"그렇지만 거기엔 사랑이란 게 없어." 나는 계속해서 내 자신과 대화를 이어갔다.

"..."

"그래, 하지만 나는 진리에 관심이 있어. 이 모든 것들이 무슨 의미가 있어? 그것들이 있건 없건 어쨌다는 거야?"

갑자기 이 모든 것들이 빈껍데기처럼 보였다. 알맹이가 없는 껍데기일 뿐만 아니라 어리석고 우스꽝스러운 것처럼 보였다.

"아니야, 나는 이 힘에 대해 관심이 없어. 아니야."

나는 이 주제에 대해 더 이상 관심을 두지 않았다. 호텔로 가서 다음 날 오후까지 잠을 잤다.

다음 날 곰곰이 생각하였다. 무슨 일이 있었지? 무슨 결론을 내릴 수 있었지? 나의 애초의 목적은 어떻게 되었지? 요가 수행자들은 하느님 편이었을까, 아니면 악마의 편이었을까? 그것도 하느님으로 향하는 길이었을까, 아니면 악마의 함정이었을까? 사람들이 목적도 의미도 없이 삶을 허비하게 만든 악마의 영악한 술책이었을까? 나는 이런 물음에 답을 할 수 없었다. 여러 사건들과 대화들, 사람들을 떠올렸다. 이 속에서 답에 대한 실마리를 얻어 보려고 곰곰이 생각했다. 하지만 확신 있는 결론을 짓지 못하였다.

그런 날들 가운데 어느 날 밤, 나는 꿈에서 바바지를 보았다. 그는 내 손을 잡고 공중에서 나는 방법을 가르쳐주고 있었다. 동시에 시바신에게 바치는 "옴 나마 시바야" 힌두교 찬가를 내게 가르치고 있었다.

그 힌두교 찬가가 내 머릿속에 맴돌았다. 찬가를 부르며 잠에서 깼다. 나는 기차역에 가고 싶어졌다. 바바지가 그 시간에 떠나리라는 것을 알고 있었기 때문이었다. 밤에 호텔의 계단을 내려갔으나, 호텔 문이 잠겨 있었다. 문을 열어달라고 소리를 질렀지만 아무도 나타나지 않았다.

호텔의 옥상으로 올라갔다. 군중들이 열광적으로 "승리자이신 성인 아버지여"라고 외치는 것이 들려왔다. 신봉자들은 스승에게 작별의 인사를 하였고, 한 시간 이상 소리를 질렀다. 이런 외침 소리가 멀리서 들려오고 있었다.

내 머릿속엔 "옴 나마 시바야"가 맴돌았다. 이곳 사람들은 나의 허락이나 동의도 없이 자신들이 원하는 것을 내게 하곤 했다. 파이시오스 수도사님은 얼마나 다르게 대해주셨던가? 그분은 나를 존중해주셨다. 항상 나의 동의와 허락을 구하셨다.

날이 밝기 시작했을 때, 나는 이만 잠을 청하러 갔다. 하지만 힌두교 찬가가 계속 머릿속에 맴돌고 있었다. 그 찬가엔 무엇인가가 있었다. 힌두교 요가 수행자들이 내 머릿속에 그 찬가가 맴돌게 했다는 생각이 마음에 거슬렸다.

기이한 영적 현상들

알라함반에서 바바지와의 만남 후에 나는 몽기르에 있는 사티아난다 아쉬람으로 돌아왔다. 거기에 있던 사람들은 이제 나를 유명한 사람으로 대하였다.

그리스에서 인도로 떠나올 때, 나는 인도와 인도에 있는 모든 것들에 대해 마음의 문을 활짝 열기로 마음먹었다. 그래서 파이시오스 수도사님이 주신 십자가 목걸이조차도 빼냈었다. 관광객으로 인도를 바라보는 것이 아니라, 인도에 사는 사람으로서 인도를 바라보기로 마음먹었었다. 그리하여 나의 온 정신을 인도의 삶에 쏟았다. 인도에서의 삶이 내게 주는 영향들에 마음의 문을 활짝 열어놓고 있기를 바랐었다. 모든 것이 끝났을 때 내 마음의 여과기가 내가 겪은 사건들 가운데 과연 무엇을 간직할지를 알아보고자 기다렸다. 다시 말해, 내가 겪은 사건들 중에 간직해야 할 것이 무엇인지를 파악해보려고 기다렸다.

　인도 사람들이 하는 방법으로 나도 아쉬람에서 살려고 노력했다. 일찍 일어나서 그들과 함께 식사를 하고, 일을 하고, 대화를 나누고 요가를 했다. 사물에 대한 분별력을 갖추려면 그저 머리로만 생각하는 것이 아니라 그 삶에 직접 참여해야 한다. 그래서 나는 아쉬람의 회원으로서 살았다. 하지만 내 마음속엔 그리스도교의 경험을 가진 나 자신도 데리고 다녔다. 나는 요가 훈련을 그리스도교와 연결하려고 노력했다. 이를테면 아침에 일어나 명상 수행으로 일과를 시작했다. 내 정신이 명상 수행의 깊은 단계로 들어가면, 아토스 성산에서 배운 대로 "주 예수 그리스도여, 나를 불쌍히 여기소서."라고 기도하였다.

　세상사와 관련해서 사람의 정신과 마음 깊은 곳에 새겨진 사건들의 깊이, 본질적인 의미, 큰 강도를 묘사하고 설명할 만한 인간의 언어가 없다고 믿는다. 나의 놀란 의식은 사건들을 주시하였고, 간신히 적어냈다. 비평이나 분석, 생각을 할 만한 시간이 없었다.

　아쉬람 원장과 그리스도교에 관한 대화 이후, 원장이 나를 정신적으로 감독하기 시작한 것 같았다. 동시에 아토스 성산의 파이시오스 수도사님께서 나를 위해 거의 매일 많은 아픔을 가지고 기도를 하셨다.

　나는 아주 강한 두 영적인 진영 사이에 있었다. 내 마음은 둘 사이에서 갈피를 잡지 못했다. 내가 하게 될 영적인 노력은 두 진영 가운데 내가 어느 길을 선택하느냐에 따라 달라질 것이었다. 나는 하나의 투쟁에 나 자신을 바쳤고 그 속에서 살았다. 나라는 존재 전체를 바쳤다. 나는 내 삶의 방식을 위험에 빠뜨린 것뿐만 아니라 내 존재와 내 삶 전체를 위험에 빠뜨렸다. 나는 지치고 말았다. 육체적 노동이 아니라 정신적으로 고생을 많이 했기 때문이었다. 내가 겪은 이 영적인 세계에 대한 경험, 이 영적인 만남은 내게 있어 아주 큰 사건이었다. 그 사건들 속에서 어떤 힘이 좋은 힘이고, 어떤 힘이 나쁜 것인지를 구분하려고 애썼다. 하지만 그러기엔 나는 영적으로 너무 준비되어 있지 않았다. 영적인 사건들이 얼마나 질적이고, 또 어디에서 왔는지 구분하려고 애를 썼지만, 그것을 판단할 만한 기준이 없었다.

수면 습관이 바뀌었던 것이 생각난다. 즉, 밤에 깊은 잠을 이룬 것이 아니라, 때때로 꿈을 꾸었다. 그러면서 내 영혼 안에서 무슨 일이 일어나곤 했다. 변화가 있었고, 누군가 상황들을 바꾸어놓곤 했다. 영혼을 집에 비유하자면 누군가 가구들의 위치를 변경한 것만이 아니라, 기존의 벽을 부수고 다른 곳에 벽을 짓는 것과 같은 변화였다. 지금 생각하건대, 잠자는 동안 최면 상태에 빠졌던 것 같다. 다시 말해, 누군가 먼 곳에서 내게 최면을 걸었던 것 같다. 누군가 나의 의식의 열쇠를 훔쳐서 내 영혼의 집에 들어오곤 했었다.

때때로 아침에 늦게 일어났다. 5시에 일어나야 하는데 7시에 일어났다. 나와 같은 방을 쓰던 베누아는 내가 게으름을 피운다고 농담섞인 핀잔을 주었다. 잠자는 동안 이런 정신적인 변화를 겪었기 때문에 피곤했던 것인데 말이다.

- 너는 몰라. 밤에 정말 많은 일들이 생긴다니까. 제대로 잠을 잘 수가 없어.

나는 이러한 불평으로 답을 대신하기도 했다. 하루 종일 나는 어떤 영향을 받았다. 어떤 정신, 어떤 혼이 내 영혼에 기댄 것처럼 갑자기 내게 변화가 일어나곤 했다. 그리하여 나는 아름답고, 이상하고, 인상적인 신비주의 상징들을 그리기 시작했다. 밭에서 일하다가 그 변화를 느끼면, 때때로 흙으로 그 상징들을 만들기도 했다.

이런 현상들은 내가 다음에 묘사할 명백하고 인상적인 사건들과 섞여 날마다 지속되는 일이 되었다. 이 모든 일들에 대한 책임이 아쉬람 원장에게 있었다고 나는 확신했다. 하지만 그에게 찾아가 물어볼 수가 없었다.

다른 한편으로는 파이시오스 수도사님의 기도로 하느님께서 나를 도와주셔서 내가 숨을 돌릴 수 있었고, 힘을 얻고 정신적으로 인내할 수 있었다. 한번은 인쇄소에 앉아 단순한 일을 하면서 "주 예수 그리스도여, 나를 불쌍히 여기소서."라고 마음속으로 기도를 하기 시작했다. 30분 정도 이렇게 기도를 했는데, 갑자기 하나의 보이지 않는 영적인 구름이 나를 감싸고 있음을 깨닫게 되었다. 마치 살랑살랑 부는 바람이 더위를 식혀주듯, "풀밭에 내리는 단비"(시편 72:6)처럼 소리 없이 부드럽게 내 머리 위에 와 앉았다. 그것은 내가 확실하게 감지할 수 있는 것이었다. 내 마음은 기쁨과 평온함으로 가득 차 올랐다. 동시에 요가 수행자인 인쇄소 책임자가 이상한 표정으로 나를 뚫어지게 쳐다보고 있었다는 것을 느꼈다. 그러면서도 그의 시선이 나를 전혀 겁주지 못하는, 거룩한 확실함도 느끼고 있었다. 이 일로 인해 나는 표적의 대상이 되었다. 그 다음날 밭에서 일하고 있을 때, 건물 옥상에서 나를 몰래 감독하고 있던 나이든 요가 수행자를 보았다. 이런 일이 며칠간 계속되었다. 파이시오스 수도사님이 나를 위해 드리신 기도를 그들이 느끼게 된 것 같았다. 그들은 자신들의 힘에 역행하는 기운을 찾았지만, 그것이 어디서 오는 것인지는 모르는 것 같았다.

1. 점거

어느 날 오전 열한 시쯤 내게 아주 이상하고 색다른 일이 생겼다. 갑자기 내 머리가 텅 빈 것처럼, 내 자신이 없어진 것처럼 느껴졌다. 내게 무슨 일이 일어나고 있는지 몰랐지만 스스로를 통제할 수가 없었다. 누군가 내 정신과 육신을 감독하는 듯했다. 마음속에 내 의식의 소리가 있었지만, 들을 수 없었다. 내게 일어나고 있던 일들에 대해 완전히 무관심하게 되어버렸다. 그렇게 하던 일을 중단하고 로봇처럼 기계적으로 내 방에 들어갔다. 침대에 반듯이 누워서는, 자지도 않고 아무 생각도 하지 않고 아무것도 듣지 못하면서 시간에 대한 감각 없이 꼼짝 않고 있었다. 내 정신세계 속에 무슨 일이 생겼고, 내가 일으키지 않은 무언가가 있었다. 나는 가슴속에서 무언가가 부글부글 끓는 것을 느꼈다. 하지만 내 감각은 아주 희미했다.

나를 이 상황으로 몰아붙인 힘은 천천히 사라지기 시작했다. 그것이 내 영혼에 무슨 일을 했는지는 모른다. 아마 내 생각들을 바꾸고, 내가 가진 어떤 반대되는 의견들을 방해하려고 애썼을 것이라 추측한다. 나를 설득하려고 한 것이 아니라 굴복시키려 했다. 내 자유를 존중하지 않고, 영악하게 나를 굴복시키려 했다. 이윽고 내 의식이 돌아오기 시작했다. 베누아가 밖에서 내 이름을 부르는 것이 들렸다. 내가 일어나기 전에 베누아는 크게 소리를 지르며 방으로 들어왔다.

- 대체 문을 왜 잠갔어? 방에 들어오려고 한 시간을 애를 썼네!

나는 의심스러웠다. 모기장이 있는 문은 열려있었다. 나는 아직 침대에 누워있는 상태였고 몸과 사지는 축 늘어져 있었다.

- 모기장이 있는 문은 잠그지 않았어. 열려있었어.

나는 대답했다. 그는 한숨을 쉬며 불평했다.

- 방에 들어오려고 다섯 번이나 시도했는데, 문이 잠겨 있었어. 그래서 너를 불렀는데, 못 들었다고?

베누아는 화를 내면서 대답했다. 시계는 오후 1시를 가리키고 있었다. 즉 나는 두 시간 이상을 이러한 상태에 있었던 것이다. 열려있는 문을 쳐다보면서, 내 머리가 아직도 마비되어 있다는 사실을 느끼고 놀라지 않을 수 없었다.

'베누아가 못 들어오게 누가 문을 붙들고 있기라도 한 것일까? 아마도 나를 정신없게 만들어 침대에 눕힌 장본인일 거야. 스물다섯 먹은 건강한 청년이 문을 열지 못한다는 건 말이 안 되잖아? 베누아라면 분명히 힘으로 문을 열고 들어올 수 있었어.'라고 자문하였다. 내게 나타났던 이 정신적인 힘이 물질적인 결과를 초래하여 베누아가 문을 열지 못하도록 문을 닫은 채 붙들고 있었다는 것이 정말 의문스러웠다.

내가 깨닫지 못한 채, 누군가 대화를 나누면서 내게 최면을 걸었을 수도 있고, 또는 멀리서 걸었을 수도 있다고 생각한다. 그러나 누가 방문을 잠가서 베누아가 문을 못 열게 방해했단 말인가? 내게 한 최면은 잠긴 문과 관련하여 설명될 수 없었다. 그렇다면 그것은 대체 무엇이었을까? 다른 힘이 있었던 것이 분명하다. 아토스 성산의 수도사님들이 말씀하시는 것처럼, 내가 최면이라 이름 붙인 것 속에 혹시 악령도 함께 참여한 것은 아니었을까?

2. 빛

점심에 니드라 요가 수업이 있었다. 금발의 오스트레일리아 출신 요가 수행자가 수업을 담당하였다. 우리는 모두 각자 흩어져 누워, 눈을 감은 채 그녀의 지도를 받게 되었다. 휴식시간을 잠깐 가진 뒤 상상의 시간이 시작되었다. 그녀가 말하는 아름다운 모습들을 상상하기 시작했다. 우리의 머릿속엔 분꽃, 꽃들, 시내들이 그려졌고, 우리는 천천히 감각으로부터 멀어져 단지 그녀의 목소리만 듣게 되었다. 갑자기 내 정신 속에서 투명한 빛이 반짝거렸다. 내가 깊이 빠져들었음에 틀림없었다. 마치 섬광과 같은 것이었다. 의아스러웠지만, 그전처럼 내가 부른 것이 아니었다. 그녀도 그런 것에 대해 얘기하지 않았다. 혼자 나타났다가 이내 사라졌다. 그 빛이 어디서 왔는지에 대한 의문 말고는 그 장면에 대해 특별히 느낀 것이 없었다.

그녀는 서서히 우리를 정상적인 상태로 데려왔다. 그중 몇몇은 수업 시간 동안 잠에 들어있었다. 그녀는 우리 가운데 누가 어떤 빛을 보았는지 질문했다. 나는 아무 얘기도 하지 않았다. 만일 내 경험을 얘기 한다면 다른 사람들이 그것을 좋은 결과로 여겨 관심이나 호기심을 보일 것이기 때문이었다. 그런 주목은 받고 싶지 않았다. 그녀는 빛을 본 그 장본인이 나였다는 것을 느꼈으며, 그것을 확신하고자 이런 질문을 했다는 것을 나는 느낄 수 있었다.

이 사건은 내 이기심을 더 커지게 만들었다. 즉, 다른 이들이 하지 못한 특별한 것을 내가 경험했으므로 내가 요가에 특별한 재능이 있다는 생각을 하도록 만들었다. 이 아침, 즉 내가 빛을 본 경험은 내게 미끼처럼 작용했다.

이 빛은 무엇이었을까? 이 이야기의 전부는 최면이었다고 생각한다. 수업 전체가 이미 최면이었기 때문이다. 하지만 빛은? 빛은 신경 조직의 반향이었다. 다시 말해, 우리가 눈을 누를 때, 갑자기 일어나거나 부딪힐 때, 어떤 반짝임을 보도록 되어 있다. 신경 조직의 반응으로 인해 이 반짝임을 목격하게 되는데, 이는 자연스러운 현상이다.

아무튼 나는 영적인 것들을 경험하고 있다고 느끼지 못했다. 아무것도 배우지 못했고 알지 못했으며 인상적인 것도 없었다. 이 사건은 감각적으로나 의식적으로 내게 아무런 영향을 미치지 못했다. 정신적인 의문만이 남았을 뿐이다. 하지만 내가 요가를 더 배워봐야겠다는 마음이 들게 만들었다.

3. 이다, 핑갈라, 수슘나

오전 열 시쯤 나는 명상 수행을 좀 해보기로 했다. 요가 자세를 하는 대신 책상 다리를 하고 앉아 명상 수행을 시작했다. 그렇게 몇 분간 있었는데, 갑자기 어떤 힘이 내 전부를 정복하였다. 나를 세게 치는 것처럼 내 몸이 이 힘에 이끌려 완전히 똑바른 자세가 되었다. 척추는 완전히 일자로 되었고, 그래서 정식 요가 자세를 취하게 되었다. 눈을 감고 있었는데 머릿속엔 진한 색의 형체가 그려졌다. 세 가지 힘의 원천이었다. 그것은 그리스 신화에 나오는 의학의 상징, 아스클레피오스의 뱀 지팡이와 같았다. 이것은 요가 수행자들의 상징이기도 하다. 중심은 수슘나라고 부르는데 진한 노란색이었으며, 옆에 있는 다른 두 개보다 더 굵었고, 노란색을 중심으로 두 개의 가는 것이 빨간색과 청색으로 엮여 있었다. 그 환영이 좀 머물러 있다가 떠나갔다. 어떤 힘 있는 손이 내 신체와 정신을 자유롭게 풀어주는 것 같이 느껴졌다.

이것은 무언가 강한 것이었다. 나는 매일 이러한 종류, 즉 나를 정복하는 것을 만나곤 했는데, 이번 것은 강도에 있어 다른 것과 차원이 달랐다. 당연히 이를 토론의 주제로 끌고 갔다. 요가 수행자들은 이를 특별한 재능의 예로 여겼다. 이 재능은 세 가지 기를 갖고 일을 시작해야 함을 가리켰다. "문은 거의 열려 있어요. 당신의 의지가 조금 더해진다면 좋겠네요. 당신의 길은 척추에 숨어있는 힘을 이용하는 쿤달리니 요가예요." 나는 흥미진진해졌다. 질문도 해가면서 더 큰 의욕을 갖고 배우기 시작했다. 우주의 신비가 내 손 가까이에 있는 것 같았다.

나는 거의 설득되었다. 이 힘은 무엇이었을까? 니란잔이 한 짓이었을까? 그가 한 짓임에 틀림없었다. 하지만 그는 인정하지 않을 것이었다. 장소의 힘, 도사의 축복이라고 또 말하기 시작할 것이었다.

4. 영적인 분위기

내 마음속에 방해 세력이 있었다. 일반적으로 나는 내 주위 상황과는 반대되는 것을 갖고 있었다. 그들은 내가 그리스도를 사랑한다는 것을 알고 있었다. 토니, 루익과 이런 주제에 대해 대화를 나누었고, 특히 루익과 많은 얘기를 나누었다. 이들은 개신교 환경에서 자랐고, 특히 토니의 아버지는 영국에서 성공회 신부님이었다. 하지만 토니는 그리스도가 요가 수행자였다고 믿었다. 그들이 시바가 살아있다고 믿었던 것이 내게 인상적이었다. 그들은 방에 시바의 사진을 걸어놓고 감탄하곤 했다. 시바는 첫 번째 요가 수행자로, 요가를 발견한 사람이었다. 다시 말해 그리스도는 시바 다음이었다. 그들은 그리스도에 대해 자신들이 원하는 대로 말했다. 그들에게 시바는 그리스도보다 더 높게 여겨졌고, 그리스도는 요가 수행자였다. 그러나 그들은 시바가 정확히 무엇인지 몰랐다. 그들은 시바를 아주 높은 곳에 있으며 신과 같은 그 무엇으로 취급하였다. 그리고 시바가 그리스도를 가르친 것으로 여겼다. 나는 그들이 시바를 신으로 만들려 했고, 그리스도의 가치를 떨어뜨릴 준비가 되어있었던 것은 아닐까 의문스러웠다. 한편 토니는 자신을 무신론자라 표명했다.

아쉬람에서 힌두교 신들과 스승에 대해 키르탄이라고 하는 종교 찬가들을 부르곤 했다. 그들은 스승을 숭배하였다. 이 찬가들은, 긍정적인 방법으로 사람의 머리에 영향을 미치는 어떤 음향이나 주파수가 있다는 견해를 갖고 있다. 영적으로 진보해 있는 사람들이 이 음향들을 알아냈다고들 말한다. 그래서 키르탄을 부르고 이 좋은 영향을 받아들이는 것이 특별히 좋은 것으로 간주되었다. 모든 종교 찬가들이 이러한 음향을 가지고 있었다. 하지만 키르탄은 가장 좋은 찬가였다.

만트라에 대해서도 비슷한 설명을 하였다. 만트라는 계속 되풀이 되는 간단한 문구나 기원이다. 대부분 시바, 크리슈나, 마법적인 음향 "옴"과 같은 힌두교에서 사용하는 이름들이 들어있었다. 다시 말해 시바와 크리슈나에게 하는 주문과 기도였다. 하지만 시바와 크리슈나를 믿지 않는 사람들을 현혹하거나 그들의 마음을 진정시키기 위해, 만트라의 힘이 신들의 이름을 부르는 간구에 의해 오는 것이 아니라, 만트라 속에 있는 어떤 음향과 주파수로부터 온다고 그들은 말하곤 하였다. 이렇게 학문적인 설명을 함으로써 서양 사람들에게 더 쉽게 받아들여질 수 있을 것이기 때문이었다. 그리하여 서양 사람들이 날마다 수백 번을 시바나 크리슈나, 옴을 되풀이하도록 설득하였을 것이다.

나는 그들을 좀 시험하기로 했다. 나는 힌두교 만트라를 부르는 대신, "주 예수 그리스도여, 나를 불쌍히 여기소서."라고 기도하기 시작했다. 키르탄 대신에는 사순절 금요일 저녁에 부르는 성가[7]를 불렀다. 가끔 아침에는 요가 훈련과 함께 절을 하며 기도를 하곤 했다. 결과는 뻔한 것이었다.

베누아(그를 요가 숙련자라 특징지을 수도 있었다)는 아침마다 크리야 요가의 반을 하곤 했다. 우리는 같은 방을 사용하였다. 처음에 그는 내게 조롱적인 처신을 보였다. 나중에 그에게 문제가 나타나기 시작했는데, 요가 훈련을 잘할 수가 없게 되었다. 영적인 분위기 속의 무언가가 바뀌었고 그것이 베누아를 방해하였다. 그는 어려움을 겪었고, 내가 원인을 제공한 것으로 생각했다. 나는 내가 때때로 절을 하면서 드린 기도, 또 조용히 드린 기도의 결과에 대해 감동을 받았다. 나중에 베누아는 방을 바꾸어달라고 했고, 그렇게 방을

---

[7] 사순절 시기송으로 가사는 다음과 같다. "테오토코스여 당신의 도움이 당신에 의하여 재난에서 구제되었나니 승리의 지휘자이신 당신에게 승리의 사은제를 바치나이다. 당신은 무적의 힘을 지니셨으니 나를 온갖 위험에서 구하시어 '혼인한 바 없는 신부여 기뻐하소서'라고 당신께 외치게 하소서."

바꾸었다.

때때로 내가 복도나 계단에서 교회의 성가를 크게 부르곤 했을 때, 요가 수행자들의 얼굴에서 나타나는 불만을 쉽게 볼 수 있었다. 사람들이 내게 빗대어 말하곤 했을 때, 나는 그들에게 농담조로 얘기했다. "내가 부르는 이 성가들에도 긍정적인 주파수가 있어." 그러나 그들을 설득한 것처럼 보이지는 않았다.

나는, 다른 종교들을 받아들이고 그 종교들을 깊게 이해한다고 말했던 그들이 실제로는 그리스도나 성모님을 받아들일 수 없었다는 것을 확인하게 되었다. 그리스도교는 그들에게 아주 방해가 되었다.

5. 마지막 공격

밭에서 일하고 있던 어느 날 오전, 나는 독일 여인 프라카스에게 말했다.
- 저는 아토스 성산에 가기로 결정했어요. 전에 말씀드렸던 그 고행 수도사님과 함께 살려고요.
- 진보한 영혼에게 그런 건 어려운 일이에요.

그녀는 괴로워하며 답했다. 아쉬람을 아주 영적인 곳으로 취급했던 프라카스는, 인정 어린 마음으로 내게 계속 이곳에 머물라고 말했던 것이다. 그녀는 힌두교 스승을 사랑했고 그들에 대해 감탄했다.

하지만 다른 요가 수행자들, 특히 니란잔이나 현재의 힌두교 스승은, 프라카스가 갖고 있는 그런 인정과 순수함으로 이런 주제들에 대해 생각한 것이 아니었다. 나의 의심이 그들의 눈에 거슬렸다. 그들은 나를 복종시키려 했다. 내가 죽는다 할지라도 나를 그곳에 붙들고 있으려 했다. 그들을 떠나 아토스 성산으로 다시 돌아가겠다는 나의 결정을 프라카스가 그들에게 알렸을 때, 그들은 신속하고 적극적으로 행동하였다.

점심에 나는 방에 혼자 있었는데, 다음과 같은 엄청난 일이 일어났다. 그것은 공포를 불러일으켰고 비인간적인 일이었다. 그것은 범죄와 같았고, 정신적인 살인이었으며, 아주 나쁜 것이었다.

점심 무렵 혼자 방에 앉아 생각을 좀 하려고 애쓰고 있을 때, 갑자기 공포스러운 무언가를 접하였다. 심한 폭격이 있은 뒤 몇 초 만에 큰 건물들이 바닥으로 쓰러지는 영화나 다큐멘터리에서처럼 말이다. 필름을 반대로 돌리면 땅바닥에 쓰러져있던 것들이 다시 일어나 건물이 되는 것을 볼 수 있다. 내가 그 사건을 접했을 때, 바로 이런 장면이 떠올랐다.

갑자기 내 영혼이 순간적으로 무너지는 것을 느꼈다. 모든 기둥이 무너지고 대들보가 무너졌음을 느꼈다. 견딜 수 없는 아픔이었다. 말 그대로 공포였다. 이게 무엇인지 생각하고 행동하기 위해 저항할 힘이 전혀 없었다. 그러나 조금 전에 나는 그리스로 돌아가려는 여행에 대해 생각하고 계획을 짜고 있었다. 지금은 그리스에 대한 여행이 그렇게도 어렵게만 보였다. 그리스로 돌아가는 것이 두려웠던 것뿐만 아니라 방 밖을 나가는 것조차 두려웠다. 인도를 쑤시고 돌아다녔던 내가 방 밖으로 나가는 것을 무서워했다. 내가 그곳을 떠나고자 하는 생각조차도 나를 겁에 질리게 했다. 전혀 힘이 없었다. 아무것에도 저항할 수 없었다. 나는 주인에게 충실하게 복종하는, 겁먹은 개였다. 나는 상처 받았고, 파괴되었고, 기분이 나빠졌다. 아쉬람의 보호를 원했다.

"수도사님, 저를 도와주세요."

나는 간신히 속삭였다. 그랬더니 내가 깨닫기도 전에 즉각적으로 내 영혼이 제자리로 돌아왔다. 다른 한 힘이 내게 와서 내 정신을 처음보다 더 단단하게 만들었다. 나는 기분이 아주 좋아졌다. 나는 심리적으로 강해지게 되었다. "투쟁이 필요하네."라고 말씀하시는 파이시오스 수도사님의 목소리가 들려왔다.

나는 깜짝 놀랐고 충격을 받았다. 여기서 일어나고 있는 일들이 대체 무엇이란 말인가! 내게 어떤 힘들이 작용하고 있는 걸까? 나는 하루 종일 방에만 머물렀다.

"성모님, 제가 여기서 떠날 수 있도록 도와주세요. 제 정신을 당신께 바칠게요. 당신의 것이에요. 당신께 속합니다." 나는 이렇게 맹세를 했다. 그리고 사순절 시기송을 부르기 시작했다.

다음 날 아침 나는 방에서 나왔다. 보통은 사람들이 많이 돌아다녔는데, 그날은 사람들이 많이 돌아다니지 않았다. 나는 밭에서 프라카스와 일을 시작했다.

- 여기서 뭐하세요? 오늘은 모두가 건물 안에 있어야 한다는 말 못 들었어요?

누군가가 내게 엄하게 묻는 소리를 들었다. 그는 인쇄소를 맡고 있는 요가 수행자였다.

- 저는 아무것도 몰랐어요. 지금 막 밖으로 나왔는걸요.

그는 화가 나 있었다. 그는 저만치서 프라카스와 얘기를 하기 시작했다. 잠시 후 프라카스는, 내가 인쇄소 건물 안으로 일하러 갔어야 했다고, 그곳에 '영적인 방어'가 있을 것이라고 말했다. '영적인 전쟁'이라도 있다는 말인가? 그것은 원장의 명령이었다. 원장은 당황해 있었다. 무언가 그들에게 문제가 생긴 것이었다. 그들을 당황하게 한 무언가가 있었다. 정말 모두가 건물 안에 있었다. 보호를 빙자하여 모두가 안에 있었다. 삼 일간을 이렇게 지속하였다.

'내가 그리스에서 마인드 컨트롤에 관한 세미나에 참석했을 때 수도사님이 기도로써 나를 보호하셨던 것처럼, 지금 수도사님의 기도가 그들의 계획을 망쳤어.' 라고 나는 생각했다.

며칠 후, 나는 떠날 준비를 하였다. 영국인 토니와 함께 떠날 예정이었다. 나는 원장에게 작별 인사를 하고 싶었다. 내가 저렴한 가격에 이곳에 머물 수 있도록 도와준 장본인이 바로 그였다. 다른 사람들이 낸 것에 비하면, 내가 낸 돈은 극히 적었다. 하지만 나는 어딘가에 말려들었다. 그래서 내 정신이 다른 곳에 팔려있었기 때문에 작별 인사는 하는 둥 마는 둥 이루어졌다. 그는 창가에 있었고, 나는 밖에 있었다.

- 니란잔 원장님, 안녕히 계세요. 저는 이제 갑니다.

그는 등을 돌리더니 나를 쳐다보았다. 그의 큰 눈이 작아지더니 실 가락처럼 되었다. 그는 증오에 찬 눈초리로 나를 쳐다보았다.

- 제가 더 이상 어쩌겠어요.
- 시바무르티와 만나세요.

나는 기분이 나빴다. 그게 무슨 눈초리였단 말인가? 그것이 증오였다는 것을 나는 받아들일 수가 없었다. 증오로 가득 찬 그의 눈빛에 나는 적잖이 충격을 받았다. 이유는 알 수 없었다. 며칠 후 나는 뉴델리에서 그에게 편지를 보냈다. 나는 우리가 사이좋게 헤어지고 싶었다고 썼다.

여러 해가 지난 후, 아쉬람의 힌두교 스승 사티아난다는 이미 이 세상을 떠났고 그 자리를 니란잔이 이어받았다. 즉 니란잔은 도사가 되었고 이름은 니란자난다로 바꾸었다. 나는 그것을 요가에 관한 한 잡지에서 우연히 보았다. 한 기사에 파라마함사 니란자난다라는 이름으로 된 그의 서명이 있었다. 나는 놀라면서도 기쁜 마음으로 그의 고백을 읽었는데, 비록 여러 해가 지난 후였지만, 그는 나의 관한 일에 대해 서술하고 있었다.

"스승은 요가 견습생이 아쉬람에 계속 머물도록 허락하였다. 견습생이 여러 가지 상황을 대처하는 데 있어 그 대처를 이기주의적으로 하도록 스승은 그를 내버려두었다. 하지만 그 사이에 스승은 견습생의 마지막 정신적인 파괴를 뒤에서 조심스럽게 준비하고 있었다. 스승의 약간의 움직임으로 견습생의 이기주의는 번개처럼 사라졌다."

즉, 아쉬람에서 일어났던 일들이 내게도 똑같이 적용되었던 것이다. 정신적인 파괴, 아픔, 완전한 나약함이었다.

내가 몽기르에 있는 아쉬람에 있었을 때, 그곳에서 일어났던 모든 현상들에 대한 원인은 바로 그 자신이었지, 그가 내게 말하곤 했던 '장소의 힘'이 아니었다는 솔직한 고백이 여기에 있었다. 하지만 그는 참을 수 없는 정신적 아픔을 감추고 있고 '마지막 정신적인 파괴'를 담고 있는 불안을 감추고 있다. 이를 감추고 있는 것뿐만 아니라, 누군가가 정신적인 나약함에 의해 전적으로 복종하는 노예가 되고 기계의 부속품과 같은 부수적인 노예가 된다는 사건도 감추고 있다. 그것은 요가 견습생이 아니라 노예이다. 그들 사이는 이미 주종의 관계이기 때문이다. 그는 여기서 멈추는 것이 아니라 앞으로 더 나아간다. 그가 행한 정신적인 범죄를 그는 '영적인' 에너지로 나타내 보였다. '이기주의에 대한 방해로부터 너를 해방시켜, 나는 내게 너의 영적인 길을 열어주었다.'라고 말하고 있는 것이다. 이것이 힌두교 스승들의 실정이다.

그것이 정말이라면, 이렇게 처신하는 사람을 어떻게 특징지을 것인가? 솔직한 사람? 교활한 사람? 영악한 사람? 정직한 사람? 거룩한 사람? 악마 같은 사람? 착한 사람? 나쁜 사람? 당신이라면 이런 것을 좋아했겠는가 말이다.

가브리엘라 수녀님의 증언

가브리엘라 수녀님(1897-1992)이 수녀가 되기 전, 그녀의 이름은 아브릴리아 파파야니였다. 인도를 다녀온 뒤 몇 년 후 나는 아테네에 가서 그분을 만났다. 수녀님은 인도에서 오랫동안 사셨고 청년들에게 다정하고 순수한 방법으로 영성 생활을 지도해준다는 것을 들어왔다. 정말이지, 아테네에 있는 아파트에서 우리가 만났을 때 수녀님이 나를 맞아주셨던 방법, 정성껏 대해주시고 말씀해주셨던 것, 그때 받은 감동을 아직도 생생히 기억하고 있다. 그 후 수녀님은 내게 편지를 두 번 보내셨는데 안타깝게도 나는 그 편지들을 잃어버렸다. 수녀님은 파이시오스 수도사님에 대해서 듣기만 하였음에도 수도사님을 정말 존경하고 계셨는데, 이것이 내게 무척 인상적이었다.

그때 나는 28살이었고 수녀님은 75세가 넘은 연세셨다. 우리는 거의 머리와 머리를 맞대었고, 수녀님은 엄마처럼 다정하게 내게 말을 하셨다. 나는 수녀님의 말에 귀를 기울였고, 내 영혼은 그분의 다정함으로 가득 채워졌다. 그때 우리는 인도에 관해서도 이야기를 나누었다. 그분의 얘기는 그분이 안식하신 후 발간된 책에 쓰여 있는데, 이 책은 많은 사랑을 받았다.

수녀님은 시바난다 힌두교 스승을 알고 계셨다. 시바난다는 사티아난다 도사의 선생이었고, 사티아난다는 니란자난다 스승의 스승이었다. 즉, 내가 만난 니란잔(공식적으로 힌두교 스승이 되었을 때 니란자난다라고 이름이 바뀜)은 가브리엘라 수녀님이 알고 계시던 시바난다의 영적인 손자였다.

그때 당시 그녀는 아직 수녀가 되기 전이었다. 그녀는 오랫동안 시바난다 아쉬람에 머물렀고, 그 아쉬람 안에 있던 병원에서 일을 한 적이 있었다. 그녀에 관한 책에는 어떻게 기록되어 있는지 보자.

여기서 알란이라는 호주 출신의 26살 청년과 아주 중요한 만남이 있었다. 처음엔 우정의 시작이었지만 나중에 그는 세례를 받는 것으로 끝을 맺었다. 이 사건은 그녀(가브릴리아 수녀)에 대한 시바난다의 태도를 바꾸게 하였다. 이것은 아마도 그녀에 대항하는 이상한 현상들이 나타나는 원인이 되었던 것 같다. 우리의 끈질긴 요청 후에 그녀는 이상한 현상들에 대해 우리에게 설명해주었다.

이것을 읽어보는 것도 가치가 있을 것이다.

방에서 기도를 하고 있던 어느 밤중에, 그녀는 갑자기 눈을 떴다. 무엇을 보았을까? 침대는 다른 곳에 있었다. 그녀는 다시 눈을 감고 기도를 계속했다. 잠시 후 다시 눈을 뜨고 창문 밖을 바라보았다. 그녀는 더 이상 달을 보지 못하였다. 그녀는 엘레니 비르부에게 말하였다. "나는 눈이 멀었었어. 불안한 마음에 기도에 더 전념하였고, 한 순간 잠이 들었어. 아침에 잠에서 깨었을 때 다시 볼 수가 있었지. 그때 사람들이 내게 무언가 했다는 것을 깨달았어. 내가 강당에서 시바난다를 만났을 때 그는 내가 잠을 잘 잤는지 묻더라고. 나는 아주 잘 잤다고 말했지. 그는 나를 뚫어지게 쳐다보더니 타자기를 치고 있던 한 여자 수행자에게 가서 말을 했어. 그리고 다시 내게 와서는 내 뒤에 있던 남자 수행자를 쳐다보면서 나한테 똑같은 질문을 했어. 나는 다시 '네, 하느님의 보호 덕분에 아주 잘 잤어요.'라고 대답했어. 그는 곰곰이 생각하면서 나를 다시 쳐다보았지. 더 이상 아무 말도 않더군. 그 후 몇 달이 지났어. 나는 그들이 탐탁지 않은 외국인들에게 겁을 주거나 다른 사람들을 유혹하려고 또는 외국인들이 항상 그곳에 머물게 하려고 영악한 악령들을 부르면서 그런 짓들을 한다는 걸 알게 되었어. 그들이 그렇게 해서 미쳐버린 한 독일 여인을 알고 있어. 며칠 후 시바난다 본인이 직접 내게 와서, 방을 잘못 배정해주었다며 위층으로 올라가라고 제안했지. 하지만 나는 바꾸지 않고 그 방을 썼고, 그때부터 모두가 나를 이상하게 쳐다보기 시작했어. 누군가 그들보다 더 힘 있는 사람이 나를 보호한다는 것을 그들은 느꼈던 거야. 나는 내가 떠나야 할 시간이 다 가왔다는 것을 느꼈지."

여기서 시바난다가 가브리엘라 수녀님에게 했던 술책과 수법을 그의 영적 손자(니란자난다)가 내게 했음을 알 수 있다. 즉 이것은 일회적인 경우에 그치는 것이 아니라, 대대로 이어오는 영적인 전통, 정확히 말해 악령적인 전통에 관한 것들이었다. 이 전통의 측면에서 볼 때, 그리고 이 가르침의 측면에서 볼 때, 이 가르침 속에 힌두교 스승들을 신격화하는 것도 있다. 이 주제에 대해 가브리엘라 수녀님에 관한 책에서 이렇게 얘기한다.

그녀가 아쉬람에 머물던 처음 며칠 동안에 그녀에게 놀라움을 유발한 것은 인도 철학에서 힌두교 스승은 그의 제자들과 신봉자들로부터 하느님의 화신으로 간주된다는 사건이다. 힌두교 스승을 인간 우상으로 받들어 그 앞에 엎드려 경배하고, 다른 신들에게도 하는 예식처럼, 그를 찬양하기 위한 예식도 진행한다. 언젠가 시바난다의 생일에 경축행사가 많이 있었고 수백 명의 신봉자들이 모였었는데, 그때 그녀가 얼마나 어려운 처지에 있었는지 우리에게 이야기한 것을 기억한다. 언젠가 사람들은 그녀가 마시도록 우유가 담긴 그릇을 가져왔는데, 그 우유는 도사가 발을 막 닦고 난 것이었다. 그녀는 순간적으로 주님께 답을 달라고 기도를 드렸다. 답이 왔다. 그녀는 그저 그녀의 손을 우유에 넣었다. 다른 사람들은 모두 우유를 마셨는데 왜 그녀는 마시지 않았는지 사람들이 물었을 때, 그녀는 그들에게 상처를 주지 않기 위해, 아주 진지한 표정으로 이렇게 답했다. '우리 조국에서는 이렇게 합니다.' 그녀는 정말 삶의 마지막 순간까지도 모든 것에 옳은 답을 내리는 데 항상 준비가 되어 있었다.

하지만 이 인간 숭배는 그녀의 마음속에 있는 그리스도에 대한 진리에 방해가 되었다. 그녀는 엘레니 비르부에게 말하였다.

"나는 엄격한 수도, 금식, 무소유, 주위 친척에 대한 헌신을 보았어. 하지만 지나친 것들도 많이 보았지. 사람들은 스승을 신처럼 경배해. 스승은 그들이 그를 신처럼 경배하는 것을 받아들이며 자신이 신이라고 믿어. 어느 날 나는 그들 중 한 사람에게 '어떻게 그것을 받아들이세요?'라고 물었는데 그는 '국민의 전통을 깨뜨릴 순 없어요.'라고 대답하더군."

또 가브리엘라 수녀님은 점점 더 유명해지던 사이 바바 도사를 만났다. 그는 자신을 알려져 있는 모든 신들보다 더 높은 신이라고 표명했고, 당연히 그리스도보다도 더 높은 신이라고 표명했다. 그에겐 그러한 광신적인 오만이 있었다. 그 당시에도 악령들과 협력하여 상상을 초월하는 여러 가지 속임수를 만들어냈다.
하지만 수녀님이 그렇게도 많은 사이 바바의 신봉자들 속에 있었음에도 그들을 어떻게 대처했는지 엿볼 수 있다. 그녀의 옛 친구 프랑스 여인 박콘은 다음과 같이 기억하고 있다.

가브리엘라가 이렇게 말한 게 기억난다. 그녀가 인도의 한 병원에서 일하고 있었을 때, 당시 명성이 점점 높아지고 있던 사이 바바가 그 병원을 들르게 되었다. 그의 마법적인 속임수를 찬양하던 몇 명의 미국인들과 함께 왔다. 그는 금과 은으로 된 여러 가지 장식물들을 만들어 옮기는 일을 했다. 하지만 그가 가브리엘라를 보았을 때, 강에서 주운 조약돌 몇 개만 주었을 뿐이었다. 아마도 사이 바바는 그녀의 영적인 위치를 알아차리고, 아무것도 할 수 없었던 것 같다.

자신을 신이라 하고 구세주라 하는 사람에 대한 언급이 끝나기 전에 가브리엘라가 우리들에게 말한 재미있는 이야기를 적어본다. 아마도 같은 날 있었던 일일 수도 있다. 사이 바바는 강가에서 모든 모래를 섞어 만든 설탕과자 같은 것을 황홀에 빠진 그의 일행에게 대접하였다. 그의 모든 신봉자들은 감탄하면서 경건한 마음으로 그것을 먹었다. 그때 가브리엘라는 한 외국인 여자와 이야기를 나누고 있었는데, 사이 바바가 가브리엘라에게 대접하려고 다가왔다. 그녀는 미소를 지으며 이렇게 말했다. "제 위 속에 모래가 쌓이면 어떡하겠습니까?"

여기서 나는 오해를 막기 위해 개인적인 의견을 덧붙이고 싶다. 나는 인도인들을 아주 좋아한다. 가난함 속에서, 또 커다란 아픔 속에서 살고 있는 인도 사람들을 내가 도와줄 수 있었으면 좋았을 것이다. 파이시오스 수도사님은 인도인들에 대해 이렇게 말씀하셨다. "인도 사람들은 영적인 깊이가 있는 민족인데, 그들에겐 영적인 불안이 있어. 그들의 마음은 부로 채워지지 않아. 그들은 하느님에 대한 열망이 있지. 하지만 그들은 현혹에 빠져있어. 악마가 그들을 현혹에 빠지게 하고 있고 그들을 병약하게 만들어. 그들이 그리스도를 알게 되었다면, 그들이 가진 마음으로 크게 진보해 갈 수 있었을 거야."

희생정신을 가진 좋은 인도 사람들이 많이 있다. 그들은 따뜻하고 상냥한 사람들이다. 나는 인도 사람들에게 반대 의견을 가지고 있는 것이 아니라, 그들의 영적인 전통에 반대 의견을 가지고 있는 것이다. 도사들의 초자연적인 행동 뒤에 숨어있는 악마에 반대 의견이 있는 것이지, 그들에 반대 의견이 있는 것이 아니다. 그리스도께서 그들의 나쁜 주인, 즉 악마로부터 그들을 보호하시고 그들을 천국에 이끌어주시길 바란다.

내가 인도인들을 위해 할 수 있는 가장 좋은 기도는, 그들이 그리스도와 정교회에 대해 배우고, 브라만 전통이 그들의 목을 죄는 계급 체계에서 그들의 사회가 빠져 나오기를 바라는 것이다.

이러한 방법으로 인도인들은 진보할 것이며 행복해질 것이라고 믿는다. 나는 진심으로 그들이 행복해지기를 바란다.

아쉬람의 도서실에서 나는 무엇을 발견했는가

아쉬람에는 회원들을 위한 도서실이 있었다. 대부분의 책들이 도사가 쓴 책들로, 여러 언어로 번역되어 있었다. 모든 책들은 요가 혹은 요가와 유사한 것들에 관한 것이었다. 특정한 스승의 특정한 조직의 책들 외에도 다른 작가들의 책이 약간 있었다. 그중에는 비베카난다 요가 수행자의 책도 있었다. 그를 그들의 영적인 선조로 여긴 것인지, 단지 도서실에 그의 책만 비치해놓은 것인지는 모르겠다.

어떤 대 요가 수행자의 제자인 비베카난다는 20세기 초에 서양, 영국, 특히 미국에 잘 알려진 인물이었다. 그는 인생 전부를 힌두교에 관한 초청강연을 하는 데 보냈다. 큰 성공을 거두며 미국에 힌두교 센터를 건립했으며, 다른 곳에도 건립하였다. 그가 인생에서 이런 일을 하도록 맡긴 사람은 라마크리슈나 스승이었다. 이렇게 힌두교에서 잘 알려진 인물이었던 비베카난다는 1902년 사망하였다.

나는 비베카난다의 책을 읽은 적이 있었다. 그래서 도서실에서 발견한 그의 유언장을 흥미롭게 여겼다. 나는 그것을 본 적도 들은 적도 없었고, 오늘날까지도 다른 그 어디에서도 본 적이 없다. 나는 유언장을 읽기 시작했다. 그가 쓴 것을 보면서 놀라움을 감출 수 없었다. 유언장엔 그리스도교에 관하여 그들이 오랜 기간 했던 노력 또는 음모에 대한 고백이 적혀있었다. 이것의 목적은 동양의 교리들을 가지고 서양 문화에 변화를 초래하여 서양의 그리스도교를 정복하고 파괴하는 것이다.

비베카난다보다 몇 세대 전에 시작되어 이미 진척되어 있던 어떤 계획이 언급되어 있었다. 세상과 신에 관한 동양의 이론들이 서양인들의 정신 속에 받아들여질 때까지 서양의 정신을 사전에 준비하는 것을 목적으로 하는 계획이었다. 비베카난다는 이 계획에 대해 스스로를 겸손한 종으로 여겼고, 그보다 먼저 이 일을 하였던 사람들의 명단 가운데 자신의 이름도 집어넣었다. 그는 자신이 맡은 부분에 성공하여 만족감을 느꼈다. 그리고 만족하는 마음으로 이 세상을 떠났다.

내게 인상적이었던 것은 서양 세계에 대한 종교적 점령 계획이 있다는 고백이었다. 하지만 나를 더 놀라게 했던 것은 그들이 사용했던 계획의 방법과 그 계획에 참여했던 사람들이었다. 그것은 참으로 간접적이었고 교활했고 영악했다.

우리들 가운데 누가 정신적인 학문이 이러한 목적으로 사용되었다는 것을 짐작할 수 있었겠는가? 현 시대의 정신 의학은 정신 의학의 아버지라고 불리는 카를 융에 의해 시작되었다. 아마도 많은 사람들이 그를 믿었을 것이지만 그는 무언가 독창적인 것을 발견하지는 못했다. 그가 했던 것은, 사람의 영혼 구조와 작동에 관하여 힌두교에서 밝힌 것들을 받아들인 것이고, 산스크리트 용어들을 간단하고 이해할 수 있는 용어들로 대체하여 그것들에 학문적인 의미를 적용한 뒤 다듬은 것이다. 그는 그것을 서양 사회에 새로운 발견처럼 처음으로 나타내 보였다. 그것이 받아들여지는 만큼, 힌두교에 대한 자신의 입장과 호의를 밝히기 위해 인생의 말년에는 새로운 일로 더 나아갔는데, 그것은 형이상학적인 성격을 가졌었다. 그는 만다라(원륜)와 아이칭에 관한 책도 발간하였다.

누가 카를 융이 이러한 방법을 썼다고 짐작하였겠는가? 카를 융의 책을 읽어본 사람과 카를 융에 대해 생각해 본 사람은, 이미 힌두교에 대한 자세, 이론, 견해에 있어 영향을 받고 익숙해진 사람이다. 사상이 이렇게 간접적으로 침투되리라는 것을 어떻게 짐작할 수 있었겠는가?

이것은 지금도 계속되고 있다. 수법은 생겨났고 많은 의사들과 배운 사람들이 이러한 사고방식을 가지고 접촉하는 이상, 이 일은 계속되고 있다.

그들은 힌두교가 학문이라고 말함으로써 힌두교를 더 쉽게 침투시킨다. 어떤 학문적인 것이 논리나 실험으로도 입증될 수 없는 견해를 가질 수 있단 말인가? 업보나 윤회설은 학문적으로 어떻게 증명할 것인가? 이 두 이론(업보, 윤회설)을 기반으로 하는 어떤 체계가 얼마나 학문적일 수 있는가? 그들은 확실히 형이상학적인 것에 대하여, 확실한 믿음에 대하여, 즉 종교에 대하여 말한다.

하지만 그들은 사람들을 조롱하는 데, 학자로 가장하는 데 성공하였다. 더욱이 내가 인도를 다녀오고 여러 해가 지난 후에 니란자난다 도사는 아쉬람을 대학교라 부르고 있고, 자신을 대학교 총장으로 공표하였다. 그들은 대학원도 설립하였다. 그러면서 "이 대학은 이 분야에 있어서 세계 첫 번째 대학입니다."라고 말한다. 물론 그들은 그들 가운데 어떤 이들이 이미 "세계 영성 대학 브라흐마 쿠마리스"를 설립했던 것을 잊고 있다. 그런데 UN과 독일의 함부르크 대학의 반대에 부딪쳤다. 함부르크 대학은 "이 용어를 남용하거나 잘못 사용하는 사람은 변명의 여지없이 처벌을 받는다."라고 명시했다.

사람들은 더 깊이가 있는 무언가를 갈망하면서 처음에 요가에 이끌리고 그 다음 힌두교인이 되는 것으로 끝을 맺는다. 아쉬람의 요가 수행자들은 그들의 학문을 전파하기 위해, 남미와 그 밖의 다른 곳에 있는 다양한 교회들에까지 갔었다. 가끔 교회의 사람들은 스스로 요가 수행자들을 초청하여 교회의 장소를 그들에게 제공하였다. 또 요가 수행자들의 강연에 사람들을 초대하였고 사람들이 이 수업을 저렴한 가격에 듣도록 경제적으로 후원하였다. 그들은 요가 뒤에 무언가 더 깊은 것이 숨겨져 있다는 것을 깨닫지 못했기 때문이었다.

내게 두 번째로 인상적이었던 것은 아쉬람에서 인쇄한 잡지에 있었다. 거기엔 힌두교 스승의 삶에 관련된 여러 가지 이야기들이 있었다. 이것을 힌두교 스승 자신이 이야기하였다.

그는 젊었을 때 인도의 시골들을 순회하였다고 했다. 무슨 방법이었는지 나는 기억하지 못하는데, 한 시골에서 어떤 사람이 스승의 편의를 도와주었다. 스승은 보답으로써 죽은 영혼들을 불러내는 방법을 그에게 가르쳐 주기로 약속했다.

"그래서 어느 날 저녁 나는 제자들 몇 명을 데리고 함께 공동묘지로 갔네. 배운 것을 적용하였는데, 죽은 영혼들이 왔을 때, 나는 어찌해야 할지 몰랐어. 그래서 한 여제자에게 그 영혼들을 들여보냈고, 그녀는 그 영혼들에 정복되었어. 매우 고통스러워하던 그 여제자는 결국 죽었다네. 이 사건으로부터 정화되기 위해 나는 갠지스 강물 속에 몸을 담그고 삼 일 내내 머물렀단다."

이 이야기를 듣고 먼저 무엇에 놀라야 한단 말인가? 밤중에 공동묘지에 간 것에 대해? 죽은 영혼들을 불러내는 주문에 먼저 놀라야 할까? 이것을 뭐라고 부른단 말인가! 심령론? 마법? 악마 숭배? 모든 것이 될 수도 있다. 하지만 학문은 아니다. 그의 주문으로 왔던 혼들은 무엇이었을까? 혹시 복음경이 우리에게 사전 경고하는 그 악령들이었을까?

자신을 구할 목적으로, 몸과 영혼, 정신 그리고 삶 전체를 그에게 믿고 의지했던 그의 여제자를 희생시킨 도사의 도덕적인 인내력과 자질에 대해 감탄해야 하는가? 이런 일이 있은 후에 여러분은 그를 정말 신뢰했겠는가? 그러면서 그는 이 사건으로부터 정화되기 위해 갠지스 강물 속에 삼 일 내내 머물렀다고 했다. 도덕적인 범죄가 육체적인 행동(즉, 삼 일간 갠지스 강물 속에 머문 것)으로 대처될 수 있단 말인가? 그의 마음속엔 자신의 좋지 않은 행동에 대한 애석함도, 마음 아픔도, 회개도 없었단 말인가? 그 여제자에 대해 흘릴 눈물도 없었단 말인가?

언제부터 강물이 죄의 의식과 범죄의 의식을 씻어내는 특성을 가지고 있단 말인가? 이것은 요가의 학문에 따라 학문적으로 증명된 특성인가? 아니면 절대적으로 종교적인 행위란 말인가? 내가 알고 있는 바에 의하면 갠지스강을 거룩하게 취급하는 유일한 사람들은 힌두교인들이다. 이슬람인들도, 불교인들도, 도교인들도, 그리스도교인들도, 그 외 다른 종교인들도 갠지스강을 거룩하게 취급하는 그런 믿음을 가지고 있지 않다. 물론 학자들은 더더욱 믿지 않는다.

그리스나 다른 곳에서 학문적이라고 말하는 요가를 설명하고 확고하게 하려는 사람은 완전히 신자로서 행동한다. 즉, 힌두교인으로서 행동한다. 그 속에 무슨 일이 벌어지고 있는가? 그들은 단지 학문을 빙자하는 간접적인 방법으로 우리의 정신을 산란하게 만들어 그리스도교에 대해 우리가 갖고 있는 믿음을 조금씩 조금씩 파괴하면서 나중에 옳지 않은 믿음으로 우리를 유인하려 한다.

왜 우리들에게 자신들의 믿음을 직접 권하지 않는가? 왜 자신들의 믿음을 그리스도교 믿음 옆에 두고 어떤 믿음이 더 견딜 수 있는지 보지 않는가?

스리 아우롬빈도 아쉬람으로 다시 가기

나는 사티아난다 스승의 아쉬람으로부터 떠나면서, 스승이 없는 다른 아쉬람으로 갔다. 다시 말해 스리 아우롬빈도 스승은 꽤 오래전에 사망하였고 그가 만든 아쉬람을 그의 제자들이 계속 운영하고 있었다.

밀교(密敎)의 길을 따른 스리 아우롬빈도를 인도에서는 성인으로 여기고 있었다. 이 아쉬람은 뉴델리 근교에 있었다. 조용한 곳이었다. 나는 독방을 요청했고 그들은 내게 독방을 주었다. 나는 아직까지 그곳에 사는 사람들과 이렇다 할 특별한 관계가 없었다. 그래서 나 혼자 머물며 생각에 잠길 수 있었다.

나는 내가 그리스로 돌아가야 하는지 아니면 인도에 아직 더 머물러야 하는지에 대해 생각했다. 나는 아쉬람이 제공해주는 학교 선생으로 일할 수 있었다.

니란잔의 마지막 시선을 나는 잊을 수가 없었다. 강렬한 증오가 어린 시선으로 나를 바라보았다. 나는 니란잔에게 편지를 썼다. 우리가 그러한 방법으로 헤어져서 마음이 아프고, 나는 그를 좋게 생각하고 있었고, 그의 눈에서 본 증오에 대해 두려움을 느꼈다고 말이다.

나는 방에 앉아서 내게 일어난 이 이상한 모든 것들을 떠올려보았다. 주의 깊게 분석하면서 그것들의 의미를 깨달으려 노력했다. 하지만 그것들을 측정할 수 있는 기준이 없었다. 판단할 기준도 비교할 기준도 없었다. 다시 말해 내가 보고 배운 것들을 판단하고 비교하기 위한 올바른 인식이 내겐 없었다. 내가 알고 있던 관습, 가치, 그 밖에 일반적인 것들이 그들의 것과는 달랐다. 나의 것들을 그들의 것들에 적용할 수 없었다. 나는 피곤해졌다.

나는 내 느낌은 일단 접어 두고, 내 마음이 내게 말을 하여 길을 보여주기를 노력했다. 하지만 아무것도 나오지 않았다. 갈피를 잡지 못한 채 두 진영에서 나는 주저하고 있었다. 그렇잖아도 나는 혼자가 아니었다! 영적인 방법으로 파이시오스 수도사님과 니란잔이 내게 관여하고 있음을 느끼곤 했다.

어느 날 아침, 나는 그리스로 돌아가기 위해 비행기 표를 예약하러 세 번이나 갔다. 하지만 결국 나는 생각을 바꾸고 예약을 하지 않은 채 다시 돌아왔다. 나는 화가 난 채 방에 틀어박혀 있었다. 무언가가 내 소매를 잡아당기는 것처럼 느꼈다. 어느 덧 점심이 되었다. 해가 쨍쨍 내리쬐었다. 햇빛이 강렬해서 눈이 아플 지경이었다. 나는 명상 수행을 하려고 앉았다.

나는 "바바지를 부르면 그가 곧 온다."고 말하곤 했던 바바지의 제자들을 떠올렸다. 그리고 도움을 요청하기로 했다. 나는 명상 수행을 하면서 마음속으로 '바바지님, 어서 오세요.'라고 부탁했다. 갑자기 내 정신 속에 한 어둠이 채워지는 것을 느꼈다. 짜증이 나서 눈을 떴다. 나는 내가 본 것에 대해 겁에 질렸다. 어둠은 내 마음뿐만 아니라 방에도 있었다. 점심 무렵의 햇빛은 단지 창문 밖에만 있었다. 환했던 나의 방은 어두운 동굴이 되었다. 어둠이 나를 거의 삼켜버렸다. 걱정과 초조, 공포가 나를 정복하였다. 나는 물에 빠져 익사하는 사람처럼 소리를 질렀다. 불안과 긴장으로 "수도사님, 저를 살려주세요!"라고 소리를 질렀다.

곧 살랑살랑 부는 바람과 같은 분위기가 내 영혼을 채우기 시작했다. 어둠은 천천히 자취를 감추기 시작했다. 어둠은 마치 사람 같았다. 노여워하는 표정뿐만 아니라 서둘러 떠나가는 모습도 광기에 젖어 있었다. 방은 다시 빛으로 밝아졌다. 해는 정상적으로 방을 비추었다. 내 영혼이 강해지고 평온해짐을 느꼈다.

나는 갑자기 일어나 신발을 신고, 작은 가방을 가지고 나가 그리스로 돌아가는 표를 예약했다. 따지거나 비교하거나 생각하고 싶지 않았다. 무엇이 무엇인지 알고 싶지 않았다. 나는 그리스로 돌아가기로 한 것이다! 비행기에 탈 날을 기다리면서 일주일가량 그곳에 머물렀다. 나는 히말라야에 있는 스승 중의 스승, 헤라칸 아쉬람에서 알게 된 바바지의 옛 여제자를 다시 만났다. 그리고 내게 일어난 일에 대해 그녀에게 설명했다. 그녀는 그것을 당연한 듯 여겼다. 그녀 역시 비슷한 일을 경험했던 것이었다. 나는 그녀에게 물었다.

- 왜 어둠이 왔어야 했던 거지?
- 바바지는 네 정신의 어둠을 보여주고 싶어 했어.

그녀는 분석했고, 나는 대답하지 않았다. 그것은 나의 어둠이 아니었다. 그렇다고 내가 맑은 정신을 갖고 있다고 말하는 것은 아니다. 하지만 파이시오스 수도사님의 가르침은 태양과 같았기에 나는 이 햇빛을 감당할 만한 힘이 없다고 말할 수 있다. 나는 이 어둠 속에 어떤 얼굴이 숨어있음을 느꼈다. 더 정확히 말해서 어떤 얼굴로부터 어둠이 나오고 있음을 느꼈다. 어떤 얼굴 말인가? 그것은 바로 내가 부른 바바지의 얼굴이었다. 내가 그를 부르지 않았던가!

내가 파이시오스 수도사님의 도움을 요청했을 때, 나는 바바지의 광기를 느꼈다. 그 다음 파이시오스 수도사님 앞에 바바지의 나약함과 공포도 드러났다. 바바지는 쫓기다시피 하며 물러갔다. 경험이 없고 그냥 추측하는 사람들에겐 이것이 먹혀 들어간다. 나는 이런 일들을 직접 겪었다. 부정직한 사람들에게 당했다. 사람을 꾀기 위해 그들은 항상 할 말이 있다. 그들은 오랜 세월을 자신의 생각들을 팔아가며 남을 속이며 살아왔다. 그들은 경력자다. 그들은 사람들을 기만하려는 것을 결코 멈추지 않는다. 그의 제자들도 그 속임수 속에 있단 말인가? '그 선생에 그 제자'라는 말도 있지 않은가. 제자들은 대가로 무엇을 받는가? 사회적 편의가 바로 그것이다.

이 여제자는, 멀리서 마음속으로 바바지에게 여러 가지를 요청했다고 나중에 내게 말했다. 예를 들어 인도에서 직장을 구하고, 인도에서 머물기 위해 좋은 방을 구하고, 돈, 그 외 여러 가지를 요청했는데, 그것들 모두 도사의 힘으로 짧은 시일 내에 이루어졌다고 했다.

과거에 마인드 컨트롤, 해를 끼치지 않는 마법, 요가, 일반적인 마법, 프리메이슨 주의도 이러한 편의를 내게 제공했었다. 최면사 아리스 아저씨까지도 그러한 달콤한 편의를 제공했었다. 물론 이 편의들은 악마와 악령, 그리고 악령을 섬기는 단체들이 단지 일부의 사람들에게만 제공한다. 그들로부터 받은 권한에 따라, 하느님께서 허락하시는 정도에 따라 제공의 정도가 다르다.

이런 편의를 제공받기 위해 요구된 대가는 무엇이었겠는가? 그들의 것이 되는 것이다. 영혼과 몸이 그들에게 속하는 것이다. 특히 영혼이 그들에게 속하는 것이다.

나는 이러한 유인에 저항했다. 고맙지만 나는 사양한다. 나 혼자 내 앞날의 일을 처리할 수 있다. 내가 조금 더 고생하는 것이 좋다. 악마는 많은 것을 요구한다. 유익하지 않다. 악마는 나의 영혼을 원한다. 고맙지만 나는 그러한 편의를 원치 않는다.

"사람이 온 세상을 얻는다 해도 제 목숨을 잃는다면 무슨 이익이 있겠느냐?"(마르코 8:36) 그리스도께서는 이천 년 전에 이렇게 말씀하셨다.

나는 혼자서 그리스로 돌아왔다. 내 여자 친구들은 이미 인도에서 떠난 뒤였다.

"상아(象牙)나 금으로 된 새장 속 뱀이나 전갈을 볼 때, 그것들을 사랑하지 않으며, 새장의 가치 때문에 그것들을 소유하고 싶어 하지도 않는다. 그러나 그것들의 본성이 다른 것들을 더럽히기에, 우리는 머리를 다른 곳으로 돌리며 구토를 하고 싶은 느낌이 든다. 똑같은 방법으로 부, 명성, 권위 속에 악이 있는 것을 볼 때, 외부적으로 나타나는 신분을 보고 감탄하지 말라. 거짓이 들어있는 성격을 경멸하라."

5

인도 여행 후 다시 그리스로

Τῆς ἱερᾶς σκήτεως τῆς τοῦ Ἁγίου Παντελεήμονος ἱδρυγρ.. τῆς ἐν ὄρει τοῦ κατ' Ἄθῳ κατηρτισμένης συνδρομητῶν ἐξόδοις ἐ.. ἐπιμελείας δὲ πατρὸς τῶν Πατέρων τῆς αὐτῆς σκήτε..

인도 여행 후 아토스 성산으로

　내가 그리스로 돌아왔을 때는 3월이었다. 나는 힘에 대해 이상한 감각을 갖고 있었다. 스스로 무적임을 느꼈다. 내 주위에 있는 사람들보다 더 힘이 있음을 느꼈다. 나는 정확히 언제부터 내게 이러한 감각이 있게 되었는지 알고 있었다. 인도의 알라함반에서 두 번째로 바바지를 만났을 때, 바바지가 내게 그렇게 했음을 느꼈다. 무언가 그의 제자의 몸에서 나와 내 몸속으로 들어왔다. 그때 나는 바뀌었다.

　내 친구들은 내가 말하는 것들을 이해할 수 없었다. 게다가 그런 일이 있다는 것이 어떻게 가능한가? 나는 그렇게도 그들로부터 멀리 있었다. 우리는 의사소통에 문제가 있었다. 하지만 그들은 나를 이해하지 못했음에도 나를 사랑하고 받아들였다. 내 말은 그들에 귀에 다르게 들렸고 내 마음은 다르게 말을 했다.

　내 어머니는 나의 외모를 보고 가슴 아파하셨다. 인도에서는 적절했던 까까머리가 그리스에선 문제가 되었다. 인도에선 내가 다른 이들의 관심 대상이 되지 않았는데, 그리스에선 관심의 대상이 되었다. 나는 옷을 갈아입고 까까머리를 감추기 위해 모자를 씀으로써 그리스 사회에 외양적으로나마 적응했다.

　나를 알고 있던 누군가가 나를 지켜보면, 내게 생긴 변화들을 곧 알아차렸다. 겉모습뿐만 아니라 내 표정, 처신, 내 눈에서 그런 다른 점들이 나타났다. 내겐 공포를 일으키는 무언가가 있었으며, 심지어 나까지도 공포에 질리게 했다. 항상 그랬던 것은 아니지만 때때로 내 얼굴은 아주 험상궂고 이상한 표정을 짓곤 하였다. 표정은 참 영악하고 험악했다. 어느 경우엔 동물처럼 무서워지는 것 같았고, 때때로 공격적이기까지 했다.

　내 의지와 상관없이 자동적으로 일어난 그 무엇이었다. 나는 벗어나고 싶었지만 그럴 수 없었다. 그것은 주위 사람들에게 인상적이고 매력적이고 두렵게 다가갔다. 사람들은 나에 대해 조심스럽게 행동했으며 이는 내 허영심에 대한 욕구에 사탕발림이 되었다.

    나는 가족, 친구들과 며칠을 같이 보내고서 아토스 성산에 갔다. 그곳에서 힘에 대한 나의 감각은 무감각으로 바뀌었다. 그저 아토스 성산에 가까이 가는 것만으로 나는 이상함을 느꼈고, 괴로움, 슬픔, 무감각을 느꼈다. 나는 아직 내가 알고 있는 수도사님들과 만나지 않은 상태였다. 아토스 성산의 '영적인 분위기', 성산의 장소는 내가 이렇게 느끼게 만들었다.

    내가 알고 있는 수도사님들과의 만남조차 이상했다. 그분들이 나에 대해 하는 행동들은 내게 놀라움을 유발했다. 나로선 설명이 안 되고 이해할 수 없는 것이었다.

    그분들은 멀리서 나를 보고 반가움에 인사를 하려고 내게 다가오곤 하셨다. 그러나 내게 접근하자마자 그분들은 움찔하곤 했다. 그분들은 자신들의 감정을 나타내면서 나에게 따뜻이 대하는 것을 멈추곤 했다. 그분들이 나를 차갑게 대하셨다는 것이 아니라 단지 조심성이 있으셨다는 것이다. 나와 급하게 대화를 조금 나누고선 이내 멀어지셨다. 이것은 나를 생각에 잠기게 했고 괴롭게 했다. 하지만 나는 이곳에 파이시오스 수도사님을 보러 온 것이었다.

    파이시오스 수도사님의 칼리비에 갔을 때, 수도사님은 뜰에 혼자 계셨다. 나는 철망으로 다가가 수도사님을 불렀다. 수도사님은 등을 돌리더니 아주 엄한 표정으로 나를 쳐다보셨다.

    - 너 여기서 뭘 원해?

    그분은 나를 견제하며 말씀하셨다. 정신이 아찔하고 다리에 힘이 쭉 빠졌다. 그분은 나와 관련한 모든 것을 알고 있었다. 나는 속으로 '아! 수도사님조차 이곳에서 나를 쫓아내면 나는 정말 어디로 간단 말인가?'라고 생각했다. 나는 갈 곳이 없었다. 파이시오스 수도사님보다 나를 더 사랑하는 사람은 없었다.

    나는 그러한 환대를 기다리지 않았다. 그런데 수도사님은 나를 항상 환대해주셨다. 내게 키스를 해주시고 나를 쓰다듬어 주시고, 내게 항상 다정하게 말씀해주셨다. 그런데 지금은 뭔가 달랐다.

나는 아무 말도 하지 않았다. 머리를 숙인 채 바짝 얼어서, 나를 받아들이실 것인지 아니면 쫓아낼 것인지 기다리고 있었다. 그분은 나에 대해 안쓰러워하시더니 이내 마음이 풀어지셨다.

- 그래, 들어와. 이제 우리가 무엇을 해야 하는지 생각해보자.

수도사님의 말씀에 나는 마음이 기뻤다. 그렇게 안정을 좀 찾으면서 뜰 안으로 들어갔다.

- 왜 머리는 그렇게 까까머리야? 군대 다녀온 거야?

수도사님의 농담에 나는 웃었다.

- 아니에요, 수도사님. 인도에 갔었어요. 알고 계시죠?

- 아무렴, 내가 몰랐겠나?

- 수도사님께 편지를 썼었어요. 보내려고 했는데 잃어버렸어요.

- 괜찮아. 받은 거나 다름없어.

우리는 앉아서 대화를 나누었다. 수도사님은 내게 다시 마음을 여셨다. 대화를 나눈 지 30분쯤 후 나는 떠날 채비를 했다.

- 이제 어디서 머물 건가?

- 하랄람보스 수도사님께 가려고 해요.

- 그래. 삼일 후에 다시 오게.

수도사님은 자리에서 일어나셨다.

- 권총을 가져올 테니 기다려.

수도사님은 빙그레 웃으며 돌아오셨다. 33개의 매듭이 있는 꼼보스끼니를 가져오셨다.

- 이것이 영적인 총알들을 발사하기 때문에 악마가 무서워하지. 그래서 접근하지 못해. 혹시 필요할지도 모르니 가져가게.

수도사님은 즐거워하며 말씀하셨다. 내가 철망을 빠져 나올 때, 수도사님은 내가 쓰고 있던 모자를 벗겨서 거기에 성호를 그어주시곤 다시 내 머리 위에 씌워주셨다.

- 투구를 가지고 있게. 악마가 생각으로써 너를 유혹하지 않기를 비네.

수도사님은 웃으면서 말씀하셨다. 그러면서 내 머리를 살짝 때리셨다. 이런! 이렇게 살짝 때리는 것! 내가 바라던 것 아니었던가! 계속해서 이런 때림을 받았다면 얼마나 좋았을까! 나는 이에 대해 결코 만족하지 못했다. 더 많이 때려주시길 바랐다. 그분이 어떤 분인지 아직 잘 모르고 있었을 때, 염치없게도 나는, 이렇게 때려달라고 부탁했었다. 그분이 누구인지를 깨달았을 땐, 경외심과 기쁨으로 부끄러워하면서, 그것을 달게 받아들이곤 했다. 나는 더 이상 그것을 요청할 용기가 나지 않았다.

이 살짝 때림으로 수도사님은 당신이 나누어준 영적인 선물들을 감추려 노력하곤 하셨다. 그분이 영적인 선물들을 나누어 줄 때 각각 정도가 달랐다. 어떤 경우엔 성령의 은총에 말 그대로 '취하여' 내 자신을 벗어난 듯이 느꼈으며, 지혜 있게 되고 신중하게 되었다. 어떤 경우엔 침착함과 평온함, 거룩한 확실함을 느끼곤 했다. 하느님께서 우리와 함께 하신다면, 누가 감히 우리의 반대편에 설 수 있는가? 어떤 경우엔 생각과의 싸움으로부터 숨을 돌리고 안심하게 되곤 했다.

무언가가 필요할 때마다 하느님의 은총은 다양한 형태로 나타났다. 하느님께선 그것을 알고 계셨고 수도사님도 그것을 알고 계셨다. 수도사님은 나를 살짝 때림으로써 나를 영적으로 장식해주셨다. 왕자처럼 장식해주셨다. 그렇게도 충만하게, 그렇게도 너그럽게, 그렇게도 아낌없이 주셔서 넘쳐흘렀다. 나는 그러한 영적인 아름다움을 얻었다. 그리하여 천진난만한 아이처럼 나의 모습과 얼굴이 달라졌고, 멋있게 되었고, 평온하게 되었고, 악이 사라졌고, 영악함이 없게 되었다.

그리스도에 대해 아직 알지 못했던 한 친구가 있었는데, 그녀는 내게 이렇게 말했다.

- 또 바뀌었어? 어린 아이처럼 되었구나.

하지만 나는 파이시오스 수도사님이 나를 영적으로 깨끗하게 만들어 장식해주셨다는 것을 알고 있었다.

그러나 불행하게도 내 약점들은 내 영혼 속에 잠재하여 있었고 이것들은, 끈에 매여 끌려 다니는 동물처럼, 강제로 나를 끌려 다니게 만들었다. 내 나쁜 습관이 나를 죄에 빠지게 했다. 나는 진흙탕에 넘어져 다시 더러워졌다. 다시 말해 죄에 빠져 죄로 장식되었다. 빛나던 장식, 값비싼 장식이 내 죄에 의해 사라졌다. 나는 우둔하게도 비싼 보석들을 진흙탕 속으로, 즉 하느님의 은총들을 죄 속으로 던져버렸다.

수도사님이 강한 끈기와 아픔과 피를 흘리는 노력과 영적인 투쟁으로 얻으신 것들을 나에게 넘치게 선물하셨다. 하지만 나는 철없는 아이처럼, 느끼는 것 없이 그것들을 낭비하였다. 영적인 부 전체를 나는 파괴하였다. 나는 가치가 없고 하잘것없는 것에 전념하는 인간이 되어버렸다.

하지만 나의 아버지, 파이시오스 수도사님은 나를 또 받아들여, 나의 상처를 또 치료하셨다. 즉 나를 용서하고 옳은 길로 인도하셨다. 나를 존중하셨다. 내가 했던 짓들을 생각하지 않으시고, 당신의 선물들을 아낌없이 주어, 내가 영적인 경험 속에 살게 하셨다.

이런 일은 한두 번 있었던 것이 아니었다. 자주, 아주 많이 있었다. 나중에서야 나는 정신이 들었다. 부끄러웠다. 나는 더 이상 그런 선물들을 받을 만한 용기가 없었다. 내가 그것들을 확실히 간직할 수 없다는 것을 나는 알고 있었다. 내가 그것들을 곧 잃지 않았다면, 며칠 후에 잃었을 것이다. 나는 이런 사정을 수도사님께 말씀드렸고, 눈물을 흘렸다. 하지만 수도사님은 나를 위로하셨고, 내가 괴로움을 잊게 도와주셨고, 기쁨이 넘치고 아낌없는 고결한 사랑을 가득 주시어 나를 다시 깨끗하게 해주시곤 했다.

수도사님은 많은 사랑을 감추고 계셨다. 내가 정신적으로 압박을 느끼지 않게 하시려고 또 내가 무거운 짐을 느끼지 않게 하시려고 그러셨던 것이었다. 이렇게 파이시오스 수도사님은, 구체적인 상황들 속에서 할 수 있는 만큼 영적으로 나를 옳은 길로 인도하여 나를 다시 사회로 내보내셨다.

나는 나를 머물게 해주신 다른 고행 수도사님께 갔고 거기서 그분의 제자가 되어 머물 계획을 세웠다. 그분은 걱정스럽고 조심스러운 표정을 보이셨지만, 나를 며칠 간 머물도록 허락해주셨다. 어느 날 나는 그분께 여쭈었다.

- 수도사님, 저를 제자 수도사로 받아들여주시겠습니까?
- 자네에게 악령들이 그렇게 많이 있는데 내가 어쩌겠나.

그 당시 나는 내게 어떤 일이 일어나고 있는지 잘 몰랐다. 대체 어떤 악령들에 대해 말하고 있는지 몰랐다. 물론 스스로 이상하게 느끼고 있었다. 하지만 나는 그것을 최근에 겪은 격렬한 경험에 기인한다고 원인을 돌렸다.

고행 수도사님의 거절은 나를 괴롭게 만들었다. 하지만 파이시오스 수도사님은 나를 받아들였고 다시 나를 안아주셨다. 나는 이것으로 만족했다. 내가 건강했든 아팠든, 잘생겼든 못생겼든, 힘이 셌든 나약했든, 영리했든 우둔했든 간에 그분은 나를 진정으로 사랑하셨다. 내가 어떤 상황에 있을지라도 나를 항상 사랑하셨다. 이것이 나를 얼마나 안정시켰는지! 얼마나 나를 위로해주었는지! 얼마나 나를 기쁨에 충만하게 했는지! 그런데 내가 다른 무엇을 원한단 말인가?

빛 또는 어둠

나는 마음속 깊이 정신적인 결핍을 느꼈다. 내 정신은 정신을 뛰어넘는 무수한 사건들을 판단할 수 없었다. 무엇이 무엇인지, 누구와 함께 하고 누구와의 관계를 끊어야 하는지, 나는 갈피를 잡지 못했다. 나는 어떤 행동을 취해야 했다. 주변 사람들뿐만 아니라 파이시오스 수도사님도 나의 결단과 행동을 기다렸다.

결정해야 했던 것은 지성에 관한 것이 아니라 마음이라는 것을 지금에서야 깨닫고 있다. 다시 말해 더 깊고 더 강한 그 무엇이었다. 즉 사람이라는 존재의 중심이었다. 정신이 이데올로기를 만들어내는 것이 아니라, 믿음이 마음속에 자리 잡는 것이었다.

내가 인도에서 돌아온 후 어느 날 나는 요가 수행자들에 대해 파이시오스 수도사님께 물었다.

- 수도사님, 그들은 다양한 가능성을 가진, 영리하고 배운 사람들이에요. 왜 그들이 나쁘단 말인가요? 그들이 나빠야 하는 아무런 이유가 없어도요? 저는 이해할 수가 없어요.

수도사님은 나를 쳐다보시면서 머리를 저으셨다. 그 순간 그분은 내게 아무것도 말씀하지 않으셨다.

그로부터 며칠 뒤, 1984년의 부활전 전, 다음과 같은 일이 있었다. 데살로니키에서 오후에 나 혼자 무언가를 읽고 생각하고 있었다. 그것이 무엇이었는지는 기억에 없다.

불현듯 갑자기 내 주위에 있던 모든 것들이 사라졌다. 눈에 보이는 실체가 없어졌다. 소리도 없었고 지각도 없었다. 오감이 작동하면서 메시지를 주고받는 것을 멈추었다. 밖은 갑자기 완전히 지워졌다. 마치 스위치를 끌 때, 한순간 방이 밝음에서 어둠 속으로 빨려 들어가는 것과 같았다.

내 정신은 오감이 보냈던 메시지들에 주목하지 않았다. 정신의 모든 작동과 관심은 다른 곳에 가 있었다. 전체가 흡수되어 영적인 영역으로 가 있었다. 영적인 사건이 정신을 고정시켰다.

나는 빛을 보았고 어둠도 보았다. 한편으론 투명한 빛을 보았는데, 그 빛은 부드럽고 포근하고 강렬하고 빛이 났다. 다른 한편으론 깊고 진한 어둠이 깔려있었다.

먼저 어둠이 내 관심을 끌었다. 그 어둠은 두려움과 공포에 대한 감각을 유발했다. 나는 소름이 끼쳤지만 동시에 호기심도 발동했다. 그것이 무엇인지 알고 싶었다. 내 정신은 어둠을 향해 갔다. 그리하여 부정적인 것의 크기를 깨달았다. 사람이 어둠 속에 들어가면 갈수록, 어둠은 더 짙어지고 부정은 더 커졌다. 어둠엔 엄청난 힘이 있었다. 그리도 컸다. 그것은 사물의 부정적인 양상이었다.

빛이 늘어나고 높아지는 만큼, 어둠도 늘어나 더 깊어졌다. 망설임 없이 완전히 끝까지 깊어졌다. 한쪽에는 커다란 사랑이 있었고 다른 한쪽엔 커다란 증오가 있었다. 빛에서는 절대적인 희생이 넘쳐흘렀다. 빛에 반대되는 어둠은 절대적인 이기주의 속으로 빨려 들어갔다. 어둠은 빛을 부인했고, 빛을 혐오하며 빛을 쫓아냈다. 이렇게 해서 또 하나의 다른 장소를 만들어냈다.

세상, 그리고 살아있는 모든 존재들은 빛의 피조물이었다. 사람 각자의 영역과 사람 각자는 빛의 피조물이다. 빛은 또한 이 모든 영역을 통과했고 모든 장소들을 채웠다. 어떤 영혼(악마)이 빛이 이 영역의 밖에 있도록 했다. 즉, 빛을 거절했다. 빛은 자신의 피조물의 자유로운 의사 결정을 존중했다. 그래서 빛은 밖에 있었다. 그리하여 어두운 영역이 나타났다. 그리하여 어둠은 실체가 되었다. 빛을 거부하는 것만으로 어둠이 생겼다. 어둠은 그 혼자서 생기지 않았다. 그러나 빛은 그 자신으로부터 있었다. 다시 말해, 빛은 하느님이므로, 애초부터 빛이 있었고, 지금도 있고, 앞으로도 있을 것이다. 어둠은 빛을 거부하는 경우에만 있었다. 빛 없이 어둠이 있을 수 없다. 빛은 그 자신이 존재하기 위해 어둠이 필요하지 않다. 빛은 그 혼자서 존재할 수 있다.

어둠은 의도와 의식의 결과였다. 한 존재가 선택한 방법이었다. 다시 말해 악마가 선택한 방법이었다. 어둠은 이유 없이, 원인 없이, 동기 없이 존재하기 시작했다. 악마는 이렇게 하기로 결정했다. 악마는 자신의 의도에 따라 처신하며 빛을 거절했다. 이 거절이 어둠을 실제로 만들어 존재의 영역으로 가져왔다. 그것은 빛의 영역과는 반대되는 다른 영역이었다.

거부에 대한 이 행동은 '창조'와 닮았다. 하지만 창조가 아니다. 하느님에 반대하여 하느님의 창조 행위를 모방하였다. 이는 반대편에서 일어난 그럴 듯한 모방이었다. 악마는 하느님을 훔치려고 노력했다. 창조의 가능성을 훔치려고 노력했다. 그는 자신이 하느님이길 원했다. 그는 하느님처럼 처신했다. 그에겐 창조의 힘이라는 것이 없었기 때문에, 모든 창조, 하느님의 빛 전체, 하느님의 모든 역량, 하느님의 모든 은총을 부인하면서, 또 할 수 있는 한 빛(하느님)으로부터 멀어지면서, 무존재를 실제로 만들었다. 다시 말해 죽음,

어둠을 만들어냈다. 그 전엔 죽음도 없었고 어둠도 없었다. 모든 것들이 빛과 생명으로 가득 차 있었다.

하느님의 사랑에 의해 모든 것들이 결합된 것처럼, 악마의 화와 증오에 의해 모든 것들이 분리되었다. 사랑에 의해 생명이 온 것처럼, 증오에 의해 존재하지 않았던 어둠이 생겼다. 창조가 온 것처럼 파괴도 왔다.

빛은 무한하게 퍼져나갔다. 어둠도 무한하게 퍼져나갔다. 나는 삶과 죽음, 즉 빛과 어둠의 경계선을 어디서도 느끼지 못했다. 빛은 더 빛을 발하고, 빛을 삼키려고 노력하는 어둠은 더 어두워졌다. 완전히 반대되는 상황이었다.

하느님께서는 존재하셨고, 그의 특성과 에너지를 가지고 계셨다. 빛이 있었다. 그 빛은 끝이 없고 위대했으며 티 없이 순수했다. 어둠의 부인은 끝이 없었고, 크고 단순하고 결정적이고 명백했다. 깊은 곳으로 빠져 들어갔고, 횡포하고 집요했고, 파괴를 유발했고, 발광했고 격렬했다.

나는 내 주위를 볼 수 없고 단지 느끼기만 하였다. 어떤 영혼들은 미친 듯한, 비명 비슷한 웃음소리를 내면서, 어둠 속에서 펄쩍펄쩍 뛰었다. 대양 속이 깊듯이 어둠은 그리도 깊은 어둠 속으로 영혼들을 잡아당겨, 영혼들은 이내 사라졌다.

나는 공포에 질려 나 자신을 빛 쪽으로 돌렸다. 빛의 보호를 구하였다. 나는 어둠과 어둠의 난폭함, 발광이 무서웠다. 어둠이 싫었다. 나는 마치 큰 위험에서 벗어난 듯 안심하면서, 빛의 가장자리에 있게 되었다.

나는 어둠 속으로 아주 조금 나아갔을 뿐이었다. 물속에 머리를 살짝 담그는 것처럼 살짝 어둠 속으로 나아갔다. 그러나 어둠의 깊이를 깨닫고 느꼈다. 죄의 힘, 죄의 매력, 죄의 유혹, 죄의 핵심, 죄의 본질을 나는 깨달았다. 내가 경험한 이 일을 통해, 사람이 죄를 짓지 않으려는 마음이 있을 때 죄가 얼마나 힘이 없는지를 나는 깨달았고, 죄를 짓지 않으려는 힘이 사람의 영혼 속에 있다는 것도 깨달았다. 죄는 없다. 죄는 부재한다. 죄는 혼자 존재하지 않는다. 죄가 사람을 점철할 때, 죄는 너무도 치명적이지만, 죄와 멀리 떨어져 있을 때 죄는 그야말로 웃음거리이며 아주 나약한 것이다. 어린 아이가 나쁜 짓을 하지 않는다면, 죄는 한 어린 아이조차도 이길 수 없다. 즉, 사람이 악마에게 권한을 주지 않는다면 악마는 사람에게 아무것도 할 수 없다.

나는 빛에서도 많이 앞으로 나아가지 못했다. 간신히 경계선을 넘었을 뿐이었다. 나는 빛과 어둠의 경계선 아주 가까운 곳에 있었다. 하지만 빛은 얼마나 나를 위로해주었던가? 어떤 확신을 나에게 주었던가? 생명과 평화, 환희, 인식이 나에게 넘쳐흘렀다. 빛(하느님)은 나를 매우 사랑하였고 내게 아주 귀중한 선물을 했다. 그러나 나는 그 선물들의 가치를 무시하였다. 내가 선물을 받을 만한 가치가 없었음에도 빛은 자신의 것들로부터 나에게 귀중한 선물들을 주었다.

갑자기 내가 있던 거실의 모습과 소리들이 나를 본래의 상태로 돌아오게 했다. 스위치는 다른 면으로 돌려졌다. 내가 본 환영은 갑자기 시작되어서 갑자기 끝이 났다. 몇 분간 벌어졌던 깊이 있는 훈계였다. 어떤 말로도 그것을 표현하고 설명하는 것이 불가능하다. 조금씩 다르지만 아주 깊고 중요한 의미들, 이들을 표현할 만한 단어가 부족하며, 생각으로도 불가능하다. 이는 하나의 묵시였다. 정확히 말해 하나의 테스트, 하나의 시험이었다. 둘 중 어느 편이 될 것인가였다. 나는 신중하게 결정했다. 내 마음의 진정한 바람이 나타났다.

다행히도 내 마음은 처음엔 어둠을 향해 움직였지만, 나중에 빛으로 가서 안정을 찾게 되었다. 빛이 나를 받아들인 것은 다행스러운 일이었다.

빛은 무엇이었는가? 복음경에서 그리스도께서는 "나는 빛으로서 이 세상에 왔다. 그러므로 누구든지 나를 믿는 사람은 어둠 속에서 살지 않을 것이다."(요한 12:46)라고 말씀하셨다.

내가 경험한 이 사건은 사람과 천사들에게 주어진 자유로운 선택, 자유에 관한 신비에 대하여 나로 하여금 곰곰이 생각하게 했다. 선택의 자유는 거룩한 선물이며, 이 거룩한 선물은 깊이와 본질에 있어서 인간의 논리로는 이해될 수 없고 설명될 수 없는 신비이다.

인간의 머리로 하느님을 간파할 수 없는 것처럼, 하느님의 행위들, 하느님의 피조물 그리고 하느님의 선물도 인간의 머리로 간파할 수 없다. 즉 인간의 정신은 단지 성령의 은총만으로 이러한 것들을 깨달을 수 있고 터득할 수 있다. 반면 지식의 탐구는 가정, 추론, 의견 또는 환상적인 관념들로 결론을 맺는다. 나는 이를 "지성적인 잡동사니"라고 칭한다.

사람들과 천사들은 하느님께서 주신 선택의 자유를 갖고 있다. 그들은 그들의 의사에 따라 움직인다. 그들은 도덕적으로 아무것으로부터도 제한받지 않는다. 그들은 도덕적인 영역, 영적인 영역에서 그들이 바라는 정도와 강도에서 원하는 대로 움직일 수 있다.

천사와 사람 마음의 중심 깊은 곳 어딘가에 자유의 신비가 작동한다. 사람들과 천사들은 그 자신들의 내적인 의향에 의해, 내적인 결정에 의해 선으로 기울거나 악으로 기울어진다. 그들이 그렇게 원하기 때문이다! 그들의 결정을 옹호하는 이유나 원인은 실제적으로 없다. 이 선택에 대한 자유를 강요하거나 없애는 방법도 없다. 이 결정, 의도, 선택은 신비이다. 사람은 마음속 깊은 곳에서 좋은 사람이거나 나쁜 사람이다. 바로 그 자신이 그것을 선택하고 원하기 때문이다. 그것을 정당화하는 변명도, 설명도 없다.

천사들과 사람들은 자기 자신을 만든다. 자신 혼자 움직인다. 그들은 자신 존재에 대하여, 행동에 대하여 어떤 부류가 될 것인지에 대해 결정한다. 즉, 좋은 존재, 나쁜 존재, 덕이 있는 존재, 덕이 없는 존재, 믿는 존재, 믿지 않는 존재 등이 될 것인지에 대해 결정한다. 그들의 이 자유엔 거룩한 그 무엇인가가 있다. 왜냐하면 자유는 하느님의 선물이기 때문이다.

자유를 나쁘게 사용한 첫 번째 존재는 에오스포로스 천사장이었던 악마이다. 그는 거대한 부인자이다. 그는 어둠의 창조자이다. 악의 원천이며, 어둠의 왕이다. 그는 남은 천사들까지도 유인하여 그들 역시 악령이 되었다. 사람들조차 그의 영역으로, 그가 사용하는 방법으로 유인하였다. 그는 악의 발명자이다.

그가 이렇게 움직일 이유는 하나도 없었다. 그 주변에는, 그가 하느님 곁에 머물며 영적으로 높이 올라가고 거룩한 행복을 즐길 수 있도록 하는 많은 이유들뿐만 아니라, 그것을 권고하는 모든 존재들이 있었다. 그는 자유로운 존재였다. 하지만 어느 순간 그는 부인, 즉 하느님으로부터 멀어짐을 선택했고 오늘날까지도 그 부인을 고집하고 있다. 세월이 흐를수록 상황은 더 악화되고 있다.

악마를 따르는 사람들도 그와 마찬가지이다. 그들은 이유 없이, 원인 없이 이렇게 원하기 때문에, 자기 자신이 파괴된다는 것을 알면서도 하느님으로부터 등을 돌린다. 그들 머릿속엔 어리석은 교만이 있다. 마음속엔 잘못된 것이 아무것도 없었다. 그들의 의사에 의해 그들 마음속에 약점, 즉 교만이 생기게 했다.

하느님께서는 자유를 존중하시며 사람들과 천사들을 자유로 장식하셨다. 그래서 하느님께서는 사람이 하는 결정에 간섭하지 않으신다. 사람이 하느님과는 다른 반대 입장을 취할지라도 하느님께서는 사람의 자유를 강하게 저지하지 않으신다. 수천 가지의 방법으로 그의 사랑 가까이로 사람이 올 수 있도록 노력하신다. 하지만 사람들은 그것을 원치 않는다.

하느님의 사랑은, 부모가 자식들을 옳은 길로 인도하기 위해, 자식들에게 슬픔이나 아픔, 병이나 불행이 없도록 하기 위해 온갖 방법들을 생각하는 부모의 사랑보다 더욱 크다.

악마와 악령들, 마법사들, 나쁜 사람들은 자신을 바꾸기를 원하지 않는다. 이 무슨 역겨운 행동이란 말인가? 이 무슨 어리석음이란 말인가? 누군가는 삶보다는 죽음을 선호하고, 사랑보다는 증오를 선호하고, 행복보다는 아픔을, 기쁨보다는 슬픔을, 평화보다는 전쟁을, 선보다는 악을 선호한다니! 이 모든 것들을 이유 없이 선호한다. 이해할 수 없는 일이다. 참으로 어리석은 일이다.

하지만 이런 선택을 하는 악령들과 사람들이 있다. 누군가는 논리적으로 생각할 수 있는 능력을 잃는다. 삶의 방법을 바꾸고, 생각하는 방법을 바꿀 수 있음에도, 스스로 자신들을 파괴한다. 스스로의 영혼 속에 어리석음을 낳는데, 그것은 교만에 의한 약점이라고 불릴 수 있다. 그것은 수천의 다른 어둔 자식들, 즉 수천의 약점들을 낳는 어둠의 어머니이다. 이 어둠의 낙지는 사람의 영혼을 죄어 숨 막히게 한다. 누군가는 이러한 부류의 사람들에 대해 유감을 느낀다. 이런 사람들은 마음 깊은 곳에 병이 있는 것이기 때문이다.

"악마가 '주여, 불쌍히 여기소서.'라고 단 한 번만이라도 말했다면, 하느님께서는 그를 용서하셨을 거야."라고 언젠가 파이시오스 수도사님이 말씀하셨다.

"저 아래 지역에 머무는 한 수도사가 악마를 위해 기도하고 있었어. 악마에 대해 가슴 아파했지. 악마도 하느님의 피조물이잖아? 처음엔 천사장이었는데, 지금은 어떤 처지에 빠졌는지…. 수도사는 그러한 악마에 대해 기도를 하고 있었어. 그때 한 쪽 구석에 악마가 나타나 욕 되는 손짓을 하며 수도사를 조롱하기 시작했어. 머리엔 뿔이 있었고 냄새도 났어. 두 손으로 수도사에게 욕을 했지. 그러면서 악마는 회개하지 않는다는 것을 보여주었어."

여기서 언급된 수도사는 바로 파이시오스 수도사 당신이었다. 단지 그분은 당신이었음을 밝히고 싶지 않아했다. 나는 나중에야 그것을 알게 되었다.

나는 내게 이러한 경험을 허락하신 하느님께 감사드린다. 왜냐하면, 나는 누군가가 나쁜 사람일 수 있었다는 것을 믿지 않으면서 내 자신을 치명적인 위험에 빠지게 했기 때문이다.

물론 하느님께서는 알고 계신다. 파이시오스 수도사의 기도가 작용하여 내게 이러한 영적인 선물이 주어졌다는 확신이 내 마음속에 있다. 이 영적인 선물은 힌두교 스승들에 대해 내가 수도사님에게 한 질문들(왜 그들은 나쁜지? 아무런 이유가 없다. 그리고 그 외의 것들에 대해)에 대해 답을 주었다. 정말로 확실한 답을 주었다.

인도 여행 후 다시 그리스로

> "나는 빛으로서 이 세상에 왔다. 그러므로 누구든지 나를 믿는 사람은 어둠 속에서 살지 않을 것이다." (요한 12:46)
> "하느님께서는 빛이시고 하느님께는 어둠이 전혀 없다는 것입니다." (I요한 1:5)
> "악한 일을 일삼는 자는 누구나 자기 죄상이 드러날까봐 빛을 미워하고 멀리한다." (요한 3:20)

악령, 천사 그리고 성모 마리아

> "믿는 사람에게는 기적이 따르게 될 것인데 내 이름으로 마귀도 쫓아낼 것이다." (마르코 16:17)

인도에서 돌아온 지 한 달도 채 되지 않은 때였다. 나는 다시 아토스 성산에 갔다. 구름이 가득하고 쌀쌀한 날씨였다. 파이시오스 수도사님은 손님들을 보통 정원에서 맞이하곤 하셨지만, 그날은 날씨가 추웠기에 나에게 켈리 안으로 들어오라고 하셨다. 나는 수도사님과 대화를 나누었다. 하지만 어떤 주제에 관해서였는지 기억이 나지 않는다. 시간이 많이 지났음에도 이번엔 수도사님께서 나보고 가란 말씀을 하지 않으셨다. 나는 춥기도 할 뿐더러 정신적으로도 약해져 있어서 의자에 움츠리고 앉아있었고, 수도사님과 함께 대화를 나누는 것에 위로를 느끼고 있었다. 수도사님은 뭔가를 기다리시는 듯했다. 왜냐하면 이제는 더 이상 내가 그곳에 머물 특별한 이유가 없었기 때문이다. 물론 나는 떠나고 싶은 마음이 전혀 없었다.

잠시 후 종치는 소리가 들렸고, 수도사님은 나를 방에 남겨놓고 밖으로 나가셨다. 전차가 전기 줄을 따라 다니는 것처럼, 수도사님은 뜰 문의 열쇠가 굴러가도록 그것을 철사 줄에 놓으셨다. 방문객은 뜰에 있는 자물쇠를 열고 켈리의 뒤쪽으로 갔다. 그곳 문에서 수도사님은 방문객을 기다리고 계셨다. 나는 방 안에서 듣고 있었다.

- 수도사님, 사랑하는 수도사님!

감동에 젖은 목소리가 크게 들려왔다. 그러면서 동시에 뒤로 물러서는 소리가 나더니 방문객은 수도사님의 무릎 아래 엎드려 수도사님의 발에 입을 맞추려고 애썼다.

- 자네, 진정하게. 이러지 말게나.

수도사님은 어쩔 줄 몰라 하시면서도, 두 손으로 방문객을 상냥히 저지하며 말리셨다. 나는 안에서 이 광경을 듣고 있었다. 나는 방문객이 수도사님께 보인 공경에 대해, 수도사님의 발 앞에 자신을 낮추는 것에 대해, 마음 속 깊은 곳에 있는 수도사님에 대한 존경심에 대해 의아해했다. 나는 속으로 '아마 수도사님이 많이 도와준 젊은 수도사일 거야.'라고 생각했다.

키가 크고 몸집이 있는 이 50대 남자가 방 안으로 들어왔다. 그는 진중하고 보수적인 사람처럼 보였다. 끝이 올라간 콧수염을 보고 알 수 있었다. 나의 의문과 감탄은 절정을 향해 달렸다. 무엇이 이 사람을 열성 많은 사춘기 소년처럼 처신하게 했을까? 이러한 부류의 사람으로부터 그 어느 누구도 그러한 행동을 기대하지 않았을 것이다.

그는 좀 수줍어하면서 내게 인사했다. 우리 셋은 방에 같이 앉았다. 우리가 수도사님의 칼리비에 함께 있다는 사실은 그 사람으로 하여금 내가 수도사님과 친한 사이라는 것을 추측하게 했다. 그리고 이것은, 내 이상한 모습에도 불구하고, 그가 금방 나와 친해지도록 했다. 나도 친숙함을 느꼈다. 만약 내가 그를 다른 상황에서 만나게 되었다면, 이렇게 친숙함을 느끼지 않았을지도 모른다. 그가 나이든 사람이기 때문이 아니며, 그의 모습 때문도 그의 관념 때문도 아니다. 그저 나는 이렇게 배워왔고 생각해왔기 때문이었다.

아주 가난하고, 겸손하고, 배우지 못한 파이시오스 수도사님께 방문객이 행동한 방법, 그의 특성, 그가 보인 사랑, 그리도 사심 없이 보인 존경심을 통해, 그가 남의 눈을 의식하지 않는 사람이며, 내가 놀라워했던 가치들을 알고 있는 사람인 것 같다고 생각하게 되었다.

그때까지 나는 어떤 사람들에게 다소 선입견을 갖고 있었다. 내가 얼마나 부당한 판단을 내렸었는지 드러나게 되었다. 이렇게 수도사님과 나의 관계는, 우선 내가 다른 부류의 사람들을 받아들이는 계기가 되었다. 또한 사람의 겉모양이나 부의 정도, 정치적인 신념과 상관없이 내가 사람들을 하느님의 모습으로 보게 된 계기가 되었다. 하느님께서는 모든 사람들이 그의 자식들이니 말이다.

그 사람과의 관계에서 나는 더 인간적이 되었다. 많은 예를 들을 필요가 없었고, 많은 말이 필요치 않았다. 가르치려는 의도 없이 그는 행동과 웃음과 말로부터 예들을 주곤 했다. 그래서 나는 그의 말을 경청했고, 그가 처리했던 방법들에서 감명을 받았다. 그를 보면서 나는 내 잘못들을 깨달았고, 스스로 조금씩 고쳐나가곤 했다.

그 방문객이 물과 간식을 대접받자 일상적인 대화가 시작되었고, 수도사님은 나에게 소성당 옆에 있는 방으로 가라고 하셨다. 아토스 성산의 대부분의 칼리비들에 성당이 있는 것처럼, 수도사님의 칼리비에도 아주 작은 성당이 있었다.

방문객이 수도사님과 대화를 나누도록, 나는 자리에서 일어나 소성당 옆방으로 갔다. 나는 성화들에 입을 맞추고, 기도도 하고, 작은 창문을 통해 밖을 내다보며 앉아있었다. 구름이 끼어있는 침침한 점심이었다.

그런데 갑자기 무슨 일이 벌어졌다. 돌연히 일어났다. 눈이 깜빡거리는 것보다 더 빠르게 전개되었다. 마치 시각장애인이 한순간에 눈이 뜨이게 된 것과 같았다. 스위치가 돌아가 갑자기 방 안에 강한 빛이 비춰지는 것 같았다.

이렇게 돌연히 새로운 감각을 갖게 되었다. 내 몸은 고정되어 있었다. 교회 안에 있던 모든 것들이 빛났다. 섬광이었다. 그 빛은 성당 안에 있던 물건들 자체에서 빛이 나오는 것 같이 보이게 만들었다. 성당의 벽조차도 밝게 보였다. 내가 창문을 통해 밖을 보았을 때, 모든 것들을 매우 밝게 하는 것 같은 빛이 있었다. 그리도 환하게 빛나고 있었다. 이것이 인간의 언어로 표현할 수 있는 가장 적절한 단어이다. 인간의 단어로 표현되지 않는, 표현될 수 없는 그 무엇이었다.

내가 있던 방 안에 물처럼 투명하고 맑고 눈부신 구름을 보았는데, 이것은 윤곽도 형태도 없었다. 투명한 빛, 빛나는 빛으로서 빛 자신으로부터 빛이 넘쳐흘렀다. 무형의 빛으로서 있던 장소에서 빨리 움직였다. 빛나는 존재였다. 칼리비 주위를 맴돌고 있었다.

내게 일어났던 이 현상은 갑자기 시작되어서, 내가 그것을 본 순간 천천히 사라지기 시작했다. 갑작스럽고 예리한 정신적인 변화는 몇 시간 후에 없어졌다. 혹은 며칠 후에 없어졌다고 말할 수도 있겠다.

하지만 내 의식은 한 사건과 접촉하기 시작했다. 내 의식은 그 사건으로부터 항상 영향을 받았다. 이 일이 일어났던 순간, 내 의식은 정상적이었다. 의심할 만한 것이 전혀 없었고, 의문을 일으킬 수 있는 것이 아무것도 없었기 때문이었다. 하지만 나중에 내 머리는 질문들로 괴로워졌다. 그때 영혼은 축제를 즐기고 있었다.

나는 아주 차분해졌고, 흔들리지 않는 평화와 더할 나위 없음을 느꼈다. 확신을 느꼈고, 모든 종류의 두려움으로부터 해방을 느꼈다. 표현할 수 없는 환희를 느꼈다. 하지만 그 환희는 사려 깊은 환희였다. 그것은 "영적인 취함"이었다. 초기의 그리스도교의 성격이 이 경우와 잘 어울리지 않았을까 생각한다. 이 상황이 벌어지기 전에 내가 알고 있던 감각의 종류와 감각의 질의 정도는 이 사건에서 느낀 것과는 아무런 상관이 없었다. 차이가 분명했다.

나는 의자에 조용히 앉아있었다. 잠시 후, 수도사님이 들어오셨다. 나는 아주 침착한 마음으로 등을 돌려 수도사님께 말했다.

- 수도사님, 저는 한 천사를 보았어요. 제게 왜 이러한 인상이 나타나는지 모르겠어요.

수도사님은 흔적을 좇기라도 하듯, 내 얼굴과 눈을 뚫어지게 쳐다보셨다.

- 아! 아… 그래 좋아. 안으로 들어가자.

수도사님은 침착히 말씀하셨다. 그래서 우리는 방문객이 기다리고 있던 방으로 갔다. 그들의 대화는 이미 끝나 있었다. 내가 수도사님의 칼리비에 있던 시간은 이미 두 시간쯤 지나 있었다. 그분이 슬슬 우리를 배웅해주시길 기다렸다. 하지만 그분은 우리를 보내려는 마음이 없는 듯 보였다. 수도사님은 여러 가지 농담을 하면서 우리에게 재미있는 이야기들을 해주기 시작하셨다. 수도사님의 농담은 자연스럽고 재미있었기에 나는 자주 배꼽이 빠질 듯 했다. 이제 우리는 점잖게 앉아 이야기를 듣기 시작했다. 방문객은 수도사님과 함께 긴 의자에 앉아있었고, 나는 맞은편에 나무토막 위에 앉아있었다. 수도사님은 어떤 사람에 대한 이야기를 하기 시작하셨다.

- 누군가가 저기 멀리에 갔는데… 어디라고 생각하나들? (그 지역의 이름을 기억해내려고 애쓰셨다.) 파키스탄이라고 할까? (이름을 기억해낸 것에 대해 흐뭇해하면서 나를 쳐다보셨다.) 거기서 그는 휩쓸렸어. 사람들은 그의 얼굴에 재 같은 것을 칠했어.

인도에서 희생제를 하던 곳에서 지방분을 태워 만든 재를 칠했던 것이 생각났다. 바바지의 한 제자인 요가 수행자가 그것을 내 두 눈 사이에 찍어줬었다. 나는 수도사님의 말씀에 움찔했다.

수도사님은 말씀을 하시면서 종종 의미 있는 눈짓을 내게 보내시곤 했다. 하지만 더 많은 시간을 방문객과 대화하면서 그를 더 많이 주시하셨다. 나는 수도사님이 나에 대해 말씀하고 계심을 눈치 챘다. 나의 인도 여행에 관한 것이었다. 그런 방법으로 말씀을 하셨기에, 그 말을 듣는 사람은 그것이 나와 관련된 이야기라고 짐작할 수가 없었지만 나는 더 이상 편치가 않았다. 마음이 요동치기 시작했다. 무언가가 내 마음속에서 반항하고 있었다.

- 거기서 악마가 그를 방해했어. 하지만 그도 계속해서 기도를 했지. 그래서 악마가 마음 편히 있을 수가 없었지.

수도사님은 나를 쳐다보셨다. 나는 그분이 말씀하시는 것이 무엇인지 알아차렸고 마음속으로 "주 예수 그리스도여, 나를 불쌍히 여기소서."라고 기도를 하기 시작했다. 나는 더 이상 수도사님의 이야기에 주의를 기울이지 않은 채 기도에 전념하였다.

이야기를 계속해 나가시던 수도사님은, 이야기의 한 부분을 말하는 것처럼 나를 보면서 말씀하셨다.

- 더러운 악령아, 이 피조물로부터 나와라.

그러면서 이야기를 계속하셨다. 그런 말을 하시면서 수도사님은 방문객의 손목을 잡고 계셨다. 잠시 후 이야기의 한 부분을 말하는 것처럼, 또 나를 쳐다보시고 얘기하셨다.

- 더러운 악령아, 이 피조물로부터 나와라.

나의 영적인 상황이 깨달을 수 있는 정도까지, 그분의 얼굴은 신비스러운 광채로 빛나고 있었고, 근엄한 표정이었고, 내가 그분으로부터 몇 번 보지 못한 표정을 하고 있었다. 그분의 영혼의 감추어진 영광을 나타내는 그런 표정이었다. 평범한 사람이라 불리는 이들과 질적으로 다른 존재임을 나타내는 표정이었다. 일반적으로 '사람이란 무엇인가'에 대해 의혹을 갖게 하는 그리고도 다른 표정이었다. 그분의 얼굴과 시선에서 나는 인간 본성을 뛰어넘은 모습을 보고 있었다.

나는 어떤 긴장감과 힘을 가지고 계속해서 기도를 하고 있었다. 그 순간에 일어났던 일의 의미를 명확하게 규정지을 수가 없었다.

그분은 세 번째로 내게 얼굴을 돌리시며 말씀하셨다.

- 더러운 악령아, 이 피조물로부터 나와라.

그때 나는 내 몸에서 무언가가 나오는 것을 느꼈다. 무언가 보이지 않는 것이 나로부터 분리되어 떨어지는 것을 느꼈다. 이윽고 내 머리가 자유로워지는 것을 느꼈다. 내 영혼이 다른 어떤 혼의 격렬한 영향으로부터 자유로워졌고 동시에 내 영혼의 존재가 깨달았다. 내가 전에 깨닫지 못했던 아주 무거운 것이 나로부터 떠나거나 하는 것처럼 나는 해방되는 것을 느꼈다. 그 순간 나는 내가 얼마나 큰 압박을 받았었는지 깨달았다. 나로부터 나온 그것이 내 왼쪽 뒤에 서 있음을 느꼈다. 그것은 하나의 출현이었는데 그 출현의 힘은 사람을 압박했다. 그리고 그것은 멀리서도 사람의 영혼을 무겁게 만들었다.

나는 이것으로부터 멀어지기 위해 일어나 수도사님의 옆으로 갔다. 거기서 마음의 안정을 찾고 안심하였다. 나는 수도사님의 다리 옆에 가서 바닥에 주저앉았다.

수도사님이 말씀하시던 순간과 악령으로부터 해방되던 순간과 거의 동시에 방문객은 또 한 번 나를 놀라게 만들었다. 방문객은 경악과 감탄을 불러일으키며 갑자기 벌떡 일어나 크게 소리를 지르는 것이었다.

- 성모님! 나의 지극히 거룩하신 이여! 이것이 대체 무슨 향기입니까? 수도사님, 수도사님, 성모님께서 옆에 계세요!

그는 감사를 표하는 것처럼 소리를 질렀다. 커다란 기쁨이 방문객을 감쌌고, 이 기쁨은 그의 처신과 모든 것들을 잊게 만들었다. 영혼이 느끼는 이 기쁨은, 성인들을 만날 때, 자연을 초월한 방법으로 성령에 의해 생기는 일이다. 사람이 그 기쁨을 감당하는 것은 쉽지 않은 일이다.

그는 기뻐서 소리를 지르고 또 질렀다. 그러면서 우리에게 성당에 가자고 요청했다. 나는 수도사님이 말씀하기 전부터 방 안에 있었던 악령의 출현이 사그라드는 것을 느꼈다. 그것이 내 영혼 속에 들어가 내가 갖고 있었던 것이었다.

내 영혼으로부터 또 방으로부터 이 더러운 악령을 쫓아낸 것이 지극히 거룩하신 성모님의 영광의 빛이었을까? 방문객의 영혼이 성모님의 영혼의 향기, 성모님의 영적인 향기를 깨닫고, 강아지처럼 기뻐서 어쩔 줄 몰라 했던 것일까? 우리의 눈이 보고 귀가 듣는 것들에 대해 아무도 확신할 수 없다. 자나 컴퍼스로 측정되는 확실한 종류의 것들이 아니기 때문이다. 하지만 '거룩한 소통'에 의해 사람의 영혼 속에 생기는 다른 종류의 확신이 있다. 하느님의 행위에 의해 사람의 영혼 깊은 곳에 생기는 확신이다. 때로는 산들바람처럼 부드럽고 보이지 않으며, 때로는 회오리바람과 같다. 이 거룩한 확신은 아주 깊고 확실한 것이었다.

나는 의아해했고 또 감명받았다. 성인들의 생애에 관해 쓰인 책들, 정교 성인들과 대 고행 수도사들의 깊은 의미가 담긴 책들, 그 책들 속에서 일어났던 일이 나에게도 일어난 것이다. 영혼은 하느님의 고결하심과 선량하심에 의해 환희에 젖는다. 하느님의 고결하심과 선량하심은 그렇게도 소박하지만 그렇게도 엄청난 영적인 깊이를 가지고 있다. 사람이 하느님의 무한한 고결함과 선량함 속에서 살 때, 영혼은 경외심을 느낀다. 이 경외심은 환희이며 감출 수 없는 기쁨이다.

우리는 잔치를 연 것이었다. 신비의 선물을 즐겼으며, 소멸하는 것들을 잊었었다. 우리는 어린 아이들처럼 느끼고 즐거워했다. 깨끗하고 사심 없는 마음에서 우러나오는 수도사의 기도가 이 거룩한 방문을 초대한 것이었다.

우리는 천천히 소성당으로 들어갔다. 나는 수도사님께 감사를 표현하려고 했다. 정중히 고개를 숙이며 답례를 하려고 그분께 갔다. 하지만 그분은 난처해하면서 나를 방해했다.

- 저기, 저곳에 정중하게 고개 숙이고 감사를 드리게.

수도사님은, 성모님의 성화가 있는 대성화대를 손으로 가리키셨다. 나는 고개를 성화 쪽으로 돌렸다. 하지만 아무것도 보지 못했다. 수도사님이 쳐다보고 계시던 모습에서 나도 누군가를 볼 것을 기대하고 있었던 것이다.

- 수도사님, 절 했어요.

- 바보 같긴. 고개만 숙이는 게 아니라, 내가 하듯이 몸 전체를 숙이고 절을 하라고.

수도사님은 직접 보여주시면서 내가 절을 빨리 하도록 다정하게 알려주셨다. 그래서 나도 똑같이 따라 했다. 내가 몸 전체를 숙이고 절을 하자, 수도사님은 매우 흐뭇해 하셨다. 나를 보시며 아주 기뻐하셨다. 마치 하느님께 받아들여지는 아들을 보는 아버지 같았다.

그때 나는 이러한 것들을 느꼈고 깨달았다. 그때의 사건들은 무척 강렬하고 또 많기도 많아서, 정신을 차리기도 전에 새로운 일이 벌어졌다. 그 당시엔 그 순간 일어났던 사건들의 중요성을 나는 깨닫지 못한 터였다. 이 책을 쓰는 지금, 그때의 일들이 정말로 큰 사건들이었음을 인정한다. 내가 얼마나 가치가 없는지, 수도사님은 얼마나 거룩한지에 대해선 의심의 여지가 없었다. 그분의 다정한 마음은 그리도 형편없는 나를 보시는 것이 안타까워, 좋은 약으로 나를 치료하시도록, 하느님께 기도를 드렸다. 내가 영적으로 너무도 병들어 있었기 때문이다. 겸손한 사람의 기도를 들어주시는 하느님께서 수도사님이 간구한 것을 들어주셨다.

수도사님은 천천히 우리를 뜰로 데려가셨다. 수도사님께서 칼리비로부터 열쇠를 잡아당기려고, 나보고 뜰 쪽으로 나있는 문을 열고 철사 줄에 열쇠를 놓으라고 하셨다. 그리고 문을 잘 닫고 자물쇠를 잘 잠그라고 하셨다. 그렇게 우리는 축복을 받으며 떠나왔다.

우리 둘은 길을 걷고 있었다. 나는 25세의 청년이었고, 그는 50대의 중년이었다. 우리는 아토스 성산의 중심지인 카리에스를 향해 길을 걷고 있었다. 오솔길은 쓸쓸했고, 덤불 속 나무 아래로 길이 나 있었다. 오르막길이었다. 우리는 수도사님의 칼리비에서 약 100-200미터 정도 멀어졌다. 나와 같이 길을 걷던 동행인은 흥분하여 다음과 같이 말했다.

- 수도사님은 성인이야, 성인! 자네도 그걸 깨닫는가?
- 네, 그럼요.

그는 내 손을 잡아 나를 멈추게 하더니 내 얼굴을 쳐다보았다.

- 내가 말하는 것을 이해하겠나? 그분은 성인이시라고! 알아들어?

그는 내가 자신의 의견에 그저 찬성한 것으로만 생각해, 다시금 물은 것이었다.

- 네, 그럼요! 저도 믿어요. 수도사님을 오랫동안 알아왔는걸요. 그래서 잘 알고 있죠.

그는 나를 쳐다보았다. 내가 진지하게 대답하자 그제야 마음을 놓았다. 우리는 계속 길을 걸었다.

그는 어깨에 오래되고 큰 가방 하나를 메고 있었는데, 가방을 끈으로 묶어 어깨에 걸머지고 있었다. 아주 불편해 보였다. 손으로 들고 다니도록 손잡이가 있는 가방이었다. 그런 가방을 어깨에 메다니… 나는 의아해했다. 편한 가방을 멜 수는 없었을까 하고 생각했다. 오르막길이 시작된 때부터 그는 다섯 발작에 한 번씩 멈춰 쉬곤 했다. 그는 숨이 차서 헐떡거렸고, 땀으로 얼굴과 콧수염이 번들거렸다. 나는 천천히 걸어가며 그에게 가방을 좀 들어주겠노라고 말했다. 그러나 그는 거절했고, 오르막길을 오르며 계속 이야기를 했다.

나는 이 전통적인 모습의 50대 중년 아저씨에게 호기심이 생겼다. 대체 무슨 일이 있었기에, 전혀 부끄러워하지 않고 열망과 감사의 마음으로 수도사님의 발에 키스를 하려고 했을까? "수도사님은 성인이야, 성인!"이라는 말 뒤엔 어떠한 경험들이 감추어져 있는 듯했다. 나는 그것이 궁금해서 이야기를 시작했다. 내가 이야기를 시작하게 된 것은, 우리가 축복받은 사건들을 함께 겪었으므로 그에게 친근감이 느껴졌기 때문이었다. 하지만 방금 수도사님이, 사람을 죄에 빠지게 유혹하는 악령, 그중에서도 악령의 대장을 나로부터 쫓아냈다는 것을 그가 깨닫지 못했음은 분명했다.

나는 그가 걸머진 가방에 대해 물었다. 가방은 완전히 비어 있었는데, 그는 남들이 자신의 나약함을 눈치 채지 못하도록 위장하려고 그 가방을 걸머진 것이라 고백했다.

"나는 공군 장교였어. 모든 사람들이 그러듯 나도 교회에 별로 다니지 않았지. 축일이나 행사가 있는 경우에만 교회에 갔지. 나는 담배도 많이 피웠네. 하루에 세 갑씩 피웠지. 그런데 병이 들고 말았어. 런던에 가서 폐의 사분의 삼을 제거했지. 그래서 숨 쉬는 데 어려움을 겪는다네. 숨이 막혀. 내가 호흡할 수 있도록 폐의 사분의 일은 제거하지 않은 것인데, 의사들은 내게 15일을 선고하더군. 나는 그리스로 돌아가서 죽어야겠다고 생각했지. 그렇게, 쓰라린 마음을 안고 그리스로 돌아왔다네. 그리고 아토스 성산에 오기로 마음먹었지. 그때까지는 아토스 성산에 온 적이 없었어. 내가 아토스 성산에 왔을 때, 파이시오스 수도사님에 대해 듣게 되었고, 그분을 찾으려 길을 떠났지.

　마침내 수도사님의 칼리비에 도착하였다네. 내가 수도사님의 문을 두드리기도 전에 수도사님은 문을 여셨어.

　- 디미트리오스 잘 왔네! 자네를 기다리고 있었다네!

　수도사님께서 이렇게 말씀하시더군. 정말이지 내게 대접하실 것도 이미 준비해놓고 계셨어. 나를 처음 보신 것인데도 내 이름을 부르셨지. 나는 정말 어안이 벙벙해져서 입을 다물 수가 없었어. 수도사님께서는 좀 앉아서 쉬라고 말씀해주셨어.

　- 걱정 말게. 걱정 말아! 모든 것이 다 잘 될 것이네.

　수도사님께서는 이렇게 말씀하시더군. 나는 그때까지 나에 대해 아무것도 말씀드리지 않은 상태였지만 수도사님은 "모든 것이 잘 될 것이네."라고 말씀하시면서 내 가슴에 성호를 세 번 그어주셨어.

　그 후로 2년 반이 흘렀지. 나는 건강히 잘 지내고 있지. 그런 수술 후엔 죽는 것이 당연했지만, 약속했던 시간인 15일 후에 나는 죽지 않았어. 게다가 내 암은 전이되지도 않았지. 약도 쓰지 않았어. 나는 이렇게 잘 지내고 있다네. 폐를 잘라내는 수술을 받았기에 단지 숨이 차서 잘 걸을 수가 없을 뿐이야."

　우리는 기쁜 마음으로 이런 대화를 나누면서 수도원에 도착했다.

　- 나는 규칙적으로 수도사님을 뵈러 온다네. 다만 수도원에 머물 수가 없어. 수도원이 문을 닫을 때, 어딘가에 갇혀있는 듯한 느낌을 받기 때문이야. 그래서 카리에스에 있는 호텔로 가고, 저녁에는 음식점에 가서 사람들과 대화를 나누지.

　이렇게 해서 그의 처신에 대한 나의 의심도 풀리게 되었다. 나는 수도사님의 많은 은총들을 통해 다른 사람을 또 알게 된 것이다. 수도사님께는 병을 고치는 은총이 있었다. 어떤 종류의 병이더라도 그분은 사람들의 병을 고쳐주셨다. 이 장교를 고쳐주신 것처럼, 수도사님은 병자들을 마지막 순간에 저승사자의 손아귀로부터 구해내셨다.

하지만 파이시오스 수도사님이 모든 이들의 병을 고쳐주신 것은 아니었다. 이것은 많은 이들에게 이상하게 보였고, 많은 이들을 생각에 잠기게 했다. 힘을 가진 사람들은 그 힘을 어떻게 더 올바르게 사용해야 하는지 더 잘 알고 있다. 그들의 큰 분별력은 우리가 상상할 수 없는 것조차도 본다. 그래서 그들은 평범한 사람들과 다르게 판단하고 행동한다. 평범한 사람은 모든 것들을 그의 수준으로 판단하고, 그의 능력을 능가하는 것을 믿지 않는다.

"믿는 사람에게는 기적이 따르게 될 것인데, 내 이름으로 마귀도 쫓아내고 여러 가지 기이한 언어로 말도 하고, 뱀을 쥐거나 독을 마셔도 아무런 해도 입지 않을 것이며 또 병자에게 손을 얹으면 병이 나을 것이다." (마르코 16:17-18)

영적인 수술

"누가 이 죽음의 육체에서 나를 구해줄 것입니까?" (로마서 7:24)

"아버지께서 생명의 근원이신 것처럼 아들도 생명의 근원이 되게 하셨다." (요한 5:26)

사람들과의 문제는 우리가 우리 자신을 모른다는 것에 기인한다. 우리의 마음이 있어야 하는 진정한 이유에 대해 우리는 너무도 무지하다. 우리는 거의 모두 교만하다. 우리는 실제로 우리가 가지고 있는 장점들보다 더 많은 장점들을 갖고 있다고 믿는다. 우리는 우리의 장점들, 재능, 가능성들에 대해 지나치게 높이 평가한다. 교만한 사람은 자기 자신에 대해 커다란 이상을 가지고 있다. 하지만 자기 자신과의 소통이 없다. 다시 말해 가장 가까운 실체와 소통이 없다. 교만은 광기이다.

교만의 정도는 다양하다. 사람이 하느님의 피조물임에도, 자신을 하느님이라고 간주하는 사람은 교만의 극에 달해 있다고 나는 생각한다.

교만한 사람은 올바르게 판단할 수도 객관적으로 판단할 수도 없다. 항상 남들을 과소평가하고 자신을 과대평가한다. 교만은 현혹이며 자가당착이다. 교만한 사람을 더 큰 현혹으로 유인한다. 교만은 영적인 안맹(眼盲)이며 깊은 어둠이다. 에오스포로스 천사장은 자신이 하느님 자리를 대신하겠다는 영악한 방식으로 하느님이 되기를 원해, 빛의 천사에서 어둡고 불결하고 어리석은 악마가 되었다. 이기주의는 교만의 산물이다. 이기주의자는 자신 주위를 맴돈다. 그는 그저 자신을 위해 살고 자신의 만족을 위해 산다. 하지만 이웃에 대해서는 무관심하다. 다른 사람을 위한 희생도 생각할 수 없다.

내가 인도로 돌아왔을 당시 나는 이러한 인간이었다. 나는 정신적인 상처들과 나약함을 가지고 있었음에도 스스로 많은 장점과 가능성을 가지고 있다고 생각했다. 그뿐만 아니라 내 단점들조차 장점들로 생각했다. 그러면서 내 실패의 원인과 책임을 다른 사람 탓으로 돌리곤 했다. 나는 한 번도 내 자신에게 원인을 돌리지 않았다. 항상 다른 사람들에게 돌렸었다. 잘되면 내 탓이고 못되면 조상 탓이라는 식이었다. 내 마음 깊은 곳에 무지함이 있었음에도, 나는 영적으로 높은 인식을 갖고 있다고 착각했었다.

사람이 예수 그리스도의 계명을 실천하면서 영적인 일을 시작할 때, 천천히 영적인 눈이 열리기 시작하고, 외부적으로 드러나는 처신을 결정하는 마음의 내적 움직임을 깨닫기 시작한다. 그때 잘못된 것들을 많이 본다. 처음에는 큰 잘못들을 보고, 영적으로 건강해지는 만큼, 영혼 속에 있는 것들을 더 깊게 본다. 이러한 사람은 자신의 약점들을 보고 그것들을 인정한다. 그는 호색적이고, 게으르고, 허영심 있고, 배은망덕하며, 돈에 욕심이 있으며, 복수심이 있고, 앙심을 가지고 있으며, 음란하고, 화를 잘 내며, 부당하며, 위선적이다. 그리고 이외에도 다른 많은 약점들을 갖고 있음을 인정한다. 그는 사려가 있는 사람이다. 실제를 본다. 자신이 형편없다는 것을 알고 이를 고치려 노력한다.

겸손한 사람은, 좋은 것들을 많이 가지고 있음에도 불구하고, 아무것도 자신의 것으로 간주하지 않다. 그 대신 하느님의 것으로 간주한다. "온갖 훌륭한 은혜와 모든 완전한 선물은 위로부터 오는 것입니다. 하늘의 빛들을 만드신 아버지께로부터 내려오는 것입니다."(야고보서 1:17) 겸손한 사람은 자신을 모든 사람들보다 더 나쁘고 더 낮은 사람으로 간주한다. 그는 말로만 자신을 낮추는 것이 아니라 실제로 그것을 믿는다. 자신에 대해서 실제보다도 더 조금 믿는다.

"하느님께서는 교만한 자를 물리치시고 겸손한 사람에게 은총을 주신다."(야고보서 4:6) 교만한 사람이 그가 겪는 것으로부터 깨우치고 정신을 차려 영적으로 치료되기까지, 하느님께서는 그가 곤경을 당하도록 허락하신다. 하지만 교만이 정도를 벗어나 높이 올라갈 때, 문제는 더 세밀해지고 위험하게 된다. 그러한 사람들은 "내가 넘어지자 그들은 오히려 깔깔대며 모여들고 모여서는 느닷없이 때리고 사정없이 찢사옵니다."(시편 35:15)에 나오는 사람들과 같다. 다시 말해 사람은 인생에서 겪는 시험으로부터 배우기를, 자신의 잘못을 인정하기를, 잘못을 바라보기를, 자신을 낮추기를 원치 않는다. 많은 교만이 사람을 방해한다. 자신을 바꾸기보다는, 회개하기보다는 자신을 파괴하기를 선호한다. 이런 사람들은 영적으로 아주 큰 위험에 처해있다. 그들은 영원히 사라질 위험에 처해있다. 그들은 어둠의 세계, 악령들의 무리가 있는 곳, 즉 지옥으로 인도된다. 그들은 악마적인 교만에 빠지게 된다.

이런 사람이 어떤 방법으로 도움을 받을 수 있을까? 그에겐 보통의 의사가 아니라, 사려 깊고 사랑이 많으며 겸손한 천사와 같은 의사가 필요하다. 그러한 환자에겐 일상적인 '영적인 약'이 도움이 되지 않는다. 즉, 영적으로 높은 위치에 있는 사람이 필요하며 영적인 수술이 필요하다.

파이시오스 수도사님께는 그렇게도 큰 겸손이 있었다. 그리하여 그분의 겸손은 내 성격과 내 교만한 행동을 받아들이고도 남았다. 부서지기 쉬운 마른 잎을 만지는 것처럼, 수도사님은 조심스럽게 내 손을 붙잡곤 하셨다.

죽음에 임박한 아기를 보살피는 것처럼, 많은 사랑을 가지고 나를 보살피셨다. 정말 나는 미칠 지경에 달해 있었고, 정신적이고 영적인 죽음 가까이에 있었다.

어느 날 수도사님은 칼리비 안에서 내게 농담을 하셨다. 칼 하나를 드시더니 내 목을 자르려고 하셨다. 나는 조용히 앉아 있었다. 나는 그분의 손에 죽기를 기꺼이 받아들였다. 수도사님은 웃으면서 내 목에 칼을 대셨다. 날이 없는 부분으로 칼을 돌리셨다. 그리고 내 목을 자르는 시늉을 내셨다.

- 수술을 원하나?

내게 물으셨다.

- 수도사님이 원하시는 대로 하세요.
- 무서운가?
- 아니요, 수도사님. 무섭지 않아요.

수도사님은 진지한 표정을 하셨다.

- 지금은 아니야. 부활절에 하지.

그러면서 나를 놓으셨다.

나는 조용히, 기쁜 마음으로 그리고 호기심을 가지고 몇 주 후에 올 부활절을 기다렸다. 부활절 전날 나는 기다렸다. 아무런 일도 없었다. 부활이 시작되는 한밤중에 나는 또 뭔가를 기다렸다. 하지만 특별한 일이 없었다.

부활절 날, 즉 일요일 저녁에 나는 집에 혼자 있었다. 가족들은 집에 없었다. 나는 텔레비전에서 그리스도와 관련된 영화를 보고 있었다. 감동적이었다. 텔레비전을 끄고 옆방으로 갔다. 거기서 나는 빛을 발하던 십자가를 보고, 무릎을 꿇고 기도를 하기 시작했다.

부드럽고 부드럽게, 천천히 천천히, 계속해서 나를 덮어주는 수도사님의 축복을 느꼈다. 나는 수도사님이 내 어깨 뒤에 서서 나를 축복해 주심을 느꼈다. 한 힘이, 한 움직임이 충만하고 다정하게, 전능하고 생명력 있게, 내 위로 쏟아지고 있었다. 내 영혼을 촉촉이 적셨다. 그리고 내 몸까지도 촉촉이 적셨다. 내 뼈는 이 힘을 스펀지처럼 빨아들였다. 이 힘은 따뜻하고 부드럽고 생명력 있고 물처럼 투명한 힘이었다. 내 뼈는 비어있는 전지를 채우는 것과 같았다. 들어갈 수 있는 만큼 들어갔고 넘쳐흘렀다. 갈증이 나 있던 나는 너무도 감사하는 마음으로 그것을 마시고 빨아들였다. 나는 이런 일이 일어나고 있는 것에 대해 의아해했다. 누군가 내게 생명을 주었다. 생물학적인 측면에서 내게 생명을 주었고, 영적인 측면에서 내게 생명을 주었다. 내 마음속엔 감사하는 마음이 넘쳐흘렀다. 그 누군가는 아주 좋은 분이었고, 아주 강한 사람이었다. 그는 죽음을 멸할 만큼 강했고, 생명을 선사할 만큼 강했다. 그는 우리 존재에게 기쁨과 환희를 선사한 분이었다. 주여, 당신께 영광 돌리나이다!

그래서 죽음이 멸하여 내 죄가 없어졌다. 나의 빚, 즉 죄는 선물이 되어 없어졌다.

한 가지 신비스러운 방법으로, 나는 하느님과의 관계에 있어서 내 자신을 깨닫기 시작했다. 내 영적인 시각이 깨끗해져 나는 내 자신을 보고 있었고 하느님 앞에서의 내 자세를 보고 있었다. 나는 감동에 젖었다. 내 마음속엔 하느님에 대해 커다란 부정이 있었다. 애초에 나는 아무것도 몰랐고, 하느님에 대한 영적인 무지함이 있었다. 향락은 술에 취한 사람처럼, 내가 올바로 보지 못하게 했고, 올바른 판단을 하지 못하게 했다. 이런 향락은 내 영혼과 의식에 영향을 미쳤다. 이 상황에서 나는 위의 영적인 사건을 강렬하게 경험하였다. 그것은 커다란 사건이었다.

내게 방금 일어난 영적인 사건은 정도와 깊이, 강도에 있어 아주 컸다. 그것은 내가 여태까지 살아오면서 봤던 엄청난 거짓 세계, 즉 거짓되고 어리석은 생각들을 옮기고 분해할 능력이 있었다. 이것은 무슨 깨달음인가? 나는 세상을 다른 측면에서 보고 있었다. 세상에 무슨 일이 일어나고 있는가? 나는 언제 깨달을 것인가? 어떻게 이런 일들이 나에게 일어나고 있는가? 가치 없는 나에게 그렇게도 큰 너그러움이라니! 누군가가 나를 위해 희생되고 있다. 누군가가 자신의 존재로부터 아주 귀중한 부분을 떼어서 나에게 제공하고 있다

나는 내 영혼이 거의 죽은 상태, 거의 존재하지 않는 상태에 있음을 느꼈다. 내 영혼이 그렇게도 무거운 빙산 아래에 있는 것 같았다. 이 빙산이 내 영혼을 압박하고 꼼짝 못하게 함을 느꼈다.

　　나는 견딜 수 없이 불행했다. 압박이 너무 심해서 조금도 움직일 수 없었다. 이 압박을 조금이라도 떨쳐버릴 수 있는 방법이 없었다. 내가 숨 쉴 수 있는 공기가 없었다. 내 영혼을 압박하는 것은 그렇게도 무거워서, 무덤을 막는 돌 혹은 빙산 같았다. 내가 어떤 노력을 하더라도 나를 압박하는 이 어마어마한 무게를 떨쳐낼 수 없음을 느꼈다. 또 내가 그리스 신화에 나오는 헤라클레스와 같은 힘을 가지고 있었을지라도 이 무게를 떨쳐낸다는 것은 불가능했다. 이것 말고도 내 영혼은 완전히 힘이 없었고, 죽음에 임박해 있었고, 감금되어 있었다. 내 영혼이 반항을 한다는 것이 불가능했다. 내 영혼은 누군가에게 넘겨져 있었고 굴복되어 있었다. 이것은 엄청난 감각이었다. 나는 나의 죽음을 깨닫고 있었다. 이 엄청난 무게 속에 갇혀서 죽어있었다. 나의 상황에 대해, 그리고 나의 한없는 나약함에 대해 공포와 실의에 젖어있었다. 나 혼자 살아난다는 것은 불가능한 일이었다. 나의 구원에 대한 생각조차도 아주 희미하였다. 나는 영적으로 거의 죽은 상태에 있었다. 누가 나를 이 엄청난 영적인 압박 속에 집어넣었단 말인가? 악령은 나를 정신적으로 괴롭히고 압박했다.

　　하지만 하느님의 힘이, 압박을 받던 내 영혼 위로 내려왔다. 이 압박은 금방 사라졌다. 나의 구원자는 아주 좋은 분이시고 무한한 힘을 갖고 계신다. 악마의 무시무시한 힘, 자멸적인 죄는 하느님의 자비와 거룩한 사랑 앞에 설 수가 없다. 압박이 사라지면서, 내 영혼이 해방되기 시작했다. 내 영혼은 무감각하게, 머뭇거리면서, 아주 천천히 움직이기 시작했다. 내 영혼은 의아해했다. 나는 느끼기 시작했다. 축복이 나를 따뜻하게 해주었다. 내게 생명을 불어넣었다.

　　압박은 내 영혼이 아무것도 느끼지 못하게 만들었고, 이로 인해 나는 눈물이 다 말랐다. 그러니까 압박 때문에 아무것도 느끼지 못했기에 울 수도 없었다. 그러나 지금, 압박이 물러가며 내 마른 눈에서 눈물이 흐르기 시작했다.

나는 하염없이 눈물을 흘렸다. 소리 없이 눈물을 흘렸다. 강물 같은 눈물을 흘렸다. 그 눈물은 기쁨의 눈물이었다. 그 눈물은 안도의 눈물이었다. 그 눈물은 감사의 눈물이었다. 누군가가 나를 되살아나게 하였다. 그의 생명으로 나에게 거룩한 생명을 불어넣어주었다. 그는 나의 죽음으로부터 죽음을 가져갔다. 그는 나의 죄로부터 죄를 가져갔다. 나에게 생명을 주었다. 기꺼운 마음으로 죽음을 가져갔다. 나의 죄에 의한 죽음을 그가 가져가 나를 죄로부터 해방시켰다. 나에게 생명을 불어넣었다.

대체 어떤 선물이었던 것인지! 생명이 기증되었다. 나는 영적으로 다시 태어났다. 이것은 비유법이 아니다. 나는 내가 보고 느낀 대로 말하는 것이다. 어떻게 표현해야 할지 모르겠다. 내 영혼은 죽어있었다. 그리고 부활되었다.

내가 내 영혼을 죽였다. 내가 내 의지로 내 영혼을 죽였다. 나는 나의 육적 욕망에 취해있었다. 내 의도에 따라 이기주의자도 되었다. 나는 고의적으로 내 영혼을 눈 멀게 하였다. 나는 이유나 원인 없이 하느님을 뻔뻔스럽게 경멸하였다. 감히 내가 어떤 용기가 나서 이렇게 했었던가? 어떤 뻔뻔스러움, 어떤 어리석음이었던가? 사람이 창조주를 거절한다는 것이 어떻게 가능하단 말인가? 나약한 자가 전능하신 분을 치욕적으로 대하다니 그럴 수가 있는가? 나쁜 자가 덕과 선 자체이신 하느님을 경멸하면서 조롱할 수 있는가? 어리석은 자가 지혜의 원천이신 하느님을 조롱할 수 있는가? 걸핏하면 싸우고 남을 용서하지 않는 자가 관대하시고 모든 사람들을 용서하시는 하느님을 경멸할 수 있는가? 더러운 자가 하느님의 정결함을 경멸할 수 있는가? 죽음이 생명 앞에서 교만해질 수 있는가? 죽을 자가 불멸하시는 분 앞에서 거만해질 수 있는가? 은혜를 입은 자가 은혜를 주신 분을 증오할 수 있는가? 병자가 주치의를 죽이려고 찾아 다닐 수 있는가? 어둠이 창조되지 않은 빛에 대해 오만해지는 것이 가능한가?

나는 내 자신을 명확하고 깊게 보았다. 내 자신이 역겨워졌다. 나는 나의 잘못들을 깨달았다. 내가 그러한 더러움을 세상에 가져왔단 말인가? 단지 내가 나타남으로 인해 나는 이 세상에 나쁜 냄새를 풍긴다.

내가 그리도 많은 약점을 갖고 있고, 그리도 많은 죄를 지었는데, 하느님께서는 어떻게 나에 대해 참아주시고, 내가 하느님과 함께 존재하도록 내버려두시는가? 내가 이렇게 더럽고 어둡고 죄로 죽음을 초래하는 방법으로 존재하는데, 어떻게 내가 존재할 수 있단 말인가? 하느님의 관대하심을 깨닫는 것은 불가능하게 보인다. 내 마음이 열렸다. 기도가 내 마음속에서부터 강물처럼 넘쳐흘렀다.

'나의 하느님, 어떻게 저에 대해 참으십니까? 어떻게 저에 대해 관대함을 보이십니까?'

나는 궁금했고, 경탄했다.

'나의 하느님, 저를 데려가셔요. 저를 데려가셔서 사라지게 하세요. 하느님, 나의 하느님! 그렇게도 처량하고 더러운 저는 더 이상 존재하고 싶지 않아요!'

'하느님, 당신이 계신 곳에 왜 제가 있어야 하나요? 하느님, 존재하고 싶지 않아요. 저를 데려가셔서 저를 사라지게 하세요. 제가 존재하도록 내버려두지 마세요. 제가 존재하도록 내버려두지 마세요…. 저를 데려가세요. 저를 데려가세요. 저를 데려가세요. 살고 싶지 않아요. 숨을 쉬고 싶지 않아요. 왜요? 대체 왜요? 왜 제가 존재해야 하나요? 이 처량하고 보잘것없는 저를 사라지게 해주세요. 제게 있는 악과 증오, 원한, 처량함, 더러움의 진흙을 없애주세요.'

나는 나의 잘못과 죄의 크기를 깨달았다. 내 영혼의 더러움을 깨달았다. 나는 이 세상에서부터 사라지고 싶었다. 나의 이 더러운 영혼이 하느님 앞에 있고 싶지 않았다.

하느님께서는 그렇게도 좋으신 분, 그렇게도 자애로우신 분, 그렇게도 악이 없으신 분, 그렇게도 인내를 하시고 그렇게도 사심이 없으시고 그렇게도 인자하시고 순수하시고 용서를 하시며 겸손하신 분이다. 그렇기 때문에 우리는 자발적으로, 자연스럽게, 평온하게, 따뜻하게, 조용하게, 상냥하게, 마음속 깊게, 열망을 가지고 하느님을 사랑하게 된다. 하지만 우리가 보였어야 하는 사랑은 하느님의 사랑에 비하면 그리도 미약할 뿐이다. 하느님의 관대하심 앞에 나는 그렇게도 처량한 인간이다.

내 머리는 비교할 수 있는 능력이 없다. 다시 말해, 한편으로는 내 행동에 대해, 다른 한편으로는 하느님의 무한한 사랑과 용서하심에 대해 나는 비교할 수가 없었다. 한편으로 나의 나쁜 행동들이 있었고, 다른 한편으로 하느님의 그렇게도 큰 사랑이 있었다. 하느님께서 나를 대하신 거룩한 사랑을 내 머리는 깨달을 수 없었다.

'하느님! 어떻게 저를 참으십니까?' 나는 하느님의 관대하심의 깊이에 경탄하였다.

이 처량한 인간, 즉 내가 계속해서 우는 것에 대해 금방 피곤해졌다. 그것을 회상하는 이 순간에도 내 자신을 지나치게 사랑하는 자기애와 이기주의가 작용했다. 계속해서 내 등 뒤에서 나를 축복하고 있던 그분을 보려고 나는 머리를 돌렸다.

'누구의 뻔뻔스러움이 나의 뻔뻔스러움보다 더 크단 말인가?'

'수도사님, 저를 용서하셔요!'

내가 그분을 보려고 머리를 돌리려고 하자마자, 그분이 떠나가심을 느꼈다. 내가 알고 있던 그분이 나타나는 것을 나는 보지 못했다. 하지만 그분이 내 곁에 있었다는 것엔 의심의 여지가 없었다.

나는 잠이 들었다. 파이시오스 수도사님은 내 교만 가운데 큰 부분을 잘라내셨다. 그분의 '영적인 수술', 즉 사람들이 보통 하는 수술과는 반대인 이 수술은 아무런 아픔도 남기지 않았다. 단지 기쁨과 마음의 평화, 그리고 이 영적을 수술을 되풀이하고자 하는 열망을 남겨놓았다. '수술'용 도구는 사람에게 상처를 주는 것이 아니라 단지 사람을 깊숙이 치료할 뿐이다.

그렇지만 내가 지혜롭게 된 것도 아니었다. 내 어리석음은 며칠 후에 다시 나타났다.

"어둠 속에 앉은 백성이 큰 빛을 보겠고 죽음의 그늘진 땅에 사는 사람들에게 빛이 비치리라." (마태오 4:16)

"죄의 대가는 죽음이지만 하느님께서 거저 주시는 선물은 우리 주 그리스도 예수와 함께 사는 영원한 생명입니다." (로마서 6:23)

"법이 생겨서 범죄는 늘어났지만 죄가 많은 곳에는 은총도 풍성하게 내렸습니다." (로마서 5:20)

일리아스 아저씨

일리아스 아저씨는 도시 전체에 알려진 사람이었다. 대부분의 사람들이 그를 미친 사람으로 여겼지만 한편으로는 의아해했다. 모든 사람들이 그는 공부를 많이 한 사람이고, 공부를 많이 해서 미쳤다고 말들하곤 했다. 그가 대답을 똑똑하게 해서 사람들은 좋은 인상을 받기도 했다. 그에 대한 이상한 이야기들은 많은 사람들의 호기심을 불러일으키며 떠돌아다녔다. 한 가지 소문, 더 정확히 말해 한 가지 의견이 있었는데, 그것은 바로 그가 거룩한 사람이라는 것이었다.

그는 도시의 끝에 위치한 산의 가장자리에 살고 있었다. 그는 집이 없었고, 사시사철 입고 돌아다니는 남루한 옷을 제외하곤 자신의 것이 아무것도 없었다. 그는 노천에서 잠을 자곤 했고, 사람들이 주는 것을 먹곤 했다. 대부분의 시간을 그는 혼자 보냈다.

내가 어릴 때부터 그는 노인이었던 것으로 기억한다. 연로해서 몸이 움츠러들었고, 거북이처럼 천천히 걸어 다녔다. 아이들은 그를 사랑했고, 그와 함께 얘기를 나누곤 했다.

내가 초등학교 저학년이었을 때 길에서 아저씨를 만난 적이 있었다. 그는 정상적으로 앞을 보고 걸었던 것이 아니라, 등을 돌리고 뒤로 물러서는 것처럼 걸었다. 그렇게 하는 것에 습관이 되어 있었다. 그때부터 그는 등이 굽어있었다.

- 아저씨, 아저씨는 왜 뒤로 걸어 다니세요?

내가 물었다.

- 악마가 나를 괴롭히기 때문이야. 나는 악마를 보고 싶지 않아. 저기 있네. 악마가 안 보이니?

그러면서 정확히 한 곳을 내게 가리켰다. 나는 아저씨가 가리키는 곳을 쳐다보았다. 오싹하고 두려웠다. 하지만 나는 아무것도 보지 못했다.

- 악마가 보이지 않니?

그는 또 물었다.

- 안 보여요.

나는 대답을 하고, 무서워서 그 장소를 떠났다.

그 후 내가 중학교에 다녔을 때, 공부를 잘 못하던 같은 반 아이들이 어느 시험 기간에 물리 시험을 치르던 교실에서 아주 흐뭇한 표정으로 나왔다. 아이들은 기뻐서 소리를 질렀다. 시험에 통과하지 못할 것 같던 과목을 통과했기 때문이었다. 일리아스 아저씨가, 두 과목에서 어떤 문제가 나올지 아이들에게 미리 알려주었다고 했다. 아이들이 말하는 것을 우리는 믿지 않았다. 하지만 그 아이들은 맹세하고 강조하면서 흥분한 목소리로 아저씨와 했던 대화를 자세히 말해주었다. 많은 아이들이 일리아스 아저씨에게 시험 문제를 들으러 가기 시작했다. 하지만 그는 아이들에게 공부를 하라고 말했고, 아이들이 많이 조르면, 아이들을 성모님 성화 앞으로 가게 하여, 성모님께서 그 아이들을 도와주시도록 기도하게 했다.

그런 종류의 이야기들이 많이 들리곤 했다. 하지만 의심할 여지는 충분히 있었다. 일리아스 아저씨는 어리석고 이해할 수 없는 말들을 많이 했다. 이러함에도 불구하고, 신중하고 배웠다 하는 많은 사람들이 그와 대화를 나누려고 그를 찾곤 했다. 많은 사람들이 호기심에 의해, 그에 대해 떠돌아 다니는 소문 때문에 그를 보러 가곤 했다. 그로부터 도움을 받았던 사람들 가운데 나는 두 가지 경우를 알고 있다. 그들은 그들이 말하지도 않았던 문제와 주제들을 일리아스 아저씨가 언급하면서 미친 사람처럼 대화를 하여 그들에게 충고와 도움을 주었다고 했다. 도움을 받았던 사람들 중 한 사람은, 그 당시에 초등학교를 다녔던 자신의 딸이 나중에 선생이 될 것이라고 일리아스 아저씨가 미리 말했다고 했다. 또한 다른 어떤 개인적인 문제에 대해 일리아스 아저씨가 말했던 것이 후에 사실이 되었다고도 했다.

세월이 흘러, 내가 성인이 되었을 때, 나는 아저씨가 어린 아이들과 말을 많이 하는 것을 보곤 했다. 우리 모두는 그를 사랑했다. 그의 구속되지 않은 삶이 우리를 감탄하게 만들었다. 그는 본인이 지은 작은 성당 옆 노천에서 잠을 자곤 했다. 겨울에는 눈과 비에 젖지 않으려고 비닐로 몸을 두르곤 했다. 많은 이들이 그에게 창고를 사용하라고 권했지만, 그는 변명을 늘어놓으며 받아들이지 않은 채 그 자리를 뜨곤 했다. 자신에게 주는 것을 먹곤 했고, 완전히 보살핌 없이 살았다. 그는 오랜 세월을 이런 식으로 살았다.

그의 삶의 방법은 '그리스도에 대한 열망으로 스스로의 덕과 영광을 감추는 사람들'을 방불케 했다. 그것은 아주 적은 수의 사람들이 했던 그리스도교인의 영적인 투쟁의 한 형태였다. 내가 그가 그리스도에 대해 열망이 있다고 말하는 이유는, 그에겐 자기 헌신이 있었고, 그의 투쟁은 매우 고단하고 어려웠기 때문이다. 그러한 영적인 투쟁을 하고자 하는 사람은 아주 튼튼한 영적인 바탕을 가지고 있어야 한다.

후에 사람들은 그에게 작은 창고에 머무르라고 권했고, 그는 그것을 받아들여 겨울에 그곳에서 살았다. 나는 인도에 가기 전에 그를 거기서 만났다. 길에서 아저씨를 만났을 때, 나는 내 생각을 전달했고, 아저씨는 나를 창고로 초대했다. 거기서 내게 많은 이야기들을 들려주었고, 직접 겪은 일화들도 얘기해주었다. 아저씨는 1940년 이전에 한 동네에서 서기로 지냈다. 사람들은 그가 많이 배웠기 때문에 미쳤다고 말하곤 했다. 아저씨는 성모님을 무척 사랑했다. 한번은 어느 시골에서 다른 시골로 가고 있을 때, 들판에서 개들이 무섭게 쫓아와, 나무 위로 기어 올라가게 되었다. 거기서 그는 밤새도록 성모님께 기도를 드리고 성가를 불렀다. 그는 성모님께 바치는 아름다운 성가를 하나 만들었고, 내게 그 성가를 불러주었다.

그리스가 1940년 독일의 지배하에 있었을 때, 그는 고향 마을을 떠나 도시에 있었다. 어느 날, 일을 하려고 길을 떠났다. 산 옆에 있는 도시의 가장자리를 통해 가고 있었다. 거기서 갑자기 성모님께서 그에게 나타나셨다. 그 순간 그는 놀라움에 그만 자리에 멈춰버리고 말았다. 그 사이에 영국인들은 독일인들이 많이 모여 있던 철도역을 파괴하기 위해 도시를 폭격했다. 폭격 후에 그는 갈 길을 계속했고, 볼 일이 있던 건물에 도착하였다. 그러나 거기엔 아무것도 남아 있지 않았다. 폐허가 되어 있었다. 건물은 폭격으로 파괴되었던 것이다! 만약 성모 마리아께서 그가 지체하도록 하지 않으셨다면, 그는 목숨을 잃었을 것이다. 성모 마리아께서 나타나셨던 그 자리에 그는 성당을 짓고 이름을 '자비의 성모님'이라고 지었다. 그는 그 성당 옆에 살고 있었으며 그곳이 그의 집이 되었다.

그는 예전에 한 번 아토스 성산에 갔었고, 그곳에서 예수기도를 계속했다고 했다. 우리가 앉아있던 그곳에서 그는 조용해지더니 기도를 하기 시작했다. 나는 몇 달 전에 마인드 컨트롤에 대해 배운 것을 실습하고 있다고 말했다. 하지만 놀랍게도, 그 앞에서는 내가 아무것도 할 수 없었다. 그의 기도는 나의 마인드 컨트롤 실습에 방해가 되어, 나는 아무것도 할 수가 없었다.

- 인도에 가지 마. 거기서 사람들이 너를 죽일 거야.

그는 내게 말했다. 나는 파이시오스 수도사에 대해 말했다. 그는 도시에서 다른 곳에 가보지 않았음에도, 파이시오스 수도사를 잘 알고 있는 듯했다.

- 아! 그분은 우리 모두를 능가하는 분이지! 그분을 만나거든, 나를 위해서 기도 좀 해달라고 말씀드려 주게. 나에게 꼼보스끼니도 하나 보내달라고 말이야.

나는 그와 오랜 시간을 함께 앉아 있었다. 그는 그리스도교적인 방법으로 나를 가르치기 위해, 인생에 있었던 많은 사건들을 내게 이야기해주었다. 하지만 나는 그의 말을 듣지 않고 인도에 갔다. 내가 인도에서 돌아왔을 때,

즉 파이시오스 수도사님께 '영적인 수술'을 받은 후, 일리아스 아저씨를 다시 만났다.

일리아스 아저씨가 빛나다

파이시오스 수도사님께 '영적인 수술'을 받은 다음 날, 나는 영적으로 변화된 상태로 잠에서 깼다. 수도사님의 축복은 아직도 내게 남아 있었다. 나는 기분이 아주 좋았다. 주변의 것들에 대해 평화롭고 다정한 마음이 들었다.

산으로 산책을 가보려고 일어났다. 그리고 일리아스 아저씨를 만났다. 아저씨는 자신을 도시에서 가장 못난 사람이라고 불렀다. 길고 지저분한 머리와 수염을 하고 남루한 옷을 입고 있었고, 등이 굽어진 채 한 보도의 가장자리에 앉아 있었다. 그곳에서 그는 빈 통조림 속에 불을 켜놓고 있었다.

장난을 치던 아이들이 장난치는 것을 멈추고 그를 둘러쌌다. 그는 고개를 숙인 채 아이들에게 말을 했고, 이따금씩 아이들에게 시선을 돌렸다.

나는 의아해했다. 나는 그가 어떤 빛에 둘러싸여 있음을 보았다. 파이시오스 수도사님께 있던 그러한 빛이었다. 단지 크기에 있어 작고, 강도에 있어 더 약할 뿐이었다. 그것은 반짝였고, 무색에 청명했고, 맑았고, 부드러웠고, 기쁨을 자아냈다. 그것은 그의 영혼으로부터 발산되었던 하느님의 은총이었고, 은총은 자석처럼 아이들을 잡아당겼다.

나는 오래전부터 그를, 사람들이 생각하는 그런 미친 사람이 아니라, 영적인 사람으로 여겨왔다. 그는 덧없는 세상을 사랑한 것이 아니라 하느님을 사랑했기 때문에, 인간들의 칭찬과 덧없는 영광을 피하기 위해 미친척하며 자신의 영적인 투쟁을 감춰왔던 것이다.

나는 하느님께서 내게 주시는 기쁨과 친밀함으로 그에게 다가갔다.

- 아저씨, 안녕하세요?

그는 놀라며 머리를 들어올렸다. 그는 내게 퍼져있던 파이시오스 수도사님의 축복을 알아보았다. 그러면서 의심스럽다는 듯이 나를 쳐다보았다. 내가 왜 변화하게 되었는지 그 이유를 알아내려고 애쓰기라도 하는 것처럼 나를 뚫어지게 쳐다보았다.

- 어제 저녁에 파이시오스 수도사님이 제게 이렇게 (영적인 수술을) 해주셨어요.

- 아 그렇군! 그분은 우리 모두를 초월했지..

그는 내게 여러 가지에 대해 묻기 시작했다. 그러던 중 나는 이렇게 말했다.

- 아저씨, 아저씨에게서 빛이 나고 있는 게 보여요. 한 빛이 아저씨로부터 나오고 있어요.

그는 아무 말도 하지 않았다. 당황하고 수줍어하면서 고개를 숙였고 조금 후에 우리는 헤어졌다.

"주님이신 너의 하느님을 떠보지 말라."

"그 뒤에 예수께서 성령의 인도로 광야에 나가 악마에게 유혹을 받으셨다. … 그러자 악마는 예수를 거룩한 도시로 데리고 가서 성전 꼭대기에 세우고 '당신이 하느님의 아들이거든 뛰어내려 보시오.' 성서에 '하느님이 천사들을 시켜 너를 시중들게 하시리니 그들이 손으로 너를 시중들어 너의 발이 돌에 부딪히지 않게 하시리라.' 하지 않았소?' 하고 말하였다. 예수께서는 '주님이신 너의 하느님을 떠보지 말라.'는 말씀도 성서에 있다.' 하고 대답하셨다." (마태오 4:1-7)

악마는 구약에서 어느 부분을 이용하는데, 그 의미를 왜곡함으로써 주 예수 그리스도를 죄에 빠지게 선동하였다. 그리스도께서는 사람들을 죄로부터 보호하기 위해, 하느님께서 사람들에게 주신 법을 적용하며 악마의 입을 꼭 다물게 하셨다.

"주님이신 너의 하느님을 떠보지 말라." 하느님께서는, 구약에서 예언자들의 입을 통해, 인간이 창조주를 시험에 들게 하는 것을 금지하셨다. 그러한 유혹, 그러한 자세는 사람에게 나쁜 것을 많이 유발했을 것이다. 하느님께서는 계명을 통하여 이러한 나쁜 것들로부터 사람을 보호하기를 원하신다.

신약에서 악마는 영악함을 갖고 성경의 의미를 왜곡하면서, 그리스도가 하느님의 계명을 위반하게 하려고, 즉 그리스도를 죄에 빠지게 하려고 애썼다. 그러자 주 예수 그리스도께서는 거룩한 말씀으로 같은 계명을 다시 주셨다.

안타깝게도 나는 이 계명을 염두에 두지 않았었다. 그래서 나의 무지함은 나의 뻔뻔스러움과 합을 이루어, 파이시오스 수도사님이 내게 해 주신 영적인 수술 이후, 그러한 큰 축복 이후 내가 이러한 유혹에 빠지는 원인이 되고 말았다.

일리아스 아저씨와 만난 다음 날 나는 산으로 산책을 갔다. 자연과 나의 관계는 수도사님이 주신 선물로 인해 바뀌어있었다. 갑자기 자연은 더 생명력이 있어 보였다. 하느님의 피조물들과 나의 관계는 더 긴밀해졌다. 더 솔직해지고 예민해졌다. 나는 자연과 함께하는 것이 즐거웠다. 나는 자연이 살아가는 방법을 깨달았는데, 즉 나무들, 동물들, 새들, 그리고 가장 작은 풀들조차도 생명력이 있다는 것을 깨달았다. 이는 내가 직접 겪은 경험이었다. 그것은 내가 지금 하는 것 같은 생각이 아니었다. 나는 그것을 즐겼다. 지금 내가 보는 것처럼 그것들을 단순하게 보지 않았다.

나는 자연의 존재들에게 말을 걸었고, 그들을 어루만졌고 사랑하였다. 우리는 함께 어울렸다. 나는 기쁨에 넘쳐 즐거웠다. 내 머리는 아주 맑고 편안했다. 나는 동물들에게 말을 건넸고, 동물들은 나의 말을 들었고, 나는 동물들이 무엇을 원하는지 깨달았다. 그리고 동물들의 모든 동작들을 깨달았다. 고요함, 아름다움, 사랑이 넘쳤다. 이것은 진정한 삶이었다. 사람과 세상의 진정한 관계였다. 아마 천국도 이러할 것이다. 내가 이 세상에서 살았던 모든 세월 동안 나는 영적으로 눈 멀어 있었고, 무감각했고, 죽은 사람과 다름없었다. 나는 아무것에 대해서도 깨닫지 못했었다. 나는 '파이시오스 수도사님은 이러한 진정한 삶을 매일매일 사실 거야.'라고 생각했다. 수도사님이 해주신 말을 떠올렸다.

- 코니차에 있는 스토미오스 수도원에 있었을 때, 쓰레기를 버리는 곳에 곰 두 마리가 왔어. 불쌍한 곰들은 배가 고팠지. 나는 내려가서 곰들에게 빵을 주었어. 동물들은 사람이 무슨 속셈으로 자기들에게 접근하는지 알고 있어. 그들을 죽이려고 접근하는지 아니면 사랑에 의해 접근하는지 알고 있지. 가장 사나운 짐승이라 할지라도 진정한 사랑을 가지고 다가간다면 사람을 해치지 않아.

수도사님은 손을 펼쳐서 나뭇가지에 있던 목이 붉은 새를 부르셨다. 새는 와서 수도사님의 손가락에 앉아 행복해했다.

- 동물들은 그들의 주인인 사람과 함께 기뻐하네. 사람은 동물들의 왕이야. 천국에서 아담은 동물들 한 마리, 한 마리를 불렀고, 종류에 따라 동물들에게 이름을 주었어. 동물들은 사람의 우월성을 인정했고 사람이 나타나는 것을 기뻐했지. 허나 사람의 낙원 추방 후에 이 관계가 파괴되었고 동물들에게 사나움이 나타났어. 사람이 동물들을 죽이려고 했기에 동물들은 사나워졌어. 사나운 짐승들은 더 순수하고 더 충실해. 사람이 동물들에게 사랑을 가지고 다가간다면, 동물들은 낙원 추방 이전의 상태로 돌아오지. 계속해서 사람 곁에 살고 있는 개만이 바뀌었지. 개는 정찰의 정신, 즉 의심하는 마음을 얻었어. 사람이 동물들을 망치네. 이곳에 고양이 한 마리가 있었어. 나는 그 고양이에게 먹이를 주곤 했지. 내 발 아래 와서 발을 잡아당기면서 가르랑거리곤 했지. 아주 편안히 지냈어. 어느 날 나는 고양이에게 빵을 던졌는데, 겁을 먹으며 뒤로 물러나더라고. 무슨 일이 있었는지 알아? 누군가 고양이에게 돌멩이를 던져서 겁을 먹게 되었던 거야. 익숙한 일이 아니었기에 잔뜩 겁이 나서 물러섰던 것이지. 사람이 나쁜 것을 시작했어.

- 수도사님, 사랑을 가지고 동물에게 다가가면, 가장 사나운 짐승도 정말 사람을 해치지 않아요?

- 그럼, 정말이라고.

수도사님은 다른 얘기들을 더 해주셨다. 세월이 흘렀고, 나도 수도사님께서 말하시는 동물들과의 경험을 하고 나니, 그분의 말이 더 잘 이해가 되었다.

나는 이러한 축복받은 상황에 있었음에도, '내가 힌두교의 찬가를 부르거나 신비의 단어를 말한다면 어떻게 될까? 나는 다른 상황에 들어서게 될까? 아니면 아무 일도 없게 될까?'라는 생각이 들었다. 이상한 호기심이 발동한 것이다. 이 어리석은 호기심이 끝내 나를 이겼고, 힌두교의 영향력이 내게 어떤 영향을 끼칠지 관찰해보려는 마음이 생겼다. 사람은 이렇게 먼저 생각으로 죄를 짓고 그 다음에 행동으로 죄를 짓는다.

나는 힌두교 찬가를 부르기 시작했고, 내 꿈속에서 바바지가 주었던 구절 "하리 옴 나마 시바야"를 읊었다. 지금까지도 나는 이 구절의 의미를 정확히 모른다. "옴"은 힌두교인들의 거룩한 음이다. "하리 옴"은 종교적인 인사이다. "하리 옴"으로 힌두교의 본문이 시작된다. 단어 "시바야"는 힌두교의 큰 신들 중 하나인 파괴의 신, 시바신과 관계 있음에 틀림없다.

내가 위의 것을 다 말하기도 전에 상황이 곧 바뀌었다. 나는 내적인 변화와 외적인 변화를 느꼈다. 차가운 바람이 나뭇가지들을 흔들었고 내 영혼이 무서움을 느끼게 했다. 내 영혼에 평화를 주고 세상에 대한 나의 관계를 다정하고 평화롭게 해주던 그리스도의 은총이 더 이상 없었다. 영적으로 다른 분위기를 접했다. 어떤 힘이 내 주위에 퍼짐을 느꼈다. 긴장되고 초조했다. 내가 주의했어야 했음을 깨달았다. 모든 것들이 이상했고 자연스럽지 못했다. 그렇게도 차가운 바람에 대해, 그렇게도 짧은 시간에 벌어진 것들에 대해 자연스럽게 설명할 수 없었다. 나뭇가지들이 흔들렸다 해도 그것은 자연스러운 현상이 아니었다고 나는 믿는다.

나는 무서웠다. 나는 냉담해졌다. 조금 전에 그리스도와 함께 있었을 때 느낀 것처럼 그리스도의 손에 내 자신을 맡길 수 없었다. 사람들을 신뢰할 수 없었고 나에겐 더 이상 사랑이 없었다.

나는 힌두교 찬가를 불러서 생긴 그 영향으로부터 멀어지려고 애썼다. 그 전의 상황으로 돌아가려고 애썼다. 하지만 헛된 일이었다. 이미 엎질러진 물이었다. 내가 갖고 있던 축복은 이미 나에게서 떠나갔다. 어떻게 그렇게도 빨리 변화가 일어날 수 있단 말인가? 어리석은 나는 아직도 찾고 있다.

'이곳에 대체 무슨 일이 일어나고 있는 걸까? 책에 있는 것처럼 마법이었을까?'

나는 괴로웠다. 그래서 기도를 시작했다. "주 예수 그리스도여, 저를 불쌍히 여기소서." 간절하게, 큰 목소리로 기도를 했다. 내가 깨닫는 것엔 더 이상 흥미가 없었다. 다른 것들을 비교하여 내가 알려지고, 영적인 상황의 심판자가 되는 것엔 더 이상 흥미가 없었다. 내가 잃은 것을 되찾고 싶었다. 그리스도의 품 안에 있는 어린 아이이고 싶었다. 내 삶에서 아무것도 몰랐을지라도 그리스도께서 내 가까이 계시다는 느낌 속에 살고 싶었다.

그러나 아무 일도 일어나지 않았다. 힌두교 찬가를 부름으로 해서 내게 다가왔던 힘은, 하느님께 드린 내 기도에 의해 나에게서 떠나갔다. 나는 더 이상 무섭지 않았다. 하지만 내 영혼은 그리스도께서 나와 함께 계시다는 느낌을 더 이상 갖지 못했고, 허무함을 느꼈다. 나는 다시 반만 살아있는 사람, 반만 깨어있는 사람이 되었다. 나는 혼자였다. 스스로 애석하게 여겼다. 나는 아직도 스스로에 대해 애석하게 생각한다. 모자란 인간임을 느꼈다. 나를 극진히 사랑해주었던 사람에 대해 내가 배은망덕하게 행동한 것은 내 탓이었다. 나는 그를 팔아 넘겼다. 그에게 상처를 주었다. 그를 배신하였다. 그는 슬퍼하며 떠나갔다.

불행하게도 나는 그것들을 내 개인적인 노력으로 얻은 것이 아니었다. 개인적인 노고로 얻지 않은 것에 대해 우리 인간은 그 가치를 존중하고 간직할 수 있는 처지가 못 된다. 나는 낭비했고, 내 아버지, 즉 파이시오스 수도사님의 큰 영적인 선물을 어리석게 경멸했다. 내가 당하는 것은 마땅하다. 하지만 나의 아버지는 나를 가엾어 하여 무엇인가를 간직하였다. 그것은 나의 어리석음으로부터 구원된 영혼의 깊은 곳에 숨어있었다.

　이렇게 겪고 당한 뒤 나는 깨달았다. 겸손한 사람들은 행복하며, 그들은 아무것도 겪지 않고 다른 사람들의 경험으로부터 배운다는 것을 말이다.

덤불

나는 인도인 마법사들, 요가 수행자들로부터 그렇게 많은 것들에 대해 당했음에도, 어떤 이상한 방법 때문에 이러한 것들을 의식하지 못했다. 죽을 뻔했음에도 이것을 깨닫지 못했다. 그들이 부끄러움 없이 나를 정신적으로 육체적으로 공격하였음에도 나는 그것을 깨닫지 못했다.

　그때 무슨 일이 있었던 것일까? 내가 공포에 질리지 않고 실의에 젖지 않도록, 수도사님의 기도로 나를 덮어준 하느님의 은총이 작용했던 것일까? 아니면 단지 나의 어리석음만 있었던 것일까? 나는 알 수가 없다. 내가 다음과 같은 사건을 겪은 뒤 아토스 성산에서 안전하게 지내게 되었을 때, 내가 당했던 사건에 대해 깨닫기 시작했다.

　수도사님이 나에게서 악령을 쫓아낸 뒤, 어느 날, 나는 수도사님을 뵈러 갔다. 우리 둘밖에 없었는데, 나는 잠깐 머무르다 떠나게 되었다. 내가 뜰의 철망 밖으로 나오자 수도사님은 문을 잠그려 준비하셨다. 우리는 요가 수행자들에 대해 얘기를 했는데, 그러던 중 나는 이렇게 말했다.

　- 수도사님, 그들은 좋은 사람들이에요.

　그런데 갑자기 나는 공포에 질려 재빨리 고개를 오른쪽으로 돌렸다. 월계수가 있었다. 2미터 정도의 덤불이었다. 그것은 너무도 크게 흔들려 뿌리가 뽑힐 것만 같았다. 마치 누군가 마음속 깊은 곳에서 증오를 터뜨려 덤불을 뽑아내려는 것처럼, 그렇게도 포악하게 덤불 스스로 흔들리고 있었다. 어떤 손도 덤불에 닿지 않았는데, 바람도 없었는데, 흔들렸다. 그것은 내 옆에 있었다. 1미터가량 떨어진 곳에 있었다. 옆에 있던 나무들은 전혀 흔들리지 않았다. 나뭇잎조차도 흔들리지 않았다. 나는 정신이 아찔했다. 무서웠다.

- 수도사님! 이게 무슨 일이에요?

나는 무서워서 소리를 질렀다.

- 자네 친구야.

수도사님은 조용히 대답하셨다. 나는 부끄러워 고개를 푹 숙였다. 그 순간 요가 수행자들이 어떤 종류의 친절함을 갖고 있었는지 나는 깨달았다. 나와 힌두교 스승 사이에 누가 끼어 들었던 것인지 깨달았다. 나와 악령 사이에 누가 끼어 들었던 것인지, 내 친구들인 요가 수행자들이 내게 얼마나 많은 악령을 보냈었는지 깨달았다. 나 때문에 수도사님이 얼마나 많은 영적인 싸움을 했어야 했는지 그 순간 나는 깨달았다. 나는 아무런 생각 없이 떠나오곤 했는데, 그분은 나를 위해 악령과 싸우고 계셨던 것이다. 그분은 나의 영적인 무거운 짐을 들어 올리고 계셨다.

나는 두려움과 부끄러움으로, 수도사님을 남겨두고 얼른 그곳을 떠났다. 요가 수행자들이 보내는 악령들이 나에게 닿기 위해선 먼저 수도사님을 지나야 했다. 그분은 영적 투쟁의 전방에 있었고, 나는 안전한 곳, 후방에 있었다.

이런 일이 대체 몇 번이나 있었을까? 물론 아직도 벌어지고 있다. 아직도 나의 영적인 무거운 짐을 들어 올리고 계신다. 내가 겁이 많고 게으르기 때문이다. 영적인 투쟁에 있어 나는 착실히 노력하지 않고, 노력으로 얻는 내 몫을 차지하기도 원치 않는다. 하지만 그때 나는 내 자신에 대해 잘 알지 못했고, 그분에 대한 감사의 느낌이 나를 숨 막히게 하여, 감사를 표하려 했다. 그러던 중 말했다.

- 수도사님, 수도사님께선 저를 위해 그렇게도 많은 것을 하셨는데, 저는 수도사님을 위해 무엇을 할 수 있을까요?

- 축복받은 이 사람아, 무슨 말인가. 자네가 내게 얼마나 좋은 일을 했는지 아나? 자네가 얼마나 많은 꼼보스끼니를 내게 가지고 왔는지 아나?

그것은, 내가 위험에 처해 있었기 때문에, 그분이 일상적으로 하시는 기도 이외에 나에 대한 큰 사랑으로 나를 위해 꼼보스끼니를 돌려가며 기도해야 했음을 의미했다. 다시 말해, 그분의 일정이 이미 꽉 차있었음에도 불구하고, 나 때문에 일정이 더 많아지신 것이었다. 그분이 날마다 하는 큰 수고 이외에 나로 인해 더해진 수고를 그분은 유익으로 간주하셨다.

요한 클리마코스 성인은 "수도사의 삶은 삶에서 일어나는 일상적인 모든 것들을 이겨내기 위한 끊임없는 투쟁이다."라고 말씀하신다. 주께서는 "하늘나라는 폭행을 당해 왔다. 그리고 폭행을 쓰는 사람들이 하늘나라를 빼앗으려고 한다."(마태오 11:12)라고 말씀하신다. 정말이지 파이시오스 수도사님은 스스로에게 엄격했다. 하지만 그분은 기쁜 마음을 가지고 그렇게 하셨다. 자신이 어려서부터 아주 사랑했던 그리스도에 대하여 했던 것이기 때문이다.

수도사님은 나를 위해 했던 기도와 수고를 유익한 것으로 여기셨다. 정말로 그것은 유익한 것이다. 그분은 모든 문제들을 영적인 방법으로 대처하셨다. 영원하고 불가해하고 끝이 없는 그리스도가 계신 하늘나라를 추구하셨다.

파이시오스 수도사님이 빛나다

어느 날 수도사님의 칼리비를 떠나던 중이었다. 현관쯤 지나는데, 나를 골몰하게 했던 무언가가 생각이 났다.

- 수도사님, 그 요가 수행자 니란잔이 어떤 빛을 발했었어요.

내가 말했다.

- 어떤 빛?

- 우리는 모두 그 사람 주위에 모여 앉아있었는데요. 갑자기 니란잔 몸에서 금색 빛이 나와서 점점 커지는 풍선처럼 그곳에 있던 우리 모두를 감쌌

어요. 그 후 저는 다른 사람이 되었어요. 제 생각이 바뀌는 것이었어요. 대체 그 빛은 무엇이었을까요?

수도사님은 손을 들어 내 머리에 살포시 얹으셨다. 그리고 아무 말씀도 하지 않으셨다.

어떤 빛이 사방에 퍼지고 있었다. 그 빛은 뜰 전체에 넘쳐흘렀다. 내가 쳐다보는 곳마다 나는 그 빛을 보았다. 그렇게도 강하게 비추었음에도 나는 눈이 아프지 않았다. 그 빛은 부드럽고 형태가 없었으며 정신적으로 깨달을 수 있는 것이었다. 나는 그것을 보는 것만으로는 만족하지 못했다. 나는 아무 말도 하지 않았지만 많은 것들을 깨닫고 있었다. 너무 기뻤지만 침착하게 행동했다. 그것은 자연을 초월한 그 무엇이었다. 무언가 아주 드물게 일어나는 일이었다. 하지만 나는 놀라지 않았다. 자연스러움을 느꼈다. 나는 내 존재 전체를 흡수하고 있던 창조되지 않은 빛에 취해 있었던 것이다. 하지만 정신은 총명했다. 내 정신은 이 광경에 빠져있으면서, 또 주위의 자연스러움도 놓치지 않았다.

내 오감은 정상적으로 작동하고 있었다. 그런데 이 오감과 함께 다른 감각도 작동하기 시작했다. 그것은 바로 "영적인 시각"이었다.

때는 점심이었고, 해는 중천에 떠 있었던 것으로 기억한다. 하지만 창조되지 않은 빛이 빛났을 때, 자연의 빛, 즉 태양의 빛은 아주 희미하게 보였다. 석양의 빛처럼 말이다. 이것이 얼마 동안 지속되었는지는 깨달을 수 없었다.

그 후 나는 쿠틀루무시오스 수도원으로 가는 오솔길을 걷고 있었다. 그 사이에 무슨 일이 있었는지 기억이 나지 않았다. 내가 수도원에 도착했을 때, 나는 아주 변화되어 있었다. 수도사님들이 그것을 알아채셨다.

- 파이시오스 수도사로부터 오는 거야?

수도사님들이 물으셨다.

- 네.

나는 고개를 끄덕였다. 나는 이 변화로부터 제정신이 들었다고 결코 말할 수 없다. 이 커다란 변화는 천천히 떠나갔다. 하지만 내 영혼 속엔 부드러운 평온함이 머물렀다. 오늘날까지도 이 변화가 아직 있다고 말할 수 있다. 오늘날까지 내 영혼 속에 흔적을 남겨놓은 것이다. 그것은 나를 깊게, 보이지 않게, 비밀리에 바꾸어 놓았다.

이 사건에 대한 비교는 자동적으로 일어나게 되었다. 수도사님이 내게 무슨 말씀을 하실 수 있었겠는가? 요가 수행자의 빛에 대하여 말씀하셨다고 한들, 내가 무엇을 이해할 수 있었겠는가? 과거에 내게 그것들에 대해 말씀을 해주지 않으셨던가? 사람이 언어를 통한 표현에서 얼마를 이해할 수 있단 말인가? 그래서 수도사님은 위 경험으로부터 요가 수행자의 빛과 다른 점을 나 혼자 깨닫게 하시려고 내게 이 영적인 선물을 주셨다.

다른 점은 비교가 되지 않았다. 오래된 깡통이 금(金)과 다르듯, 요가 수행자의 빛과 수도사님의 빛은 그런 차이를 갖고 있었다. 그것은 사람이 하느님과 다른 것과 같은 차이였다. 그것은 거짓말과 진실이 구분되는 것과 같은 차이였다.

수도사님은 단지 우월한 것이 아니었다. 수도사님은 자신의 영혼의 힘과 거룩한 지혜로 요가 수행자들을 지배하였다. 그의 창조되지 않은 빛 앞에는 아무것도 설 수가 없었다. 물론 창조되지 않은 빛에 대한 경험이 없는 사람은 비교할 만한 기준이 없을 것이다. 그런 사람은 요가 수행자의 빛에 인상을 받고 매력을 느껴, 그것을 중요한 것으로 취급하였을 것이다. 요가 수행자에 대해 놀라워하며, 그를 따라 현혹의 길로 들어섰을 것이다. 그러나 그리스도로부터, 그리고 성인들로부터 오는 창조되지 않은 빛에 대한 경험을 가진 사람은 실제를 파악했을 것이다. 즉, 악마로부터 오는 빛을 구분했을 것이다.

나는 내가 알고 있는 이 적은 지식으로 이 영적인 사건을 설명하려 한다. 본성적으로 사람의 영혼은 거룩한 은총 또한 받아들이게 되어 있다. 또 악령의 힘도 받아들이게 되어 있다. 사람이 자신의 영혼의 문을 그리스도께 열거나 악마에게 여는 것은 그의 자유로운 의지와 의사에 달려있다.

사람이 하느님의 계명을 준수하면서, 그리고 그리스도 자신께서 이 땅 위에 세우시어 교회에 상속으로 남기신 신비성사에 참여하면서 하느님 그리스도께 다가갈 때, 사람은 영혼 속에 하느님을 받아들이게 된다.

이를테면 거룩한 감사의 성사와 함께 그리스도께서 약속하셨던 것이 이루어진다. "내 살을 먹고 내 피를 마시는 사람은 내 안에서 살고 나도 그 안에서 산다." (요한 6:56)

사람이 계명을 준수할 때, 그리스도와 하느님 아버지께서 항상 사람 안에 계실 것이다. 그런 사람은 그리스도와 하느님을 사랑하게 될 것이다. "나를 사랑하는 사람은 내 말을 잘 지킬 것이다. 그러면 나의 아버지께서도 그를 사랑하시겠고 아버지와 나는 그를 찾아가 그와 함께 살 것이다." (요한 14:23) 이렇게 해서 이 사람은 하느님을 모시고 다니는 사람이 된다. 다시 말해, 그는 계속해서 영혼 속에 하느님을 모시고 있게 된다.

그때 이 사람의 영혼은 하느님과 아주 긴밀하게 결합된다. 그리하여 하나가 된다. "주님과 합하는 사람은 주님과 영적으로 하나가 됩니다." (I고린토 6:17) 하나의 영혼이 된다! 사람의 영혼이 신화하게 된다. 사람은 하느님께서 본성에 가지고 계신 것들을 은총에 의해 얻게 된다. 예를 들어 불멸, 창조되지 않은 빛, 영광, 미래를 예견하고 과거에 대하여 알게 되는 능력을 가진다. 물질에 대한 진정한 가치를 깨닫게 되고 질병들을 이길 수 있으며 그 외의 것들을 할 수 있다.

"우리는 모두 얼굴의 너울을 벗어 버리고 거울처럼 주님의 영광을 비추어 줍니다. 동시에 우리는 주님과 같은 모습으로 변화하여 영광스러운 상태에서 더욱 영광스러운 상태로 옮아가고 있습니다."(II고린토 3:18)

하느님을 모시고 다니는 사람은, 영혼 속에 있는 그리스도의 창조되지 않은 빛이 너무도 강해서 그의 몸조차도 눈부시게 된다. 하느님을 모시고 다니는 사람은, 그가 알고 있는 이유로 인해 자신의 영혼의 영광을 다른 사람들에게도 나타내 보인다.

이는 그리스도께서 다볼 산에서 그의 신적 본성을 세 제자들에게 나타내 보이셨던 것과 같다. "예수께서는 베드로와 야고보와 야고보의 동생 요한만을 데리시고 따로 높은 산으로 올라가셨다. 그때 예수의 모습이 그들 앞에서 변하여 얼굴은 해와 같이 빛나고 옷은 빛과 같이 눈부셨다." (마태오 17:1-2)

2천 년 이상의 역사 동안 동방 정교회는, 위 경우에 상응하는 경험과 은총들을 지녔던 성인들을 수없이 많이 배출했다. 파이시오스 수도사 역시 이 가운데 속한다. 정교회의 이 모든 성인들은 주 예수 그리스도의 말씀에 대한 진리를 증명한다. "나를 믿는 사람은 내가 하는 일을 할 뿐만 아니라 그보다 더 큰 일도 하게 될 것이다." (요한 14:12) "나를 떠나서는 너희가 아무것도 할 수 없다." (요한 15:5)

파이시오스 수도사님은 말과 행동과 삶으로 그리스도의 창조되지 않은 빛을 나타내 보였다. 필요할 때 초자연적인 방법으로 창조되지 않은 빛을 나타내 보였다.

"모두의 마음속에는 율법이 새겨져 있고 그것이 작용하고 있다는 것을 알 수 있습니다."(로마서 2:15) 사람은, 사람을 옳은 길로 인도하기 위해 하느님께서 마음속에 주신 법인 양심을 어기면서 선의 원천으로부터, 창조되지 않은 빛으로부터, 하느님으로부터 멀어지고 있다. 이러한 사람은, 어둠 속에 있으면서 자신이 지은 죄로 악마에게 권한을 주어, 악마는 자기가 하고 싶은 대로 사람을 뒤흔들어 놓는다. 이렇게 해서 사람은 악마의 힘의 영향 아래에 있게 된다. 계속 이런 식으로 한다면, 악령들이 사람의 영혼 속에 들어가, 사람은 악령들에게 정복당하고, 악령이 들리게 된다.

세상에는 마법사들, 사탄 옹호자들이 있다. 그들은 그릇된 정신을 가지고 그들의 영혼 속에 악령들이 들어가기를 희망한다. 그들의 영혼을 악마가 점령하도록 악마에게 주문을 외우고 악마를 부른다. 대체 왜 이런 것을 하는 것인가? 그들은 이러한 방법으로써 사람들에 대해 힘을 가지길 원하기 때문이다. 그들은 사람들에게 중요한 인물로 비춰지기를 바란다. 사람들이 감탄하고 복종하길 원한다. 다시 말해, 권력욕, 덧없음에 대한 욕망, 오만이라는 욕망에 의해 큰 병을 앓게 되는 것이다. 그들은 물질적인 것들을 원하고, 겉보기에 만족을 주는 죄를 즐기고 싶어 한다. 본질적으로 그들은 욕망을 충족시키고 싶어 한다.

악령은 그가 정복한 사람을 자신의 도구로써 이용한다. 사람에게 영악함을 전달하고, 자신이 천사였을 때 하느님께서 주신 힘을 사람들을 통하여 행사한다. 이렇게 해서 악령들에 의해 정복된 사람들은, 그리스도께서 치료하셨던 게라사 지방의 악령 들린 사람처럼(마르코 5:1-13 참조), 육체적으로 어마어마한 힘을 가질 수 있고, 사슬을 부술 수도 있다. 심지어 모습이 바뀔 수도 있다. 이상한 목소리를 낼 수도 있고, 공중으로 뜰 수도 있다. 앞을 예측할 수도 있고, 사람이 저질렀으나 고해하지 않은 죄들을 점을 쳐서 밝혀낼 수도 있다. 그리하여 사람이 과거에 저질렀던 것들에 대해 사람을 위협하고 놀라게 한다. 그들은 또한 불이나 여러 가지 물건을 나타나게도 할 수 있다. 상상력을 통해 사람들의 정신 속에 어떤 모습들을 그려낼 수 있고, 소리도 만들어낼 수 있다. 자연적인 파괴도 유발할 수 있는데, 예를 들면 바위를 깨뜨리거나 커다란 나무를 자르는 것 등이다.

파이시오스 수도사님은 "들어봐. 이 세상엔 두 가지의 힘이 있어. 하느님과 악마지. 우리는 하느님의 편이야. 그들은 누구와 손을 잡고 일하지?"라고 말씀하신 적이 있었다.

어느 날 나는 사람이 명상 수행을 하면서 볼 수 있는 불에 대해 수도사님께 말했다. 수도사님은 말씀하셨다. "우리는 그러한 불을 보고 싶어 하지 않아. 우리는 그런 것에 신경 쓰지 않거든. 내가 시나이 사막에 있는 에피스티미 성인의 고행 수도실에 있을 때였어. 밤에는 동굴에서 나와 근처에 있는 정상에 오르곤 했어. 손에 부싯돌을 들고서, 바위 위를 제대로 밟고 있는지 보려고 부싯돌로 불을 켜며 다녔지. 그날 밤엔, 동굴에서 몇 걸음 나갔는데, 마치 조명기에서 쏘는 것처럼 환한 빛이 비춰지더군. 대낮 같았어. 나는 그것이 악마의 짓임을 바로 깨달았지. '나는 그런 빛은 보고 싶지 않아.'라고 생각하며 다시 동굴로 돌아왔어."

사도 바울로 성인은 악마가 빛의 천사로 변장한다고 말씀하신다. "그런 자들은 거짓 사도이며 사람을 속여 먹는 일꾼이며 그리스도의 사도로 가장하는 자들입니다. 그러나 그것은 조금도 놀라운 일이 아닙니다. 사탄도 빛의 천사의 탈을 쓰고 나타나지 않습니까? 이렇게 사탄의 일꾼들이 정의의 일꾼으로 가장하고 나선다 해도 조금도 놀라울 것이 없습니다. 그들의 행실에 따라 그들의 최후가 결정될 것입니다." (Ⅱ고린토 11:13-15)

머리의 치료

파이시오스 수도사님이 내게서 악령을 내쫓았을 때, 나는 마음이 아주 안정되고 가벼워졌다. 나는 좋은 쪽으로 변화되고 있었다. 하지만 여전히 어떤 문제들을 안고 있었다. 나는 머리가 아팠다. 내 피부가 아팠다. 상처를 입은 것처럼, 피가 흐르는 것처럼 느껴졌다. 게다가 정확히 머리의 정 가운데, 정 가운데의 아랫부분이 계속해서 거슬렸다. 작은 아픔이 지속되었다.

나는 이 모든 현상들을 어느 날 밤에 갑자기 얻게 되었음을 기억한다. 인도의 몽기르에 있는 사티아난다 아쉬람에 있을 때였다. 어느 날 밤, 나는 잠자던 중에 어떤 공격을 받았다. 나는 이 공격이 아쉬람의 원장 니란잔으로부터 온 것이라고 확신한다. 그때 나는 자고 있어서 내 주위에서 어떤 일이 벌어지고 있는지 몰랐는데, 그때 무슨 일인가가 생겼고, 무언가가 내 몸을 정복하여 여러 가지를 벌여 놓았다.

잠에서 깼을 때, 나는 머리에서 피가 흐르는 것 같은 느낌을 받았다. 머리를 사포로 문지르는 듯했다.

우리는 수도사님의 칼리비 안에 있는 소성당에 있었다. 수도사님은 의자에 서 계셨고 나는 그분 옆에 있었다. 나는 그분께 말씀드렸다.

- 수도사님, 제 건강이 좋지 않아요. 머리를 다친 것 같아요.

나는 수도사님께 그간 있었던 일을 설명했다. 수도사님은 나를 다정하게 바라보셨다. 아무 말씀도 하지 않으셨다. 단지 내 머리에 손을 얹고 어루만지셨다. 손을 내 오른쪽 귀 가까이 대셨다.

수도사님 손으로부터 부드러운 힘이 나와 내 머릿속으로 들어갔다. 고요함, 평온함, 겁 없음이 내 영혼에 넘쳐흐르고 있었다. 그것은 아주 짧게 지속되었다. 2초? 30초? 아무튼 아주 짧은 시간이었다.

나는 곧 완전히 좋아졌다. 머리가 완전히 좋아진 것을 느꼈고, 증상과 아픔, 상처가 없어진 것을 느꼈다. 25년간 쌓였던 자연적인 피곤함과 쇠약조차 사라졌다. 나는 어머니 배 속에서 막 나온 것 같은 상태가 되어 있었다. 새로운 사람, 갓 태어난 사람이 되어 있었다.

나는 기뻤지만 수도사님이 일으키시는 기적에 대해 놀라지는 않았다. 왜냐하면 이 모든 것들이 이젠 나에게 자연스러운 현상들이기 때문이었다. 나는 수도사님이 그리스도로부터 많은 은총을 받았음을 알고 있었다. 우리는 이 사건에 대해 더 얘기하지 않고, 다음으로 넘어갔다. 나는 수도사님의 축복을 받고 돌아왔다.

나는 지금 기적들에 대해 말하고 있는 것이다. 자연을 초월한 것들에 대해 말하고 있는 것이다. 기적들에 대해 생각해보면, 나는 기뻐서 소리를 지르고 머리가 천장에 닿도록 방방 뛰며 큰 목소리로 "대체 이게 무슨 일이야!"라고 말하는 것이 정상이었을 것이다. 눈물을 흘리며 감사를 드려야만 했다. 하지만 수도사님은 그리도 소박한 분이셨다. 그리도 순수하고, 그리도 쉽고 그리도 자연스럽게 행동하셨다. 그리하여 이것이 내게 영향을 미쳐, 나 역시 이 기적들을 완전히 자연스러운 것으로 받아들이게 되었다. 기적에 대하여 말하고 있는 지금, 기적들은 자연스러운 것이 되었다. 전능하신 하느님께서 내 머리를 고치시는 게 무엇이 어렵단 말인가?

요가 수행자들의 힘과 수도사님의 힘이 내게 미친 결과가 얼마나 다른 것인지를 강조하고 싶다. 요가 수행자들로부터는 상처를 입었고, 수도사님으로부터는 치료를 받았다.

물론 요가 수행자들은 다른 의미로 분석을 하고 설명을 한다. 그들은 그들이 하는 것들을 매우 좋은 그 무엇, 매우 큰 선물로 나타내 보이려 애를 쓴다. 그들은 그들의 것을 영적인 수준에 있어서의 진보로, 도움으로 여긴다. 요가 수행자들이 하는 말을 듣는 사람들은 단지 그들의 말만을 듣고 이론적으로 대처한다. 다시 말해 실제 상황을 파악하지 못한다. 그리하여 여러 가지 가능성에 대해 생각을 하고, 그들 마음에 드는 설명을 선택한다. 결과적으로 요가 수행자들은 그들을 설득할 수도 있을 것이다. 하지만 그들에게 당한 나를 그들은 쉽게 조롱할 수 없다. 사람이 내적인 압박에 의해 무슨 말을 해야 할지 모르는 어지러움 속에 있는데, 그들은 기만적으로 여러 가지를 설명한다. 이렇게 한편으론 알지 못하는 사건들이 사람에게 벌어지고, 다른 한편으론 계획된 설명이 사람에게 전개된다. 이렇게 하나 뒤에 하나가 따르므로, 사람은 듣는 것들과 그에게 일어나는 사건들에 대해 찾아볼 시간도 생각할 시간도 없어 현기증만 느끼게 된다. 나중에 사람은 약화될 수도 있다. 그래서 상황이 더 나빠질 수 있는데도 불구하고, 그는 상황이 더 좋아진다고 생각할 수 있다.

인도에 한 요가 수행자가 요가 훈련에 의해 미친 적이 있었다. 요가 수행자들은 영적인 발전에 방해가 되었던 그의 논리로부터 그 자신을 해방시키기 위해, 힌두교 스승이 그를 미치게 했다고 말했다. 사람이 파괴되는데, 이것이 어떤 종류의 영적인 발전이란 말인가? 이것은 요가의 위험성들에 의해 벌어지는 몇몇 사람들에 대한 명백한 경우이다.

헤라칸 아쉬람에서 내 친구 한 명은 하혈을 심하게 했다. 하혈이 너무 심한 나머지 침대에서 일어날 수조차 없었다. 그럼에도 불구하고 그들은, 하혈로 인해 그녀의 업보가 씻기기 때문에, 하혈을 축복이라고 여겼다. 하혈이 힌두교 스승의 축복이라니, 얼토당토않은 말이다.

파이시오스 수도사님은 말씀하신다. "악마는 자신을 오랫동안 감출 수 없어. 항상 감추려고 노력해도 어느 순간에 정체가 탄로 나지. 즉, 나중에 그의 속임수와 기만이 밝혀지는 것이지." 이 이야기를 통해 나는, 거짓말의 아버지, 속임수의 발명가인 악마가 사용하는 속임수의 규칙과 악마의 불행한 노예들의 끝에 대한 설명을 듣게 되었다.

악마가 나쁜 것 그 자체를 내보였다면, 사람들 모두는 해를 입지 않으려고, 공포에 질린 채 악마로부터 떠났을 것이다. 그래서 악마는, 사람들이 우선 자신을 받아들이도록, 자신의 악과 흉측함을 위장해야 하고 아름답고 좋은 것처럼 나타내 보여야 한다. 이와 마찬가지로, 나쁜 사람들이 고립을 원치 않는다면, 덕망을 갖춘 사람들처럼 보여야 한다. 그들은 좋은 명성을 가지려 한다. 그렇게 해서 사람들의 신용을 얻고 신용으로 인한 장점들을 얻게 된다. 다른 한편으론 그들 자신들의 선전을 위해, 위법한 행동을 하려고, 친절 뒤에 감추어져 있는 행동을 하려고, 정말로 덕망 있는 사람을 모략해야 한다.

정말로 영악한 사람은 영악하게 보이지 않는다. 그리스도께서 악마와 그 추종자들을 어떻게 표현하시는지 보자. "너희는 그 아비의 욕망대로 하려고 한다. 그는 처음부터 살인자였고 진리 쪽에 서 본적이 없다. 그에게는 진리가 없기 때문이다. 그는 거짓말을 할 때마다 제 본성을 드러낸다. 그는 정녕 거짓말쟁이며 거짓말의 아비이기 때문이다." (요한 8:44)

군대에서

인도에서 돌아온 뒤 3월부터 9월까지 6개월간, 나는 아토스 성산에 머물렀지만 군 입대 연기 마감도 10월 초면 끝나므로, 군에 입대해야만 했다.

나는 내가 다시 친구들과 어울리며 옛날의 내 모습으로 되돌아가는 것, 나쁜 습관들을 다시 갖게 되는 것이 걱정되었다. 그래서 입대 열흘 전에 아토스 성산에서 나와, 집으로 갔다. 걱정하고 있던 가족들 품으로 갔다.

내가 일부러 밖에 나가지 않으려 했기에, 전화는 연달아 울려댔다. 특히 내가 알고 있던 여자 친구들이 전화를 걸어왔다. 그것은 마치 악마가 나쁜 것을 하도록 부추기는 것과 같았다. 불행하게도 나는 조금씩 휘말리기 시작하여 다시 예전의 나로 돌아갔다. 하지만 이번에 나는 회개와 고백성사에 대해 알고 있었으므로, 고백 신부님[8]께 가서 고백성사를 한 뒤 다시 일어설 수 있었다.

수도사님의 기도는 나를 많이 도와주었다. 나는 내 자신의 어처구니없는 나약함을 보았고, 동시에 하느님의 힘도 보았다. 나는 죄에 대항할 만한 힘이 없었다. 힘없는 닭처럼 하찮은 유혹에 빠져 들어갔다. 반갑지 않은 나의 과거는 악마에게 많은 길을 터줬고, 그런 악마가 내게 권력을 행사했다. 나는 악마에게 대항할 수가 없었다. 괴로웠고, 고통스러웠고, 마음이 아팠고, 내 자신이 파괴되고 있음을 알고 있었다. 그럼에도 불구하고 나는 악마의 술책에 빠져 들어갔다. 내 의지는 너무도 나약했다. 죄 앞에서 내 의지는 어림도 없었다.

보이지 않는 어떤 힘이 나를 강제로 유인했다. 사람의 약점들은 끈과 같아서 악마는 이 끈으로 사람의 영혼을 묶어놓는다. 나 역시 이 끈에 단단히 묶여 있었다. 하지만 단지 이것만이 아니었다. 다른 것이 더 있었다.

나는 내 주위에서 일어나는 악령들의 출현을 자주 느끼곤 했다. 죄를 쉽게 짓게 하고, 죄를 실현시키기 위해, 악령들이 그들의 영역을 구축하고 있음을 나는 느꼈다. 어떤 때는 내 몸을 간지럽게 하고, 속이 타게 했다. 또 악령들이 다른 사람들에게도 훼방을 놓는 것을 보곤 했다.

이러한 사건들은 무수하다. 거의 날마다 이런 일이 생겼다. 내가 모든 사건들을 이야기하고 자세히 설명하고 상황의 깊이를 서술한다는 것은 불가능하다. 특징적인 세 가지만 언급한다.

---

[8] 역자주) 저자가 고백성사를 드렸던 수도사제로 그 역시 아토스 성산에서 수도생활을 하였다. 파이시오스 수도사는 사제가 아니었기에 성사를 집전할 수 없었지만, 저자는 파이시오스 수도사를 영적으로 의지하며 많은 조언을 구했다.

1. 기도 중에 받은 공격

군대에 있을 때의 일이다. 이따금씩 저녁 소등 나팔 소리가 울리고 군인들이 취침에 들 때, 나는 좀 떨어진 한적한 장소에 가서 기도를 하는 습관이 있었다. 꼼보스끼니를 가지고 마음속으로 "주 예수 그리스도여, 저를 불쌍히 여기소서."라고 기도하곤 했다. 어느 날 밤, 내가 기도를 하기 시작했는데, 갑자기 내 몸이 차가워지고 전율하는 것을 느꼈다. 나는 무섭지 않았다. 어떤 악령이 다가왔음을 깨달았기에 기도를 계속했다. 악령의 출현은 더 강렬해졌고, 갑자기 내 심장과 목을 쥐고 있는 무언가를 느꼈다. 그것은 아주 차갑고 힘이 센 손과 같았다. 나는 너무 무서웠다. 그래서 무서움에 떨며 소리를 질렀다. "아르세니오스 성인이여, 저를 도와주소서!" 그러자 나를 누르던 손이 즉시 멈추었다. 그것은 나에게서 떠나갔고, 나는 안정을 되찾고 침착해졌다. 그리고 나서 나는 기쁜 마음으로 기도를 계속했다.

2. 휴가 중에 생긴 일

두 번째 사건은 한 여자와 있었다. 그녀는 내게 반해서 나를 졸졸 따라다니던 여자였다. 나는 그녀를 외면하곤 했지만 그녀는 끈질기게 따라다녔다. 마침내 그녀는 실망했고, 유학 중이던 미국으로 돌아갔다. 그 후 몇 개월이 지났고, 나는 이제는 이 일이 끝났다고 생각했다.

그 기간 동안 나는 에브로스의 어느 곳에서 군복무를 하고 있었고, 3일 휴가를 받아 가족을 만나러 데살로니키에 가게 되었다. 마침 파이시오스 수도사님도 데살로니키 근처에 있다는 소식을 듣고서 그분을 뵈러 갔다. 나는 수도사님을 뵙게 되어 너무 반가웠다. 우리는 그간의 소식을 주고받았고, 떠나기 전 수도사님은 내게 축복의 키스를 해주셨다. 나는 길을 떠났고 그분으로부터 몇 미터를 멀어졌는데, 수도사님은 나를 불러 내 눈을 뚫어지게 쳐다보셨다. 내게 할 말이 있으신 것이라 생각하여 나는 수도사님 곁으로 돌아갔다. 그러나 수도사님은 내 목에 키스를 해주셨다. 내 목의 오른쪽과 왼쪽, 양쪽에 키스를 해주셨다. 그리고 나서 잘 가라는 인사를 하셨다.

수도사님이 그렇게 해 주신 것에 대해 나는 무척 기뻤다. 그분의 사랑을 느꼈기 때문이다. 하지만 내 목에 키스하신 것에 대해서는 조금 의아스러웠다.

그날 오후 집에 있었는데, 전화벨이 울렸다. 누구의 목소리였을까? 목소리의 주인공은 바로 내게 반해 있던 그녀였다. 그녀는 데살로니키에 있었다. 나는 깜짝 놀라지 않을 수가 없었다.

- 너 어떻게 여기 있게 된 거야? 미국에 있는 거 아니었어?
- 네가 요즘 여기 있을 거라는 걸 알고 어제 비행기를 타고 왔지. 보고 싶었어.

여기에 내가 뭐라고 대답할 수 있단 말인가? 그녀는 나를 보기 위해 미국에서 왔던 것이다. 우리가 약속을 잡고 드디어 만났을 때, 그녀는 이 기간에 나를 만날 것이라는 확신이 있었다고 말했다. 그녀는 확신이 있었다! 어떻게 그런 생각을 갖게 되었는지는 그녀조차도 몰랐다.

우리는 여러 가지 이야기를 나누었고, 농담도 주고받았다. 대화는 서서히 성적인 것으로 전개되었다. 나는 그 대화에서 벗어나려고 노력했지만, 빠져들고 말았다. 그녀는 술에 취한 사람처럼 되어 내 품에 안기려고 했다. 나는 그녀를 밀쳐냈지만 그녀는 다시 내 품에 안기려 했다. 나중에 나는 우리 둘만 있는 게 아님을 깨달았다. 다른 친구들도 있었다. 즉 악령의 출현을 다시 느꼈다. 그녀는 완전히 악령의 영향력 아래 있었던 것이다. 물론 그녀는 그 사실을 몰랐다. 그녀는 믿을 수 없는 육체적 욕망의 자세를 취하고 있었다. 그때까지 본 적이 없는 그녀의 새로운 모습에 나는 의혹이 생겼고 어리둥절해졌다. 어떤 열정이 나를 사로잡았다. 나는 악령의 출현을 깨닫고 있었지만, 두려워하지 않았다. 나는 무관심의 상태에 있었다.

나는 정신을 차리려고 노력하며 그녀에게서 멀리 떨어졌다. 몇 미터를 걸어 승용차 주위를 돌았다. 우리는 5-6미터 정도 떨어져 있었다. 그런데 갑자기 커다란 손이 내 몸을 간질이는 것을 느꼈다. 육체적 욕망이 나를 사로잡은 것이었다. 현기증이 났다. 그녀는 내게 다가와 내 품 안에 안겼다. 그리고 내게 키스를 하기 시작했다. 나는 꼼짝없이 내적으로 정복되어 있었다. 마음속으로 "네"라고 대답한 것이었다. 그리고 악령이 우리들 곁에 있음을 느꼈다. 악마는 우리에게 육체적 욕망에 대한 열정을 점점 더 불어넣었다. 그러나 나는 그것이 나쁘다는 것을 알고 있었지만, 나쁘다는 것을 신경쓰지 않았다. 나는 내 자신을 넘겨주고 정복되어 있었다.

그때 그녀는 고개를 숙여 내 목에 키스를 했다. 오른쪽 목에 한 번, 왼쪽 목에 한 번 키스를 했다. 조금 전에 수도사님이 내게 키스했던 부분에 정확히 그녀도 키스한 것이다. 나는 몹시 놀라 그녀를 밀어 제쳤다. 나는 그녀와 내 자신에게 화를 냈다. 내가 몸을 팔러 돌아다니는 사람이 되었음을 느꼈다. 수도사님의 순수한 키스와 여인의 욕정에 의한 키스였다. 그 둘은 서로 어울리지 않았다. 여인의 욕정에 의한 키스는 수도사님의 순수한 키스를 모독하였다.

수도사님은 이런 일이 있을 것이라는 것을 아시고도 내게 아무 말씀도 하지 않으셨다. 나를 죄와 악령으로부터 구해내기 위해 단지 이 방법만을 찾아내신 것이었다.

그 시절 그녀는 하느님을 믿지 않았다. 교회와는 아무런 상관도 없었다. 그녀는 부끄럼 없이, 하느님에 대한 두려움 없이, 무엇이 좋고 나쁜지에 대한 분별력 없이, 자유롭게 떠돌아다니던 그 시대의 젊은이였다.

나중에, 이런 이상한 일들에 대해 그녀는 되돌아보기 시작했다. 그녀는 자신의 분별없는 삶에 제동을 걸었고 삶의 방식을 바꾸어 나갔다. 시간이 더 지난 뒤 그녀는 그리스도의 선처와 보호로 정교회에 다니기 시작했다.

나는 차후에, 이와 비슷한 사건들에 대해 수도사님과 대화를 나누었다. 수도사님은 이렇게 말씀하셨다. "사람의 영혼은, 큰 사랑이 있고 긴밀한 관계를 유지할 때, 멀리서도 그런 일들을 알 수가 있어. 하지만 더 많은 경우에 악마가 사이에 끼어들어 문제를 뒤섞어 놓지. 한 여자와 한 남자가 같은 장소로 가도록 생각을 집어넣어. 그래서 그 둘이 그곳에서 만나지. 그런 다음에 또 다른 장소에서 다시 만나게 만들어. 그들이 '우리 둘 사이에 특별한 무언가가 일어나고 있어.'라고 말하며 죄에 빠질 때까지 악마는 그런 짓을 계속해. 악마는 그들에게 생각하게 만들어. 악마는 모든 것을 지휘하는 감독이야. 그래서 아무도 그런 일에 의미를 두어선 안 돼. 착오에 빠질 것이기 때문이야. 무언가 하느님으로부터 오는 것이라면, 하느님께서는 다른 방법을 찾아내셔서 더 확실한 방법으로 우리에게 답을 주실 거야." 정말이지 이는 커다란 분별력이 필요한 주제들이다.

3. 나약함의 원인

또 다른 사건은 에브로스 강 위에 있는 곳에서 생겼다. 군대 안에서 생긴 일이다. 나는 원두막처럼 생긴 곳에 조용한 장소를 발견했다. 저녁에 어둠이 깔리면, 아무도 알아보는 이가 없으므로 그곳에 가서 기도를 하곤 했다.

그날 밤 나는 꼼보스끼니를 가지고 기도를 했는데, 정신이 산만해져서 집중을 할 수 없었다. 하지만 제대로 서 있으려고 고집을 피웠다. '기도를 할 수 없으니 절이라도 하자. 이 또한 육체적인 기도야. 하느님께서 나의 나약함을 염두에 두실 거야.'라고 생각했다.

절을 열 번도 채 하지 않았는데, 어떤 붉은 불이 나를 감쌌다. 그것은 붉은 황금색 안개와 같았고 느낄 수 있는 무엇이었다. 나는 그것을 내 눈으로 직접 보게 되었고 동시에 추위를 느꼈다. 너무 당황스럽고 두려웠다. 그것은 악령의 직접적인 공격이었다. 나는 움직일 수 없는 채로 '무엇을 해야 하나?'라고 생각할 뿐이었다. 마침내 나는 떠나기로 했다. '그냥 두자. 다른 일이 벌어지지 않게 하자.'라고 생각했다. 그래서 무서워하면서 일어나 그 자리를 떠났다.

나중에 나는 내가 겁먹었던 것을 후회했다. 악마에게 말려들 것에 겁이 났던 것이다. 이전에 내가 죄를 저질렀을 때, 나는 이미 악마에게 말려든 터였다. 그래서 악령은 나에 대해 권한을 가지게 되었다. 그래서 내 영혼은 악마에 대항하여 싸우는 데 겁이 나 있었다. 과거에 나는 악마가 원하는 것들을 하면서 죄에 빠졌음을 이미 알고 있었다.

불행하게도, 주의했어야 하는 만큼 주의하지 않아 죄에 다시 얽히게 된 것이었다. 나는 침대로 돌아와 잠을 다시 청했다. 전날 저녁의 일이 다 끝났다고 생각했다. 폭풍이 지나간 것이라 생각했다. 그렇지만 나는 얼마나 잘못 생각했던 것인가?

나는 그 후 며칠간 기분이 좋지 않았다. 현기증, 졸음, 무기력함을 느꼈다. 무엇이 문제인지 몰랐다. 혹시 미열이 있는 건 아닐까 생각하며 군의관에게 갔다. 그는 나를 아주 세심히 진찰했는데, 아무것도 찾지 못했다. 그리고는 곰곰이 생각하더니 "혹시 치아에 문제가 있는 건 아닐까요? 치과 의사에게 가보는 건 어때요?"라고 했다.

이렇게 좋지 않은 상황은 여러 날 동안 계속되었다. 나는 군대에서 내 의무를 다할 수 없었다. 현기증이 나서 집중할 수가 없었다. 현기증과 졸음 사이에 있는 그 무엇이었다. 나는 마침내 치과 의사에게 갔지만 아무것도 발견하지 못했다. 의사들은 나의 이런 현상들을 심리적인 원인으로 돌렸다. 하지만 나는 그 기간 동안 아무런 괴로움도 없었다. 만족해하며 잘 지내고 있었다. 그렇기에 의혹은 커져만 갔다. 대체 내 안에 무엇이 있는 것일까?

이 상황은 두세 달 계속되었다. 나는 기도하던 것도 멈췄다. 기도를 할 수 없었을 뿐만 아니라 책을 읽을 수도 없었다. 신문이나 서류도 어렵게 읽어냈다. 나는 다음에 언급하는 사건 후에 내게 무슨 일이 있음을 짐작하기 시작했다.

어느 날 책상 서랍에 있던 구약 성서를 꺼냈다. 기도를 할 수 없으니 성경이라도 좀 읽자고 생각했던 것이다. 그런데 이게 무슨 일이던가? 나는 단어들을 구분할 수가 없었다. 갑작스러운 멀미를 느꼈고, 의자에서 넘어지지 않으려고 책상에 엎드렸다. 동시에 이것이 악마의 짓임을 깨달았다.

나는 서서히 거룩한 위로를 간구하고 되찾으면서 성서 위에 머리를 기댔다. 그랬더니 곧 제정신으로 돌아왔다. 나는 내게 무슨 일이 있었는지 이제 알게 되었다. 그래서 수도사님을 뵈러 가기로 했고, 휴가 기간 중 수도사님을 만났다.

- 수도사님, 제게 성호를 그어주세요. 몸이 좋지 않아요. 누군가 제 머리에 그물을 쳐서 아래로 잡아당기는 것 같아요. 계속해서 현기증이 나고 졸려요.

수도사님은 내 머리를 그분의 가슴속에 끌어안으시더니 아무 말도 없이 내 머리에 성호를 세 번 그어주셨다. 이것이 전부였다. 나는 곧 좋아졌고, 마음에 안정을 찾았다. 나는 수도사님께 그 사건에 대해 털어놓았다. 나는 내게 어떤 일이 일어나는지를 깨달았던 때부터 두려움을 안고 있었던 것이다.

- 수도사님, 악마는 그리도 큰 힘을 가지고 있나요?

나는 두려워하며 물었다.

- 우리가 짓는 죄로써 악마에게 그러한 힘을 주지.

나는 최근에 저질렀던 무수하고 커다란 죄를 생각하며 부끄러워졌다. 그 후 나는 고백 신부님께 가서 고백성사를 하였다.

다행스럽게도 내가 겪은 종류의 일들은 많은 선한 그리스도인들에게는 생기지 않는다. 올바르지 않은 삶과 마법 등으로 악마에게 많은 힘을 주는 사람들만이 악마와 이러한 전쟁을 벌이게 된다. 나머지 사람들은 이러한 경험을 하게 되지 않는다. 그들의 올바른 삶이 그들을 둘러싸고 있어 악마가 그들을 건드릴 용기를 차마 내지 못하기 때문이다.

선과 덕을 수행하고 쌓고, 그리스도의 계명에 따라 사는 일부 사람들은 천사들과 성인들, 성모님을 만나게 된다. 그들은 축복을 받은 사람들이다.

언젠가 한 사람을 알게 되었는데, 그는 나보다 나이가 좀 더 많은 사람으로 아토스 성산의 스타브로니키타 수도원에 있었다. 그는 여러 해 동안 "하레 크리슈나"의 임원진이었다. 내가 그를 만났을 때, 그는 이미 그리스도인이 되어 있었다. 그가 악마의 횡포에서 멀어지려고 노력했던 기간에 그는 악마로부터 많은 괴롭힘을 당했다. 오랜 세월 고생하였다고 한다. 현기증이 나고, 두려움이 가시질 않고, 또 여러 어려움들이 있었다. 내가 겪은 일은 그가 겪은 일에 비하면 아무것도 아니었다. 그는 영적으로 높은 위치에 있던 수도사들로부터 큰 도움을 받았다. 그는 "파이시오스 수도사님이 아니었다면, 나는 악마의 지배에서 벗어나지 못했을 거야."라고 했다. 다행스럽게도 그는 큰 위험과 영원한 죽음에서 벗어났다.

불행한 사람들이 있는데, 그들은 어리석음으로 인해 영원한 삶을 일시적인 것과 바꾼다. 그들은 이 세상의 삶에서 자신들에게 봉사하는 악마를 두고 있어 '잘 지낸다.' 이는 자신들을 악마의 노예로 만들어 영원히 고통을 당하는 계기가 된다. 그리스도께서 그들이 악마의 손아귀에서 벗어나도록 도와주시기를 바란다.

정교회 안에는, 고행 수도사들과 성인들이 악령들과 벌인 전쟁에 대한 큰 경험이 축적되어 있다. 300년경 이집트에서 고행 수도를 하며 살았던, 수도주의의 아버지로 불리는 대 고행 수도사 안토니오스 성인의 가르침에서 다음을 발췌한다.

"구세주께서 사람이 되신 큰 기적 덕분에 악마의 힘은 없어졌다. 그리하여 악마는 아무것도 행할 수 없는 나약한 자로 머문다. 악마의 목적은 폭군처럼 사람의 영혼을 괴롭히는 것이기에, 그는 힘을 잃었을지라도 조용히 머물 수 없다. 말로라도 사람을 두렵게 하고 위협한다. 악령들의 의도는 악을 향해 있고, 더욱이 그 악을 사람을 향해 사용할 목적이 있으므로, 악령들은 할 수만 있었다면 주저치 않고 사람에게 달려들어 나쁜 짓을 했을 것이다. 악령들은 또한 상상으로도 사람들에게 겁을 주려 애쓴다. 이러한 악마에 대한 커다란 무기는 올바른 삶과 그리스도에 대한 믿음이다. 악령들은 모든 것들보다 그리스도를 향한 경외심을 무서워한다. 구세주께서 믿는 자들에게 주신 은총을 아주 잘 알고 있기 때문이다. '내가 너희에게 뱀이나 전갈을 짓밟는 능력과 원수의 모든 힘을 꺾는 권세를 주었으니 이 세상에서 너희를 해칠 자는 하나도 없다.'(루가 10:19) 이 은총을 구세주께서는 위와 같은 이유로 주셨다."

우리가 의식하고 있으면서도 주의 하지 않고 죄를 짓는 삶은 그리스도께서 우리를 장식하신 은총과 힘으로부터 우리 자신을 멀어지게 한다. 그리하여 악마가 우리에게 해를 끼치도록 권한과 힘을 내주는 꼴이 된다. 불행하게도 우리가 살고 있는 지금 이 시대에, 이런 일은 자주 일어나고 있다.

뽀르피리오스 수도사님

덕망 있고 영적으로 많은 투쟁을 한 수도사님들 중에 뽀르피리오스 수도사님[9]도 있었다. 그분 이름이 입에서 입으로 전해져 세상에 이미 많이 알려져 있었을 때, 나는 그분을 뵙게 되었다. 수도사님은 아테네에서 차로 한 시간 정도 떨어진 말라카사 지역 밖에서 말년을 보내고 계셨다. 그분은 살던 곳에 수도원을 지으셨다. 많은 사람들이 날마다 자가용이나 시외버스, 그 외 다른 교통편을 이용해 그분을 뵈러 가곤 했다. 그리스 시외버스 회사는 수도사님을 뵈러 가는 사람들을 위해 그 지역에 특별한 정류장을 만들어주기도 했다.

    나는 뽀르피리오스 수도사님을 아는 사람들을 많이 알고 있다. 그들의 입을 통해 수도사님의 기도로 이루어진 기적적인 사건들에 대해 들었다. 머리에 암이 있던 한 사람은 영국에서 수술을 받기 이틀 전, 수도사님의 축복을 받으러 수도사님을 방문했다. 수도사님은 그에게 성호를 그어 주시면서, 성모님께 암을 가져가달라고 간구하라고 일러주셨다. 이틀 후 영국인 의사들과 당사자는 놀라움을 금치 못했다. 재검사를 했는데 암이 있는 부분을 찾을 수 없었기 때문이었다. 암은 완전히 사라졌던 것이다. 그는 수술을 하지 않은 채 돌아와 자신의 인생을 평탄하게 살아가고 있다. 이것이 계기가 되어 그는 힌두교 철학, 마법을 완전히 끊고, 진정하고 신실한 그리스도인이 되었다.

    어떤 사람은 가슴에 암이 있었는데, 수도사님이 그를 위해 기도를 하면

---

[9] 역자주) 뽀르피리오스 성인에 관해서는 다음 책을 참조. :『향기로운 삶과 말씀』, 정교회출판사, 2014.

서 그의 가슴에 성호를 그었을 때, 암이 사라졌다. 그는 가정에 대한 의무가 없는 미혼이었기에, 하던 일을 그만 두고 인생 전부를 그리스도께 바쳤다.

내가 알던 한 친구는 교통사고로 목을 다쳤다. 엑스레이를 통해 목뼈가 골절되었음을 알게 되었고, 의사들은 그녀의 목이 결코 좋아지지 않을 것이라고 말했다. 몇 달 후 퇴원했을 때, 사람들은 그녀에게 뽀르피리오스 수도사님을 찾아가 그분의 축복을 받으라고 권했다. 수도사님은 그녀에게 성호를 그어주셨고, 그녀의 목을 받치고 있던 받침대를 빼내라고 하셨다. 그 후 그녀는 다시 엑스레이를 찍었고, 모든 것들이 정상적임을 확인했다. 의사들은 예전에 찍은 엑스레이와 새로 찍은 엑스레이를 비교하면서 어안이 벙벙해졌다. 그때 받침대도 빼내었다. 그로부터 5년이 흘렀다. 그녀는 완전히 나아 건강해졌고, 하느님과 성인들께 영광과 감사를 드리고 있다.

또 수도사님은, 고향 마을 밖에 있는 한 장소를 찾는 내 친구에게 정확한 위치를 설명해주시기도 했다. 수도사님은 그 지역에 가본 적이 없으셨지만, 눈으로 훤히 보고 있는 것처럼 친구에게 묘사해주셨다. 주변에 있는 바위와 나무들, 그리고 이제는 땅에 묻혀 마을 주민들로부터 잊힌 예전의 수도원이 어디에 있었는지도 정확히 묘사하셨다. 정말이지 내 친구는 그곳에 잘 찾아갔고, 수도사님이 묘사하신 그대로 모든 것들을 발견할 수 있었다.

뽀르피리오스 수도사님은 하느님으로부터 은총을 많이 받았다. 그분이 이 세상을 떠난 지금, 그분으로부터 도움을 받은 사람들 가운데 많은 이들이, 그 도움을 하느님과 성인들의 영광으로 돌리면서 기록하고 있을 것이다.

나 역시 존경하는 마음으로 뽀르피리오스 수도사님을 기리며 내 개인적인 경험을 기록하고자 한다. 정교회와 성인들이 모함을 당하고 사실 왜곡을 당할 때, 성인들 뒤엔 하느님께서 계시기에, 결국 진리와 하느님이 모함을 당하고 왜곡되는 결과가 초래된다. 나는 이것에 대해 무척 가슴이 아프고 한탄스럽다. 어떤 이들은 진리가 알려지기를 원치 않으며 진리를 묻어버리려 한다. 그들에게 진리가 탐탁지 않기 때문이며, 자신들의 삶과 행동을 감독하기 때문이다. 좋은 열성과 의욕이 있는 사람들을 위해, 또 일부 사람들이 묻어버리려 하는 진리를 알리기 위해, 나는 내 경험을 꼭 말해야 한다고 생각한다.

　인도에서 돌아오자마자 나는 아토스 성산에 가서 몇 개월간을 머물렀다. 한 고행 수도사의 칼리비에서 그분과 머물렀는데, 거기서 그간 수없이 들어왔던 뽀르피리오스 수도사님이 캅소칼리비아의 스키티에 한동안 머물러 오셨다는 것을 듣게 되었다. 이 스키티는 아토스 성산에서 가장 외지고 험준한 곳에 있다. 그곳엔 깎아지른 듯한 바위들, 바위 속에서 나와 자라는 나무들이 있는데, 그 나무들은 아주 커다랗고 인상적으로 생겼다. 30채 정도의 칼리비들은 서로서로 멀리 떨어져 있고, 그 주위엔 작은 밭들이 있어 칼리비들을 감싸고 있다. 모든 칼리비들은 종종 산사태 위험에 처해 있다. 때때로 돌이 굴러가는 소리도 들을 수 있고, 가끔 건물들에 피해를 입히는 경우도 있다. 가파르고 고르지 못한 오솔길은 가파른 해변으로 끝을 맺는데, 그곳엔 배가 아주 어렵게 정박한다. 바다가 잔잔할 때만 배가 정박할 수 있다.

　그곳에서의 삶은 힘들고 어렵다. 사람들은 부족하게 살아가고 있다. 아무도 많은 것을 가지고 있을 수 없다. 짐을 많이 옮겨야 할 때는 사람이 어깨에 짊어 나르거나 당나귀를 이용한다. 오솔길을 오르는 것은 매우 어렵다. 그래서 그곳의 수도사들은 단련되어 있고 검약하다.

　나는 이미 아토스 성산에 있었음에도, 그곳에 가는 데 이틀이 걸렸다. 내 발에 물집이 잡히는 것은 당연한 일이었다. 하지만 뽀르피리오스 수도사님을 뵙고 싶은 열망이 아주 컸기에, 그분이 아토스 성산에 계시다는 소식을 듣자마자 그분을 뵈러 가기로 결심했다. 그분이 파이시오스 수도사님과 같은 분이시라는 것을 깨달았고, 다른 분으로부터도 거룩함을 보고 싶었고, 그분이 어떤 분인지 알고 싶었다. 그분이 어떤 방법으로, 어떤 얼굴, 어떤 성격으로, 그분 영혼 속에 하느님을 모시고 있는지가 궁금했다.

　그 당시 나는 고생을 모르고 살았다. 그때 나에겐 아직 힌두교 스승들에 의한 영적인 방해가 있었고, 여러 가지 악령적인 징조들이 생기곤 했다.

그런 나에게 필요하였기에, 덕망 있는 수도사들이 영적으로 나를 치료하고 지지하도록, 내가 두 영적인 진영의 다름을 깨닫고 살도록, 덕망 있는 수도사들은 내게 아주 자주 여러 가지 영적인 선물을 해주셨다. 하느님의 은총이 무엇이며, 진정한 영적인 사건은 무엇인지 내가 악령의 행위로부터 구분하고 깨달을 수 있도록 나를 도와주셨다. 그때까지 나는 악령의 속임수를 힌두교 스승의 힘의 표현으로 여기고 있었고, 더 나아가서는 거룩한 것으로 취급했었다.

나는 이 영적인 선물들을 갈급하던 터라, 이를 찾으러 도처를 헤매고 다녔다. 뽀르피리오스 수도사님도 내게 무언가를 선물해주실 거라 무의식적으로 희망하고 있었던 것이다.

드디어 나는 뽀르피리오스 수도사님을 만나기 위해 길을 떠났다. 하지만 여정 도중에 여러 수도사들과 일반인 방문객들로부터 뽀르피리오스 수도사님이 병중에 있어 아무도 맞아들이지 않는다는 것을 듣게 되었다. 많은 사람들이 그분을 뵈러 갔지만, 그분은 사람들을 맞아들이지 않았다. 나는 내가 할 수 있는 만큼 기도를 하면서 여행을 계속했다. 마침내 그분이 계시는 켈리에 도착했다. 안에 누구 없으시냐고 부르자, 30세 정도 된 검은 머리의 수도사가 나왔다.

- 뽀르피리오스 수도사님은 당신을 만날 수가 없어요. 많이 편찮으세요.

수도사는 내게 이렇게 말했다. 거의 동시에, 나이가 더 많은 수도사님이 나오셨는데, 애석한 표정으로 같은 말을 하셨다.

- 저는 그저 그분의 축복만 받고 싶어요.

나는 이렇게 말했다. 수도사들은 정중하게 내 희망을 꺾었는데, 안으로부터 뽀르피리오스 수도사님이 밖으로 좀 나오려고 하니 도와달라고 하시는 소리가 들렸다. 정말이지 잠시 후, 수도사들이 혼자 걸을 수 없는 연로한 수도사님을 모시고 나오는 것이 보였다. 한 걸음 한 걸음, 움직일 때마다 수도사님은 아픔으로 매우 고통스러워 보였다.

수도사님을 뵌 순간, 나는 크나큰 기쁨으로 마음이 들떴고, 동시에 깊은 평화도 느꼈다. 앉으라고 주신 의자에는 신경도 가지 않았다. 나는 수도사님 발 아래에 가서 흙 위에 앉았다. 그분 곁에 있을 수 있어서 너무도 행복했다. 동시에 내가 그분 곁에 있을 자격이 없음을 느꼈다. 그래서 강아지처럼 그분 발 가까이에 앉아 있는 것이 차라리 마음이 더 편했다.

수도사들은 바닥에 앉아 있는 나를 보기가 안쓰러워, 수도사님 맞은편 의자에 앉히려고 했다. 내가 수도사님 맞은편에 앉을 정도로 뻔뻔했다면 스스로에게 기분이 나빴을 것이다. 그러나 그분들은 나보고 계속 의자에 앉으라고 권했고, 내 마음을 정확히 알아챈 수도사님은 나를 어려운 상황에서 구해주셨다.

- 그냥 두게나.

수도사님의 이 말 한 마디에, 다른 수도사들은 권하던 것을 마침내 멈추었다. 나는 하느님 품 안에 있는 것처럼 그렇게도 기쁘고 평온하고 안전했다. 정말이지 나는 수도사님의 기도와 은총과 함께 있었다.

나는 수도사님이 나를 무척 사랑해주셨고 육체적으로가 아니라 영적으로 나를 부드럽게 안아주셨음을 느꼈다. 그렇게도 허약한 몸에 있던 엄청난 영적인 힘을 느낄 수가 있었다. 죽음에 임박한 몸에서 나오는 고갈되지 않는 무한한 생명력이 나를 향해 다가와, 죽음에 임박한 내 영혼에 생명을 불어넣는 것을 느꼈다.

그분은 진정한 삶에 의해 생기가 넘쳐흘렀고, 나는 영적인 굶주림에 의해 거의 죽어있는 상태였다. 그분은 영적으로 나를 촉촉이 적셔주셨고 영적으로 나를 양육하셨다. 나는 감사와 기쁨으로 그것을 받아들였다. 우리 둘 사이에 일어났던 것을 우리 둘은 아주 잘 알고 있었고, 여기엔 다른 말이 필요하지 않았다.

반대 현상이 일어난 것이다. 죽음에 임박한 노인은 25세의 청년에게 생물학적 삶을 선사하였을 뿐만 아니라 영적인 삶을 선사하였다. 그의 죽음은 살아온 세월 동안 어려움을 겪은 늙은 몸으로부터 그를 해방시켜, 실제적이고, 진정하고, 위대하고 영원한 삶이 시작되게 하는 것과 같았다. 반면 나는 육체적인 힘을 가진 청년이었지만, 영적으로 실의에 젖어 죽음에 임박해 있었다. 그분의 기도와 그분의 영적인 힘이 나를 보호하였다.

수도사님과 인도에 대해 이야기를 나누었던 것을 기억한다. 그분은 악마가 나를 다시 조롱하지 못하게 조심하라고 말씀하셨다. 내가 겪은 일들은 몹시 위험한 일들이었다. 말이 필요 없었다. 그분의 모습만으로도 무슨 말씀을 하고 싶어 하시는지 나는 정확히 깨달았다. 대화는 길지 않았지만 내용은 아주 깊이가 있었다. 큰 머리에 털모자를 쓰고 계시던 수도사님을 나는 기억한다. 육체적인 아픔이 표현이 된 얼굴, 노쇠하고 떨리는 허약한 몸의 그분을 기억한다. 그분께 평온함, 위대함, 순수함이 펼쳐져 있었던 것을 나는 기억한다. 그분은 자신의 존재를 통해 물질의 덧없음과 부패를 증명하면서, 이 세상 삶의 진정한 깊이와 자신의 영적인 힘을 나타내 보였다.

여기엔 이데올로기에 관한 대화가 없었고 논리에 관한 분석도 없었다. 여기서 우리는 무엇인가를 찾으려 하지 않았고, 상상하지 않았고, 어떤 결론을 내리려고 하지도 않았다. 나는 영적인 세계에서 나타나는 사건들 속에서 살았다. 여기서 나는 세상의 영적인 상황 속에서 살고 참여하였다. 나는 성령의 은총에 대해 말하지 않았다. 그리스도의 은총에 대해 듣지도 않았다. 하지만 나는 그 은총 속에 살면서 기뻐하였다.

- 내가 너를 위해 기도할 거야. 다시 나를 보러 와.

수도사님이 내게 말했다. 나는 기쁜 마음으로 그분의 축복을 받고, 떠나는 것을 슬퍼하며 그분께 인사를 드리고 떠나왔다. 나는 오솔길을 걸어 올라가기 시작했다. 내 기쁨은 점점 더 커져서 내 영혼뿐만 아니라 내 몸에까지도 생명력이 차 올랐다. 나는 그렇게도 힘을 얻어 가파르고 험난한 오솔길을 거의 뛰면서 올라갔다. 나 혼자가 아니었다. 그분이 나와 함께 계셨다. 그분이 내 옆에 있는 것을 느낀 게 아니라, 그분이 내 영혼 속에 계심을 느꼈다. 더 정확히 말해서 내가 그분의 영혼 속에 있었다. 그다음 날에도 나는 그분과 같이 했고, 그분의 참여는 내 모든 순간들을 다정하고 아름답고 깊고 평화롭게 했다.

며칠 후 내가 수도사님을 다시 보았을 때, 이렇게 물으셨다.

- 지난 며칠 간 내가 자네와 함께 있었네. 깨달았나?
- 수도사님, 어떻게 그것을 깨닫지 못할 수가 있겠어요!

나는 감동에 차 말했다. 어떻게 그것을 깨닫지 못했겠는가. 그것은 너무도 강렬한 경험이었다. 그분이 내 영혼 속에 있다는 느낌이 너무도 강했기에, 그분을 느끼지 못하는 것보다 차라리 햇빛을 보지 않는 것이 더 쉬운 일이었다. 나는 그분을 느끼면서, 그분께 더욱 주의하고 집중할 수 있었다. 이 모든 것들은 아주 자연스럽게, 자연스러운 방법으로 이루어졌다.

일 년 후, 내가 아테네에서 군복무를 하던 기간에 나는 다시 수도사님을 뵈었다. 아테네 근교에 있는 말라카사에 가서 그분을 자주 뵙곤 했는데, 수도원에 도착하기도 전부터 그분의 은총을 느끼곤 했다. 그분의 기도는 나를 감싸주고 다정함을 느끼게 했다. 그분이 내게 성호를 그어주시면, 나는 넘치는 평화로움을 느꼈다. 놀랍고도 믿기 힘든 방법으로, 내게 필요했던 일들이 쉽게 해결되었고, 물질적인 것들도 아주 쉬운 방법으로 해결이 되었다.

예를 들어 수도원에 가는 교통편이 있었다. 하지만 곧 돌아올 수 있는 교통편은 없었다. 이것이 항상 문제였는데, 그로 인해 나는 군대에서 종종 벌을 받을 뻔했다. 항상 길에서 아테네로 가는 승용차를 얻어 탔고, 그렇게 군대에 돌아가곤 했다. 나는 내 자신을 그분의 기도에 맡겼고, 그분은 나를 보살펴주셨다. 몸이 아파 침대에서 거의 움직이지 못하고 누워 계신 그분이 말이다.

그분이 있는 곳은 차가 잘 다니지 않는 시골 길이었다. 특히 내가 돌아와야 하는 저녁 시간엔 길에 차가 없었다. 이에 관련하여 일어났던 사건들은 말로 다 표현하기가 어렵다.

거의 매일 일어났던 많은 일들을 나는 지금 기억하지 못한다. 아토스 성산에 있는 나의 고백 신부님께 그것들을 말씀드리곤 했다. 고백 신부님은 아무 말씀도 하지 않고 내 말을 들어주셨다. 그리고 언젠가는 이렇게 말씀하셨다.

- 뽀르피리오스 수도사를 그렇게 사랑하면서, 왜 그분께 네 다리를 고쳐 달라고 요청하지 않아?

나는 오른쪽 무릎에 문제가 있었다. 예전에 쿵푸를 오랫동안 했는데, 누군가 내 다리를 찬 이후 다리에 문제를 안게 되었다. 무릎 관절에 문제가 있어 무릎이 부어 물집도 생겼다. 종지뼈 아래에는 작은 돌멩이가 들어가서 무릎 움직임이 방해를 받는다. 그런데다가 군대에서의 훈련과 행진으로 무릎의 상황은 더 악화되었다. 나는 검사를 받으러 군 병원에 갔고 수술을 준비하고 있었다. 그 기간 동안 나는 아테네에 있었기에 좋은 병원을 찾아 수술을 한 뒤 한 달간 휴가를 받을 예정이었다. 나는 수술을 받기로 결정했고, 의사들도 동의했다.

그러던 어느 날, 뽀르피리오스 수도사님께 방문 중일 때, 나는 고백 신부님이 하신 말이 기억났다.

- 수도사님, 제 고백 신부님이 수도사님께서 제 무릎 좀 고쳐주시래요.
- 아… 그래. 자네 고백 신부님이 그렇게 말했다면, 그래야지.

수도사님은 침대 위에 누운 채, 힘없는 손을 들어 내 무릎에 성호를 그으셨다. 다정하고 환희에 젖은 힘이 내 무릎을 어루만지고, 그 힘이 넘쳐흘러 뼈의 골수까지 가 닿음을 나는 느꼈다. 나는 어떤 의심과 염치없는 호기심이 생겼다. '물집들은 어떻게 될까? 사라질까? 하느님의 힘이 어떻게 영향을 줄까?' 이러한 흥미가 생겨, 나는 무릎을 계속 지켜봤다. 걷는 중에도, 대화를 나누는 중에도 내 정신은 온통 무릎에 쏠려 있었다. 하느님께서 손을 쓰시는 순간을 접하고 싶고 경험하고 싶었다. 그렇게 3일이 지났다. 내 무릎은 좋아지지 않았다. 나는 '혹시 아무 일도 없었던 것은 아닐까?'하고 의심하고 생각하기 시작했다. 내 신경은 무릎에서 떠나지 않았지만 아무 일도 일어나지 않았다. 오히려 무릎이 아팠다. 무릎 안에 있는 돌멩이 조각이 계속 성가시게 했다. 어느 순간 나는 내 자신에 대해, 내 의심에 대해 한숨을 쉬며 스스로에게 화를 냈다. "기적을 원하는 바보 같으니라고. 내가 그러한 사건을 겪을 면목이나 있단 말인가." 그리고 나서 잊었고 무릎에 대해 다시 신경을 쓰지 않았다.

군대 내무반에서의 어느 날 아침이 생각난다. 나는 잠에서 깨어 침대에서 다리를 쭉 뻗었다. 그리고 스스로에게 말했다. '이런, 다리가 오랫동안 나를 힘들게 하지 않았던가?' 다리를 흔들어 보았는데 아무런 불편함이 없음을 깨달았다. 나는 일어나서 펄쩍펄쩍 뛰기 시작했다. 원래대로라면 두세 번 뛰는 것만으로도 통증이 있을 것이었다. 하지만 아무런 일도, 아픔도 없었다. 내무반 밖 마당으로 나와 100미터를 뛰었다. 그런 데도 아무런 불편함이 없었다. 감사의 눈물이 나를 적셨다. 내 무릎이 좋아질 것이라고 믿는 것을 멈춘 때에, 하느님께서 나를 고쳐주셨다. 이것이 하느님의 선물이지, 내 믿음에 대한 산물이 아니라는 것을 깨닫도록 하느님께서는 이렇게 하셨다. 나는 그 후로 며칠 간 다리를 주시했다. 아무런 불편함도 없었다. 여러 날들이 지난 후에도 아무런 불편함이 없었다. 내 무릎은 이렇게 좋아졌다. 수술 받지 않은 채, 소란 없이 다른 사람들이 알지 못하는 상태에서 비밀리에 좋아졌다. 하느님의 거룩한 은총이 사람들이 알지 못하는 상태에서 오듯, 내 무릎도 남들이 알지 못하는 상황에서 거룩한 방법으로 고쳐졌다. 나는 아무것도 이상한 것을 눈치 채지 못했고 아무런 변화도 느끼지 못했다. 하지만 그것은 분명한 사건이었다. 나는 좋아졌다.

그로부터 많은 세월이 흘렀다. 내 무릎은 다시 나빠지지 않았다. 수술 계획은 결코 이루어지지 않았다. 나는 죽을 때까지 뽀르피리오스 수도사님은 은총을 가진 수도사였다는 증언을 내 몸에 달고 다닐 것이다. 내 믿음이 약해지는 순간에는 내 무릎을 만질 것이며, 하느님의 전능하심과 자비를 기억하고, 하느님의 은총에 의한 성인들의 힘과 너그러움을 기억할 것이다.

이렇게 내 몸에 베풀어진 은혜는 나의 영적인 토대가 될 것이고, 정교회의 현대 성인으로부터 선물 받은 귀중한 추억이 될 것이다. 뽀르피리오스 수도사님이 영적인 자식들을 위해 주님께 중보하시는 것처럼, 나 역시 기억하셔서 나를 위해서도 중보기도를 해주시리라고 믿는다. 뽀르피리오스 수도사님이 나를 후원해주시고, 도와주시고, 당신 곁에 머물라 하셨지만, 그분은 나의 고백 신부님도, 스승 수도사도 아니셨다. 그래서 나에게 절대적으로 충고하실 수 없었다. 하지만 나는 뽀르피리오스 수도사님을 아주 존경하고 또 사랑했다.

뽀르피리오스 수도사님의 영적 자녀들이 그분을 자신들의 아버지로 여기는 것처럼, 그분은 나의 아버지이기도 하다. 내가 그토록 많은 잘못을 저지르고 좋은 사람이 아닐지라도, 내가 도움을 요청할 때 그분은 나를 잊지 않으시리라 믿는다.

기도와 만트라

> "질적인 측면에서 볼 때, 기도는 하느님과 인간의 결합이며 연결이다. 기도는 그 에너지를 통해 세상을 떠받치고 유지시킨다."
>
> (요한 클리마코스 성인)

파이시오스 수도사님이 내게 주신 큰 영적인 선물들 중 하나는 기도에 관한 비법을 가르쳐주신 것이다. 그것은 우리가 처음 만났을 때부터 그분이 이 세상을 떠나실 때까지, 12년간 계속되었다.

보통은 "주 예수 그리스도여, 나를 불쌍히 여기소서."라는 기도를 반복할 것을 권한다.

기도에는 두 부분이 있다. 한 부분은 사람이고 다른 부분은 하느님이다. 사람은 기도를 통하여 하느님을 만나게 된다. 그래서 사람이 기도에 있어 발전하는 것, 더 빨리 또는 더 깊이 있게 나아가거나 더 천천히 나아가는 것은 사람의 자유로운 의지에 달려있다. 이 자유는 어떤 면에서도 침해 받지 않는다. 사람은 자신의 편에서 하느님께 다가가기 위해 자신의 의지를 보이고, 노력을 하고, 열망을 한다. 거기에 하느님께서는 당신의 은총을 집어넣으신다. 사람이 하는 모든 것들, 즉 사람의 눈에 자신이 하는 투쟁이 크게 보인다 할지라도 하느님께서 제공하시는 것에 비하면 아주 작고, 적고, 중요하지 않고, 아무것도 아닌 것처럼 보인다. 사람이 한 발짝 나아가면, 하느님께서는 사람과 하느님 사이에 거리가 좁아지도록 사람을 많이 도와주시며, 사람이 하는 노고에 대해 천 배 이상으로 보상해주신다.

하느님 쪽을 향해 사람이 해야 할 일은 보잘것없고 중요하지 않지만, 절대적으로 필요한 일이다. 이것으로써 사람은 자신의 의지, 좋은 의지를 보이기 때문이다. 또 이것으로써 사람의 영적인 자유를 침해함 없이 하느님께서 사람에게 다가가시도록 하느님께 권한을 드리게 되기 때문이다. 악마와는 반대로 하느님께서는 인간의 자유를 매우 존중하신다. 인간의 자유를 결코 침해하지 않으신다. 사람을 사랑하시기 때문이며, 사람과 사랑이라는 관계를 갖기 원하시기 때문이며, 사랑은 오직 자유 속에만 존재하기 때문이다. 자유가 없는 곳에는 사랑이 없다. 악마는 폭군이다. 왜냐하면 사랑이 아닌 증오를 갖고 있기 때문이다.

"교육의 뿌리는 쓰지만 그 열매는 달다."(아리스토텔레스)라는 말이 있듯, 기도를 처음 했을 때, 나는 자주 피곤하고 졸립고 지루했다. 그때 수도사님이 나를 위해 하시는 기도로, 하느님께서는 나에게 영적인 선물을 주시곤 했다. 기도 시간에 영적인 무언가가 안개처럼 부드럽게 내게 다가오는 것을 느끼곤 했다. 그러면 곧 내 영혼은 바뀌었다. 형용할 수 없는 평화로움이 내게 다가와, 마치 새의 깃털처럼 그렇게도 가벼운 마음을 느꼈다. 이제 나도 기도하고 싶은 마음이 생겼다. 그래서 기도를 하며 만족을 느끼곤 했다.

이런 일은 꽤 자주 일어나곤 했다. 하느님에 대한 진정한 굶주림, 진정한 갈증을 더 강하게 하루 이틀 느꼈다. 나는 기도를 하고 싶었고 하느님을 만끽하고 싶었다. 하느님과 하나가 되고 싶었다. 이것은 무슨 기쁨이었던가? 내가 기도를 하면 하는 만큼, 하느님에 대한 굶주림과 열망은 더욱 커져갔다.

이런 일들이 생기곤 했을 때, 나는 파이시오스 수도사님께 모든 것들을 털어놓았고 감사를 드렸다. 내가 그런 일을 겪었던 것은 다 그분 덕이라 생각했기 때문이다.

- 하느님께서 자네에게 은총을 주셨네. 하지만 더 큰 은총도 있어.

수도사님은 빙그레 웃으며 말씀하셨고 나는 큰 감동을 받았다.

그래서 이런 경우에 오르막길을 내리막길처럼 쉽게 올라가고, 어려운 것을 쉽게 할 수 있고, 노고를 만족으로 느끼게 된다. 이렇게 나는 기운을 내서 이 축복받은 일, 즉 기도를 계속하였다.

다른 경우들로, 아토스 성산에 있는 기적을 일으키는 성화들에 입을 맞추었을 때, 달콤한 아픔 같은 것을 느끼곤 했다. 그것은 마치 달콤한 충고와 같았다.

어떤 성인을 위해 드렸던 철야예배가 끝날 무렵, 나는 위와 같은 비슷한 것을 느꼈다. 이러한 현상들은 항상 내게 영적으로 유익한 변화를 가져다 주었다. 수도사님은 말씀하셨다.

- 성인께서 축일을 맞이해서 자네에게 대접을 하셨어.

기도를 할 때, 나는 내 마음이 꽃처럼 활짝 열리는 것을 느끼곤 했다. 또 혼자 집에 머물면서 설명할 수 없는 슬픔에 젖어, 방에 가서 무릎을 꿇고 하느님께 기도한 적도 있다. "하느님, 나의 하느님, 죄송하지만, 저를 좀 위로해 주세요." 이 말이 끝나기도 전에 하느님께서는 감각적으로 느낄 수 있는 출현을 하셨다. 나는 하느님의 은총을 느꼈고, 마음속 깊이 위로를 받았다. 그러면서 하느님께서 얼마나 자애로운 아버지이시며 우리들에게 얼마나 많은 관심을 가지고 계신지 깨달았다. 하느님께서는 평범한 사람의 기도를 들으시는데, 이 사람은 자주 하느님의 마음을 많이 아프게 해드린다.

내가 파이시오스 수도사님을 알게 되었던 무렵, 나는 그분이 어떤 인물인지를 몰랐다. 즉 그가 영적으로 높은 위치에 있고 기적을 일으키고, 하느님을 모시고 다니는 사람이라는 것을 몰랐다. 그래서 염치불구하고 그분께 가서 내게 영적인 선물들을 좀 주시라고 요청하곤 했다. 그분은 영적인 선물들을 주셨다. 하느님의 은총을 내게 선물하셨고 내가 깊이 있게 깨달을 수 있도록 만드셨다. 예를 들어, 성경을 깊게 완전히 다른 방법으로 이해하게 하거나, 여러 가지 영적인 경험들 속에 살도록 했다.

그분이 주시는 선물은 종류가 다 달랐다. 후에 나는 그분께 선물을 요청할 수가 없었다. 어떤 중요한 순간에 수도사님은 내 손을 잡고서 칼리비 뒤뜰로 데려가 빙그레 웃으시며 말씀하셨다.

- 선물 받기 싫어?

나는 부끄럽고 수줍어서 고개를 숙였다.

- 모르겠어요. 하지만 수도사님은 다 아시잖아요.

내 심장이 불타고 있다는 것을 느꼈을 때, 그분은 기쁨과 사랑으로 미소 지으며 나를 쳐다보셨다. 이는 비유적인 표현이 아니라, 문자 그대로의 표현이다. 나는 불이 내 심장을 태워 내 몸 전체를 따뜻하게 하는 것을 느꼈다. 성인들은 거룩한 은총의 다양한 힘에 대해 말씀하신다. 다시 말해 이 힘은 초보자를 뜨겁게 느끼게 하고, 영적으로 중간에 있는 사람들을 지혜롭게 하고, 완전성에 달한 사람들을 속성에 있어 하느님과 같게 만든다. 이와 비슷한 것을 성경에서 묘사하고 있다. 그리스도의 부활 후 엠마오로 가는 길에 그리스도께서는 어떤 제자들과 같이 걸으시며 구약에 나오는 것들을 말씀하신다. 모세와 모든 예언자들에 관한 것들로부터 시작하시면서 그들에게 자신에 대하여 성경에서 언급하는 모든 것들을 설명하셨다. 그리스도께서 제자들 눈앞에서 홀연히 사라지셨을 때, "그들은 '길에서 그분이 우리에게 말씀하실 때나 성서를 설명해 주실 때 우리가 얼마나 뜨거운 감동을 느꼈는가!'하고 서로 말하였다."(루가 24:32)

나는 이 영적인 사건들에 대해 묘사하고 설명할 방법을 찾지 못하겠다. 즉, 인간의 언어로는 표현될 수 없는 그 무엇이다. 이것들은 사람을 기도의 영역으로 밀어 넣는다고 말할 수 있다. 내가 기도를 하는 방법에 있어 질적으로 상황을 바꿔놓은 그 무엇이었다.

다른 경우들에서도 기도 시간에 항상 이상한 일들이 벌어짐을 느끼곤 했다. 예를 들어 예수기도가 노력 없이 내 마음속에서 저절로 계속되곤 했다. 수도사님은 마음이 발동을 걸었다고, 이는 하느님 은총의 선물이라고 하셨다. 그러한 순간들에 우리 마음속에서 자동적으로 행해지는 기도를 주의해서 들어야 한다고 충고하셨다.

기도는 하느님의 은총이며, 인간의 노력만으로는 이루어질 수 없다는 것을 나는 내 경험과, 기도의 일꾼들인 수도사님들과의 대화를 통해서 잘 알고 있다. "나를 떠나서는 너희가 아무것도 할 수 없다."(요한 15:5) "온갖 훌륭한 은혜와 모든 완전한 선물은 위로부터 오는 것입니다. 하늘의 빛들을 만드신 아버지께로부터 내려오는 것입니다."(야고보서 1:17) 하느님께서 우리에게 생명을 주신 것처럼, 이렇게 기도로써 하느님과 결합되고 하느님을 알게 됨을 선물하시며, 끝에 가서는 영생을 주신다.

요가 수행자들은 그들이 옳게 말한다는 것을 내보이려 노력하며, 그들에게 유리한 설명을 한다. 그들은 기도가 그들의 만트라와 닮았다고 말한다. 물론 비슷한 점도 몇 가지 있지만, 차이점이 훨씬 더 크고 많다. 그들의 논리 방식은 다음과 같다.

1) 닭은 발이 두 개 있다.
2) 사람은 두 다리를 가지고 있다.
3) 그러므로 닭과 사람은 같다.

이렇게도 어처구니없는 생각들을 한다. 만트라와 정교회의 기도 두 진영을 잘 알고 있는 사람들에겐 이렇게 보인다.

다른 점을 살펴보자. 정교회는 다음을 가르친다.

"주"라는 말로 구약에 나오는 하느님이 불려진다. 이것은 구약에서 가장 자주 만나는 이름이다.

"그것을 주께서 말씀하신다."

"나는 너희의 주 하느님이다."

우리는 "주" 예수 그리스도를 부름으로써 구약에 언급되는 하느님께서 인간의 선조 아브라함, 이사악, 야곱에게 말씀하셨으며, 히브리인들을 사막으로 인도하셨으며, 모세에게 계명을 주셨으며, 예언자들에게 말씀하신 분이 삼성(三聖)의 두 번째이신 말씀으로써 후에 육신을 취하시어 예수 그리스도의 모습으로 인간의 본성과 결합되셨음을 고백한다.

구약의 하느님과 그리스도는 동일시된다. "성령의 인도를 받지 않고서는 아무도 '예수는 주님이시다.'하고 고백할 수 없습니다."(1고린토 12:3)라고 사도는 말씀하신다. 다시 말해서 "주 예수 그리스도여"라고 말하면서 그것을 믿는 순간 우리는 성령의 영향력 아래에 있게 된다. 그러나 하느님께서 육신을 취하시어 사람이 되셨다는 것, 그리스도께서는 사람이면서 진정한 하느님이셨다는 것, 즉 신성과 인성을 갖추신 분이라는 것을 인정하지 않는 사람은 성령과 관계가 없다. "예수 그리스도께서 사람의 몸으로 오셨다는 것을 인정하는 사람은 모두 하느님께로부터 성령을 받은 사람이고 예수께서 그런 분이시라는 것을 인정하지 않는 사람은 모두 하느님께로부터 성령을 받지 않은 사람입니다."(1요한 4:2-3) 우리는 우리가 상상하고 만들어낸 것보다 더 높으신 진리의 하느님께서 계시다는 것을 인정한다. 또한 우리는 이 하느님께 자비를 간구한다. "우리를 불쌍히 여기소서."라고 기도를 한다. 파이시오스 수도사님은 "불쌍히 여김 속에 모든 것들이 포함되어 있네. 사랑, 용서, 치료, 회복, 회개 등 모든 것이 말이야."라고 말씀하셨다. 하느님의 불쌍히 여기심은 모든 것들이 이루어지게 만든다. 즉 회개하게 하고, 약점으로부터 정결해지게 하고, 지혜를 갖게 하고 하느님과 닮게 만든다. 그리스도께서는 우리를 구원하시며, 인류의 유일한 구원자이시다. 우리의 영리함은 우리를 구원하지 못하며, 요가 훈련은 우리를 구원하지 못하며, 우리의 교만한 노력은 우리를 구원하지 못한다. 우리 영혼의 구원을 위해 또 우리가 신화(神化)하기 위해 해야 하는 일은 그렇게도 커서, 우리가 어떤 노력을 하고 어떤 수고를 할지라도 그리스도의 도움 없이 성공한다는 것은 불가능하다. 오직 예수 그리스도만이 그렇게 큰일을 하실 수 있다. 왜냐하면 그분은 신성과 인성을 갖추신 분이기 때문이다. 오직 예수 그리스도만이 인간을 구원하실 수 있다. 그리스도께서는 우리를 구원하기를 원하시는데, 왜냐하면 우리를 사랑하시기 때문이다. 그래서 우리는 그분을 찾아야 하고, 그분을 알아야 하고, 그분을 믿어야 하고, 우리를 구원의 길로 인도하는 그분을 따라야 한다. 이렇게 영생으로 인도되는 길을 우리에게 열어주시기 위해, 그리스도께서는 이 땅에 오셨다.

한편 요가 수행자들은 뭐라고 말하는가?

애초부터 그들은 만트라를 많이 가지고 있다. 그러나 그것은 시바, 크리슈나, 라마, 칼리, 비슈누와 인도의 다른 다신들과 관련되어 있다.

우상이 무엇인지 아직 모르는 사람들, 우상이 무엇인지 알려고 노력하는 사람들이 우상을 섬기기 위해서는 만트라를 반복하는 것이 유익하다고 말한다. 만트라의 음절들이 만들어내는 흔들림과 사람에게 있는 어떤 "중심"을 작동하게 하는 정신적인 진동에서 이로운 점이 온다는 것이다. 즉, 기계적이고 물리학적인 설명을 덧붙인다. 집 앞으로 버스가 지나간다. 버스에서 나오는 소음의 파장은 유리를 건드려 유리창이 흔들리게 만든다. 그러한 중심이 있다면, 정신적인 진동이 있다면, 믿는 것의 여부는 사람 개개인의 의사에 달려있다. 이는 믿음에 관한 주제인데, 정확히 말해서는 상상을 통해 생기는 현혹에 관한 것이다.

심리학적 분석을 선호하는 사람들에게, 위와 같은 방법으로 혼자서 스스로를 설득하여 스스로에게 유익한 것이 생기게 할 수 있다고 요가 수행자들은 말한다. 이런 요가 수행자들에게 더 많이 휘말리고, 그리스도를 버리고 이제 다른 신들을 믿는 이들에게, 그들은 크리슈나 신의 축복이나 다른 신들의 축복을 받는다고 말한다.

이런 분석은 그리스도교의 진리와는 현격한 차이가 있다. 이 차이를 감추는 사람들은 모든 것들을 그리스도교와 비슷하게 나타내 보인다. 그들은 사람들을 현혹에 빠뜨리고, 흙탕물 속에서 사람을 낚기 위해 그렇게 한다. 이러한 허울 좋은 설명으로 크리슈나, 라마, 시바나 다른 신의 이름을 부르도록 설득한다. 이 이름들 뒤에 누가 숨어있는가? 우리들 영혼 속에 누가 들어오도록 부르고 있는가? 이것이야말로 큰 문제이다.

하느님께서 다윗의 입을 통해 "뭇 족속이 섬기는 신"(시편 96:5)이라고 말씀하셨다. 그러므로 악령들이 이 신들의 이름 뒤에 숨어있다. 만트라를 외는 사람은 영혼의 문을 악령에게 열게 된다. 설령 사람이 무의식 중에 한다 하더라도 더러운 악령은 도둑과 사기꾼과 같아서 그의 영혼의 가능한 한 많은 부분을 파괴하려 노력할 것이다.

그래서 만트라를 외는 사람은 악령의 영향력 아래에 있게 되며 "너희 하느님은 나 주다. … 너희는 내 앞에서 다른 신을 모시지 못한다."(출애굽기 20:2-3)라고 말씀하신 하느님으로부터 멀어지게 된다. 그리하여 그리스도의 은총과 보호를 잃게 된다.

자유로운 영역을 찾은 악마는 이제, 사람을 기만의 소굴로 유인하기 위해 소음, 그림, 꿈, 여러 가지 상상력을 통해 사람에게 쇼를 벌이기 시작한다. 이는 할 수 있는 만큼 사람을 완전히 파괴하기 위한 목적이다. 그리스도께서 미리 경고하신 것처럼, 악마는 사람을 증오하기 때문이며 애초부터 악마는 살인자(요한 8:44 참조)이기 때문이다.

한 가지 중대하고 결정적인 차이점이 있다. 바로 그리스도인들이 기도를 가지고 대처하는 자세와 힌두교인들이 만트라를 가지고 대처하는 자세이다.

인도에서 니란잔과 나누었던 대화가 생각난다. 그때 그는 인도의 몽기르에 있는 아쉬람 본사의 원장이었고 사티아난다 힌두교 스승의 지명 후계자였다. 그는 내가 등급이 높은 요가 수련을 하도록 계속 권했다.

- 사람의 약점들, 즉 권력욕, 부에 대한 욕망, 속물근성, 이기주의 등은 어떡하라는 거죠? 우리는 이런 것들에 관심이 없단 말입니까?

나는 물었다.

- 높은 등급의 요가 수련을 하면 약점들이 없어져요.
- 그것들이 어떻게 사라진단 말입니까? 자동적으로 사라진다고요?

나는 의심을 거둘 수 없었다.

- 네, 요가 수련을 하면 자동적으로 없어져요.

나는 의심스러웠다. 육체적인 수련이 어떻게 사람의 약점을 사라지게 할 수 있단 말인가? 사람이 인생에서 이런 약점들을 선택해서 계속 가지고 있는데, 그 약점들이 어떻게 사라질 수 있단 말인가? 사람 스스로가, 자유 의지에 의해, 약점에서 벗어나기 위해 내리는 결정만이 이를 도울 수 있다. 약점을 고치려고 하는 도덕적인 자세만이 우리 자신 존재를 바꿀 수 있는 것이다.

사람은 도덕적으로 자유로우며 혼자서 움직이고 방향을 결정한다. 그 스스로가 그의 경험과 의지를 통해서 도덕적인 영역에 변화를 가져올 수 있다. 그러나 요가든, 서양 학문이든, 사람에게 묻지 않고 사람의 자유 의지의 동의 없이, 자동적으로 사람의 의식을 바꿀 수 있는 외부적인 무엇인가가 있다면, 그것은 사람의 자유 의지가 기만당하고 파괴되었다는 것, 그의 자유가 파괴되었다는 것, 그리하여 그는 이제 자유 의지가 없는 사람이 되었음을 의미한다. 다시 말해서 사람은 태어날 때부터 자유 의지에 대한 권한을 지니고 있다. 자신이 하고자 하는 것을 선택할 수 있다. 그렇지만 요가의 기교나 서양 학문은 사람의 동의 없이 사람이 생각하는 방법과 도덕적인 의식을 바꿀 수 있다. 이리하여 사람은 자유로운 의사의 권한, 의식의 권한 그리고 자유로운 선택의 권한을 잃게 된다.

힌두교인들은 방법이나 기교를 아주 강요한다. 그들의 견해에 따르면, 사람이 비밀의 기교를 배워 적용한다면, 아무것도 필요한 것 없이 빠른 결과를 얻게 될 것이다. 그들은 사람이 기계인 양 생각하여 스위치를 누르면서 발전해나가는 것으로 생각한다. 이 기계적인 생각은 사람을 뒤처지게 만든다. 또 자유 의지로부터 멀어지게 만든다. 우리는 우리가 원하는 대로 기계를 다룰 수 있다. 하지만 사람은 영혼을 가지고 있으며 기계나 물건처럼 다룰 수가 없다. 사람을 기계처럼 대한다면 이는 사람을 제한하고 파괴하기를 원하는 것, 그를 정신적으로 가난하게 만드는 것, 노예화시키는 것, 의사가 없는 순종하는 기계로 만드는 것을 의미한다.

반대로 정교회는 사람의 자유 의지를 선물처럼, 거룩한 요소처럼 인정하고 가치 있게 여긴다. 이렇게 해서 사람은 인정받고 존중받게 된다. 결과적으로 사람이 자유로운 존재로서, 영적인 존재로 실현되도록 도움을 준다. 의사의 자유가 있기 때문에, 사람의 처신은 예견될 수 없다. 기계와 같은 것이 아니다. 사람의 처신은 제한받지 않는다. 사람은 자유 의지가 있기 때문이다. 사람이 처신하는 것은 자신의 선택이므로, 그의 의지가 향한다면, 영적인 방향으로도 나아갈 수 있다.

그래서 정교회는 기교와 방법을 강요하지 않는다. 이 강요는 개개인을 보지 않고, 절대적 기준만을 보는 억지라는 것을 정교회는 알고 있다. 정교회는 사람의 자유를 존중하고 사람의 마음을 필요로 한다. 사람이 자유롭게 받아들일 수 있어야 한다. 정교회는 사람을 착실함으로 이끌려 하고, 사람에게 옳은 정신적인 자세, 도덕적인 자세를 보여주려 노력한다. 그리하여 사람은 하느님 앞에 어떤 자세를 취해야 하는지에 대해 자유롭게 결정할 것이다. 왜냐하면 영적인 발전은 자유 속에서 하느님과 우리 자신을 잘 아는 것을 의미하기 때문이다. "나를 따르려는 사람은 나를 따라라."(마르코 8:34 참조)라고 그리스도께서는 말씀하셨다. 정신적으로 압박하고, 속임수를 쓰고 폭력을 가하는 것, 이것들은 그리스도인들의 영적인 고귀함에 어울리지 않는다.

기교나 수법은 로봇에게나 어울리는 것이지, 자유로운 존재에게 어울리는 것이 아니다. 영적인 발전은 자유로운 선택, 의식적으로 깨어있는 상태에서의 선택, 도덕적인 선택의 결과이다. 다시 말해 이 영적인 발전은 그의 전 인생에 있어 그의 마음속에 깊게 새겨지는 얼굴을 형성한다. 이는 사람이 자신에게, 다른 이들에게, 하느님께 대하는 자세의 결과이다. 이는 사람이 도덕적인 자유를 선하게 사용한 데 대한 결과이다.

누군가 기계적으로 육체적인 훈련이나 기교 가득한 호흡을 하면서 어떻게 도덕적으로 더 좋은 사람이 될 수 있단 말인가? 뽀르피리오스 수도사는 이러한 견해가 어리석다는 것을 보여주기 위해, 앵무새 하나를 구해 기도를 가르쳤다. 때때로 "주여, 불쌍히 여기소서."라고 기계적으로 소리 지르는 앵무새의 소리를 들을 수 있었다. 즉, 앵무새도 "주여, 불쌍히 여기소서."라고 말할 수 있다. 하지만 이것도 기도라고 할 수 있는가? 의식(意識)의 참여 없이 기도가 있을 수 있는가? 사람이 자유로운 참여 없이 기도하는 것이 가능한가?

하느님께서 사람에게 원하시는 것은 바로 그의 마음이다. "나의 아들이여, 네 마음을 내게 다오." 물론 악마도 똑같이 한다. 하느님께서는 사람의 마음을 직접적이고 솔직하게 원하신다. 하지만 악마는 교활하게 사람의 마음을 훔치려 노력한다. 악마에겐 사람의 마음을 끌 수 있는 것이 아무것도 없기 때문이다.

악마가 자신의 본모습으로 나타났다면, 사람들은 모두 겁에 질려 벌벌 떨었을 것이고, 악마의 본래 얼굴에 대해 심한 역겨움을 느꼈을 것이다. 악마는 그것을 알고 있다. 그래서 자신의 모습을 바꾸고 치장하여 실제와 다른 그 무엇으로 나타난다. 그리고 속일 수 있는 만큼 사람들을 속이려 노력한다. 하지만 그의 그러한 영악함 속에, 그가 하는 거짓말 속에, 악마는 어리석고 바보이며, 결국 능력 없는 자임을 나타낼 뿐이다.

하느님께서는 그렇게도 점잖은 분, 그렇게도 좋은 분, 그렇게도 총명한 분이시다. 누군가가 하느님을 알게 된다면, 온 마음을 다해서, 모든 힘과 정신을 다해서 하느님을 사랑하려고 자연스럽게 또 자유롭게 행동하게 된다.

어떤 이들은 정교회가 생동감 있고 영적인 전통을 가지고 있지 않다고 말한다. 그들은 교회가 아무 곳에도 쓰이지 못하는 화석과 같다고들 말한다. 교회, 즉 그리스도교는 단지 영적으로 낮은 가능성을 가진 사람에게나 어울린다고, 영적으로 낮은 상태에 있다고 말한다. 하지만 이는 거짓말이고 교회를 모독하는 말이다.

교회는 살아있으며 세상에 종말이 올 때까지 살아있을 것이다. 이는 사람의 뜻이 아니다. 교회를 만드신 분, 즉 신성과 인성을 갖추신 그리스도께서 하신 말씀이다. "내가 이 반석 위에 내 교회를 세울 터인즉 죽음의 힘도 감히 그것을 누르지 못할 것이다."(마태오 16:18) 그리스도, 하느님께서 당신의 교회를 보살피시고 양육하신다.

신성한 감사의 성사 - 성찬

"내가 세상 끝날까지 항상 너희와 함께 있겠다." (마태오 28:20)

파이시오스 수도사님은 항상 자신을 감추려고 하셨다. 개인적인 영광을 추구하지도 않으셨고, 추종자들이나 제자들을 얻으려 돌아다니지도 않으셨다. 다만 당신에게 다가오는 사람들이 하느님의 길로 들어설 수 있도록 자신이 할 수 있는 것을 하실 뿐이었다.

수도사님은 사람들이 자신에게 집착하는 것을 피하면서 그리스도께서는 하느님이시며, 전부이시라는 것을 강조하였다. 그분은 단지 그리스도의 한 제자일 뿐이었다.

힌두교 스승이 자신을 신으로 여기고, 이 세상에서 신의 화신으로서 그리스도와 버금가는 존재로 나타내 보이려 하거나 그렇지 않으면 그리스도보다 더 위에 있음을 나타내 보이고자 하는 힌두교 정신으로부터 영향을 받았던 터라 나는 처음에 혼동되었다.

파이시오스 수도사님의 기도로, 모든 것의 중심이 예수 그리스도라는 것을 나는 깨닫게 되었다. 파이시오스 수도사님도 그리스도께로부터 생명력과 힘을 얻으셨다.

그리스도께서는 완전한 하느님으로서 당신의 일을 완전하게 해내셨다. 그리하여 각 시대마다 수정하고 보충하여 적용할 필요가 없었다. 그리스도께서 인간의 구원을 위해 사람이 되셔서 십자가에 못 박히신 사건은 한 번 있었지만, 그것은 영원히 모든 인류의 구원을 위한 것이었다.

"예수 그리스도는 어제나 오늘이나 또 영원히 변하지 않으시는 분입니다."(히브리서 13:8)라고 바울로 사도는 말씀하셨다. 그리스도께서 세우신 성사들이 교회에 살아있고, 교회에서 행해지고 있고, 영원한 삶을 선사한다는 것을 선하신 하느님께서 내게 보여주셨다. 나의 나약한 믿음을 굳건하게 해주시기 위해서 말이다.

'파이시오스 수도사님은 성인과 다름없으며 영적인 선물을 주신다. 그러나 각 교구에 속한 사제들도 영적인 힘을 가지고 있을까? 영적인 선물을 줄 수 있을까?'라고 나는 생각했었다. 이런 비슷한 생각들을 많이 갖고 있었다. 이렇게 나는 의심과 불신으로 사제들을 바라봤다.

언젠가 나는 성체성혈을 받기 위해 마음의 준비를 하고, 고백성사와 금식, 기도를 하였다. 나는 성체성혈을 받으려고 많은 사람들 속에 줄을 서서 기다렸다. 그런데 예상치 못했던 일이 생겼다. 그것은 상상도 못해봤던 일이었고 믿기가 힘든 일이었다.

성체성혈을 받자마자 나는 그리스도께서 내 안에 계심을 느꼈다. 나의 몸 전체, 나의 영혼 전체, 나의 존재 전체가 충만으로 가득했다. 그리스도께서 나와 하나가 되신 것이다. 그리스도께서는 아주 진하고 긴밀하게 나와 결합되셨다. 사람과 사람이 그렇게 가깝게 결합된다는 것은 불가능하다. 하지만 그리스도의 피는 나의 피와 하나가 되었다. 그리스도의 몸이 나의 몸과 하나가 되었다. 사람들은 피부에 의해 나뉜다. 임신부조차도 태아와 다른 몸을 가지고 있다. 하지만 그리스도는 말 그대로 나의 몸과 결합되었다. 나의 손, 나의 다리, 나의 눈, 나의 손톱과 발톱은 그리스도셨다. 나의 몸은 그리스도셨다.

그리스도께서 내 안에 계셨다. 내 몸 전체에 나는 그리스도를 모시고 있었다. 그리스도의 평화가 나에게 넘쳐흘렀고, 나의 영혼은 그리스도의 나타나심에 아주 기뻐하며 뛰놀았다. 이런 일이 일어나는 것이 어떻게 가능한가? 그렇게도 많은 세월이 흘렀는데 이런 일이 생기다니? 그리도 많은 죄를 지은 후에? 이 얼마나 값지고 관대한 환대란 말인가? 나는 한 기간 동안 하느님을 모시고 다녔다고 감히 말할 수 있다. 내 속에 내 위에 그리스도 하느님을 모시고 있었다. 그리스도께서 오셔서 정말 내 속에 머무르셨다는 것을 감동스럽게 느꼈고, 그분의 강한 현존을 느꼈다. 내 정신과 영혼 속에, 또한 내 몸속에 계셨다.

이런 일이 어떻게 생겼는지 나는 알지 못한다. 신성과 인성을 갖추신 그리스도께서 알고 계신다. 하지만 내가 알고 있는 것은, 이런 일이 오늘날에도 일어나고 있으며, 또 영원히 일어날 것이라는 것이다.

나는 떨리는 다리를 주체할 수 없어 의자에 가서 앉았다. 내 존재가 다정하게 박동하고 있었다. 나는 그리스도와 하나가 되어 있었다. 감격에 겨워 눈물이 나려는 걸 꾹 참으려 애썼다. 그 어떤 것도, 그리스도께서 사람과 결합되시는 만큼, 창조주가 그의 피조물과 결합되는 만큼 긴밀히 결합될 수 없다. 그것은 유일한 결합이며, 결합 그 자체이다. 그리스도의 사랑은 인간의 본성으로부터 거룩한 본성을 갈라놓는 커다란 심연에 다리를 놓았다.

나와 그리스도는 하나였다. 내가 겪은 것을 그분께서는 약 이천 년 전에 말씀하셨다. "내 살을 먹고 내 피를 마시는 사람은 내 안에서 살고 나도 그 안에서 산다."(요한 6:56) 이런 일이 오늘 나에게도 생겼다. 하느님께서 오셔서 나와 하나가 되신다. 내 머리로는 이것을 다 소화해낼 수가 없다. 왜일까? 왜 이 모든 일이 생긴 것일까? 이에 대해서도 그리스도께서는 우리에게 답을 주신다. 영원히, 이 세상이 파괴되는 그날까지 답을 주신다. "정말 잘 들어 두어라. 만일 너희가 사람의 아들의 살과 피를 먹고 마시지 않으면 너희 안에 생명을 간직하지 못할 것이다. 그러나 내 살을 먹고 내 피를 마시는 사람은 영원한 생명을 누릴 것이며 내가 마지막 날에 그를 살릴 것이다."(요한 6:53-54)

그리스도께서는 세상 마지막 날에, 영생에 목적을 두신다. 그리스도께서는 우리를 그렇게도 많이 사랑하셔서 우리가 영원히 그리스도와 함께 살고, 그분을 닮게 되기를 원하신다.

그리스도께서는 하느님이셨지만, 사람도 되셨다. 우리를 당신의 친구, 당신의 형제라 부르신다. 우리들을 한없이 사랑하신다. 성찬예배 때마다 큰 선물로서 그 자신을 우리에게 바치신다.

우리는 이렇게 주시는 커다란 선물을 경시해서는 안 된다. 세상 마지막 날에 우리는 변명의 여지가 없을 것이기 때문이다.(요한 6:40 참조) 받은 것이 크면 클수록 우리는 변명할 것이 줄어든다.

이 영적인 사건은 나로 하여금 정교회가 그리스도로부터 시작되어 이어 내려온, 수많은 세월 동안 가르치고 있는 것을 깊게 깨닫게 만들었다. 그리스도께서는 부활하심으로써, 전에 있었던 세대들, 지금의 세대들, 다가올 세대들에게 이 세상이 끝나는 날까지 하느님과 닮을 수 있는 길을 열어놓으셨다.

교회가 이 세상이 끝나는 날까지 생명력 있게 남아 있도록, 오순절에 그리스도께서 세우신 교회는, 세기와 세기를 통하여 영생을 향한 길을 보전하고 있다. 그리스도께서는 교회의 머리이시며, 교회의 생명의 원천이시며, 교회가 거행하는 신비성사의 경배 대상이시다. 그리스도께서는 성령이 강림하신 오순절에 교회에 모였던 거룩하게 된 사람들, 즉 사도들을 남기셨다.

주 예수 그리스도의 성사에 봉사하는 사람들은 서품성사로 특별한 축복을 받은 사람들이다. 그들은 교회의 사제들이다. 특별한 축복, 즉 성직의 은총은 끊이지 않고 대대로 전해 내려오고 있다.

성인이 아니더라도, 사제는 감사의 성사, 즉 성찬예배를 집전할 수 있다. 반면 사제가 아니면서 성인과 같은 사람은 예식을 집전할 수 없다. 예를 들어 파이시오스 수도사는 수천 가지의 기적을 일으킬 수 있었음에도, 교회의 성사들을 집전할 수 없었다. 그도 고백성사를 위해 영적 사제의 영대에 머리를 숙였고, 성체성혈을 모시기 위해 성찬예배를 집전하는 사제를 기다렸다.

파이시오스 수도사도 모든 그리스도인들의 어머니, 즉 거룩한 교회의 성사로부터 오는 거룩한 은총을 받아들였다. 그 역시 정교회의 피조물이었다. 물론 그는 교회의 가장 빛나는 자식들 가운데 하나였다. 얼굴에 선과 덕, 그리스도의 힘이 펼쳐져 있었고, 그리스도께서는 그를 거룩하게 하셨다.

그리스도교의 신비성사와 마법 행위의 차이

두 진영, 즉 그리스도교와 힌두교를 모두 겪어 본 나는 성체성혈성사 및 정교회의 다른 성사들은 마법과는 아무런 관련이 없다고 고백하며 지지하는 바이다. 교회의 성사들은 그리스도의 힘으로 이루어지고 있다. 반면, 마법이나 속임수는 사탄의 힘이거나 사탄의 속임수와 힘이 결합된 것이다. 교회의 성사들은 의식적으로 깨어있는 상태에서, 자유로운 참여를 기반으로 이루어지고 있다. 하지만 마법엔 항상 속임수나 사람의 강요가 들어있다.

그리스도께서 거룩한 성사 안에서 역사하시려면, 사람이 성사를 원하고 열망해야 하고, 성사에 참여하기 전에 정성껏 준비해야 한다. 마음이 깨어있는 상태에서 참여해야 한다.

반대로 마법에서는 사람의 자유로운 의사가 침해되고 속임이 일어난다. 말하는 것과는 다른 것을 행한다. 악령들과 한편에 서서 일하는 마법사들에 의해 사람은 속임수를 당한다. 그리고 누군가를 마법 예식에 강제로 참여시키도록, 할 수 있다면, 심리적 폭력뿐 아니라 육체적 폭력도 사용한다.

처음에는 많은 청년들에게 나쁜 것을 좋은 것으로 나타내 보인다. 이렇게 해서, 경험이 부족한 청년들은 감언이설에 속아 유인된다. 불행하게도 걷잡을 수 없는 악에 의해 빗나간 사람들도 있는데, 그들은 의식적으로 깨어있는 상태에서 참여에 임한다. 그러나 의식적으로 악령의 노예가 된 사람은 적다.

여러 힌두교인들이 행하는 마법 행위에서, 그들의 희생물들은 의사와 관계없이 힌두교인들에게 예속된다. 악령들은 희생물들 위에 자동적으로 권한을 행사하며 행동을 한다. 왜냐하면 사람들이 부주의하게 살면서 그것을 깨닫지 못하여 악마에게 권한을 주었기 때문이다.

반대로 교회의 성사들은 의식적으로 깨어있는 상태에서 자유로운 접근을 전제로 한다. 그래서 습관으로 교회에 다니는 많은 사람들은, 우연에 의해서 다니게 되었건 집안의 종교에 따라 다니게 되었건, 자각이나 개인적인 노력 없이, 투쟁 없이, 마음의 참여 없이 다니기 때문에, 교회에서 이루어지는 예식들과 의미들, 사건들을 많이 이해하지 못한다.

한번은 어떤 사람이 파이시오스 수도사님을 방문하여, 성체성혈을 자주 받는 것을 자랑하였다. 일주일에 두세 번 성체성혈을 받아 그는 자신이 거룩해졌다고 생각했다. 자만심에 의해 착각에 빠져있었던 것이다. 수도사님은 그에게 말했다. "잘 들어보게. 얼마나 자주 성체성혈을 받는가는 의미가 없네. 중요한 것은 성체성혈을 받기 전에 스스로가 어떤 준비를 하고, 마음속에 얼마나 그리스도를 모시고 있는가 하는 것이네. 자네가 하는 방법으로 사람이 거룩해진다면, 매 주일마다 또 주중에도 성체성혈을 자주 모시는 사제들은 성인이 되었을 거네."

하느님과 사람의 결합은 오직 자발적인 의식, 영적인 맑음, 자유 그리고 개인적인 신중함에 의해서만 이루어질 수 있다. 사람은 착실함의 정도에 따라 회개를 통해 자신의 열성과 동의를 표현해야 한다. 그러면, 진실하게 회개한 자에게 유익한 것이 무엇인지 아시는 하느님께서는 당신께서 알고 계시는 정도와 방법을 갖고 그 사람에게 다가가실 것이다.

하느님에 대한 경험

내게 일어난 일들에 대해 나는 아직도 어안이 벙벙하다. 하느님께서 내게 선사하신 것들에 대해 생각하면, 나는 정신이 아득해져 그것들을 감히 소화해낼 수가 없다. 하느님의 깊이, 선량하심과 자비하심을 생각하면, 하느님의 위대하심에 감격하게 된다. 그리고 나는 스스로에 대해 기분이 나빠진다. 하느님께서 내게 선사하신 것들에 대해 내가 얼마나 무가치하고 배은망덕한지가 드러나기 때문이다. 하느님과 성인들은 우리의 무가치함을 얼마나 참아내신단 말인가?

언젠가 나는 내 차로 파이시오스 수도사님을 모시고 가는 큰 축복과 영광을 갖게 되었다. 수도사님의 순수함과 겸손 속에 나는 나 자신을 잊고 친근감에 이끌렸다. 나는 내 앞에 있는 내 영적 아버지를 보면서 그분의 영혼 속에 하느님께서 항상 거처하신다는 것을 잊고 있었다. 인간 본성의 가능성들을 뛰어넘어 하느님을 모시고 다니는 사람이라는 것을 나는 잊고 있었다. 그분의 말 한마디로 악령을 쫓아내고, 말 한마디로 고쳐지지 않는 병이 사라진다는 것을 잊고 있었고, 그분의 얼굴은 내 앞에서 태양처럼 빛난다는 것, 성령과 하느님의 은총에 의해 장식되어 있었다는 것을 나는 잊고 있었다.

나는 이것들을 잘 알고 있고 내 영혼의 깊은 곳에 잘 간직하고 있으며, 미쳐 날뛰는 나의 적 악마가 훔쳐가지 못하도록 걱정과 눈물로 하느님께 간구한다. 그렇지만 내가 수도사님과 함께 있을 때, 그분의 순수하고 자연스러운 행동, 선량함과 농담은 종종 나를 편안하고 친숙하게 만들었고, 그런 친숙함이 뻔뻔스러움과 건방짐으로 이어져 나는 무감각하고 어리석게 이렇게 말하곤 했다.

- 수도사님, 하느님에 대해 말씀해주세요. 하느님은 어떻게 생기셨어요?

수도사님은 아무 말씀도 하지 않으셨고, 나는 산길을 계속해서 운전했다.

나의 하느님! 나는 갑자기 도처에서 하느님을 느끼기 시작했다. 차 안에, 산에, 멀리 있는 은하수에 하느님이 계심을 느꼈다. 하느님께서는 도처에 계셨고 그 모든 것들을 채우셨다. 물질적인 것이 아니었다. 한 본질이 다른 본질들과 혼돈되거나 섞이지 않은 채 그것들을 통하여 지나갔다. 모든 곳에 현존하는 힘이었다. 아무도 자신의 오만한 노력으로 그 힘을 밝힐 수 없다. 그것은 하느님께서만이 밝히시는 힘이다. 이 모든 산들, 별들, 나무들, 사람들은 하느님의 은총에 의해 생명이 유지되었다. 하느님께서는 한순간에 그것들을 사라지게 하실 수 있었다. 스위치가 돌아가 한순간에 불이 꺼지는 것처럼, 소리 없이, 충돌 없이, 반항 없이, 존재하는 것이 멈출 수 있었다.

하느님께서는 그렇게도 전능하시지만 동시에 그렇게도 친절하시다. 그분의 전능하심으로 또는 현존으로 사람에게 강요하지 않으신다. 하느님께서는 우리의 아주 가까운 곳에 계시지만, 그분의 모습을 나타내 보이지 않으신다. 왜냐하면 그분께서 나타나심으로 인해 우리가 부담감이나 의무를 느끼지 않도록 하시기 위해서이다. 또 우리를 전혀 압박하지 않으시고, 아무런 구속을 하지 않으시기 위해서이다. 더 나아가 우리를 완전히 자유롭게 놓아두시고 우리가 원하는 것을 하도록 하시기 위해서이다. 어떤 면에 있어서 하느님의 자애로우신 모습에 우리가 강요 받기 위해서가 아니다. 하느님께서는 당신의 사랑을 두려움, 힘과 권한을 통해 강요하시는 것이 아니라, 단지 당신의 자애로우신 모습으로 사랑을 요구하신다. 그분의 자애로운 모습 앞에선 아무것도 저항할 수 없을 것이다. 하느님께서는 사람의 자유를 위해, 인간에 대해 무한한 존경심을, 우리가 감히 깨달을 수 없는 존경심을 가지고 계시기에 우리에게 강요하지 않으신다.

사람을 위한 사랑 때문에 우리에게 강요하지 않으신다. 우리를 그렇게도 많이 사랑하시며, 그렇게도 강렬히 열망하신다. 우리들에 대한 열망과 사랑에 의해 그의 자식들, 즉 우리들이 따뜻하게 된다. 그래서 자신을 한정하시고 나타나지 않으신다. 수천 가지의 방법과 무한한 지혜로, 엄청난 주의와 관심으로, 홀딱 반한 사람처럼 우리를 당신의 사랑 안으로 끌어들이려 노력하신다. 우리를 깨우치려 노력하시며, 우리가 관심을 갖도록 노력하시고, 우리가 하느님을 깨닫고 사랑하도록 노력하신다.

하느님께서는 우리 각자와 개인적인 관계를 맺으신 채 우리를 위해 일하시며, 동시에 무한한 힘을 가지고 이 세상 전체를 위해 일하신다. 무한한 우주에 대해 관심을 갖고 계시기에, 사람들 각자에 대해 갖고 계신 사랑과 관심은 조금도 줄지 않으며, 줄이신다는 것은 생각조차 하지 않으신다.

하느님께서는 우리의 사랑을 원하시지, 그것을 요구하지 않으신다. 사랑은 자유가 있는 공간에서 자발적으로 생겨나는 감정이다. 이 자유 밖에 있는 사람에겐 생명력이 없고, 공포와 압박, 스트레스가 있을 뿐이다. 그래서 하느님께서는 단지 자유 속에서만 발생하는 사랑을 얻으시기 위해 우리를 완전히 자유롭게 놓아두신다.

　우리가 무엇이길래 하느님께서는 우리를 사랑하실까? 우리가 아름답게 생겨서? 우리가 똑똑해서? 우리가 힘이 있어서? 덕이 있어서? 우리에겐 아무것도 없다. 하느님 앞에, 하느님의 은총 앞에, 우리는 아무것도 아니다. 하느님께서 우리를 사랑하실 만한 가치를 우리는 가지고 있지 않을 뿐만 아니라, 오히려 악취가 나는 많은 약점들을 가지고 있다. 이것들은 혐오감과 증오를 유발한다. 우리는 하느님의 박애에 비해 속이 좁고, 하느님의 끝없는 지혜 앞에 약간의 지능만 갖고 있으며, 하느님의 슬기 앞에 영악할 뿐이다. 하느님께서 마음껏 주시는 것을 우리는 착취한다. 하느님께서 우리에게 풍부하고 넘치게 주시는 것을 우리는 갈취하고자 한다. 하느님의 자비에 대해 우리는 착취와 속임수로 대답한다. 우리는 하느님의 은혜에 배은망덕으로 보답한다. 하느님의 전능하심 앞에 우리는 오만하게 처신한다. 하느님의 지혜 앞에 우리는 영악하고 부적격하다. 하느님은 우리에게 은총을 선물하려 하신다. 우리에게 아름다움과 생명, 지혜와 힘을 주고 싶어 하신다. 하지만 우리는 그것들을 선물로 받으려고 하지 않는다. 우리의 이기주의는 그 선물 모두를 파괴한다. 우리의 교만이 그것들을 멀리하게 만든다. 우리의 나쁜 의도 때문에 우리는 그의 선물로부터 아무것도 가질 수가 없다. 그것들로부터 우리 영혼에 무언가가 남는다면, 우리는 교만에 의해 곧 그것을 풍선처럼 부풀린다. 마치 우리 자신의 가치로 그것을 얻은 것마냥 생각한다. 노고 없이 얻은 은총, 선물이라고 생각하지 않는다. 째려보는 눈초리로 옆 사람을 의심하며 쳐다본다. 그리하여 은총이 우리 영혼에서부터 떠나간다. "온갖 훌륭한 은혜와 모든 완전한 선물은 위로부터 오는 것입니다. 하늘의 빛들을 만드신 아버지께로부터 내려오는 것입니다."(야고보서 1:17)

　내가 무슨 할 말이 있겠는가? 어디서 멈추어야 하는가? 우리는 정말 형편없다. 천국으로부터 떨어져 나온 인간의 본성은 고의적으로 약점이라는 늪에 빠져 젖어 있다. 이는 더럽기 때문에 단지 구토와 숨막힘을 유발할 뿐이다.

이사야 예언자가 말했듯이, 이는 썩어가는 한 상처에 관한 것이 아니다. 사람이 가지고 있는 깊은 상처에 관련된 것이다. 즉 사람은 머리에서부터 발 끝까지 몸 전체에 상처가 나있는데, 어디에 붕대를 감을 것이며 어떤 약을 먹을 것인가? (이사야 1:6 참조) 그래서 하느님 그리스도께서는 그의 탄생으로, 처음부터 우리 뜻으로 스스로를 파괴한 우리의 본성을 다시 만드셔야 할 필요가 있으셨다.

이것은 오늘날 사람의 본성이다. 항상 이랬던 것은 아니다. 우리는 이렇게 만들어지지 않았지만, 우리 스스로가 이렇게 만들었다. 우리의 선택이 우리를 이렇게 만들었고, 우리는 계속해서 악을 택하여 스스로를 파괴하고 있다. 우리는 잘생긴 사람, 빛나는 사람, 힘이 센 사람, 지혜로운 사람, 영예로운 사람, 물질을 지배하는 사람, 불멸하는 사람으로 만들어졌음에도 불구하고, 오늘날엔 죽음을 면할 수 없는 사람, 어둠의 사람, 물질적 삶의 노예, 아픔의 노예, 병의 노예, 슬픔의 노예, 타락의 노예, 죽음의 노예가 되었다. 우리는 지식이 없고 지혜가 없다. 앞을 보지 못하므로 이리저리 방황하고, 부딪쳐 넘어지고 상처를 입는다. 하지만 우리는 어디에 부딪쳤는지 모르고, 넘어진 이유를 모른다. 누가 우리를 발로 차서 야생의 협곡으로 던져 죽이려고 하는지도 모른다. 악마가 자신의 악 속에서 웃어대고 축제를 벌이기 위해 그런 짓을 벌인다. 악마는 악의 발명가, 거짓말의 아버지, 고대의 용, 우리의 태고의 적이다.

그리고 하느님께서는 우리를 사랑하신다. 아직도 우리를 사랑하신다. 그리하여 사람이 되기를 수락하셨다. 당신의 위대함에도 불구하고, 우리를 위해 자신을 낮추시어 사람이 되셨고 사람들 사이에 사셨다. 십자가에 못 박히기를 받아들이셨다. 예수 그리스도께서는 당신을 십자가에 못 박는 음모를 꾸미도록 악마를 내버려두셨고, 십자가에 못 박히셨다. 그러나 그리스도께서 십자가에 못 박히신 것은 악마의 파멸이었다. 이제 우리는 우리가 원할 때, 악마를 이길 수 있다. 그리스도께서 이렇게 하셨던 것은 우리를 위해서였다. 나를 위해, 너를 위해서였다.

나는 계속해서 하느님을 느꼈고, 계속해서 내 마음으로 하느님을 깨닫게 되었다. 끝없는 평온함이 내게 넘쳐흘렀다. 두려움이 사라졌다. 전능하신 하느님께서 계신데, 하느님께서 모든 것을 알고 계신데, 하느님께서 그렇게도 좋으신 분인데, 하느님께서 그렇게도 지혜로우신 분이고, 나를 그렇게 사랑하시는데, 내가 무엇을 두려워하겠는가?

나는 하느님의 품 안에 있다. 하느님의 손안에 있다. 그런데 누가 나를 건드릴 수 있단 말인가? 이 세상의 시작, 과정과 끝에 대해 나는 확신했고 기뻤다. 결국에는 항상 그렇듯이 하느님께서 승리하실 것이고 하느님의 자비하심과 거룩함이 승리할 것이기 때문이다.

정신은 하느님이고, 세상은 물질이다. 정신(영혼)은 물질(몸)보다 높다. 다시 말해 영혼은 몸에 생명을 준다. 몸을 유지시키고 보호한다. 정신은 물질과 별개의 것이고, 물질은 시간이 흐름에 따라 멸하지만 정신은 영원히 존재한다. 시간은 물질의 특성이며 결과이다. 하지만 정신엔 시간의 제한이라는 것이 없다. 정신은 영원하다. 과거와 미래는 무한한 현재에 일치한다. 영원성은 도처에, 즉 무한한 우주로부터 시작하여 내 자동차 안에까지도 있다.

하느님께서는 순수하시지만, 너무도 신비스러우시다. 내 영혼은 얼마나 깊이 만족했는가? 나는 얼마나 기뻐했는가? 나는 얼마나 안심되었는가? 나는 얼마만큼 그 순간을 다시 살고 싶어하는가? 내가 이 세상을 떠날 때 나는 하느님 가까이서 시작하고 희망을 갖고 살 것이라는 생각에 기쁨을 느낀다. 그래서 나는 죽는 것을 무척이나 갈망한다. 내가 하느님을 만나리라는 것이 확실하다면 나는 오늘에라도 죽고 싶다. 하지만 나는 내 죄가 무섭다. 악이 무섭다. 죽음이 나를 하느님으로부터 갈라놓을까 두렵다.

다마스커스의 요한 성인에 관해 읽은 것이 기억난다. "우리는 한 분이신 하느님, 즉 무형하시고 무궁하시며, 무한하시며, 시작이 없으시며, 영원하시며, 전능하시며, 불멸하시며, 정신으로 깨달을 수 있는 빛이신 이 하느님을 믿는다."

하느님께서 내게 머물러 계시던 상황이 오래 지속되었다고 생각하진 않는다. 내가 운전했던 거리로 판단한다면 3-4킬로미터 정도였을 것이다. 하지만 커브길이 계속되어 나는 천천히 운전하던 중이었다.

그때 나는 지금과 같은 상황에 있지 않았다. 내게 어떤 특별한 변화가 있었다. 사람은 술, 마약, 향락, 기후, 물, 아픔, 슬픔, 두려움 등 많은 요소에 의해 바뀌게 된다. 내가 겪은 변화는 유례 없는 특별한 것이었다.

내 감각을 잃지 않은 채, 물질적인 세계와의 접촉을 잃지 않은 채, 나는 무아의 경지, 취함 속에서 살았다. 그것은 "맑은 정신의 취함"이었다. 예전의 고행 수도사들과 성인들이 책에서 특징 짓던 것과 같았다.

누군가가 내 정신과 영혼을 가리고 있던 베일을 벗긴 것처럼 느껴졌다. 즉 누군가 내 머리와 영혼을 깨끗하게 만든 것 같았다. 내가 전에 살던 곳과 지금 사는 곳은 같은 세상이지만, 전엔 내가 이 세상의 한 부분에 살면서 한 부분만 깨달았었다. 하지만 지금 나는 이 세상 전체를 깨닫게 되었다.

예컨대, 청각 장애자가 갑자기 소리를 듣기 시작한다고 해보자. 전에 그는 같은 세상에서 소음 없이 살았다. 하지만 지금 그는 들을 수가 있다. 시각 장애자가 갑자기 앞을 본다고 생각해보자. 같은 세상이지만 지금 그는 형체도 보고 색깔도 구별한다.

이렇게 나 역시 같은 세상에 살면서 하느님도 느꼈고, 하느님 속에서 많고 많은 것들, 깊이가 있는 것들, 중요한 것들과 아름다운 것들을 느꼈다. 나는 갑자기 물질 세계와 영적인 세계의 참여자가 되었다. 예전에 사람들이 이런 상황에 살았을 것이라 생각한다. 아담과 하와는 천국에서 훨씬 더 좋은 상황에 있었을 것이다. 성경에서 말하듯이, 그들은 하느님을 보고 하느님의 말씀을 듣고 하느님과 대화를 나누곤 했다. 그때 인간의 본성은 오늘날 내가 가지고 있는 죄의 상황에 있지 않았다. 영적인 지각력은 작동이 잘 되었다. 내 영적인 눈은 이제 더 이상 보지 못한다. 내 영적인 눈은 내 악의 두꺼운 껍질로 덮여있다. 내 영적인 귀는 더 이상 듣지 못한다. 내 귀는 죄의 진흙으로 막혀있다. 내 영적인 혀는 영혼의 게으름에 의해 마비되었다. 내 약점들의 늪 속에 내 전체가 파묻혀 있다.

하느님께서 한 순간 나를 늪 속에서 꺼내주셔서 나 역시 조금 사람처럼 살았다. 지금 나는 영적으로 다시 더러운 사람으로, 병든 사람으로, 청각 장애자로, 시각 장애자로 그리고 무감각한 사람으로 살고 있다.

실제로 나는 이렇게 살고 싶은 것일까? 나에게 그것을 다시 선사했다면, 나는 기쁜 마음으로 받아들였을 것이다. 나 혼자 그 길로 가기 위해, 나는 그 길을 알아두었다. 하지만 나는 지금 그 길을 걷고 있지 않다. 누구도 이에 대한 원인을 제공하지 않는다. 그저 내가 게으른 탓이다. 주 예수 그리스도의 포도밭에서 내가 일을 한다면, 거기에 확실히 도착할 것임을 나는 잘 알고 있다. 거기로 가기 위한 길은 하느님의 계명을 지키는 것이다. 계명을 지키는 것은 영적인 일이다. 특히 정신적인 노력을 요구한다. 영혼은 계명을 지키면서 많은 것들을 배우며 깨끗해지고 이때 영적인 도구가 천천히 작동하기 시작한다.

많은 이들이 하는 것을 불행히도 나는 하지 않는다. 그래서 나는 꾸중을 들어도 마땅하다. 내게 보물 하나가 주어졌는데 그것을 유용하게 쓰지 않았으니 말이다. 나는 참으로 쓸모 없고 은혜 모르는 인간이다. 내가 해야 할 유일한 일은 내가 쓸모 없고 배은망덕한 인간이라는 것을 확인하고 인정하고 고백하는 것이다. 하지만 나는 하느님의 자비와 사랑을 알고 있기에 실망하지 않는다. 하느님의 도움으로 내가 좀 더 노력하는 사람이 되기를 바란다.

내가 정말로 좋은 의지를 가진 착실한 사람이었다면, 지금 나는 열망과 열성을 가지고 파이시오스 수도사님이 하시는 것처럼 투쟁했을 것이다. 주 예수 그리스도를 닮으려고 노력하는 파이시오스 수도사님의 너그러움은 정말 주목할 만하다.

나는 수도사님께 무엇을 요청했었나? 한 마디로 어떤 이야기를 듣고 싶어했다. 내 이런 요청에 수도사님은 어떻게 대답하셨던가. 수도사님의 하느님을 감동시키는 간절한 간구로, 처량한 나는 값으로 따질 수 없는 경험을 겪었다. 무엇과도 비교할 수 없는 거대한 재산이고 너그러움이었다. '하느님,

저를 용서해주세요. 수도사님이 저를 위해 그렇게도 열성적으로 기도하기까지 저를 얼마나 많이 사랑했던 걸까요?'

나는 이 모든 것을 겪었으므로 어려움 없이 기록해 나가고 있다. 내용 없이 의미 없는 말을 만들어내는 것이 아니다. 대개 우리 시대의 사람들은 머리로 일을 한다. 앉아서 생각하고, 생각과 지식을 생산해 내기 위해 정신을 짜내고 짜낸다.

왜냐하면 지식의 도구는 단지 논리라고 생각하기 때문이다. 정신에 가해지는 여러 가지 강제적인 일들로 일부 사람들은 정신적인 균형을 잃는다. 그 뒤 정신과 의사에게 달려간다. 우리는 무지함과 어둠 속에 파묻혀, 눈에 보이는 외적인 세계뿐만 아니라 내적인 세계, 즉 영적인 세계, 우리 자신들을 무시해 버린다. 믿음 안에서 인식을 얻을 수 있다. 믿음은 경험이다. 즉 경험 속에 살면서 믿음 속에서 인식을 갖게 된다. 믿음 속에서 사람은 많은 것들을 겪고, 그것이 생각에만 머무르는 것이 아니라 행동으로 옮겨진다. 이러한 것들을 겪은 후 사람의 논리는 이를 분석하려 한다. 생각을 하고 말로 만들어낸다. 하지만 모든 것들을 인간의 언어로 표현할 수 있는 것은 아니다. (우리의 영혼 속에 믿음이 있다. 믿음이 있다면, 모든 것을 할 수 있다. 단지 그것들을 열망하는 것이 아니라, 실제가 되도록 해야 한다. 믿음을 통해서 모든 것들을 하게 된다. 단지 생각이 아니다. 믿음은 논리 위에 있고, 말 위에 있다.) 영혼은 우리의 언어가 갖고 있는 것보다 더 풍부하고 깊이 있고 통찰력이 있으며 감정적이다.

나는 독자 여러분들이 위의 것들 속에 살고 싶어 하기를 바란다. 단지 그것들에 대해 읽기만 하는 게 아니라, 그것들에 대해 생각하고 대화를 나누고, 평하고, 그것들로부터 도움을 받기를 원한다. 어떤 사람들이 돈과 명예를 추구하는 것처럼, 여러분들은 삶에서 위의 것들을 추구하길 바란다. 상인보다 조금 더 적게 수고하고, 운동 선수나 무용가보다 좀 덜 끈기 있게 한다면, 여러분은 성공할 것이라 믿는다. 아토스 성산은 정교회에 들어가기 위한 아주 좋은 문이다. 그러나 아토스 성산 밖에 있으면서 착실하게 그 길로 나아가는 영적인 사람들도 있다. 즉 은총과 사랑을 가진 사람들이 있다.

"구하여라, 받을 것이라. 찾아라, 얻을 것이다. 문을 두드리라, 열릴 것이다." (마태오 7:7)

이 성경 구절을 나는 생각하고 생각한다. 내 경험 중에 천분의 일도 이 책에 표현되지 않았다. 표현할 만한 적절한 단어가 없기 때문이다. 어떻게 표현할 수 있을까? 내가 겪은 경험이 얼마나 진지하고, 얼마나 깊고, 얼마나 강렬하고, 얼마나 평온하고, 얼마나 기쁨을 주고, 얼마나 만족스럽고, 얼마나 치유의 힘이 있으며, 얼마나 다정하고, 얼마나 따뜻하고, 얼마나 친밀하고, 얼마나 안락하며, 얼마나 생명력을 주고, 얼마나 환희를 주는지 어떻게 말할 수 있을까? 내 경험은 정말 멋진 것이었다.

그리스도교의 오래된 어느 책 가운데 있던 글귀가 기억난다. "하느님께서는 그를 사랑하는 사람들에게는 모든 것이 되신다. 양식이 되시고 옷이 되시고 휴식이 되시고 위안이 되시고 지식이 되시고 힘이 되시고, 모든 것이 되신다."

어느 순간 나는 내가 느끼는 것을 수도사님께 말씀드리기 시작했다. 수도사님은 말씀하지 않으셨다. 내가 무엇을 느끼는지 말하기를 바라지 않으셨다. 수도사님이 내게 이유를 제공해주셨다는 것을 내가 깨닫기를 바라지 않으셨다. 바보 같았던 나는 그분께 무엇을 말씀드렸던 것인지!

내가 하느님을 느낀 사건은 천천히 조금씩 사라지기 시작했다. 정확히 표현하자면, 나는 더 이상 생각할 수 없었다. 선물은 끝이 났고, 내게는 감사하는 마음과 커다란 만족이 남았다. 또 하느님에 대한 갈증이 남았다. 어떻게 사람이 마음의 흡족함을 느끼면서 동시에 하느님의 부재를 느낄 수 있단 말인가? 하느님을 알게 된 것에 대해 큰 기쁨을 느끼면서 하느님을 잃은 것에 대해 가슴이 찢어지는 듯한 애석함을 느낄 수 있단 말인가?

우리는 고귀하신 진정한 하느님을 모시고 있다. 그를 아버지라고 부를 수 있는 권한을 우리에게 주신 하느님을 우리는 모시고 있다. 우리를 자식들이라 부르는 하느님을 우리는 모시고 있다. 우리는 우리를 위해 사람이 되신 주 예수 그리스도 하느님을 모시고 있다. 주 예수 그리스도께서는 우리를 형제라고 부르는 것을 부끄러워하지 않으셨을 뿐만 아니라, 우리의 형제가 되는 것을 부끄러워하지 않으셨다.

6

나는 생각한다
그러므로 나는 존재한다

기본적인 무지(無知)

"거룩하심을 묵상한 이들은 피조물이 아니라 창조주를 흠숭하였다." (정교회 주일 조과의 성모 까따바시아 7오디 이르모스 중)

고대 그리스인들에게는 우주의 요소들 사이의 조화와 매력이 인상적이었고, 그들은 천체의 신비스러운 아름다움에 도취되어 이 우주를 '코스모스'라 이름 지었다. '코스모스'라는 단어는 고대 그리스어로 '장식'을 의미한다.

정말 이 우주, 이 세상은 아주 인상적인 그 무엇이다. 그 크기를 우리는 감히 가늠해볼 수 없고, 그 다양함에는 끝이 없으며, 감추고 있는 신비와 수수께끼는 모든 시대의 사람들을 골몰하게 만들었다.

영리한 사람 중 이 세상의 신비에 매혹되지 않은 이가 누구인가? 누가, 세상이 어떻게 만들어졌고, 세상의 존재는 어떤 의미와 목적을 가지고 있는지, 또 언제 파괴될 것인지에 대해 궁금해하지 않았는가? 누가 이 세상을 이해하려 노력해보지 않았는가?

저명한 학자들, 시인들, 미술가들, 음악가들, 철학자들은 그들의 작품을 통해, 경외심을 안고 이 감탄에 대해 표현한다. 사람의 머리는 매혹되고 의혹에 차서 아무것도 하지 못한 채로 세상의 대(大)신비 앞에 서 있다.

하지만 무언가가 더 큰 것이 있다. 무한하게 깊은 그 무언가가, 비할 수 없이 중요한 것이 있다. 그것은 참으로 신비롭고 위대하다. 사람의 머리가 그것을 깨달으면, 바로 머리를 마비시키는 무언가이다. 사람은 행동하는 것, 노력하는 것을 멈춘다. 그가 만난 분 앞에서 자신은 아무것도 아님을, 너무도 나약한 존재임을 깨닫기 때문이다.

중요한 것은 세상이 아니라 하느님이다. 감탄을 불러일으키는 것은 자연이 아니라 자연을 창조한 창조주이다. 신비에 싸여 있는 우주는 하느님에 비교할 때, 아무것도 아니다. 중요하지 않은 것이다.

한 마디의 말로 수천 개의 우주, 수천 개의 세상을 창조하실 수 있는 하느님께서는 경탄을 자아내신다. 모든 것의 중심이 세상이 아니고 세상을 창조하신 창조주, 즉 하느님이라는 것을 우리가 깨닫는다면, 우리는 놀라움과 경탄, 경외와 기쁨에 의해 기절할 것이다. 물질적인 세계, 지구, 행성들, 은하수, 우주, 삶은 존재의 영역에 있어 하나의 세부적인 것일 뿐이며 아무것도 아니다.

모든 것의 중심, 본질은 하느님이시다. 그는 존재하는 모든 존재들의 후원자이시다. 이 세상에 존재하는 모든 것들은 하느님의 은총과 힘에 의해 생명을 유지한다. 전능하신 분, 정교하신 분, 선하신 분, 어디에나 계시는 분, 불멸하시는 분, 무한하신 분, 영원하신 분, 물질과 시간의 창조주, 묘사되지 않는 분, 즉 하느님께서는 모든 것의 중심이시다.

그러나 우리는 하느님을 무시한다. 햇빛을 볼 수 없는 시각 장애자처럼, 영적으로 시각 장애자인 우리는 하느님을 볼 수 없다. 이것은 불행이 원천이며, 기본적이고 근본적인 커다란 무지이다.

오늘날 인류는 거대한 양의 지식을 쏟아냈다. 지식의 거대한 양은 세세한 기술이며, 이 세상의 중요치 않은 사건이다. 오늘은 이렇고 내일은 달라서 언젠가 이것은 없어진다. 우리는 아무것도 모른다. 영원하고 진정한 것에 대해 우리는 아무런 경험도 없다.

불행히도 인간의 머리는 세세함에 푹 빠져들어갔다. 우리의 영혼은 중심, 원천, 중요한 것을 깨달을 수 없다. 목적을 잘못 잡아, 잘못된 길로 들어섰다. 길을 잃었다. 이렇게 수백 만의 머리, 수백 만의 영혼, 수백 만의 존재들은 각 시대 속으로, 세기의 흐름 속으로 사라졌다.

사람들은 영적으로 투쟁하는 대신에 물질적인 것들에 전념했다. 그리하여 사물들의 표면에 머물렀다. 정신은 물질이라는 껍데기를 깨고 밖으로 나와 진정한 세상, 영원하고 영적인 세상에 태어나 만물의 중심에 접근하여 유일하고 영원한 실제, 우주의 창조자 하느님을 알아가는 노력을 하기 원치 않았고, 투쟁하기를 원치 않았다.

이렇게 사람의 정신은 인식 없이 머물게 되었다. 무지의 어둠 속에서 앞을 보지 못하는 사람처럼 계속 움직였다. 부딪쳐서 넘어지고, 상처를 입히고 입어 인생의 길에서 고통을 당한다. 정통한 것과 진실한 것을 무시하고 하느님을 무시한다. 이 기본적인 무지함이 사람들을 고생시킨다. 이 무지는 불행의 원천이다. 사람의 영혼에 두려움과 걱정, 슬픔과 실망을 낳는다.

파이시오스 수도사님은 이렇게 말씀하신다. "물질 세계에서 안정을 찾는 사람, 영혼의 구원에 대해 걱정하지 않는 사람은 알의 껍데기를 깨뜨리고 밖으로 나와 해를 보려고(천국적인 삶을 위해 하늘로 상승하려고) 하지 않는 어리석은 새와 닮았다. 그 새들은 움직이지 않은 채 남아 있어 알 속에서 죽고 만다."

인류가 지불하는 대가는 크다. 인류의 적들은 기뻐한다. 잘못된 길이 무엇인지 알고 있는 우리 편인 사람들은 우리를 깨우쳐 주려고 노력한다. 우리 편인 사람들은 다른 곳으로 빠져 들어가는 우리 형제들에 대해 슬퍼한다. 그러나 희망, 기회는 결코 사라지지 않는다. 문은 항상 열려 있다. 사람 각자의 영혼 속에 하느님으로부터 오는 좋은 염려, 씨앗의 말씀이 있다. 다시 말해 하느님께서는 사람을 그대로 내버려두지 않으시고 농부가 씨앗을 뿌리면 그 씨앗이 자라 열매를 맺는 것처럼, 복음을 씨앗처럼 뿌리셨다. 이 씨앗의 말씀은 사람이 가장 깊고 높고 좋은 곳을 향해 가도록 유도한다.

우리를 둘러싸고 있는 이 세상은 계속해서 사람의 정신이 탐구하고 생각하고 앞으로 나아가도록 유발한다. 하느님께서 세상을 만드신 것은, 사람의 영혼이 완전성에 달하도록 사람을 돕기 위해서였다.

초대 그리스도교 시대의 한 고행 수도사는 이렇게 말했다. "이 세상은 하느님께서 무엇을 하실 수 있는지를 보여주는 하나의 예이다. 이 세상은 매우 완전하며 아름답다. 그러하니 이 세상을 창조하신 하느님께서는 어떠하시겠는가?"

우리가 하느님에 대해 정확한 인식을 갖고 진정으로 하느님을 안다는 것은 아주 중요한 것이다. 이 인식은 사람의 삶의 질과 사회의 질을 결정한다.

인간의 본성으로 하느님의 깊은 본질을 안다는 것은 불가능하지만, 하느님의 뜻을 아는 것은 가능하다. 하느님의 뜻은 우리가 하느님과의 결합으로, 또 하느님과의 닮아감으로 인도되는 길을 걷는 것이다. 우리가 하느님을 발견할 것이 아니다. 하느님께서는 그 자신을 우리에게 밝히셨다.

하느님의 본성을 닮는 것이다. 사람은 하느님의 본성을 닮도록 만들어졌다. 그래서 이를 제외하곤 아무것도 사람을 만족시키지 못한다. 사람은 자신을 파괴하였다. 파괴되도록 자신을 내버려 두었다.

물질과의 접촉으로 생기는 향락 때문에, 사람의 정신은 산란해졌고 나태함에 빠져 있다. 양심이 바른 소리를 내는 게 싫었기에, 아무런 방해 없이 향락이 가져오는 자기 파괴로 빠져들어갔다. 사람의 정신이 어두워지면 어두워질수록 악과 죄는 증가하고, 사람은 하느님으로부터 멀어진다. 하느님에 대한 불경한 사람의 말, "우리 앞에서 비키시오. 당신의 가르침 따위는 알고 싶지도 않소."(욥 21:14)는 인류에 의해 행동으로 옮겨졌다.

이렇게 인류는 진정한 하느님에 대한 무지의 어둠 속으로 빠져들어갔다. 사람들은 하느님을 선택하는 대신 자신들의 약점들을 택했고, 자신들의 악에 동의하는 신들을 만들었다. 그들은 우상숭배자들이 되었고, 다양한 우상들이 이 세상 위에 만들어졌다. 종족마다, 민족마다 우상을 만들어 이름까지 붙여 놓았다. 그렇지만 이 모든 우상들은 무언가 공통점이 있었다. 단점과 악을 가진 인간의 본성은 이 세상 모든 곳에서 똑같기 때문이다.

사람들은 이 현혹에 대한 대가를 혹독히 치렀다. 모성애와 부성애에 대한 자연적인 유대까지도 파괴되었다. 또 사람을 희생시키는 상황에 달했다. 사람 희생은 모든 우상 숭배에 공통된 그 무엇이었다. 그들은 신들의 노여움을 풀기 위해 대리석과 나무로 된 동상 앞에 그들의 자식들을 희생시키고 죽였다. 고대 그리스인도 똑같이 했다. 테세아스와 미노타우로스를 보면 알 수 있다. 미노타우로스는 해마다 아테네의 소년 7명과 소녀 7명을 잡아먹었다. 이는 드물거나 특별한 일이 아니었다. 이는 모든 고대인들에 있어 우상숭배의 공통점이었다. 그들은 공식적인 집단을 형성하여 집단 희생제를 바쳤다.

모든 우상 숭배에 있었던 또 다른 나쁜 것은 사람들이 이성 없이 짐승들처럼 행동한 것이었다. 사랑의 여신이 고대 그리스에서 아프로디테라 불렸던 이집트와 메소포타미아에서 아스타르티와 키벨리라 불렸던 인도에서 칼리라 불렸든 간에 그를 숭배한다는 변명 하에 많은 군중들이 참여한 가운데 공동 성행위의 제식을 마련하곤 했다. 이렇게 사람, 개인적인 관계, 두 사람 간의 사랑, 감성, 다정함이 짐승에게나 어울리는 성행위 제식으로 파괴되었다. 사람은 자신의 특성과 개성을 잃고, 또 스스로에 대한 존경심을 잃어 짐승과 다름없는 인간이 되었다. 그리스도께서 이 세상에 오시기 오래전에 다윗 예언자는 슬픔에 잠겨 상황을 묘사한다. "사람이 영예를 가지고 있고 높은 삶을 위해 정해져 있음에도 불구하고 이를 깨닫지 못했다. 자기 자신을 어리석은 짐승과 같게 보아 그 짐승과 닮게 되었다."(시편 49:12 칠십인역 사역) 다시 말해 하느님에 의해 존중받게 되었음에도 불구하고, 이를 깨닫지 못하고 자식을 어리석은 동물들과 비교하여, 동물과 닮은 자가 되기를 원했다.

이런 요소들 주변에서 미신이 산더미처럼 발달했다. 점, 속임수, 마법, 점성술, 화투, 점, 손금, 포도주 점, 숫자 점 등이 발달한 것이다. 이는 어리석음과 악에 의한 소굴 그 자체이다. 어떻게 인간 사회가 이러한 소름 끼치는 상황에 달했는가? 어떻게 왜곡이 사회적인 법이 되었는가? 어떻게 가혹함이 이성과 사랑을 지배했는가?

이에 대한 답은 바울로 사도가 내놓는다. "인간이 하느님을 알아보려고도 하지 않았기 때문에 하느님께서는 그들이 올바른 판단력을 잃고, 해서는 안 될 일들을 하게 내버려두셨습니다." (로마서 1:28) 결과적으로 삶에 대한 위와 같은 자세 때문에 불행은 피할 수 없이 계속될 것이다.

그리스도께서는 십자가에 못 박히는 희생을 당하시기 전, 사람들을 구하기를 갈망하시면서 기도를 하셨고, 거룩한 말씀으로 구원의 길을 보여주셨다. "영원한 생명은 곧 참되시고 오직 한 분이신 하느님 아버지를 알고 또 아버지께서 보내신 예수 그리스도를 아는 것입니다." (요한 17:3)

우리는 예수 그리스도를 귀감 삼아 하느님과 사람, 세상에 관련된 잘못된 견해들과 생각들을 깨닫고 우리의 영적인 길 밖으로 이것들을 던져버릴 수 있다. 이 잘못된 견해와 생각들은 우리가 진리와 영생에 도달하지 못하도록 혼란을 주면서 우리를 방해한다.

육신을 취하신 그리스도 하느님께서는 당신의 삶과 가르침과 거룩한 성사들과 교회를 바탕으로 우리가 하느님과 결합되고 신화하도록 인도하는 길이 되신다. 즉 우리가 하느님을 닮고 하느님의 본성을 갖도록 우리를 인도하는 등불이 되신다.

조화로운 삶 혹은 교만의 기술

사람이 좋은 것, 유용한 것을 열망하는 것은 자연스러운 일이다. 하지만 반짝인다고 해서 모두 보석은 아니다. 선전의 기술, 정확히 말해 속임수의 기술이 더 현란한 이 시대에서 우리는 더 많은 주의를 기울여야 한다. 모든 선전은 아름다운 면만을 드러낸다. 결점이나 단점에 대해선 말하지 않거나 장점들로 포장시킨다. 이를 눈치채지 못한 사람은 앞으로 전진하다가 걸려 넘어진 후에야 자신이 당했다는 것을 깨닫게 된다.

오늘날, 사람들은 종교 이론을 전파하는 일에 많은 노력을 기울이고 있다. 몇몇 센터들은 사람의 머릿속에 일부러 혼동을 심어놓는다. 이렇게 해서 사람은 생각과 판단력이 흐려지고 쉽게 정복되어 이끌린다. 생각이 바뀐 채 정해진 곳을 향해 나아가고 있다고 믿는다. 이러한 혼동은 다양한 방법으로 심어진다. 예를 들면 다음과 같은데, 의미를 바꾸어가며 단어들의 내용을 바꾸어가며 이루어진다. 즉, 같은 단어를 다른 의미로 사용할 때, 혼동이 유발된다. 혼동의 늪 속에 속임수가 자리를 잡는다.

예를 들어, '그리스도'라는 단어의 의미는 수천 년 전부터 오늘까지 다음과 같다. 그리스도는 구체적이고 역사적인 인물이다. 이천 여 년 전 팔레스틴 지역(오늘날의 이스라엘)에서 활동했으며, 진리를 가르쳤고, 그를 따르는 많은 사람들이 있었고, 교회를 세웠다. 어떤 그리스도교인이 "그리스도께 기도한다."라고 말할 때, 이는 구체적이고 유일한 사람에게 호소하는 것이다. 그리스도를 육신을 취하신 하느님으로 믿는 것이다.

힌두교인들은 의미를 바꾸고 단어의 내용을 바꾼다. 어떤 힌두교인들에게 있어 그리스도는 인간적 측면에서의 하나의 높은 수준이다. 이는 어떤 사람이라도 영적으로 발전하여 언젠가 그 수준에 달할 수 있다는 것을 의미한다. 그리하여 그도 그리스도가 된다. 즉, 많은 그리스도들이 존재할 수 있다.

이러한 의미의 그리스도가 성경에 언급되는 그리스도와는 엄청난 차이를 지니고 있음에 대해서는 의심의 여지가 없다. 둘 사이엔 아무런 관계도 없지만, 이를 확실히 구분하지 않는다. 오히려 고의적으로 입을 다물고 사람들을 혼동시킨다. 그들은 그리스도에 반대하여 숨어서 싸우고 왜곡시키는 자들임에도 불구하고, 그리스도와 아무런 차이가 없다고 고집을 피운다.

이렇게 힌두교 선생들과 요가 수행자들이 "그리스도께 기도한다."라 말할 때, 이는 높은 의식적인 수준에 달하려고 노력하는 것을 의미하며, 또 사람으로서 잠시라도 그리스도가 되려고 노력한다는 것을 의미한다. 이런 방법으로 그리스도의 이름이 남용된다. 또 그리스도를 긍정적으로 보는 사람들을 속인다. 대체 왜 이런 일을 하는가? 왜 나타나지 않고 숨어서 단어들을 그르게 분석하는가?

서양 세계에서 그리스도께서는 어찌하여 잘 알려지고 친숙한 인물인가? 무관심한 사람들조차도 그리스도에 대한 역사는 일반적으로 알고 있다. 반대로 우리들 가운데 많은 사람들이 인드라, 칼리, 시바, 비슈누, 크리슈나, 브라흐마에 대해 들어본 적이 없다. 그들 모두가 신이라는 것을 우리에게 설득하려는 것은 결코 쉬운 일이 아니다.

크리슈나가 신이라고 우리에게 말하는 것은 전혀 쉬운 일이 아니다. 우리에겐 너무 어색하게 들린다. 힌두교의 수천의 우상 신들을 우리가 믿게 하려는 것은 그렇게 간단하고 쉬운 일이 아니다. 이상한 철학, 세계관, 그들의 신학, 그들의 종교를 우리가 받아들인다는 것은 쉬운 일이 아니며 좀처럼 친숙해지지도 않는다.

그래서 다른 길을 통하여 간다. 조금씩 천천히 스며들어 간다. 우리들에게 친숙한 여러 가지 가면들 뒤로 숨는다. 우리에게 심리학에 대해 말할 것이다. 우리에게 건강 음식을 권할 것이고, 특정 운동에 관한 훈련을 권할 것이다. 건강과 아름다움을 위해 요가를 권할 것이다. 스트레스, 신경질, 두려움을 이겨내는 방법과 기술을 알려줄 것이다. 우리가 가질 수 있는 문제들을 해결하기 위해, 고독에 관한 문제도 해결하기 위해 세미나에 참석할 것을 권할 것이다.

그들이 제안하는 해결 방법으로 우리 문제들을 해결할 수 있을지 여부는 매우 의심스럽다. 하지만 우리를 그들의 제자, 그들의 신봉자로 만들 것이며, 그들의 조직적인 세미나에 투영되는 그들의 생각들을 팔아가며 경제적으로 우리를 이용할 것임은 확실하다. 결국 우리를 힌두주의와 친해지도록 만들 것이다.

이것이 그들의 주된 목적이며 장기적 목적이다. 그들은 학자도 아니고, 심리학자도 아니며, 의사도, 철학자도 아니기 때문이다. 그들은 힌두교인들이고, 특이한 우상숭배의 선교사들이기 때문이다. 그들은 우두머리로서 인도인 힌두교 스승 사이 바바를 갖고 있는데, 사이 바바는 자신을 성인보다, 부처보다, 마호메트보다, 그리스도보다 더 높은 사람으로 나타내 보이기를 원한다. 지금까지 존재했던 그 누구보다도 더 높은 사람으로 나타내 보이기를 원한다.

사이 바바가 자신에 대해 뭐라고 말하는가? "내가 인간의 몸속에 거처할 때, 어리석은 자들은 나를 알아보지 못한다. 나의 자연을 초월한 본성을 무시한다. 만물의 가장 높은 주인인 나를 어떻게 무시한단 말인가?"

그리스에 "조화로운 삶"에 대한 운동의 수장은 미국인 봅나제미이며, 그는 진보한 제자들에게 사이 바바에 관해 말했다. "그는 모든 곳에 현존한다.

전능한 신이며, 세상 모두가 그를 알고 있다. 그는 우리 곁에 있고 언제나 세상의 모든 곳에 있다." 이 말은 방종이며 악마적 교만이다. 모든 힌두교 스승들은 같은 동기에 대한 주제를 가지고 행동한다. 바바지는 스승 중의 스승으로서 육화된 신이다. 1984년 그의 어떤 제자가 그리스도가 되었다. 그의 아쉬람에서 최후의 만찬을 진행하고 아무도 몰래 떠났다. 다시 말해 바바지는 그리스도보다 더 높은 사람이었다는 결과가 간접적으로 나온다.

마하라지는 스스로를 새로운 구세주로 나타내고 있다. 즉 이 시대의 그리스도라는 것이다. 그는 요가 수행자들의 '주님'이고, 지극히 존경받는 최고의 인물이다. 자신이 없다면 우주가 파괴될 것이라고 주장한 적도 있다. 그는 어둠을 쫓아내는 사람이고 빛을 밝히는 사람이다.

힌두교 스승은 신보다 더 높고, 라즈니쉬, 오스는 신보다 더 높은 사람들이며, 힌두교 스승은 죽음 후에 신봉자들에 의해 숭배받는다고 사티아난다는 말했다.

이런 상황에서 무슨 말을 할 수 있겠는가? 여러 해 전에 고행 수도사들은 교만은 광기로 인도된다고 말했다. 그렇다, 교만은 광기이다. 이 삶에서, 사람을 실제로부터 잘라내어 영원히 영적인 죽음으로 인도한다. "하느님께서는 교만한 자를 물리치시고 겸손한 사람에게 은총을 주신다."(야고보서 4:6)

결국 위험에 처하게 되는데, 이는 아주 중요하고 심각한 문제다. 그리도 중요치 않은 것으로 시작해 궁극적으로 믿음의 주제에 도달한다. 즉, 식이요법, 운동 연습으로 시작하여 점점 깊어지더니 나아가 심리학, 처신술, 자신에 대한 분석을 하며 결국 믿음의 주제(부활 또는 윤회설, 교회 또는 아쉬람, 그리스도 또는 사이 바바)에 달하게 만든다. 위험에 처하는 것은 인생의 한 부분이 아닌 사람의 인생 전체가 된다. 덧없는 현재의 삶뿐만 아니라 사람의 영원한 삶(영생)까지도 의심하게 되고 위험에 처하게 되는 것이다. 사람의 가능성은 영원한 삶에 있다. 문제는 계명을 지키면서 그리스도 곁에서 영생을 얻느냐, 우리 자신들을 여러 가지 그럴싸하고 달콤한 거짓말에 휩쓸리게 하여 영생을 잃느냐 하는 것이다.

성경을 통해 그리스도의 말씀을 들어보자.

"나는 부활이며 생명이니 나를 믿는 사람은 죽더라도 살겠고 또 살아서 믿는 사람은 영원히 죽지 않을 것이다." (요한 11:25-26)

"나는 세상의 빛이다. 나를 따라오는 사람은 어둠 속을 걷지 않고 생명의 빛을 얻을 것이다." (요한 8:12)

"하느님은 이 세상을 극진히 사랑하셔서 외아들을 보내 주시어 그를 믿는 사람은 누구든지 멸망하지 않고 영원한 생명을 얻게 하여 주셨다." (요한 3:16)

"믿고 세례를 받는 사람은 구원을 받겠지만 믿지 않는 사람은 단죄를 받을 것이다." (마르코 16:16)

또한 그리스도께서는 우리를 보호하시기 위해, 이천 년 이전에 미리 경고를 하셨다. 그리스도로 가장하여 자신을 나타내 보이는 영악한 자들이 나타날 것이며, 그들은 선택받은 사람들 마저 속이기 위해 거짓 기적을 일으킬 것이라고 말이다. ("그때 어떤 사람이 '자 보라, 그리스도가 여기 있다. 저기 있다.' 하더라도 그 말을 믿지 말라. 거짓 그리스도와 거짓 예언자들이 나타나서 어떻게 해서라도 뽑힌 사람들마저 속이려고 큰 기적과 이상한 일을 보여 줄 것이다." 마태오 24:23-24))

실제로 이 사람들은 우리를 그리스도로부터 멀리 떼어놓으려 한다. 우리를 힌두교 스승 사이 바바에게 유인하여 힌두교적인 삶의 방법과 생각의 방법을 받아들이게 하려 한다. 그러나 우리에게 명확하게 그것을 말하진 않는다. 다른 것으로 위장하여 남몰래 어둠 속에서 한다. 정중하지 않은 방법으로 누군가가 그들의 종교 이론을 받아들이도록 설득한다. 처음부터 자신들의 실상을 내보이지 않는다.

사람 각자는 원하는 것을 믿을 권리가 있고, 그의 믿음에 대한 결과와 영향을 받아들일 권리가 있다. 그러나 아름답게 만들어진 가면 뒤에 숨는 것은 솔직하지도 깨끗하지도 못하다.

그러므로 무척 신중해야 하고, 스스로의 마음을 시험해보거나 감독하지 않고 승낙하는 것은 아주 위험하다. 찾고, 생각하고, 확인해야 한다. 사건들은 보이는 것과 같지 않다. 제삼자를 통해 왜곡된 견해를 듣지 말고 그들의 근원에 반대되는 견해를 들어야 한다. 진리에 대해 찾아보아야 한다.

"너희가 내 말을 마음에 새기고 산다면 너희는 참으로 나의 제자이다. 그러면 너희는 진리를 알게 될 것이며 진리가 너희를 자유롭게 할 것이다."(요한 8:31-32) 그리스도께서는 진리가 사람들을 해방시킬 것이라고 말씀하셨고, 진리를 추구하고 찾는 사람들을 도우실 것이라 약속하셨다.

"구하여라, 받을 것이다. 찾으라, 얻을 것이라. 문을 두드려라, 열릴 것이다."(마태오 7:7)

요가가 몸과 정신에 끼치는 영향

우리가 사는 이 시대에 요가의 체계는 인류가 대처하는 모든 문제들에 있어 거의 만병 통치약으로 광고된다. "건강해지고 아름다워지기 위해 요가를 하십시오. 오랫동안 요가를 수련한 결과, 저희들 가운데 몇 명은 요가 선생도 되었습니다. 저희가 경험한 이 주제에 대한 생각을 여러분들께도 전해드리고 싶습니다."라는 광고 문구를 우리는 쉽게 들을 수 있다.

처음에 누군가는 편안함과 상쾌함을 느낄지도 모른다. 하지만 이 느낌의 원인을 어떤 '숨어있는 힘'에, 요가 훈련 속에 숨어있는 어떤 '비밀의 지혜'에 돌리려 한다.

이와는 반대로 누군가는 오늘날의 사회 체계가 요구하는, 좌식 생활 방식에서 벗어나는 몸의 활동과 움직임에 자신이 느끼는 편안함의 원인을 돌릴 수 있을 것이다. 달리기, 수영, 축구나 다른 모든 종류의 신체적 운동을 시작할 때, 같은 감각을 갖게 된다. 흡연, 밤샘, 폭식, 음주 등과 같은 나쁜 습관을 끊는다면, 편안함에 대한 감각을 더 많이 갖게 된다.

이 편안함에 대해선 형이상학적으로 설명할 필요가 없다. 사람이 요가를 강요할 때, 이는 개인적인 이유로 하는 것이거나, 다른 목적을 숨기고 있는 호기심에 의해 한다는 것을 뜻한다.

편안함에 대한 감각은 단지 초보자들만이 가지고 있다. 숙련된 사람들에겐 반대로 건강에 문제들이 생기기 시작한다. 허리, 무릎, 어깨, 관절 등에 문제가 생긴다. 이상한 요가의 자세는 인간의 몸에 부자연스러운 것이다. 요가 자세는 동물로부터 착상을 얻은 것이며, 동물들의 자세를 모방한다.

그렇지 않아도 이는 요가 자세의 명칭들에서부터 나타난다.

살람바사나=메뚜기 자세

부장가사나=코브라 자세

쿠쿠타사나=수탉 자세

우트한 프리스타사나=도마뱀 자세

이 외에도 이러한 이상한 이름들이 있다. 이 가운데 어떤 것들은 쉽고, 어떤 것들은 어렵다. 이 요가 자세를 제대로 하려면 오랫동안 훈련을 해야 한다. 서서히 몸의 관절이 유연해지고, 끈질긴 연습으로 관절이 한계에 다다르도록 강요받을 것이다. 그래서 꽤 많은 사람들이 상처를 입는다. 인대 파열, 힘줄 손상, 무릎 통증, 허리 통증 등의 문제가 생긴다.

물론 누군가 여러 해 동안 요가 자세를 취하면, 무릎에 문제가 생길 수 있다. 신체적 문제들이 나타나는 것은 요가의 결과로, 그들의 책에서도 확인된다. 우파니샤드는 요가가 유발하는 이 문제들에 대해 불평하거나 한숨 쉬는 자는 요가를 할 자격이 없는 사람이라고 말한다.

요가 훈련을 하던 기간에 나는 데살로니키에서 인도인 요가 수행자의 강연을 듣게 되었다. 그는 "요가=건강=아름다움"이라는 방식의 유연성으로, 즉 속임수로 시작하는 다른 영적 경쟁자들보다 자신이 더 우월하다는 것을 나타내고 싶어 하며, 다음과 같은 진실을 말했다.

"건강과 아름다움을 얻기 위한 목적으로 요가를 하는 사람은, 차라리 수영을 하는 것이 더 낫다. 요가를 할 이유가 없다. 요가는 영적으로 진보하는 것에 관심 있는 사람들을 위한 것이다."

사실이 그러하다. 다만 어느 종류의 영적 진보인지를 나는 모를 뿐이다. 우리는 더 나쁜 것에 대해 아직 얘기하지 않았다. 요가 운동의 주된 목적,

요가 자세의 목적은 근육 발달이 아니며 유연성 확보도 아니다. 그들의 목적은 신체기능의 생화학적인 균형의 변화이다.

날마다 누군가 이런 자세들을 취하고 앉아 신체 내부 즉 심장, 장, 간, 폐에 압력을 가하는 훈련을 한다. 특히 분비기관에 압력을 가하고 자극하여, 호르몬이 많이 생성되도록 한다. 다른 경우엔 완전히 반대현상이 일어나기도 한다.

어떤 자세를 취하느냐에 따라 다른 분비 기관에 압력을 가한다. 예를 들어 어떤 자세는 갑상선 호르몬의 분비를 자극하여 몸의 기본적인 신진대사를 전체적으로 바꿔놓는다.

사람은 지나치게 활동적이 되어, 요가의 기교를 통해 어떤 높은 힘으로부터 에너지를 받아들인다고 생각한다. 오래전부터 이런 의미가 사람의 머리에 들어가도록, 다시 말해 세뇌 당하도록 그들은 인쇄물과 강연을 통해 여러 노력을 기울여 왔다.

우리를 열광시키기 위해, 더 빈번하고 강한 훈련으로 우리를 자극하기 위해 그들은 우리에게 이렇게 말해온 것이다. 우리의 이기심도 이 방향으로 가도록 만들었다. 그래서 우리는 영적으로 진보하고 있다고, 조만간 요가적 힘도 갖게 될 거라고 생각해왔던 것이다. 이렇게 해서 우리는 하나의 잘못된 순환에 들어섰으며, 이 순환은 계속해서 더 빠르고 심하게 돌아갔다.

요가 훈련으로 모든 분비 기관, 즉 폐와 췌장을 스스로가 자극했다는 것을 생각해보면 놀라움을 감출 수 없을 것이다. 뿐만 아니라 모든 다른 분비 기관의 배설을 조절하는 뇌하수체의 분비 기관도 자극했다. 우리의 몸속에 무슨 일이 생겼을지 가늠이 될 것이다.

바로 이렇게 몸의 호르몬과 생화학적인 균형을 바꾸는 것, 이것이 그들의 목적이다. 몸속에 있는 호르몬의 균형적 수준을 올리고, 몸의 조직을 자극하는 것이 그들의 목적이다. 이 방법으로 영적인 경험들을 얻어, 그들 스스로 신이 되는 상황에 달할 수 있다고 생각하기 때문이다.

호르몬 기능장애 또는 불균형을 가진 사람이 감각적으로 변형된 생각을 갖는 것은 자연스러운 일이다. 그것은 술에 취하는 것보다, 마약을 사용하는 것보다 더 나쁜 것이다. 인도의 사티아난다 아쉬람에 있는 영국인 토니는 2년간 크리야 요가를 했다. 그는 강한 마약을 계속 하는 것 같았다고 말했다. 갑상선 분비의 자극으로 엄청난 에너지를 느끼곤 했으며 한 곳에 앉아 있을 수가 없었다. 계속해서 움직이고 일하기를 원했다. 친구들과도 어울리기 힘들었다. 그의 눈에 친구들 동작이 너무 느리고 답답하여 친구들과 관계가 소원해졌고 아쉬람과 더 가까워졌다.

언젠가 파이시오스 수도사님은 내게 말씀하셨다. "악마는 자신을 오랫동안 감출 수 없어. 항상 감추려 노력한다 해도 어느 순간에 정체가 밝혀져. 즉 그의 속임수와 기만이 밝혀지게 되지."

그들은 이러한 겉으로 드러나는 신체적 현상들을 영적인 경험으로, 영적인 진보로 분석할 것이다. 의사들이 병으로 간주하는 이런 상황을 높은 중심에서 오는 에너지의 결과로 분석할 것이다. 이제 영적으로 진보되었고 다른 이들보다 더 위에 있다고, 그들의 이기주의에 사탕발림을 할 것이다. 더 깊은 비밀스런 것들, 높은 기법을 밝힌다는 희망을 주면서, 그들을 슈퍼맨으로 만들고 신으로 만들고, 그들이 원하는 그 밖의 다른 것들이 된다는 얘기를 하며 힌두교 스승들에게 달라붙게 하려고 사탕발림을 한다. 이렇게 하여 기만이라는 토대가 만들어진다.

나는 부자가 되기 위해 요가를 한 프랑스인 루익을 알게 되었다. 그는 좋은 사람이었다. 루익이 상황을 판단하고 통제할 수 있게 되었을 때, 힌두교 스승은 그에게 요가를 통해 부자가 될 수 있다고 말했고 루익은 이 말에 설득당했다. 그는 프랑스의 한 시골 마을 출신이었다. 그 후로 10년이 지났는데도 그는 여전히 시골에서 부모님과 함께 살고 있었고, 아직도 요가 기법들을 훈련하면서, 부자가 되면 그리스에 나를 방문하러 올 것이라고 했다.

어느 날 나는 파이시오스 수도사님을 방문하여, 요가에서 깊은 명상에 달할 때 내가 보았던 빛과 같은 무언가에 대해 말씀 드린 적이 있다. 수도사님은 웃으셨다. "우리는 그런 빛을 보고 싶어 하지 않아. 눈을 세게 누르면,

빛 같은 것이 보이지. 갑자기 자리에서 일어나면, 눈앞에 번쩍이는 것이 지나가지. 이런 것들은 어리석은 것들이야."라고 말씀하셨다. 그때 나는 이 말을 깨닫지 못했다. 파이시오스 수도사님의 말을 많이 믿지 않았었다. 이런 것들을 깨닫기 위해 몇 해가 더 지나야 했다. 깨닫기 위해 나는 고생을 하고 당해야 했다. 그리스도로부터, 교회로부터 오는 영적인 경험이 없는 사람들에게 착각은 아주 쉽게 일어난다. 자신이 경험하는 것이 무엇인지 판단할 기준이 없고, 진정으로 영적인 것을 맛본 적이 없다. 이는 신체적인 것에서 기원하는가? 감각의 장난인가? 정신적인 것에서 기원하는가? 소리를 듣고 환영 등을 보는 정신병자들이 느끼는 그런 착각인가? 아니면 하나의 영적인 사건인가? 영적인 사건이라면 이는 누구로부터 오는가? 그리스도로부터? 아니면 악마로부터? 사도 바울로와 덕망 있는 수도사들이 말하는 것으로, 악마는 동물로, 빛으로 천사로 변장하는 능력을 갖고 있다.

요가 훈련과 분비 기관에서 벌어지는 다른 기법의 훈련은 몸에 호르몬 변화를 초래한다. 요가 훈련이 어떤 중심, 다시 말해 차크라(chakra)에 영향을 미치고 거기서 에너지가 나온다고 말하는 것을 들을 것이다. 또 이것이 "영적인 기원"이라 말하는 것도 들을 것이다.

이런 변화는 위험하지 않은가? 자신의 몸에 호르몬 실험을 하고 장난 치는 것은 위험하지 않은가? 하느님께서는 우리의 몸을 특별한 방법으로 구성하고 만드셨다. 우리의 몸은 아주 복잡하고 체계적인 균형을 갖추고 있다. 그런데 무슨 이유로 균형을 깨뜨려야 한단 말인가? 호르몬에 아주 조금만 이상이 있어도 불임, 혈압, 기관지, 당뇨병, 암 등 심각한 질환이 유발되는데 말이다.

이는 매우 위험하다. 그들이 선전하는 것과는 반대되는 것이다. 이는 몸속에서 벌어지는 대대적인 수술이다. 누군가는 이로 인해 병들 수 있고, 빠르게 진행하는 암을 얻을 수 있고, 정신이 미쳐버려 정신 병원에 가게 되는 결과를 초래할 수 있다. 마인드 컨트롤에 대해 강연을 했던 나의 선생 폴 그리바스는 여러 해 동안 크리야 요가를 했는데, 뉴욕에서 암으로 죽었다. 본인과 그 제자들이 그를 위해 했던 모든 마법과 주문 또는 그들이 말하는 영적으로 높은 상황도 그를 살릴 수 없었다.

아무도 이런 것들을 몰랐다. 1970년대에 아무도 이런 것들에 대해 말하지 않았다. 무언가가 발설되기 위해 10년이 지나야 했고 그 후에야 많은 경우들이 밝혀졌다. 또 그들은 책임과 실수를 제자들에게 전가했다. "제자들이 훈련을 제대로 하지 않았다."라거나 "제자들이 사전 준비를 제대로 하지 않았다."라고 말하곤 했다.

걱정스런 질문들이 제기되었고, 사람들의 자살 이후 힌두교 스승들이 요가의 위험성에 대해 말하기 시작하는 상황에 달했다. 많은 이들이 놀라움을 감추지 못했다. 위험이 도사리고 있다는 것을 몰랐던 것이다. 사티아난다가 요가 기법에 대해 말하면서 뭐라고 했던가?

"한편으론 사람이 달하지 못했던 곳에 달할 수 있고, 불행으로부터 벗어날 수 있고, 다른 한편으론 사람이 미쳐서 여생을 정신 병원에서 보낼 수 있다. 불행하게도 이런 일이 일부 사람들에게 발생했다. 그들은 아무의 도움도 없이 혼자서 요가 실습을 했거나 선생의 말에 복종하지 않은 사람들이었다."

즉 요가를 배우는 자들에게 그 원인을 돌리는 것이다. 하지만 그들을 무책임한 사람들이라고 특징지을 수 있는가? 사람들이 당할 수 있는 나쁜 것에 무관심한 사람들이라 특징지을 수 있는가? 자신들 조직의 선전에 대해서만 관심 있다고 특징지을 수 있는가? 이는 사람들의 건강을 위한다는 이유로 위험한 산물을 만들어내며 부당 이득을 취하는 이들을 연상케 한다. 그들은 돈을 벌기 위해 허울 좋은 장점만을 내보이며 요가를 선전한다.

내가 어떻게 이런 것에 빠져들어갔는지 여러분들에게 말하고 싶다. 이 훈련들에 대해 허울 좋은 자랑의 영향을 받은 나는 "해에 대한 인사"라는 훈련을 실행하기 시작했다.

그들은 무슨 말을 했는가? 요가는 몸의 모든 관절의 문제를 해결하는 데 좋은 방법이다. 내부의 모든 조직, 또 신체의 근육 전체에 마사지를 가한다. 누군가 피곤하다면, 하루 중 어떤 시간에라도 이 훈련을 실행하면서 신체적으로뿐만 아니라 정신적으로 잃은 활력을 되찾는다.

나는 무엇을 당했는가? 요가 수행자들은 이 훈련에 의해 열두 가지의 순환을 한다는 것을 책에서 읽었다. 나도 열두 가지의 훈련을 했다. 훈련을 몇 번하고 나자 내 가슴이 부글부글 끓는 것을 느꼈다. 또 내 온 전신이 뜨거워짐을 느꼈다.

"영적인 불이 켜졌다."라고 바보 같은 생각을 나는 스물두 살의 나이에 했다. 나는 막연하고, 분명치 않고, 증명되지 않은 어리석음에 의해 영향을 받은 터였다. 나는 기분이 나빠졌고 다행히도 훈련을 멈추었다. 무슨 일이 일어났던 것일까? 그 당시 내가 느꼈던 것으로, 분명히 그것은 호르몬이 과잉 자극된 상태였으며 영적인 것은 아무것도 없었다. 차후에 나는 내게 호감을 가졌던 어느 여자 요가 수행자와 대화를 나누었다. 그녀는 아주 당황했는데, 당황한 이유를 내게 설명하지도 않고서 내게 훈련을 다시 하지 말라고 말했다.

사티아난다 힌두교 스승에 대해 다시 언급해보자. 요가 및 요가와 비슷한 기법으로부터 당할 수 있는 정신 착란과 암(癌)에 대해 어떤 변명을 하는지 보자. 위 주제에 대해 계속 언급하면서 그는 이렇게 말했다. "그런 일이 생기도록 당신 자신들을 내버려두지 마십시오. 진정한 인식에 대한 길을 따르고자 한다면, 요가에 대해 정통한 힌두교 스승을 만나야 합니다. 그런 정통한 도사를 사트쿠르라고 부릅니다. 왜 능력 없는 선생과 함께 일을 합니까?"

영악한 힌두교 스승은 간접적으로 자신을 선전한다. 이제 능력 있는 다른 선생들을 경쟁적으로 대한다. 그의 견해에 따르면, 사고에 대해선 제자들에게 원인이 있거나 거짓 힌두교 스승에게 원인이 있다. 그러나 본인 자신은 보증된 자이고, 능력 있는 선생이다.

하지만 사실이 이러한가? 얼마나 많은 제자들이 겁을 먹고 실망을 하고 정신적인 바보가 되었음에도 그의 곁에서 떠나지 못했는가? 처음에 내가 진보한 요가 수행자들을 만나곤 했을 때, 그들은 정신적으로 균형을 잃은 상태였다. 저 사람은 왜 저러냐고 물으면, "힌두교 스승이 바보로 만들었어. 그의 뇌가 영적인 진보에 방해가 되었기 때문이야."라고 말하곤 했다.

이에 대해 무슨 말을 더 해야 하는가? 논리적인 사람은 무엇을 생각해야 하는가? 그들은 모든 것들을 꾸며대고 모든 것들에 변명을 늘어놓는다. 모든 것들에 대해 자신들이 원하는 대로 분석하고자 한다. 변명의 여지가 없는 것들을 변명하기 위해 그들 자신과 의견이 대립할 때까지 이리 피하고 저리 피한다.

사티아난다 힌두교 스승은 말한다. "많은 제자들이 와서 쿤달리니 요가를 하기 시작한 때부터 성적으로 많은 문제들이 있다고 내게 말한다. 그들은 그것에 대해 죄책감을 많이 느낀다. 내가 거기에 있지 않았다면 그들은 미쳤을 것이다. 나는 그들에게, '이것은 단순히 자연스러운 것이니, 그대로 일어나도록 내버려 두세요.'라고 말했다."

즉 그의 견해에 따르면, 사람이 미칠 위험에 처하는 것이 "단순히 자연스러운 것"이다. 이 견해가 우리들에겐 정말로 어처구니 없는 것으로 보인다.

사티아난다는 다음과 같이 말한다. "때때로 쿤달리니의 파장을 받아들이는 사람들은 식욕이 돋는데 미식가처럼 먹기를 원한다. 나는 그들에게 절대적으로 괜찮다고 말한다. 그렇지 않으면 그들은 자신에 대해 정신적으로 많은 문제들을 떠안게 된다."

다른 상황에서 사티아난다는 이렇게 말했다. "이 모든 것들에도 불구하고 사람들은 척추에 숨어 있는 힘을 사용하는 것이 위험하다고 말한다. 왜 그런가? 물론 사고가 나서 얼마 동안 정신 병원에 머물 수도 있다. 그러나 모든 것들엔 항상 위험성이 도사리고 있다. 삶은 커다란 위험이며 사람은 무모한 전사가 될 필요가 있다. 내가 쿤달리니 요가를 수련하여 미친다면, 무슨 일이 생길 것인가? 그때 당신들은 훈련을 계속할 것이고, 당신들이 미치면, 그때는 다른 누군가가 시작할 것이다. 이렇게 해서 우리는 척추 뼈의 가장 자리에 있는 힘이 작동할 때까지 계속할 것이다."[10]

다시 말해 제자들인 우리들도 미칠 것이고, 이 선생들은 우리들에게 해를 끼치면서 쿤달리니를 가르칠 것이다. 우리는 그들의 실험 대상이다. 이는 포로들을 죽음으로 이끄는 실험을 했던 나치의 친위대 의사들을 방불케 한다.

이번에 사티아난다 힌두교 스승은 "사고는 경험 있고 유능한 도사에게도, 능숙한 선생에게도 생길 수 있는 일이다."라고 인정하였다. 이게 대체 무슨 일인가? 그들은 문제와 부작용이 나타날 것을 항상 알고 있었다. 이것이 위험하다는 것을 알고 있었다. 하지만 위험은 선생이 감수하는 것이 아니라 제자들이 감수하고 있었다. 무언가 잘못된다면, 도사가 당하는 것이 아니라 제자들이 당하고 만다. 도사는 그저 잘못을 깨달을 것이며, 그 다음 제자에게 다른 것을 유도할 것이다. 시험을 위해, 제자들을 실험 대상으로 쓰기 위해 항상 많은 사람들을 찾아낼 것이다.

이 척추 뼈에 숨어 있는 힘이 있는지 또는 수천 가지로 분석될 수 있는 하나의 종교적인 확신인지 나는 전혀 검토해보지 않을 것이다. 그러나 사람들에 대한 그들의 자세를 검토해보려 한다. 그들을 신뢰하여 제자가 된 사람들에게, 힌두교 스승을 신으로 믿는 사람들에게, 삶을 도사에게 바친 사람들에게 만행을 저지른 어떤 도사들의 자세를 검토할 것이다.

이는 제자들을 너무도 경멸하는 것이다. 너무 잔인한 일이다. 사람을 컴퓨터에 사용되는 부속품처럼 여긴다. 그들의 이 어리석은 노력 때문에 미쳐버린 사람들에 대해 어떠한 존경심도, 사랑도, 동정심도 없다. 사람이 미친다는 것은 매우 큰 아픔이다. 미친 사람은 영혼 깊은 곳에서부터 계속 아픔을 느끼고 고통스러워 한다. 그런데 그들은 자신들에 의해 미친 사람들에게

---

10   힌두교의 개념에 따르면 쿤달리니는 각 사람의 척추 안에 숨어있는 힘이다. 요가 기술의 목적은 사람이 깨달음, 즉 신화를 얻기 위해 쿤달리니의 '신성한 뱀'을 자극하는 것이다. 그러나 이 힘이 실제로 존재하는지에 관해선 한 번도 증명된 적이 없다. 단순히 그들이 기만 속에서, 학계의 해석과 차별이 되는 자신들의 설명을 내놓는 것일 뿐이다.

나 는 생 각 한 다   그 러 므 로   나 는   존 재 한 다

연민에 의한 사과의 말도 건네지 않는다.

오히려 그들은 어떤 자세를 취하고 있는가? 그들은 말한다. "우리는 척추 뼈의 가장 자리에 있는 힘이 작동할 때까지 계속할 것입니다." 다시 말해 그들의 허울 좋은 지도 아래 우리를 미치게 할 것이고 또 다른 이들을 미치게 할 것이다. 이것은 무모한 일이다.

한 도사의 이러한 냉혹하고 비인간적인 자세는 단지 그 개인의 마음과 성격 탓이 아니다. 결코 그렇지 않다. 그것은 삶의 대처에 대한 인도인들의 가르침의 한 부분이다. 이런 특징을 만들어내는 힌두교 세계관의 견해이다.

나는 내 소견을 덧붙이지 않고 테오도라 카텔루주의 고백을 첨가한다. 1976년에 그리스에서 간행된 한 정교회 간행물에 게재된 것이다.

"2년 넘게 마하리시 체계를 집중적으로 훈련한 사람으로, 솔직하고 책임감 있게 다음을 말할 수 있다. 명상 수행의 느슨함은 인도의 수동적인 스타일이다. 이 수동성은 삶에 있어서 저항과 투쟁력을 마비시킨다. 진정한 평온함, 정신적인 기쁨과는 매우 동떨어져 있다. 마하리시의 기교와 힌두교와 불교, 그 밖의 다른 것에 관련된 모든 기교들로 사람은 자동 최면에 걸리며 천천히 의지력과 자주성을 잃게 된다. 이는 하나의 세뇌 교육으로서 마하리시 체계를 알게 되면, 체계적으로 특별히 당하는 것이다. 결국 개성을 잃고 다른 이의 말과 생각에 영향을 받게 된다. 그들이 내게 한 것은 정말 나쁜 짓이었다. 나는 정신적으로 타격을 입어서, 집중을 할 수도 없었고 책을 읽을 수도 없었다. 활력을 잃은 것은 당연한 일이었다. 명상 수행을 그만두고서야 나는 학업을 이어갈 수 있었다. 마하리시 체계 때문에 때때로 매우 위험한 경우도 있었다. '초월 명상'을 수행했던 한 청년이 마요르카에서 마하리시의 세미나를 듣고 있던 중 자살을 한 것이다. 다른 한 사람은 벙어리가 되었다. 어떤 그리스 선장은 정신이상 증세를 보여 정신 병원에 보내졌다. 내 눈으로 본 많은 청년들이 경련을 일으키기 시작했고, 제재할 수 없는 여러 많은 증상들을 보였다."

우리는 당했고 실제를 알게 됐다. 비싼 값을 주고 치른 것이다. 이제 내가 경험으로 알게 된, 기교의 위험한 부분에 대해 언급하려 한다.

일반적으로 이 연습을 실행에 옮길 때, 사람의 정신이 몸의 한 부분에 집중되게 하라고 한다. 다른 연습을 하면, 몸의 다른 부분으로 정신이 집중되도록 하라고 한다. 동시에 생각하거나 입으로 어떤 문구, 특별한 소리, 만트라를 외라고들 말한다.

만트라는 무엇인가? 인도 고대인들은 이를 몰랐다. 힌두교의 많은 신들 중 시바신이나 크리슈나신, 칼리신이나 비슈누신 등 어떤 신들을 향해 외워지는 것으로, 어떤 주문이나 우상 신들에 대한 찬양이다. 숭배는 베다에 의해 강요되었다.

시나이 산에서 하느님께서 모세를 통해 주신 십계명 가운데 첫 번째 계명은 이러하다. "너희 하느님은 나 주다. 바로 내가 너희를 이집트 땅 종살이 하던 집에서 이끌어 낸 하느님이다. 너희는 내 앞에서 다른 신을 모시지 못한다. 너희는 위로 하늘에 있는 것이나 아래로 땅 위에 있는 것이나, 땅 아래 물 속에 있는 어떤 것이든지 그 모양을 본떠 생긴 우상을 섬기지 못한다."(출애굽기 20:1-5)

하느님께서는 사람들이 우상을 만들거나 숭배하는 것을 금지하셨다. 동시에 자신 외에 다른 신이 없다고 말씀하셨다. 그리스도의 사랑스러운 제자 요한 복음사도는 말한다. "나의 사랑하는 자녀 여러분, 우상을 멀리하십시오."(I요한 5:21)

물론 인도에서 고대 우상 숭배는 수천 년 동안 중단된 적이 없다. 토마 사도는 인도에 가서 그리스도교를 전하였고, 오늘날까지 존속하는 교회를 세웠다. 그러나 인구 과잉 현상은 오늘날 인도인들이 다시 우상 숭배자가 되게 만들었다.

동시에 요가 연습으로 '더 좋은 결과를 가져오기 위해' 만트라들, 예를 들어 "하리 옴" 또는 "하레 크리슈나" 또는 "옴 시바야" 등을 외우면서 우상 신들의 이름을 부르도록 강요한다.

이는 거룩한 은총으로부터 멀어지는 결과를 낳게 한다. 이 방법으로 하느님의 첫 번째 계명을 어기면서 우리가 그리스도를 부인하는 결과를 초래한다. 거룩한 은총으로부터 멀어지면 악마에게 자리를 내준다. 우리 자신이 악마에게 자리를 내주었으므로, 이제 악마는 우리가 보호받지 못하고 있다는 것을 안다. 그래서 악마는 연극을 준비한다. 특히 상상을 통해 자연적인 것이 아닌 여러 가지 현상들을 만들어낸다. 우리 마음을 사로잡으려는 목적으로, 그리스도로부터 멀어져 우리를 현혹 속에 더 깊이 빠져들게 하여 우상 숭배로 깊숙이 끌어들이고, 결국 사탄에 대해 경배하게 만든다. 이것이 우상 숭배로 끌어들이려는 간접적 시작이 아니라면, 또 우리 하느님의 계명에 대한 위반과 부정이 아니라면, 대체 무엇인가?

여기서부터 요가의 가장 큰 위험이 시작된다. 가장 중요한 것을 위험 속에 빠뜨리기 때문이다. 즉, 하느님에 대한 정통한 인식이 위험에 처하기 때문이다. 사람이 이 주제에 대해 목적을 잘못 잡으면, 모든 것들에 대해 목적을 잘못 잡게 된다. 그 후 모든 것들은 잘못된 길로 들어서게 된다.

그래서 예언자들은 언명하였다. 그런 이유로 해서 우리가 영생을 얻기 위해, 그리스도께서는 십자가에 못 박히셨다. "영원한 생명은 곧 참되시고 오직 한 분이신 하느님 아버지를 알고 또 아버지께서 보내신 예수 그리스도를 아는 것입니다."(요한 17:3)

그리스도 교인이 된 마법사 이야기

기엘로는 55세까지 내로라하는 마법사들 중 한 명이었다. 그의 말을 들어 보자.

"나는 많은 이들의 병을 고쳤다. 하지만 사탄의 도움 없이는 이 일을 할 수 없었다. 사탄이 나를 모든 것에서 인도하도록 그와 직접적인 관계를 맺는 것이 불가피했다. 환자 치료를 위해 사람들이 나를 부를 때면, 내가 그곳에 가야 하는지에 대해 사전에 사탄에게 물어봐야만 했다. 언젠가 사탄이 '너는 가도 좋아. 내가 환자를 치료하고 싶거든.'이라고 말했다. 그때 나는 환자에게 갔다. 언젠가는 '나는 그 환자를 치료하고 싶지 않아.'라고 말한 적도 있었다.

나는 모든 것들에 대해 사탄에게 질문할 수 있었고, 사탄은 내게 답을 주곤 했다. 다른 사람들이 내게 무언가에 대해 물어올 때면, 나는 대답하기 전에 먼저 사탄에게 물어봐야만 했다. 왜냐하면 누군가를 마법사로 만드는 것은 오직 사탄의 힘이기 때문이다. 사탄이 그를 내버려두면 그는 평범한 사람이 되고 만다.

많은 사람들이 나를 찾곤 했다. 내 속에서 나는 한 힘과 연결되곤 했는데, 이 힘은 그 사람들의 힘보다 더 컸기 때문이었다. 내가 어떤 환자를 방문하여 그의 입 속에 침을 뱉는 것을 사람들이 보기도 했다. 내가 사탄을 불러, 사탄에게 간청하는 동안에 기적이 일어나곤 했다. 사탄은 환자를 침대에서 일으켰다.

그들은 놀라워하며 나를 따랐다. 이 근처에 군인들이 훈련하는 대운동장이 있는데, 거기엔 군인들만 들어갈 수 있었다. 그렇지만 나는 어디든 갈 수 있었다. 내가 가는 곳마다 사람들은 내게 찬사를 보냈다. 그들은 내게 경배했고 큰 선물들을 가져왔다. 그래서 나는 모든 것들을 풍족히 갖고 있었다. 사람들은 소, 염소, 닭들을 가져왔다. 이렇게 해서 나는 큰 부자가 되었다.

마법사인 우리들은 서로 협력한다. 한 사람이 다른 사람을 옹호하고, 동시에 우리 팀에 새로운 사람들을 받아들인다. 다른 마법사들은 나를 가장 훌륭한 마법사로 존경했다. 누군가가 마법사가 되기 위해, 우리가 노래를 부르고 사탄에게 요청을 하는데, 그 과정을 지도한 사람이 바로 나였다. 이런 경우에 하는 노래는 특별한 것으로, '아가(Agga)'라 불렸다. 우리는 불 속에 향을 던졌다. 연기가 위로 올라갈 때는 비법이 전수되는 순간이었다. 새 마법사는 불에 경배해야 했고 향 연기를 들이마셔야 했다. 향은 사탄에게 바쳐지는 것이었다. 그때 사탄의 힘이 새 마법사에게 들어갔고 우리 모두에게도 사탄이 왔다. 이렇게 해서 이제 사탄의 목소리로 말할 수 있었다. 사탄은 우리의 혀를 사용했고 우리는 사탄이 바라는 것을 제공했다.

새 마법사는, 나를 따르고 내가 가르치는 것을 하겠다는 약속의 증표로 내게 주먹을 내밀었다. 나는 주먹을 열고 향을 좀 집어 그의 손에 뿌렸다. 또 그의 손에 침을 뱉었다. 그리고 나서 그가 나와 같은 마법사가 되도록, 나는 사탄의 이름으로 그에게 축복을 주었다.

이제 사탄은 새 마법사 속에 정착했다. 새 마법사는 새로운 힘을 가지고 집으로 돌아갔다. 그는 주변 사람들에게 사탄이 정말로 자신 안에 있다는 것을 입증해야 했다. 이 시험은 밤의 어둠 속에서 이루어져야만 했다. 그들은 불을 지폈고 그는 사탄에게 간청하기 시작했다. 조금 뒤 혼, 즉 사탄에 의해 정복되었다. 그는 법열에 들어갔고 다른 목소리로 말을 했다. 그는 불 위를 껑충껑충 뛰었다. 그곳에 있던 사람들은 놀라서 '불에 탄다, 불에 타!'라고 소리를 질렀다. 그가 불 밖으로 나왔을 때, 사람들은 무서워하며 욕을 했다. 왜냐하면 불에서 나온 그가 누군가에게 발을 대면 그 사람은 중병을 앓을 것이기 때문이었다. 하지만 새 마법사는 머리털 하나도 타지 않았다. 사탄이 그를 보호한 것이다.

시간이 지나자 사람들은 용기를 내어 그의 주위에 원을 그리며 다가왔다. 그의 말이 옳은지 그른지 증명되어야 했다. 그들은 불꽃 위에 칼 하나를 놓았다. 칼이 새빨갛게 달궈질 때까지 거기에 놓아두었다. 새 마법사는 왼쪽 뺨에 칼을 대었고, 그 뒤엔 오른쪽 뺨, 그리고 입술에도 대었다는 것을 보이며 손을 쳐들었다.

이런 일이 벌어지곤 했던 것이다. 시험이 통과되었다. 물집도 잡히지 않았고 불에 의한 상처도 없었다. 이제 그들 앞에 무언가를 가지고 있는 누군가가 있었다. 인간 가능성의 한계를 벗어난 누군가가 있었다. 그들은 그를 무서워했다. 보이는 힘보다 더 강한 보이지 않는 힘이, 그로 하여금 사람들을 끌어당기도록 만들었다. 그의 안에 있던 악마에게 사람들이 기도

하는 것으로 족했다. 이 새 마법사가 자신들에게 저주나 위험을 보내지 않도록 그들은 할 수 있는 것들을 전부 했다.

사람에게 일어날 수 있는 가장 나쁜 일이 언젠가 내게 일어났다. 나는 뱀 한 마리를 잡아 머리를 잘랐다. 그리고 머리를 제외한 몸통 부분을 가지고 한 사람을 때리기 시작했다. 누군가가 뱀을 죽이면 사탄은 화를 내며 그 사람에게 처참하게 복수를 한다. 나는 내가 때리고 있던 사람에게 복수를 돌린 것이다. 사람들은 이것이 병 또는 자신의 죽음, 자기 자식의 죽음 등을 의미함을 잘 알고 있었다.

마법사가 죽으면, 마법사 속에 있던 악령들은 죽은 마법사를 떠나 마법사의 아들에게 간다. 그때 사람들은, 마법사의 아들에게 들어간 악령들을 숭배하기 위해 몰려 온다. 아들은, 그의 아버지가 했던 대로 사탄에 봉사하기를 항상 원하는 것은 아니다. 그러나 악령들이 그에게 가서 그의 속에 자리잡고 있으면 아들은 반항할 수가 없다.

내가 마흔 살이었을 때, 사람들의 노여움에 격분한 세 사람으로부터 공격을 받았다. 한 사람은 내 목을 자르려 했고, 또 한 사람은 내 등에 총을 댔고, 세 번째 사람은 내 손과 발을 묶어 악어가 그득한 호수에 던져버리려 했다. 그들은 세 번째를 선택했다. 내 손과 발을 묶어 가시가 있는 마른 나뭇가지 위에 나를 놓고는 호수까지 끌고 갔다. 그러던 중 갑자기 누군가가 나타나 그들의 손에서 나를 잡아당겨, 나는 새처럼 공중으로 뜨게 되었다. 어떻게 이런 일이 생겼는지는 설명할 수가 없지만, 누군가 다른 사람이 내 생명을 구해준 것을 알고 있다.

내가 마법사가 되었을 때, 모든 것들이 순조롭게 되어갔고 모든 것들이 쉽게 이루어졌다고 믿었다. 어디를 가든 사람들은 나를 숭배했고 동시에 나는 부자가 되었다. 그러나 사탄이 냉혹하고 잔인하다는 것을 천천히 깨달았다. 언젠가 악마는 내게 화를 냈다. 그때 나는 그에게 용서를 빌어야만 했다. 나는 향을 켜면서 악마와 화해를 했다. 사탄의 저주가 내게 내리지 않고, 그와 언제나 좋은 관계를 유지하기 위해, 나는 새로운 전수를 감수해야 했다.

　서서히 나는 걱정이 되었다. 평온하지가 않고 마음이 안정되지 않았다. 두려움은 커져갔다. 내 아내는, 곧 낳을 아이가 죽을 것이라는 생각을 심어 넣는 악령에 정복되어 있었다. 내 아내는 순조롭게 출산을 했지만, 사탄이 와서 아기를 데려갔다. 이렇게 아이가 죽은 것이다. 그제서야 나는 내가 어떤 기가 막힌 상황에 있었는지 깨달았다. 그 시기에 나는 그리스도를 찾아 돌아다니기 시작했다. 하느님의 진정한 길을 찾아 돌아다녔다. 그리스도께서 오셔서 그의 곁으로 나를 부르셨다. 그때 나는 집에 있던 모든 것들, 특히 사탄과 관계 있던 모든 것들을 부숴버렸다. 그리스도께서는 나를 이 길로 인도하신 분이다. 나 혼자서는 그 길로 갈 수 있는 힘이 없었을 것이기 때문이다."

이렇게, 세계를 현혹하는 사탄은 진정한 하느님 자리를 대신하려고 한다.

믿음

　"저희에게 믿음을 더하여 주십시오." (루가 17:5)

인도 몽기르에 있는 사티아난다 도사의 아쉬람 본사에 있었을 때, 이런 일이 있었다. 때때로 아쉬람에 사는 사람들이 큰 강당에 모이곤 했다. 모두들 바닥에 앉았는데, 두 편으로 나누어 한쪽엔 주황색 힌두교복을 입은 요가 수행자들이 앉아있었고, 다른 한쪽으론 나머지 사람들이 앉아있었다. 우리는 맞은 편에 자리를 잡다보니 얼굴과 얼굴이 마주하게 되었다. 가운데에 요가 수행자들 편에 앉아있던 지도자는 당시 아쉬람 원장이었던 니란잔이었다. 이 모임의 목적은 사람들이 니란잔에게 던진 질문 사항에 대해, 니란잔이 지목하는 사람이 답하는 것에 있었다. 제법 자주 있는 모임이었다.

언젠가 나는 나를 골몰하게 했던 문제에 대해 질문하기로 했다. 나는 손을 들었고 니란잔은 내게 발언 기회를 주었다.

- 누군가 자신의 머리를 믿지 않는 시점에 도달한다면, 즉 머리가 주는 설명들을 믿지 않는다면, 더 정확히 말해 알맹이는 없고 껍질만 있다는 것을 깨닫는다면, 무엇을 가지고 앞으로 나아갈 수 있으며 어떻게 나아갈 수 있습니까? 머리가 주는 설명들을 믿지 않는 이상, 기본적인 질문에 무엇으로 답할 수 있나요? 어떻게 답을 찾을 수 있지요? 어떤 방법으로 앞으로 나아갈 수 있습니까?

잠시 침묵이 흘렀다. 니란잔은 한 요가 수행자에게 답을 하라고 손짓했다. 미국에서 온 금발의 서른 살의 요가 수행자가 나를 이상히 쳐다보더니, 놀랍게도 이렇게 말했다.

- 믿음으로 할 수 있습니다. 그러나 여기엔 두 종류가 있습니다.

그러자 니란잔이 단호하게 손짓하여 미국인의 말은 끊겼다. 나는 무슨 말을 할지 더 듣고 싶었다. 그러나 내가 이것을 들은 것만으로도 꽤 많은 것이었다. 나는 '그렇다면 이들은 그들의 믿음을 가지고 있고, 나는 나의 믿음을 가지고 있는 것이다. 그런데 왜 학문에 대해 우리에게 억지로 주입하려 하고, 요가를 학문이라 주장하는가?'라고 자문하였다.

며칠 후 나는, 힌두교인이 된 이 미국인을 아쉬람에서 다시 만났다. 나는 믿음의 두 종류에 대해 그에게 물었다. 하지만 그는 내게 말을 하려 하지 않고 피했다. 니란잔 원장의 명령을 위반하고 싶지 않았던 것이다.

몇 달 후 나는 믿음에 관한 주제에 대해, 내 경험들과 내가 알고 있는 것들을 정리하려 노력했다. 즉, 우리가 믿음이라고 말하는 것은 무엇인가? 믿음의 내용은 무엇이고, 그 후 믿음을 어떻게 판단할 수 있는가? 아니, 우리는 믿음을 판단할 수 있기는 한 것일까? 믿음은 이데올로기와 무슨 관계가 있을까? 어느 부분에서 유사하고 어느 부분에서 상이한가?

서양 사회에선 논리가 아주 활성화된다. 삶의 모든 문제들을 논리를 통해서 해결하려 한다. 서양 사람들 중 많은 이들이 지식은 있지만 마음은 가지고 있지 않다. 많은 이들이 하느님을 믿지 않는다. 영혼의 불멸을 믿지 않는다. 믿지 않는 사람들은 그들의 불신앙을 믿고 물질을 믿는다. 하느님 존재 여부에 관한 주제들은 학문적인 실험과 계산으로 답이 나올 수 없다. 또한 논리적인 생각으로 증명되지도 않는다. 언어로는 하느님 존재의 여부를 긍정 혹은 부정으로 답할 수 없다. 단지 우리의 나약함만 깨달을 수 있다. 이 질문들은 논리와 인간의 생각을 초월한다. 정확한 말로 대답하려 노력하는 것은 부질없는 일이다. 여기엔 다른 무언가가 필요하고 더 높은 어떤 작용이 필요하다. 사람은 더 깊고 더 높은 수준으로 나아가야만 한다.

사람은 내면에 여러 힘들을 갖고 있다. 그러나 사람은 그 힘을 알지 못했고, 그 힘을 경시했다. 믿음도 그런 힘이다. 우리는 일상생활에서 자주 믿음을 사용한다. 우리가 해야 하는 여러 가지 일들에 대해 우리가 가진 믿음을 바탕으로 행동한다. 언어에서 그것이 드러난다. 이를 테면 우리는 "일리아아스가 그것을 하리라고 믿지 않아."라든가 "왜 내가 그를 믿어야 해?" 또는 "이 일이 잘 될 것이라 믿어."라고 말한다. 즉 우리가 정통한 견해나 학문적 식견이 충분치 않을 때, 우리는 자주 감각과 믿음에 기초하여 말한다.

모든 이들이 가진 일상적인 믿음은 종교적 믿음과는 매우 다른 점이 있다. 그 질에 있어서 상이하다. 보석과 석탄 사이에 다른 점이 있는 것처럼, 일상적인 믿음은 종교적인 믿음과는 아주 다르다. 석탄이 높은 압력과 고온으로 땅 속 깊은 곳에 있을 때, 그때 다이아몬드로 변한다.

이처럼 사람이 큰 질문에 맞닥뜨리게 될 때, 이와 같이 된다. 예를 들면, 어떻게 세상이 창조되었는가? 하느님은 존재하는가? 어떤 것이 진정한 종교인가? 죽음 후에 삶이 있는가? 어떻게 살아야만 하는가? 나의 진정한 존재는 무엇인가? 등이 그것이다. 그때 사람은 정신의 한계에 달한다. 머리로는 충분하지 않음을 느낀다. 이런 질문들이 논리와 생각의 능력 밖에 있다는 것을 깨닫는다. 그때 사람은 투쟁하며, 고심하고, 불안을 느낀다. 그리하여 사람은 그 자신 속에 어떤 다른 힘, 커다란 질문들을 비교하고 판단할 수 있는 영혼의 다른 힘을 찾으려고 노력한다.

이 고단한 과정 속에 믿음의 다이아몬드가 사람의 영혼 속에 형성되기 시작한다. 이 과정에서 한편으론 사람의 자유로운 의지가 커다란 역할을 하고, 다른 한편에선 하느님의 은총이 작용한다. 하지만 사람의 자유를 존중하시는 하느님께서 사람을 도우시려면, 사람은 긍정적인 의향과 선한 마음을 보이면서 하느님의 은총이 작용하도록 하느님께 자리를 드려야만 한다. 믿음은 선한 의향이다. 나는 그렇게 믿고 싶다.

사람의 영혼은 무의식적으로, 그가 믿는 요소에 자주 이끌리고, 매혹되고, 만족한다. 영혼은 영혼 속에 있는 거룩한 요소를 느끼고 예상한다. 하느님의 은총은 보이지 않게, 비밀리에, 불가해하게 영혼을 끌어당긴다. 사람은 하느님의 선과 덕을 좋아한다. 그리하여 사람은 하느님의 선과 덕에 이끌린다. 그러나 어떤 사람들은 다른 것들, 즉 약점들, 물질에 대한 향락, 부당함, 이기주의를 선호한다. 그래서 하느님의 은총을 끌어당기지 못하고, 나쁜 것을 감독하는 빛으로부터 멀어진다.

파이시오스 수도사님은 이렇게 말씀하셨다. "복음경에 의미가 불확실하고 모호한 부분들이 있다. 이는 사람에게 선한 의욕을 보일 수 있는 가능성을 주기 위해서이다. 그렇게 해서 그의 믿음이 강요 받은 것이 아니라 선한 의욕의 결과라는 것을 보여준다. 이 방법으로 사람의 믿음은 자신의 의욕의 결과가 되며 또 하느님께로부터 오는 보상이 된다."

믿음은 증명되지 않는다. 불신앙도 증명되지 않는다. 하지만 하느님에 대한 믿음에 대해 강력한 증거들이 있다. 학문적인 의미의 증거가 아닌 증거들이 있다. 여기서 사람의 의향과 질이 평가된다. 사람 개개인은 그의 의향에 따라 믿음의 방향으로 나아가거나 불신앙의 방향으로 나아간다.

물론 이러한 선택은 사람의 삶에 있어 엄청난 결과를 낳는다. 영혼 속에 믿음이 있는 사람은 커다란 힘을 가지게 되는데, 이 힘은 사람을 영원한 영적인 세계로 인도한다. 그리하여 사람은 깊은 의미가 있는 것들을 많이 알게 된다. 이것들을 논리와 생각을 통해서 알게 되는 것이 아니라, 믿음과 경험을 통해서 알게 된다. 왜냐하면 믿음은 인식이기 때문이다.

믿음은 믿음을 통해 성장한다. 사람이 자신의 믿음에 의지하면서 행동할 때, 이 행동은 그의 믿음을 성장시키는 원인이 된다. 이러한 종류의 행동은 믿음의 자식이며 어머니이다. 이렇게 믿음은 믿음의 일을 낳고 이 일은 차례대로 영적인 인식을 가져온다. 이 영적인 인식은 더 깊고 더 큰 믿음으로 인도된다. 이렇게 하여 믿음의 바퀴는 사람이 완전한 믿음에 달할 때까지 계속 돌아간다.

누군가가 믿음을 바탕으로 행할 첫 번째 것은 단호한 결정이다. 여기서 사람은 높이뛰기를 해야 한다. 모든 의심과 망설임을 뛰어넘으면서 행동해야 한다. 의심과 망설임은 대개 우리에게 있는 것으로 우리 계획을 진행하는 데 방해가 된다. 사람은 결정적이고 힘있고 정신적인 행동을 통해 이 의심과 망설임을 뛰어넘어 더 깊이 있는 의지에 기초하여 자신의 길로 나아가야 한다.

사람의 이 행동은 그의 영혼 속에 믿음의 첫 번째 열매를 맺게 할 것이다. 믿음의 이 열매는 영적 경험의 열매를 가져올 것이며, 영적 인식의 열매를 낳을 것이다. 그리하여 사람의 믿음이 작동하기 시작한다. 이 시작은 진정한 믿음을 위한 첫 번째 발걸음이다. 계속해서 상황, 어려움, 정신적인 투쟁에 대한 강도는 투쟁하는 이의 영적인 성장 여부에 따라 늘어난다. 목표는 완전한 믿음에 달할 때까지 조금씩 조금씩 높아질 것이다.

믿음의 높이뛰기를 하면서 의심과 망설임도 뛰어넘어야 한다. 이들은 항상 존재하며, 보통 우리들의 행진에 방해가 되는 것들이다. 우리를 엉뚱한 곳으로 인도하고, 우리를 파괴하려 노력하는 너무도 영악한 적들이 있다. 우리가 믿음의 높이뛰기를 할 때 옳은 방향을 향해 가야만 한다. 즉 끝에 가서 견고한 발판을 밟아야 한다. 그렇지 않으면 상상과 착각으로 만들어진 절벽이 우리들의 영혼과 생명을 파괴하려고 위협할 것이다.

어떤 경우에도 우리는 실제로부터 상상을, 빛으로부터 어둠을, 진실로부터 현혹을, 진정한 믿음으로부터 잘못된 믿음을 구분해야 한다.

사람은 무엇을 믿어야 하는가? 대단히 어려운 질문이다. 답을 한다는 것이 쉽지 않다. 사람 개개인은 자신의 투쟁을 해야만 한다. 답은 거저로 얻어지는 것이 아니다. 격렬한 내부의 전쟁 후에 얻어져야 한다.

그리스도께서는 말씀하셨다. "너희는 걱정하지 말라. 하느님을 믿고 또 나를 믿어라."(요한 14:1) 그리스도께서는 우리가 그리스도 당신을 믿도록 부르고 계신다.

또 "나는 길이요 진리요 생명이다. 나를 거치지 않고서는 아무도 아버지께 갈 수 없다."(요한 14:6)라고 말씀하셨다. 그리스도를 통해서만 하느님께 달할 수 있다. 그리스도께서 직접 이렇게 말씀하셨다. 단지 그리스도께서만 하실 수 있고, 그리스도 이외엔 아무도 할 수 없다. 이것은 명백하고 절대적이다. 유일하시고 되풀이 되지 않으시는 예수 그리스도께서 기준이며, 이 기준으로 사람들은 심판받을 것이다. 예수 그리스도께서는 저울이며, 시므온이 거룩한 아기, 즉 하느님을 팔에 안았을 때 "이 아기는 수많은 이스라엘 백성을 넘어뜨리기도 하고 일으키기도 할 분이십니다."(루가 2:34)라고 정확히 예언했던 것처럼, 이 저울로 사람들의 의도가 저울질될 것이다. 성경에서 말하듯이 예수 그리스도께서는 이 세상의 유일한 구세주이시다. "이 분에게 힘입지 않고는 아무도 구원받을 수 없습니다."(사도행전 4:12)

믿음의 깊이는 측정되지 않는다. 왜냐하면 믿음은 거룩한 그 무엇이기 때문이다. 이 믿음, 그리스도에 대한 이 믿음은 하느님으로부터 사람들에게 주어졌다. 믿음의 뿌리는 거룩하고, 믿음의 힘은 크다.

믿음의 힘은 얼마나 클 수 있는가? 믿음의 힘은 무엇을 이룰 수 있는가? 그리스도께서 무엇을 가르치시는지 보자. "너희의 믿음이 약한 탓이다. 나는 분명히 말한다. 너희에게 겨자씨 한 알만한 믿음이라도 있다면 이 산더러 '여기서 저기로 옮겨져라.' 해도 그대로 될 것이다. 너희가 못할 일은 하나도 없을 것이다."(마태오 17:20) 사람 개개인은 자신이 가진 교만의 정도에 따라 어처구니 없는 말을 할 수도 있다. 하지만 말이 행동과 동반될 때, 교만한 비판자가 아닌 제자로서 우리는 예수님의 말을 들어야 할 의무가 있다. 그리스도께서는 많은 기적들을 행하셨다. 그리고 그리스도를 믿는 사람들 역시 많은 기적을 일으켰다. 그리스도께서는 그것을 약속하셨다. "정말 잘 들어두어라. 나를 믿는 사람은 내가 하는 일을 할 뿐만 아니라 그보다 더 큰 일도 하게 될 것이다."(요한 14:12)

이렇게 그리스도를 지도자로 하여 성인들로 구성된 고리가 연결되고 연결되어 지금까지 전해 내려오고 있다. 즉 예언자들, 사도들, 사도들로부터 전해지는 성직자들, 이집트 사막의 고행 수도사들, 카파도키아의 성인들, 비잔틴 시대의 수도사들, 러시아 수도사들, 오늘날 아토스 성산의 수도사들, 파이시오스 수도사, 뽀르피리오스 수도사, 야고보 수도사가 고리처럼 연결되어 내려왔으며, 예수 그리스도에 대한 믿음을 통해 많은 기적들을 일으켜왔다.

하지만 우리는 아직 믿음에 관해 가장 행복하고 가장 놀라운 비밀에는 달하지 못했다. 그리스도에 대한 믿음의 최종 결과는 무엇인가? 그리스도께서는 말씀하신다. "그것은 그를 믿는 사람은 누구나 영원한 생명을 누리게 하려는 것이다."(요한 3:15) 그렇다. 영생, 이것이 바로 그리스도에 대한 믿음의 결과이다.

이 책을 마치며

하느님께서는, 사람이 하느님의 삶에 참여하도록, 하느님의 은총에 의해 하느님의 본성을 닮도록, 사람을 만드셨다. 사람이 하느님의 본성을 닮는 것, 즉 신화(神化)는 한 걸음 한 걸음씩 단계적으로 이루어진다. 의지가 확고해지고 선한 생각들과 선한 행동들이 확고해지는 상황으로 천천히 나아가게 한다. 사람의 바람이 영악함과 악으로 기울어지면 기울어지는 만큼, 하느님으로부터 또 하느님의 본성으로부터 멀어지게 되어 결국 어둠과 죽음, 영적 타락에 이끌리게 된다.

사람은 그의 창조주에 의해 만들어졌기 때문에, 그 자신의 영혼 속에 하느님에 대한 열망과 신화에 대한 열망을 갖게 된다. 사람의 영혼은 하느님을 닮기 위해 만들어졌다. 그래서 영혼은 이것 외에는 다른 그 무엇으로도 만족을 얻지 못한다. 그 어떤 것도 이것과 같은 가치를 갖고 있지 않다.

우리를 미워하는 자가 와서 이 축복받은 열망, 즉 신화하고자 하는 열망을 왜곡시켜 우리의 목적을 잃게 만들려 한다. 사람이 하느님을 향해 있는 본성을 왜곡시키는 것, 정확히 이것이 악마의 수법이다. 사람의 신화에 대한 열망의 자리에 악마는 자신을 신격화하여 집어 넣으려 하였다. 교활함이 우리에게 속삭인다. '사람이여! 너 혼자 하느님이 될 것이다. 하느님이 왜 필요해? 너는 하느님이야. 단지 네가 그것을 모를 뿐이야.' 이처럼 이치에 맞지 않는 생각과 상상을 불러일으키는 것이 악마이다.

악마는 그의 영악함과 자기 자신의 신격화를 미끼로 하여 인간의 원조들을 하느님에 대한 거역으로, 천국으로부터의 추방으로, 영적인 잘못으로, 존재론적인 변화로, 영적 은총의 상실로 유인하였다. 사람은 하느님으로부터 멀어져 동물들과 닮게 되었다. 사람은 불멸하도록 만들어졌다. 하지만 악마의 유인으로 하느님의 말씀을 어겨, 사람은 멸하게 되었고, 병이 들게 되었고, 죽게 되었다. "죄의 대가는 죽음이지만 하느님께서 거저 주시는 선물은 우리 주 그리스도 예수와 함께 사는 영원한 생명입니다."(로마서 6:23) 그 결과는 죄라는 열매, 즉 죽음이다. 구약의 창세기에는 인간 종족에 대한 이 운명적인 순간이 자세히 묘사되고 있다.

사람이 겪은 그렇게도 큰 이 존재론적인 파괴를, 대대로 이어받은 이 파괴를 하느님 자신만이 바꾸실 수 있었다. 사람이 겪은 이 파괴가 수정되기 위해 사람이 어떤 노력을 할지라도 이것은 보잘것없는 것이다. 하느님의 도움 없이 사람이 혼자서 할 수 있는 것은 극히 적다. 이렇게 해서 하느님께서는 육신을 취하시어 사람, 즉 그리스도가 되셨다. 그리스도께서는 행적과 가르침으로, 특히 거룩한 성사로, 사람이 신화되는 길을 사람에게 열어주셨다. 그 길을 바로 성인들이 성공적으로 완수한다.

하느님께서는 단 한 번 육신을 취하셨다. 영원토록 한 번, 전 세기를 위해 육신을 취하셨다. 하느님께서는 완전하시다. 하느님께서 하시는 일은 완전하며 영원토록 유효하다.

악마는 오늘날에도 아담과 하와를 속인 처음과 같은 함정을 가지고 자신을 신격화하려는 목적으로 또 한 번 사람들을 혼동시키러 왔다. 그들은 뭐라고 하는가? 이런 훈련과 기교를 통해, 자신만의 노력으로써 신이 될 수 있다고들 말한다. 어떤 예식을 하면서, 어떤 희생을 지속적으로 하면서, 사람은 저절로 신이 된다고 우파니샤드는 말한다. 그들은 더 앞으로 나아간다. "사람이여, 너는 이미 신이기 때문에 신이 되는 것이 필요하지 않다."라고 한다. 단지 이를 깨달아야 한다고 말한다. 이는 어리석음의 산물, 왜곡의 산물, 현혹의 산물이다.

악마는 스스로 하느님이 되기를 갈망하였다. 천사장 에오스포로스는 '내가 하늘에 오르리라. 나의 보좌를 저 높은 하느님의 별들 위에 두고 신들의 회의장이 있는 저 북극산에 자리잡으리라. 나는 저 구름 꼭대기에 올라가 가장 높으신 분처럼 되리라.'(이사야 14:13-14)라고 생각했다. 그는 엄청난 죄에 빠져 악마가 되었다. 거룩하고, 창조되지 않은 빛을 더 낮은 천사단들에게 보내주었던 가장 빛이 많이 났던 천사장이 가장 어두운 악령이 되었다.

신화(神化)를 사랑, 헌신, 협력의 실천이 아닌 착취, 강도질, 교만, 이기주의적 노력으로 얻어지는 것으로 여겼다.

악마는 그의 이 영적인 병을 사람들에게도 전염시키려 하고 있다. 기교적인 명상 수행과 그의 전수를 통해 사람이 스스로 신이 되도록 악마는 권한다. 자신들이 신으로 간주되고 경배받는 것보다 악령들이 더 좋아하는 것은 없다.

사이 바바는 자신에 대해 말하며 다음과 같이 언급했다. "어떤 사람들은 무지해서, 어떤 때는 내가 신이라고 말하고, 어떤 때는 사람이라고 말합니다. 어떤 때는 내가 신적인 영혼을 갖고 있고 어떤 때는 인간의 영혼을 가지고 있다고 말합니다. 이를 믿지 마십시오. 나의 본성은 항상 하나, 바로 이 것입니다. 다시 말해 신은 본성이 바뀌지 않습니다. 신은 기본적인 변화를 하지 않을 것입니다." 또 다른 곳에서 그는 이렇게 말했다. "내가 사람의 몸 속에 거처할 때, 어리석은 사람들은 나를 알아보지 못합니다. 내가 모든 존재들의 가장 높은 신이라는, 내 최상의 본질을 무시합니다."

내가 히말라야의 높은 곳에서 만났던 바바지도 똑같았다. 그는 스스로를 육화한 신이라 표명하였고, 자신에게 숭배할 것을 강요했다. 그리고 정말 신으로서 숭배되었다.

마하리시, "거룩한 아기"는 신으로 태어났다.

사티아난다는 힌두교 스승이 하느님보다 높다는 것을 인정하지 않고서는, 힌두교 스승의 축복을 받아들이지 않고서는 아무도 영적으로 진보할 수 없다고 표명했다.

이 사건은 우연의 일치가 아니라 인도의 전통이다. 진실을 혼동케 하고 진실을 감추는 전통이다.

"악마는 진리의 사본을 만든다. 진짜인 진주를 가짜들과 함께 한 통에 집어넣는다. 그때 진짜 진주를 찾기가 매우 어렵게 된다."라고 파이시오스 수도사님은 말했다.

거짓은 진실과 아주 닮았다. 하지만 실제로는 그렇게도 다르다. 의견, 위치, 상황과 본질에 있는 엄청난 차이를 감추기 위해, 표현과 그 표현의 방법에 있어 표면적인 상이함을 갖고 있다.

그들의 이론에 반론을 제기한다면, 그들은 하느님은 사람 속에 있으며 모든 것이 사람의 정신으로부터 나오는 피조물이라고 말할 것이다. 결국 정신이 곧 하느님이라는 결론으로 이끌기 위해서 말이다.

그들 앞에 있는 사람에 따라, 무엇으로 '설득할 수 있는가'에 따라 그들은, 주변 색깔에 따라 몸의 빛깔을 바꾸는 카멜레온처럼 변덕스럽게 또 기회주의적으로 처신한다. 사람들이 수긍할 만하고 일반적으로 받아들여지는 아름다운 것에서부터 시작한다. 후에는 더 먼 곳에 달하기 위해, 시간을 지체해가며 한 의미에서 다른 의미로, 한 설명에서 다른 설명으로, 한 자리에서 다른 자리로 바꾸어 간다.

요가가 건강에 좋다는 것으로 시작하여 기교를 통해 사람의 숨어있는 힘의 발전으로 넘어가고, '에너지를 얻기 위해' 예식과 전수로 넘어가고, 나중에 힌두교 스승에 대한 숭배, 도사나 도사의 조직에 모든 재산 양도, 도사를 위해 또 도사의 목적을 위해 언제나 무료 봉사하는 것으로 끝을 맺는다. 불행하게도 많은 사람들이 기만을 당하지만, 세월이 지나서야 자신이 속았고 정신적으로 파괴되었다는 것을 알게 된다.

누가 그들을 도울 수 있는가? 마음이 '찢어지고 터진 사람들'(시편 51:17 참조)을 구하기 위해 사람이 되신 분만이 도우실 수 있다. '길 잃은 양'을(마태오 18:12 참조) 찾기 위해 사람이 되신 분만이 도우실 수 있다. 사람을 단죄하시기 위해 이곳에 오신 것이 아니라 구원하시기 위해(요한 3:17 참조) 이곳에 오신 분만이 도우실 수 있다. 우리를 그렇게도 사랑하셔서 우리를 위해 십자가에 못 박히기를 받아들이신 분, 즉 자애로우신 그리스도, 전능하시고 선하신 하느님만이 우리를 도우실 수 있다.

하느님에 대한 인식은 철학적 주제, 인간의 지성에 의해 만들어지는 것이 아니다. 그러한 '하느님'은 사람들에 의해 만들어지고 숭배되는 정신적 우상이다. 다시 말해 이 우상은 철학의 '신'이며, 이데올로기이며, 추론이며,

신봉자들을 박해하고 못살게 구는 인간의 산물이다. 사람은 단지 진리 속에서만 평온을 찾을 수 있다.

진리의 하느님께서는 인간의 정신과는 상관 없이 저 멀리 계신다. 진리의 하느님께서는 사람과의 개인적인 관계 속에 있는 경험을 통해 자신을 계시하신다. 이 계시는 역사 속에서 한 번 있었지만 영원하다. 단 한 번이다. 하느님의 역사하심은 완전하며, 고치거나 수정하거나 보충할 필요가 없기 때문이다.

이 계시는 교회 속에 보존되어 있다. 하느님 자신 그리스도께서 이 세상의 종말이 오기까지 영적인 방주로서, 대대로 이어져 내려오는 사람들과 함께 하시기 위해 교회를 만드셨다. 그리스도께서는 "내가 이 반석 위에 내 교회를 세울 터인즉 죽음의 힘도 감히 그것을 누르지 못할 것이다."(마태오 16:18)라고 말씀하셨다. 그리하여 그리스도께서는 교회를 세우셨고 그의 거룩한 성사들로 교회를 지키고 이끌어나가신다. 그리스도께서는 교회의 머리이시며, 교회와 함께 투쟁하시며, 교회와 함께 사신다.

이 계시, 이 진리를 자신의 것으로 만들려고 하는 사람은 이 영적인 방주 속으로 들어가야 한다. 그곳에서 그리스도, 유일하시고 진정하신 하느님을 만나 하느님과 개인적인 관계를 갖게 될 것이다. 사람이 살아가는 방식은, 이 관계가 점점 깊어지도록 지속적으로 돕는다. 사람이 하느님의 뜻에 따라, 그리스도의 계명에 따라 살아갈 때, 하느님과 닮기 시작하여 하느님의 은총을 통해 삶의 더 깊은 신비에 참여하게 된다.

지속되고 더 깊어져 가는 계시는 기도를 통해 성삼위의 창조되지 않은 빛을 보는 데까지 달할 수 있게 한다. 거기서 사람은 얼굴과 얼굴을 마주 대하면서 변화하고, 자신의 존재 전체가 참여하게 되고, 하느님과의 결합을 자신이 깨달으면서 실제적으로 하느님과 하나가 된다. 사람은 하느님 속에서 살고 하느님께서는 사람 속에 사신다. 다시 말해, 사람은 하느님을 모시고 다니는 자가 되며, 하느님에 대한 신비들을 경험으로 알게 되며, 본인 자신이 하느님의 삶에 참여하게 된다.

이런 사람들은 그들이 경험한 것들을 우리에게 전하여, 무지한 우리가 단계적인 인식과 진정한 하느님에 대한 사랑을 갖도록 인도한다. 파이시오스 수도사 역시 이러한 사람이었다. 우리를 그리스도께 인도하기를 열망하면서, 하느님으로부터 받은 것들, 경험에서 얻은 것들, 마음속에 간직하고 있던 것들을 우리에게 제공했다. 힌두교 스승들은 자신들에 대한 경배를 요구했지만, 파이시오스 수도사는 그렇게 하지 않았다.

그리스도에 대한 파이시오스 수도사의 사랑과 열망, 형제들에 대한 사랑은 그의 삶 속에서 표현되고 있다.

매일 수백 명의 사람들이 아토스 성산에 있는 그의 켈리를 방문하곤 했다. 그가 아토스 성산에서 나와 데살로니키 근처 수로티에 있는 성 요한 복음사도 수도원에 머물 때면, 수천 명의 사람들이 밤을 새워가며 그를 보려고 기다리곤 했다.

그 가운데 많은 이들이, 자신들에게 일어난 개인적인 기적들, 불치병에 시달리는 사람들을 기적으로 치료한 사건들, 개인적 문제들을 안고 있던 사람들에게 주어졌던 지혜로운 충고들, 개인적 문제들을 안고 있던 사람들을 위해 기도를 하여 문제가 해결된 사건들에 대해 이야기하곤 했다. 파이시오스 수도사님은 사람들에게 주어진 하느님의 선물이었다.

성인들이 우리에게 간접적으로 보여주는 것처럼, 성인들을 본받아 우리의 영혼과 삶이 성인들을 닮을 수 있도록 겸손한 마음을 가집시다. 성령 속에서 하느님에 대한 경험을 우리 개개인이 할 수 있도록 성인들의 기도를 호소합시다. 그러하면 모든 일들이 차례대로 정리될 것입니다. 그래서 거짓으로부터 진실을 구분하고, 상상으로부터 실제를 구분하고, 빛처럼 보이는 어둠으로부터 진짜 빛을 구분하게 될 것입니다.

예수 그리스도에 대한 깊은 인식과 우리들에 대한 그리스도의 사랑으로 우리를 인도하는 파이시오스 수도사의 길을 따릅시다. 영생으로 인도하시는 진리의 하느님에 대한 인식과 사랑보다 더 중요하고 필요하고 가치 있고 높은 것은 이 세상에 아무것도 없기 때문입니다.

  사람 각자가 인생의 여정의 끝에서 잃거나 얻는 것은 영생입니다. 영생보다 더 중요한 것은 없습니다. 아멘.